성인학습을 위한

비판이론

The Power of Critical Theory for Adult Learning and Teaching
by Stephen D. Brookfield

성인학습을 위한

비판이론

성인의 삶과 학습에 대한 희망의 담론

Stephen D. Brookfield 저

기영화 · 김선주 · 조윤정 공역

학지사

역자 서문

『성인학습을 위한 비판이론: 성인의 삶과 학습에 대한 희망의 담론(The Power of Critical Theory for Adult Learning and Teaching)』은 스티븐 브룩필드(Stephen D. Brookfield) 박사에 의해 2005년 출간되었다. 역자는 전환학습이론을 이해하기 힘들어하는 대학원생들의 고충을 어떻게 해소해 줄 것인가를 고민하던 중에 이 책을 처음 접하게 되었다. 비판적 사고는 전환학습이론뿐 아니라 성인교육 실천의 중요한 요소로, 학생들이 그 이해를 결여한다면 성인학습 과정을 제대로 이해하는 폭이 좁아질 것이다. 실제로 유교문화에 친숙하고 세계적 이데올로기 분쟁의 결과로 분단된 국가에서 성장한 우리 학생들은 비판적 사고나 비판이론을 부정적으로 받아들이는 경향이 있다. 역자 역시 예외는 아니었다. 10년 전 필리스 커닝엄(Phyllis Cunningham) 교수와 대화하는 자리에서 무심코 "저는 비판적 사고를 좋아하지 않아요."라고 말했고, 그녀는 바로 "아니 왜 비판적 사고를 부정적으로 보죠? 비판적 사고는 성인학습자들이 지녀야 할 기초 능력인데요?"라고 단호하게 반응했다. 분명 내가 당황스러워했던 것을 커닝엄 교수는 눈치 챘을 것이다. 물론 영어로 한창 대화하던 중에 일어난 일이었으니 미묘한 감정이나 의도들이 제대로 전달되지 않았을 수도 있다. 재미있는 것은 내가 대학원생들과 성인학습이론, 특히 비판이론을 토론하는 중에 똑같은 상황이 여러 번 재현되었다는 것이다. 학생들의 첫 번째 반응은 '저는 비판적 사고를 좋아하지 않아요.'였다. 성인교육자로서 어떻게 하면 학생들의 시야와 관점을 넓혀 주고 성인학습의 기초적 능력을 습득하도록 도와줄까 고민하던 중에 브룩필드 박사의 이 책을 필독서로 삼게 되었다. 그리고 학생들이 푸코(Foucault)의 규율적 권력, 프롬(Fromm)의 기계적 순응, 마르쿠제(Marcuse)의 일차원적 사고 및 억압적 관용, 하버마스(Habermas)의 의사소통 행위이론 등과 같은 다소 생소한 개념을 좀 더 쉽게 이해할 수 있도록 이 책을 번역하기로 하였다.

출판 여건상 편역이 어렵다는 출판사 측의 입장을 고려하여 가능한 한 원본을 그대로 번역하였다. 그러나 여전히 학생들의 이해와 우리나라의 여건에 맞지 않는 장들이 있어 부득이하게 조정을 하게 되었다. 특히 10장과 11장의 인종문제와 여성문제는 다민족 다인종 국가인 미국적 상황을 논하고 있는 것이라서 생략하였다. 아울러 독자의 이해를 돕기 위해 역자가 집필한 헤게모니에 대한 논문의 일부를 삽입하였다. 원저자의 생각을 가능한 한 그대로 전달하려는 브룩필드의 의도는 불가피하게 인용구를 많이 사용하고 있다. 그의 의도를 살리기 위해 이 책에서도 인용구를 그대로 보존하는 것을 원칙으로 하였다.

1장에서는 비판이론이 성인학습과 성인교육에 대해 가지는 의미를 고찰한다. 저자는 비판이론이 세계를 다수에 대한 소수의 체계적인 착취가 일어나는 불평등한 것으로 보는 마르크시즘에 학문적으로 의지하고 있기 때문에 어떻게 하면 불평등한 세계를 인식하고 도전할 수 있는가를 이해하는 데 그 목적이 있다고 주장한다. 이 장에서는 이론에 대한 정의, 이론의 유용성, 비판성의 네 가지 전통(이데올로기 비판, 정신분석학과 심리요법, 분석철학과 논리학, 실용주의적 구성주의), 마르크시즘과 비판이론의 관계에 대해 논하고 있다. 또한 비판이론이 갖는 다섯 가지 특징과 성인교육의 비판이론이 집중해야 할 학습과제와 그 비판적 태도에 대해 논하고 있다.

2장에서는 비판이론의 학습과제에 대해 설명하고 있다. 저자는 불평등한 사회를 인간애와 자비가 넘치는 사회로 만들기 위한 성인교육의 학습과제를 이데올로기 비판, 헤게모니 논쟁, 권력의 폭로, 소외의 극복, 해방의 학습, 이성의 회복, 민주주의 실천으로 분류하고 다음 장들에서 심도 있게 논의될 주제를 개략적으로 설명하고 있다. 왜곡과 은폐로써 지배계급과 집단의 이익을 정당화하는 관념과 신념을 이해하고 비판하며, 민중이 억압받으면서도 지배계급과 적극적으로 결탁하려고 노력하는 태도에서 벗어나 헤게모니에 대항하여야 하고, 삶 속에서 권력행위를 인식하고 어떻게 권력이 이용되고 남용되는지를 알아야 한다고 주장한다. 더불어 자유를 찾고 소외된 삶에서 벗어나기 위해 노력하고, 지배 이데올로기로부터의 해방을 추구하며, 이성이 도구화되는 과정을 인식하고 그에 저항함으로써 민주주의를 실천해야 한다고 주장한다.

3장에서는 2장에서 언급했던 비판이론의 학습과제 중 이데올로기 비판에 대해 구체적으로 설명하고 있다. 이데올로기를 지탱하는 두 기둥으로서 자본주의와 관료적 합리주의를 제시하면서, 시장가치로 사람을 판단하는 자본주의와 보편적 문제는 뒷전으로 한 채 단기적인 실용적 문제 해결에만 몰두하는 관료적 합리주의를 통해 지배 이데올로기가 유지되고 있다고 설명한다. 또한 아도르노(Adorno), 호르크하이머(Horkheimer), 알튀세(Althusser)의 이데올로기 기능에 관한 고전적 개념을 다루고, 국가기구 개념을 통해 통치계급의 이데올로기적 지배가 보장되고 정당화되는 과정에 대해서도 설명한다. 이러한 이데올로기 지배에 맞서 이데올로기적 조작에 저항하고 비판할 수 있도록 돕는 것이 성인교육의 과제라는 것이 이 장의 핵심 내용이다.

4장에서는 성인들은 스스로를 억압하면서 이데올로기를 적극적으로 학습하고 있다는 개념을 강조하면서 헤게모니의 개념을 다루고 있다. 이 장에서는 그람시(Gramsci)의 비판의식 학습과 유기적 지식인의 개념을 다루면서 그람시의 유기적 지식인의 개념과 성인 교육자의 역할 간 관련성을 탐구함으로써 결론을 맺고 있다.

5장에서는 비판이론 학습과제 중 권력의 실체를 폭로하는 것에 대해 설명하고 있다. 푸코의 권력에 대한 분석을 통해서 권력의 형태가 지배적 권력(중앙의 통세적 힘에서 행사되는 권력)에서 규율적 권력(우리가 스스로를 규율, 검열, 감시하는 권력)으로 이행해 왔다고 설명한다. 저자는 우리가 권력의 영향력에서 벗어날 수 없으므로 성인은 생활과 지역사회에서 권력의 흐름을 인식하는 것을 학습해야 하며, 소수의 이익보다는 다수를 위해 권력을 어떻게 사용할지를 학습해야 한다고 주장한다. 아울러 감시의 메커니즘, 진리의 체제 개념을 성인교육에 적용하고 있다.

6장에서는 프롬이 20세기를 설명한 데서 비롯된 소외의 개념을 다루고 있다. 프롬은 소외를 보편적 현상으로 설명하면서 마르크스의 소외 개념을 확장하고 있다. 자본주의 사회는 성인들의 삶을 '시장 지향적'으로 발전시키고 그들의 정체성마저 시장에 매력적인 '성격 패키지'로 변화시키고 있다. 프롬은 또한 사람들이 '기계적 순응'에 굴복하고 허구적 사고를 지속시킴으로써 비판적 사고를 잃어 가고 있다고 주장한다. 저자는 프롬의 개념을 '구조화된 세계'를 깨닫게 하고 민주적 과정의 습관을 가르치기 위해 노력하는 성인교육자들의 실천과 연관지으면서 이 장을 마무리한다.

7장에서는 비판이론의 학습과제 중 해방을 학습하는 과제에 대해 설명하고 있다. 성인이 어떻게 지배 이데올로기로부터 자신을 해방시킬 수 있는가 하는 문제를 마르쿠제의 저항적 주체성 개념을 통해 고찰하고 있다. 마르쿠제는 사생활, 소외, 거리감이 만들어 내는 혁명적 가능성을 주장하면서, 지배적 가치로부터의 분리가 저항적 주체성과 해방의 가능성을 야기한다고 본다. 성인이 시, 노래, 연극 등 예술을 감상하면서 경험하는 일시적 소외가 새로운 감수성, 미적 욕구, 상상력을 발전시키고, 이러한 내적 혁명이 사회, 경제, 정치 개혁을 요구하는 외적 혁명의 선구자 역할을 한다고 주장하고 있다. 더불어 마르쿠제의 일차원적 사고의 개념을 접할 수 있다. 일차원적 사고는 성인이 어떻게 살아야 하는가 또는 윤리적으로 행동하는 것이란 무엇인가와 같은 큰 문제보다는 어떻게 하면 현 체제를 효율적으로 작동시킬 것인가에 초점을 두어 학습하는 사고다. 마르쿠제는 성인교육자들에게 학습자들이 일차원적 사고에서 벗어날 수 있는 몇 가지 방법을 제안하고 있다. 또한 억압적 관용과 해방적 관용을 구분하면서 우리가 다양성을 존중하는 관용이 실제로는 얼마나 억압적일 수 있는지를 설명하고 있다.

8장과 9장에서는 성인교육 실천과 하버마스의 연관성을 다룬다. 하버마스는 성인교육자들에게 가장 잘 알려진 비판이론가이자 실제로 전환학습이론에 실질적인 영향을 끼친 학자다. 저자는 8장에서 이성의 회복, 9장에서 민주주의 학습이라는 주제로 하버마스의 사상을 다루고 있다. 8장에서는 공론 영역의 쇠퇴, 시민사회에 대한 위협, 생활세계에 대한 침범이라는 세 가지 위기를 어떻게 이성으로 극복할 수 있는지를 논하고 있다. 하버마스는 진정한 이성, 즉 참여적 · 심의적 민주주의를 통해 이러한 위기를 극복할 수 있다고 주장한다.

9장에서는 민주적 과정과 참여적 대화 양식 사이의 유사성에 대한 하버마스의 관점을 다루고 있다. 하버마스는 성인들은 지속적으로 '의사소통 행위'를 학습하고 있고, 이러한 행위가 민주주의의 동력이 될 수 있다고 주장한다. 아울러 성인의 도덕적 의식 발달에 관한 하버마스의 생각과 사회진화를 위한 성인학습의 역할에 대해서도 논하고 있다.

10장에서는 비판적 교육의 방법과 내용, 비판이론의 방법론적 접근, 비판이론 교육을 하면서 경험했던 교육적 교훈에 대해 서술하고 있다. 비판적 교육은 현대사회에 내재된 억압의 체제를 비판할 수 있도록 비판적 사고의 힘을 개발시켜 주는 것이며, 비판이론의 교육적 과제는 진정한 민주주의의 수립이라고 주장한다. 그리고 비판이론 교육을 위한 네 가지 방법론으로서 구조화된 세계관, 추상적이고 관념적인 이성에 대한 요구, 일상생활로부터의 일시적 분리, 문답식 토론을 제시하고 있으며, 비판이론을 가르치면서 경험했던 저항과 어려움에 대해서 서술한다. 저자는 비판이론이 현대 성인교육 실천의 모순과 딜레마를 설명하는 데 도움이 되며, 시대에 뒤떨어진 관점이 아니라 현대 성인교육 실천을 이해하고 비판적 대안을 만드는 데 통찰력을 줄 수 있다고 주장한다.

나의 사랑하는 제자들과 함께 작업을 한 번역서이기에 더욱 소중하고 성인교육학에 의미 있는 책이 되기를 바라는 마음이다. 마지막으로 역자가 늘 가슴에 품고 새기는 프레이리(Freire)의 말로 서문을 마무리하고자 한다. 이는 프레이리 사후에 발견된 문구다.

> 무엇보다도 사랑을 가장 많이 느끼기 때문에, 나는 결코 사랑 없이는 교육에 대해 생각할 수 없었고, 그래서 내가 교육자라고 생각한다.
>
> (I could never think of Education without Love and that is why I think I am an educator, first of all because I feel Love.)

2009년 11월

역자 대표 기영화

성인교육에서의 헤게모니 연구

기영화

평생학습은 교수자와 학습자의 학습 경험이 교환된다는 가정에 기초하고 있다. 가르치는 이와 배우는 이의 역할이 고정되어 있다면 평생학습은 불가능할 것이다. 상황과 시기에 따라 배우는 이가 가르치고, 또 가르치는 이가 배우기도 한다. 평생학습에서는 학습의 헤게모니를 공유하기 때문에 서로 배우고 가르치는 학습일 수 있는 것이다. 본래 헤게모니는 어떤 상황에서 권력의 소재가 움직이는 현상을 말하는데, 성인학습에서는 그것이 가르치는 이와 배우는 이의 관계에 대한 새로운 해석을 부여한다. 가르치는 이와 배우는 이라는 두 인적 요소, 그리고 이 둘 간의 사회적 관계는 성인학습에 영향을 끼치는 주요 변수다. 여기에서는 헤게모니를 한 집단을 지원하는 조건으로서(Livingston, 1976) 가르치는 이와 배우는 이의 관계방식으로 조작적으로 정의하였다.

배우는 이와 가르치는 이가 학습의 헤게모니를 서로 나누어 갖고 있다는 것은 기존의 학습 방법에서 강조하는 것과 대치된다. 왜냐하면 기존의 학습 방법에서는 교사들의 학습 주도권, 즉 가르치는 이에게 학습 전권을 부여하고 있기 때문이다. 가르치는 이는 일반적으로 학습의 권력을 쥐고 있는, 다시 말해 학습 헤게모니를 가진 주체로 가정된다. 그렇기에 프레이리는 이를 학습의 억압 구조로 간주하고, 그 구조를 깨뜨리는 학습을 시도했다. 그는 그람시의 헤게모니 개념으로 학습의 억압 구조를 풀어 나갔다.

그람시는 교육이 사회적 인식 전환을 위한 수단으로 기능하도록 하기 위해 반교육적인 상황을 제시하였다. 배우는 이들이 학습에 참여하는 이유 혹은 학습 내용을 비판적으로 생각하지 않고 무의식적으로 참여하는 것은 반교육적이라는 가정에서 시작된다. 배우는 이가 가르치는 이의 헤게모니를 의식 없이 받아들이는 것은 반헤게모니 세력을 펼칠 능력을 상실한 상태다. 배우는 이가 가르치는 이의 권위를 무의식적으로 수용하도록 하는 헤게모니가 가르치는 이에게 부여되었다면 진정한 의미의 교육이 일어날 수 없다. 크렌턴(Cranton)은 성인학습에서 헤게모니가 '가르치는 이' 쪽에 주어짐으로써 얼마나 학습 효과가 격감되는지를 지적하고 있다. 성인학습은 가르치는 이와 배우는 이가 동등하게 인정될 때 학습이 이루어지는 것을 전제하므로 성인학습에서의 헤게모니는 다르게 해석되어야 한다.

교육은 그람시가 주장했던 사회적 전환을 위한 중요한 도구였다. 성인교육 활동에서 헤게모니가 중요한 것은 사회적 전환학습을 위한 것이었다. 러벳(Lovett, 1978), 메이오(Mayo, 1999), 엔트위슬(Entwistle, 1979), 아일랜드(Ireland, 1987), 잭슨(Jackson, 1981), 랜섬(Ransome, 1992), 홀(Hall, 1981) 등은 사회변화를 위한 도구로 성인교육을 활용하기 위해 헤게모니를 연구하였다. 그들 가운데 톰 러벳(Tom Lovett, 1978)은 그람시의 사상을 성인교육 차원에서 처음으로 분석했던 사람이다. 그는 진보주의 사상을 기초로 지역주민 교육을 실시하였다. 지역주민 교육과 근로계층의 사회운동을 접목시키기 위해 그람시의 사상을 도입한 것이다. 그람시는 혁신성과 비판성을 근로자들의 상식으로 간주했다. 이런 논지는 미국의 하이랜더(Highlander) 운동이나 캐나다의 안티고니쉬(Antigonish) 운동과 접목되었고, 전환학습이론과도 결합되었다. 한편 메지로우(Mezirow)의 전환학습이론이 지나치게 개인학습자 중심이라는 비판과 반박을 받았던 것을 감안한다면(후속 연구에서 메지로우가 상당 부분 이를 보완하였지만), 그람시의 성인교육적 해석은 메지로우의 전환학습이론에서 간과한 사회적 관점과 비판이론을 보완하고 있다.[1)]

1) 헤게모니는 그람시가 레닌에게서 빌려온 용어다. 그람시는 레닌과 마르크스의 영향을 받은 사회주의자이자 공산주의자였다. 그람시의 헤게모니는 정치 혹은 정부기구를 설명하는 데 유용하다. 법, 정치, 군대, 감

헤게모니는 지적, 도덕적, 정치적 차원에서 다른 의미로 해석되고 있다. 예를 들면, 정치적 차원에서의 헤게모니는 지배집단의 통치에 대한 대중의 합의다. 리더십과 권력의 정치적 헤게모니를 획득하는 데 있어 대중 지지의 획득은 중요한 요소다. 아울러 지적, 도덕적 리더십이 부재한 지배는 헤게모니가 될 수 없다. 헤게모니는 또한 그것을 가진 집단과 그 상대 집단의 민주적 관계로 설명될 수 있는데, 이 경우 전통적 지식인과 조직적 지식인의 역할이 중요하다.

헤게모니는 두 가지 방법에 의해 획득된다. 먼저 반대 세력을 제거하거나 수동적이든 능동적이든 피지배자의 동의를 구하는 것이다. 현 사회에서 주어진 권력관계의 다양한 측면을 사람들이 받아들이거나 영향력을 행사하도록 동의를 받는다. 바로 이 과정에 학습이 개입한다. 헤게모니가 사회 구성원이 합의를 통해 받아들이도록 과정이 일종의 학습이다. 그람시에게 헤게모니의 관계는 바로 교육적 관계였다(Mayo, 1999, p. 36). 이러한 교육적 관계는교육기관을 모체로 형성되고 확장된다. 그람시는 법, 교육, 대중매체, 종교를 헤게모니의 교육적 관계가 작용하는 이데올로기적 사회기관으로 보았다.

그람시는 계층 간의 갈등, 인종 간의 갈등을 설명하기 위해 권력을 중심으로 한 사회관계의 헤게모니를 사용하였다. 그에 따르면 헤게모니는 몇 가지 특성을 갖고 있다. 먼저 헤게모니는 정적인 것이 아니다. 헤게모니는 갈등과 협상이라는 과정을 통해 상호작용하는 역동적인 것이다. 헤게모니는 계속 변하고 새롭게 만들어지기도 한다. 둘째, 헤게모니는 완성되어 고정되어 있는 것이 아니라 선별되는 것이다. 헤게모니는 절대적 완성품으로 주어지지 않고 항상 가변적이어서 그것을 사용하는 자에 의해 다른 형태로 드러날 수 있다. 마지막으로 헤게모니는 소멸적인 것이다. 그것은 영원한 것이 아니라 상황에 따라 위기를 맞고 사라질 수 있다. 이러한 헤게모니의 속성은 반헤게모니적 순간을 가정하고 있는 것이다. 반헤게모

옥 등의 기구나 조직들의 존재를 합리화하는 데 사용된다. 한편으로 헤게모니는 교육, 종교, 가정으로부터 세세한 일상생활에 걸친 각종 기구들의 존재를 설명하는 데 사용되고 있다. – 역자 주

니적 상황은 성인학습에서 가르치는 이와 배우는 이의 역할이 전환되는 상황을 설명하는 방법이기도 하다.

헤게모니는 다양한 성인학습이론과 사회적 관계의 분석에 사용된다. 진보주의 교육이 학습 과정을 중시한다고 할 때, 학습과 사회의 관계는 어떤 것인가? 그람시는 학습 상황과 사회적 관계를 헤게모니로 가정한다. 예를 들어, 가르치는 이들과 배우는 이들과의 관계가 대화식 교육인가 혹은 주입식 교육인가에 따라 학습 상황에서의 헤게모니는 다른 형태를 취한다. 학습과 사회관계는 그람시 이후 프레이리에 의해 연구되었다. 프레이리는 학습의 사회적 관계를 발견하고 새로운 교수기법을 제시하였다. 문활교육 캠페인이 바로 그것이다. 프레이리는 계급 간의 차이는 바로 사회적 문활 정도에 따른 차이에 기인한 것이라고 결론지었다.

그렇다면 헤게모니의 정의와 특징을 설명하는 것을 넘어 그 활용 가능성을 논의해 보자. 헤게모니는 민주주의 이념을 사회적으로 실천하기 위한 근거로 발전하였다. 그람시는 사회 불평등, 다시 말해, 성, 인종, 사회계층의 차별에 관한 의식을 증진시키기 위해 헤게모니를 사용하였다. 헤게모니는 상황에 따라 창출된다는 것이 그의 주장이다. 헤게모니가 복합적인 상황과 사회적 관계를 반영하면서 발생하기에 헤게모니 관계는 사회적 관계의 개조로 변화될 수 있다. 사회적 상황에서 관계의 변화는 헤게모니 구조를 변화시킨다. 그리고 가르치는 이와 배우는 이의 관계 변화에도 적용된다(Mayo, 1999). 그람시는 모든 사람이 지적인 활동에 참여하지만 모든 사람이 지식인으로서의 사회적 기능을 담당하지는 않는다고 말하면서 전통적 지식인과 유기적 지식인의 개념을 구분하였다. 전통적 지식인은 과학자, 교수 등 사회적으로 지식을 창조하는 직업을 갖고 있다고 생각되는 자들로서 대부분 교육과 밀접한 분야에 종사하고 있다. 반면 유기적 지식인은 노동조합이나 지역사회 혹은 다양한 직업에 종사하는 자들로서 자신들의 직업생활 혹은 지역사회 생활 가운데서 지식을 창조하고 발전시키는 사람들이다. 그람시는 노동자 계층의 독자적인 지식 창출과 공유 능력을 강조하였는데, 이를 위해 근로자들이 개혁적 사고와 비판적 능력을 갖추도록 했다. 영국의 토니(Tawney)에 의한 노동조합 교육은 바로 그람시의 사상과 일치하는데, 그람시의 사상은 노동자 교육을 거쳐 평등주의적 교육사상을 도입하려는 일반 학교교육에 영향을 끼쳤다. 그는 평등주의적 교육 전통을 주장했다. 그람시에 따르면 지배계층이 노동계층을 지배하는 것은 정치적 · 경제적 권력이 아닌 헤게모니에 의한 것이다. 헤게모니는 지식과 문화에 의해 합의를 얻어 내는 일종의 지배 권력이다.

버드 홀(Budd Hall)은 그람시의 사상을 지식 창조의 불평등성을 설명하기 위해 사용했다. 그는 어떤 사람의 지식을 지배적으로 받아들이고, 어떤 사람의 지식은 지배적인 지식이 되지 못하는 이유를 그람시의 사상으로 설명했다. 지식과 지배력의 관계는 성인학습 상황에 그대로 반영된다. 왜 가르치는 이와 배우는 이의 관계에서 누구의 지식은 학습 상황에서 지배적인 것으로 받아들이고 누구의 지식은 거부되는가를 생각해 볼 수 있다. 이는 교수-학습 상황에서 가르치는 이와 배우는 이의 관계를 헤게모니로 해석하는 한 방법이다.

그람시는 대화 읽기의 속성을 고찰하기도 하였는데, 그는 대화를 통해 세상을 읽고(literary text) 해석할 수 있다고 간주했다. 가르치는 이와 배우는 이의 대화에서 그들은 세상을 읽고 해석한다. 배우는 이는 현실세계를 읽는 독자로서 자신이 읽은 현실에 대해 자신만의 독특한 해석을 한다. 그 해석이 바로 의미 주기다.

지식은 바로 배우는 이의 의미 만들기다. 의미 만들기는 주체와 객체 간의 관계에 달려 있다. 주체는 객체와의 의식적 혹은 의도적 관계에서 획득된다. 주체와 객체의 관계는 성인학습 상황에서 가르치는 이와 배우는 이의 관계다. 배우는 이는 의미 만들기를 위해 가르치는 이와 의식적이고 의도적으로 관계를 맺는다. 바로 학습에의 등록이다. 결국 의미 부여하기가 학습자에 의해 결정된다면 학습 상황에서 지배력은 학습자에게 부여되는 것이고, 의미 주기는 전환학습의 필수 과정이 된다.

헤게모니 공유 방법

가르치는 이에게 헤게모니를 선석으로 부여하는 것은 교육이 아니다(Kiros, 1985, p. 263). 헤게모니의 공유는 가르치는 이의 역할에 따라 새롭게 제시된다. 헤게모니의 공유로 말미암아 가르치는 이와 배우는 이의 서로 배우고 가르치는 협업학습 활동이 가능해진다. 헤게모니의 공유에서는 대화라는 형식을 통해 지식의 확장, 의미 만들기, 문제 해결이라는 가르치는 이와 배우는 이의 동업관계가 형성되는 것이다.

첫째, 헤게모니 공유는 누군가를 가르치는 것이 아닌 대화에 의해 가능하다. 헤게모니 공유는 문제를 해결하는 데 있어 배우는 이의 문제와 가르치는 이의 문제를 구분하지 않고 문제 자체의 해결에 몰두한다. 이를 위해 가르치는 이는 배우는 이의 대화를 경청하는 데 몰두하고, 배우는 이의 문제와 자신의 삶을 분리하지 않는다. 품앗이학습[2]의 헤게모니 공유는 이 두 가지가 혼합되어 있다. 그래서 배우는 이는 학습의 문제가 자신의 생활을 형성한다고 인식함에 따라 자연스럽게 문제 해결에 능동적으로 참여하게 된다. 하지만 그들은 제안을 관망하는 수준에서 문제 해결에 접근한다. 이러한 관망은 가르치는 이 자신에게도 새로운 시각을 가져다주는 이른바 전환적 실천을 경험하게 한다.

둘째, 헤게모니를 공유하기 위해서 가르치는 이는 능숙하고 효율적인 기술로

---

2) 품앗이학습은 역자(기영화)가 만들어 사용한 용어로, 성인학습에서 학습자와 교수자가 서로 간의 경험을 학습의 장으로 끌어와 주고받음을 의미한다. 마치 우리 전통의 향약이나 두레에서 품앗이를 하던 것처럼 학습이 결국 경험에서 도출될 수 있고 개인의 경험이 학습의 근본 자료가 된다고 가정할 때, 학습 상황은 학습자와 교수자 혹은 학습자와 학습자 간의 서로 다른 경험을 주고받는 과정이 될 것이다. 예컨대, 요리 강좌 시간에 자장면 요리를 강의하면서 교수자가 국수 삶는 법을 설명할 때 학습자 중의 누군가가 자신의 경험을 바탕으로 국수가 붇지 않게 삶아 보관하는 개인적 노하우를 말하여 서로 알게 되는 경우, 결국 교수자와 학습자는 서로 간의 학습 경험을 증진시키는 주체가 될 것이다. 역자는 품앗이학습을 바로 학습자와 교수자가 동등하고 서로 간의 대화를 통해 경험을 주고받을 수 있다는 가정을 기반으로 논의한 것이다. 이는 그람시의 헤게모니적 해석에서도 시사하는 바가 크다 하겠다. – 역자 주

배우는 이를 관리하는 자이지 자신의 지식과 견해를 설득하는 자가 아니다. 품앗이학습에서 가르치는 이는 배우는 이와 시간과 장소, 방법을 제한하지 않는다. 가르치는 이는 배우는 이와의 대화를 경청함으로써 상호작용한다. 그리고 자신의 생각과 의견을 제시하기보다는 배우는 이가 왜 그런 생각을 하는지에 초점을 둔다. 배우는 이는 가르치는 이와의 상호작용 과정에서 자신의 방식으로 학습과 관련된 것—그것이 텍스트든, 경험이든, 현장의 실천이든 관계없이—을 읽고 듣고 차이를 발견한다. 그러고 나서는 자신이 발견한 것들이 자신의 내면적 욕구에 부합하는지를 이해하고 해석한다. 그 결과는 바로 배우는 이의 생생한 지식, 의미 만들기로 자리 잡는다(Hould, 1992, p. 105). 이처럼 배우는 이의 의미 만들기에도 기여하는 헤게모니의 공유는 궁극적으로 배우는 이의 주체력과 지배력의 정도를 파악하고 문제를 해결해야 하는 상황에 활용된다.

셋째, 헤게모니의 공유는 가르치는 이가 배우는 이들이 자율적이고 독립적으로 학습하도록 창의적인 방법을 사용함으로써 가능하다. 이 경우 학습 과정의 헤게모니를 공유하면서 배우는 이들의 경계를 허물고 확장할 수 있는 비판적 사고, 창의적 교수법들이 적용되어야 한다. 학습 과정에 참여하는 자들은 생활세계에서 지배적 가치와 이데올로기가 원하는 방향으로 사고하고 행동하도록 길들여져 있다. 따라서 그러한 지배권을 다양한 관점에서 바라보고 해석하고, 궁극적으로는 자신의 고유한 욕구가 무엇이었는지를 생각해 볼 수 있는 기회가 주어지는 학습 상황이 전개되어야 한다.

넷째, 헤게모니의 공유는 가르치는 이가 배우는 이들이 주체적으로 삶을 관리하고 자신의 가치를 형성할 수 있도록 돕는 과정에서 이루어진다. 궁극적으로 배우는 이들이 외부의 권위에서 벗어나 자신을 해방시키고 자신을 시식의 주체로 인식하게 하는 데 그 목적이 있기 때문이다. 학습은 배우는 이가 자신의 모든 것을 학습 상황에 가져올 수 있도록 하는 여건이 형성되어야 한다. 배우는 이는 자신의 모든 경험과 배경을 학습 과정에서 드러내고 서로 논의하고 활용할 수 있도록 한다. 배우는 이의 모든 것은 학습 상황에 통합되어야 한다. 가르치는 이는 배우는 이를 지도하거나 문제 해결의 열쇠를 주는 자로 간주되지 않는다. 품앗이학습에서 가르치는 이는 헤게모니를 공유하면서 배우는 이의 문제 해결을 자신의 삶의 일부분으로 간주하는, 그래서 서로 배우고 가르치는 협업학습자다.

참고문헌

Boggs, C. (1984). *The Two Revolutions: Gramsci and the Dilemmas of Western Marxism*. Boston: South End Press.

Cranton, P. (1994). *Understanding and Promoting Transformative Learning*. San Francisco: Jossey-Bass.

Cranton, P. (1992). *Working With Adult Learners*. Toronto: Wall & Emerson, Inc.

Entwistle, A. (1981). Antonio Gramsci: Conservative Schooling For Radical Politics. *Convergence: International Journal of Adult Education, 14*(3), 91-95. International Counsil for Adult Education.

Gramsci, Antonio (2000).www.theory.org.uk

Heimlich, J. & Norland, E. (1994). *Developing Teaching Style in Adult Education*. San Francisco: Jossey-Bass.

Holud, R. (1992). *Antonio Gramsci: Beyond Marxisim and Postmodernism*. London: Routledge.

Jackson, T. (1981). Influence of Gramsci on Adult Education: An Essay Review. *Convergence: International Journal of Adult Education, 14*(3), 81-85. International Counsil for Adult Education.

Kiros, T. (1985). *Toward the Construction of a Theory of Political Action: Antonio Gramsci*. Boston: University of Press of America, Inc.

Knoxs, A. (1986). *Helping Adults Learn*. San Francisco: Jossey-Bass.

Landy, M. (1994). *Film, Politics, and Gramsci*. Minneapolis: University of Minnesota Press.

Malouf, D. (1994). *How to Teach Adults in a Fun and Exciting Way*. Austrailia, NSW:

Business & Professional Publishing.

Mayo, P. (1995). The Turn to Gramsci in Adult Education: A Review. *International Gramsci Society Newsletter, 4*, 2-9.

Mayo, P. (1999). *Gramsci, Freire and Adult Education: Possibilities for Transformative Action*. London: ZED Book.

Proceedings (2001). QUIG: 13th annual conference. University of Georgia at Athens.

Renner, P. (1993). The Art of Teaching Adults: How to Become an Exceptional Instructor & Facilitator. Vancouver: Training Associates.

Wangoola, P. & Youngman, F. (1996). *Towards a Transformative Political Economy of Adult Education: Theoretical and Practical Challenges*. Dekalb, IL: LEPS Press.

Wood, L. & Kroger, R. (2000). *Doing Discourse Analysis*. London: Sage Publications, Inc.

차 례

제1장

성인교육을 위한 비판이론

- 무엇이 이론인가
- 이론의 유용성
- 비판이론에서 비판성의 의미
- 비판성의 네 가지 전통
- 마르크시즘과 비판이론
- 비판이론에서 무엇이 그렇게 비판적인가: 다섯 가지 특성
- 비판이론과 성인학습의 연관성

이론은 가볍게 쓰여서는 안 되는 위험한 단어다. 우리는 인간 본성이나 정치 발전에 관해 소위 정확한 이론을 확립한 사람들이 전쟁을 일으키고 살인과 폭행도 일삼았던 것을 잘 알고 있다. 진(Zinn, 1990)이 말한 것처럼 "우리가 어떻게 생각하느냐는 삶과 죽음의 문제다."(p. 2) 이론이라는 말을 쓰는 사람들은 가끔 "봐라, 여기 정말 심오한 것이 있다."라고 외치면서 다소 거만한 분위기를 풍기기도 한다.

이론가가 현실의 상황적이고 분열된 특성을 정리하려 한다면 포스트모던적인 분석은 거시적인 이론 형성 자체를 고지식하고 자기기만적인 헛된 노력의 모더니즘적 프로젝트로 본다. 포스트모더니즘은 세계가 본질적으로 분열되어 있다고 주장한다. 이론적 일반화의 시도는 특정 집단의 담론 안에서 생성되므로 결국 전체적 상황에 맞는 통찰력이 간과될 수 있다. 이러한 비판을 의식하는 학자들은 구시대적인 집단으로 분류되는 것을 꺼리면서 이론이라는 단어를 말하거나 쓰려 하지 않는다. 결국 모든 것이 특별하고 개별적인 것이라면 일반화할 수 있는 이론을 구축하는 것이란 시간 낭비인가? 이 책을 쓰는 것은 이 문제에 대한 답이 '정말 그렇지 않다'는 것을 보여 주고 이론을 포기하는 것은 너무 조급한 것이라는 것을 알려 주려는 것이다. 그러나 이론적 전망에 초점을 맞춘 이 책을 통해 나는 어떻게 이론적 전망을 이해하고 있는지, 왜 그것이 가치 있는 노력인지를 증명해야 한다. 이것이 이 장에서 의도하는 바다.

무엇이 이론인가

『성인학습을 위한 비판이론: 성인의 삶과 학습에 대한 희망의 담론』이라는 제목의 이 책을 펼치면서 당신은 이 성인학습의 모든 측면에 관한 총체적인 설명을 기대할지도 모른다. 하지만 나는 처음부터 이 기대를 저버릴 것이다. 나는 비판이론이라는 특정한 이론적 틀에 대한 고찰을 할 것이다. 그리고 비판이론이 성인학습과 성인교육에 대해 가지는 의미에 대해 탐구할 것이다. 필연적으로 어느 한 면에 초점을 맞추게 되면 다른 면은 도외시될 수밖에 없다. 비판적 이론은 학문적으로 다수에 대한 소수의 체계적인 착취가 일어나는 불평등한 사회를 비판하는 마르크시즘에 근거를 두고 있다. 성인교육자들은 비판적 이론을 통하여 사람들이 어떻게 불평등한 세계를 인식하고 도전하는가를 이해하는 데 도움을 준다. 성인학습에 관한 비판적 이론은 기존 이데올로기를 인식하고 도전하며 헤게모니를 장악하고 해방을 추구하여 민주주의를 획득하는 것을 중요한 과업으로 본다. 비판적 의식화를 중시하는 이론에서는 도구적이고 기계적인 학습을 부정한다. 또한 비판이론은 성인의 학습 행위에 대한 전반적 설명 대신 정치적 · 사회적 자각의 발달에 대해 최대한 포괄적인 설명을 하려고 노력한다.

나는 이론화 작업이 재능 있는 소수에게만 제한된 고차원의 지적 활동이라는 생각에 반대한다. 이론화는 지식인의 전유물이 아니라 의식을 가진 존재라면 누구나 할 수 있는 사고 과정으로 여겨야 한다. 이론은 세상의 특정 측면을 이해할 수 있도록 도와주는 설명적 도구일 뿐이다. 실체를 이해하는 것은 인간의 자연스러운 활동이고, 그런 의미에서 우리 모두는 이론가라고 말할 수 있다. 그람시(Gramsci, 1971)의 용어로 표현하자면 “모든 인간은 지식인이다.”(p. 9) 의도적이든 그렇지 않든 우리는 해석하고 예측하고 설명하고 의미를 부여하고 있다.

이론은 전문 학술지에 게재되는 대학 교수의 전유물이 아니라 일상생활의 대화에서 생성되고 정교화되고 폐기되는 것이다. 그람시(1971)는 “인간은 세계를 이해하는 활동에 참여하고 있고, 도덕적 행위를 의식함으로써 새로운 사고체계를 형성하고 있으므로”(p. 9) 모두 사람이 이론가라고 본다. 이러한 사고는 이론이 전문적이고 제한적인 담론이며, 아울러 철학과 과학의 방법론이 특별한 훈련을 요구한다는 생각에 도전하는 것이다. 자연과학이나 사회과학의 이론은 전문적인 용어를 사용하여 정교해지고 세련될 수는 있으나, 일상생활에서의 평범한 이론도 정도의 차이만 있을 뿐 이론화의 차원이 다른 것은 아니다.

이론은 표현에서 좀 더 형식적이고 관점의 측면에서 보면 넓거나 깊을 수는 있지만, 세상을 이해하고 세상에 대한 이해를 통해 타인과 소통하고 그 이론에 기초하여 행동할 수 있다는 점에서 일상생활의 이론과 그 취지는 같다. 이론은 명백하게 실천적이다. 교육가뿐 아니라 모든 인간은 세상을 이해하는 방식에 근거를 두고 행동한다. 행동이 의도적이고 계획적일수록 그 행동은 이론적이다. 이론은 본래부터 목적론적이기 때문에 인간의 행동에 목적을 부여한다. 우리는 이론이 예측 가능한 결과를 가져올 것이라고 믿기 때문에 행동한다. 물론 이론은 정확하지 않거나 이른바 권위 있는 사람으로부터 무비판적으로 수용되어 오용될 수 있다. 또한 정확하게 이해되지 않은 이론에 근거하여 행동할 때는 해로운 결과를 초래할 수도 있다. 하지만 실천, 판단, 행동 속에는 항상 이론이 존재한다.

이론의 유용성

『제한에서 벗어나는 법 가르치기(Teaching to Transgress)』(1994)에서 벨 훅스(Bell Hooks)는 이론이 어떻게 자신의 삶을 구원했는가를 설득력 있게 표현하고 또 증명하고 있다. 그녀는 가족의 역학을 이해할 필요를 느꼈다. "나는 고통받고 있었기 때문에 이론을 찾았다—내 안의 고통이 너무나 강력해서 살 수가 없었다—나는 내 주변에서, 그리고 내 안에서 무슨 일이 일어나고 있는지 알고 싶어서 이론에 매달렸다. 가장 중요한 것은 고통을 없애 버리는 것이었고, 결국은 이론을 통해 치유받을 수 있었다."(p. 59) 포스터(Poster, 1989)는 비판이론과 후기구조주의 비평에서 "비판이론은 우리가 고통의 세계 속에서 살고 있다는 것을 인식하게 해 주는 도구이자 고통을 없애는 데 중요한 역할을 하는 것이라는 가정에서 출발하고 있다."(p. 3)고 말했다. 훅스와 포스터는 이론의 유용성—이 경우에는 고통의 경감—을 증명해 보이고 있다. 우리가 세상을 이해하고 행동하도록 도움을 주는 이론은 혼란 속에서 호흡하고 또 명확하게 판단할 수 있게 도와준다. 우리는 이론화를 통해 우리에게 무슨 일이 일어나는지 이해하고 행동할 수 있다. 이론화하는 데 소모된 시간은 우리에게 유용한 통찰력을 주기 때문에 매우 값지다. 일상생활의 이론들로 구성된 성인교육자들이 사용하는 실천의 틀은 매우 기능적이고 유용하다. 이론은 지적인 우아함이나 개념적인 아름다움을 위해 존재하는 것이 아니며, 우리에게 도움이 되지 않으면 바로 폐기되어 버린다. 이론은 유용하면 그 생명을 이어 가고 그렇지 않으면 버려진다.

성인학습의 비판이론이 유용한지는 어떻게 정확하게 판단할 수 있을까? 바꿔 말하면, 어떤 경우에 이론은 유지되거나 폐기될 것인가? 여기 고려할 만한 세 가지 사항이 있다. 첫째는 세상을 설명하고 있다면 그 이론은 유용하다. 삼성적인 설명은 복잡한 모순을 해결하고 더 포괄적이며, 더 정확한 설명에 의해 언제든 대체될 수 있다. 이러한 관점에서 특정 이론은 나중에는 거짓으로 판명난다 할지라도 실체에 개념적 질서를 부여하고자 하는 욕망에서 비롯된 의미 부여의 한 형태로 간주할 수 있다. 이는 포괄적인 의미적 관점(세상을 어떻게 보는가 하는 관점)을 발달시켜 가는 과정 중에 성인은 의미 형성의 발달 궤도를 만들어 간다고 가정하는 메지로우(Mezirow, 1991a)의 전환학습 개념과 일맥상통한다. 이론은 우리가 관찰하고 경험하는 것을 명확히 해 줄 수 있을 때에만 유용하다고 할 수 있다.

현재 발생하고 있는 사건과 현상을 확실하게 이해할 수 있다면 우리의 삶은 달라질 수 있다. 우리의 문제가 개인적으로는 어찌할 수 없는 구조적 모순의 반영이라는 것을 인식한다고 하더라도, 우리가 그 문제의 원인이 아니라는 것을 안다는 것은 행복을 누리는 데 중요한 역할을 한다. 성인교육자들을 포함하여 교육자가 가지고 있는 사회적 통념 중의 하나는 브리츠먼(Britzman, 1991)이 말했듯이 "모든 것이 교사에게 달렸다."라는 것이다. 우리가 이 통념을 받아들인다면 모든 것이 잘못될 때마다(예를 들어, 열의를 가지고 내해야 할 교과과정과 학습에 학생이 냉담하고 무관심할 때) 우리가 학생의 경험과 학습 스타일에 충분히 민감하게 반응하지 못하거나 카리스마를 충분히 발휘하지 못했기 때문이라고 생각하게 된다. 헤게모니에 관련된 이론적 통찰력은 우리로 하여금 죄의식을 떨쳐 버리고 새로운 방법으로 실천을 모색할 수 있도록 도와준다. 우리가 아무리 피하려고 노력해도 파괴적인 시나리오가 우리 인생에서 계속 맴돌 수 있다. 우리는 이러한 사실을 인정하는 것을 주저할 필요 없이 이론적 통찰력을 가지고 접근해야 한다. 개인적인 고통이 구조적인 압박과 모순에서 비롯된다는 것을 보지 못하게 되면, 즉 이론적인 도움 없이는 근거 없는 자기 고뇌의 위험에 빠져들기 십상이다.

따라서 이론을 공부하는 것은 우리를 당황하게 만들고 우리가 이해할 수 없는 경험에 대해 설명할 수 있도록 도와준다. 그것은 새로운 방식으로 해석된 경험을 접함으로써 우리의 경험을 더 잘 이해할 수 있게 해 준다. 그 결과 우리는 세계를 더 쉽게 이해하고, 세계는 우리의 영향력이 미치는 영역으로 다가온다. 누군가 다른 사람이 개인적으로 경험한 통찰력을 확증시켜 주면 우리는 더욱 확신에 차게 된다. 개인적 통찰력을 이론적 명제로 진술하게 되면 추론과 판단의 과정은 명확해진다. 이론은 성인교육 실천을 미혹시키는 상대주의와 고립주의의 덫에 빠지는 위험도 막아 줄 수 있다. 우리는 이론을 공부함으로써 구체적인 상황이나 좀 더 일반적인 상황에 대해 통찰력을 얻을 수 있다. 우리는 문화, 역사, 환경에 젖어 있기 때문에 구체적인 것을 통하여 일반화하려는 경향이 있다. 익숙한 사건에 대해 덜 익숙한 해석을 하는 이론은 기존의 우리의 생각과 맞지 않기 때문에 우리를 새로운 사고방식의 세계로 이끌게 된다.

이론에 주의를 기울이지 않게 되면 경험의 난제 속에 고착화되기가 쉽다. 비판이론은 경험 속의 난제가 반드시 우리가 해결해야만 할 방법적 결함이나 교육학적인 문제가 아니라는 것을 이해할 수 있도록 도와준다. 대신 그 난제는 종종 자본주의 체제의 내적 모순을 보여 주는 정치적인 상황이다. 이러한 상황은 관료적 합리성과 대량생산 체제 안에서 성인학습처럼 복잡한 무언가를 하려 할 때 발생하는 것이다. 그런 시스템은 복잡성을 무시한다. 예를 들면, 학습은 동일한 장소에서 매주 예견된 시간에 행해지고 다루기 쉽게 분리된 단위로 구분된 교과과정의 원리를 따른다고 가정한다. 이론은 우리의 영향력을 벗어난 역학 구조 속에서 어떻게 인종, 계급, 성의 차별이 우리에게 영향을 끼치는지 깨우쳐 준다.

이론적 유용성의 첫 번째 기준은 기본적으로 재현에 관한 것이다. 그 기준은 우리의 정신은 세계에 대한 정확한 사진들로 구성되어 있다고 주장하는 근대 인식론에서 나왔다. 배그널(Bagnall, 1999)이 설명했듯이, 근대 인식론은 "끊임없이 진보하며 물질세계를 완벽하게 재현하고 있다. 하지만 그것이 틀릴 수 있음을 항상 전제해야 한다."(p. 23) 포스트모더니즘은 이러한 인식론을 개인적인 상황 이상의 것을 이론화하려는 희망 없는 자기기만적 행위로 비하하고 공격한다. 그러나 포스트모더니즘의 회의에도 불구하고 성인교육자들은 실천을 진전시키기 위해 이론을 이용하고 있고, 또 이론화를 지속적으로 시도하고 있다. 실제로 성인교육자의 실천에 대한 비판적 해체주의의 약점은 실천적 성인교육사가 어떻게 문제를 다루어야 하는지에 대한 어떤 제안도 하지 않고 있다는 점이다.

우리는 자신을 어리석게 느끼게 하고 죄의식을 느끼게 하며 현장실습을 좀 더 민주적인 방법으로 재편하려는 노력에 어떠한 희망도 주지 않는 비평을 읽다 보면 쉽사리 허무주의와 냉소주의에 빠지게 된다. 평생 동안 이러한 혼란에 반대했던 파울로 프레이리(Paulo Freire)가 그의 마지막 저서 중 하나의 제목을 『희망의 교육학(Pedagogy of Hope)』이라고 붙인 것은 우연이 아니다.

이론의 유용성을 판단할 수 있는 두 번째 기준은 그 이론이 세상이 어떤 것인지를 이해할 수 있게 해 줄 뿐 아니라 어떻게 하면 더 나은 세상으로 만들 수 있는지에 대한 지침을 줄 수 있는 것이어야 한다는 것이다. (물론 여기서 '더 나은'이란 계급, 문화, 인종, 성적 선호도, 이데올로기 등에 따라 달리 정의될 것이다.) 비판이론의 가장 강력한 희망 중의 하나는 그 이해가 혁명적 성격을 띤 정치적 · 사회적 변화를 촉발한다는 점이다. 페이(Fay, 1987)가 말했듯이, "비판이론은 사회질서에 대해 설명하고자 한다. 그리고 이론이 촉매가 되어 사회질서의 변화를 이끌어 내고자 한다."(p. 27) 그리하여 더 넓은 정치사회적 상황에서 우리가 무엇을 할 것인지에 대한 다양하고 유용한 이미지를 제공할 뿐 아니라 우리가 좋은 일을 할 수 있게끔 도와주는 것이 이론이다. 우리 모두는 지치지 않는 에너지와 열정과 헌신을 가지고 있기 때문에 그 에너지를 극대화할 수 있다고 확신하는 것이 필요하다. 이것은 저명한 사회비평가인 코넬 웨스트(Cornel West)가 벨 훅스와의 대화에서 주장했던 내용이다(Hooks & West, 1991). 웨스트에게 이론은 "투쟁에서 꼭 필요한 무기다. 왜냐하면 이론은 우리가 효과적으로 행동하기 위해 필수적으로 갖추어야 할 설명 능력, 이해력, 통찰력을 제공해 주기 때문이다."(Hooks & West, 1991, p. 34)

그래서 성인학습에 대한 비판이론이 공정, 정의, 조화라는 민주적 가치를 기반으로 한 사회를 건설하는 데 성인교육이 기여할 수 있는 방법을 제시할 수 있다고 보는 것이다. 호르크하이머(Horkheimer, 1995)의 용어로는 "이슈는…… 해방의 이론일 뿐 아니라 해방의 실천이다."(p. 233) 비판적 전통에서 이론적 유용성은 완전히 해방된 사회의 철학적 전망에 근거를 둔 기준에 의해 판단된다. 다음 절에서 살펴보겠지만, 규범적 가치를 강조하는 것은 비판이론에서 중심이 된다. 비판이론은 실용주의자들이 '아름다운 결과'라고 부르는 자유롭고 정의로운 사회를 이루려는 데 목표를 두고 있다. 따라서 비판이론은 자유와 정의의 적과 싸우는 실질적 문제에 얼마나 안내자의 역할을 잘하느냐에 따라 그 유용성이 가늠될 수 있다(Newman, 1994).

세 번째로 이론은 활력을 앗아 가는 급진적 비관론의 위험에 맞설 수 있는 급진적 희망을 줄 수 있다. 지배 이데올로기의 힘과 영속성을 분석하려 할 때, 자본주의와 관료적 합리주의라는 거대한 양대 기둥으로 호위되는 산업적 조직에 대항할 때, 우리는 우리가 할 수 있는 것이 거의 없다는 결론에 도달하게 된다. 교육을 지배문화의 가치를 전승하는 수단으로 이용하는 세력의 힘과 영속성을 알게 되면 우리가 얼마나 미약하고 무기력한지 느끼게 된다. 지배 이데올로기에 도전하면 응징을 받게 된다는 것을 알게 되는 것은 침울하고도 무서운 일이다. 반대 세력의 막강한 힘을 깨닫게 되면 사기가 저하되기 마련이다. 다국적 기업을 통한 글로벌 자본주의가 국제적 영향력을 확장해 가면서 시민사회를 잠식해 가는 것을 볼 때,

시민들은 과연 어떻게 이 현상에 대처할 것인지가 막막해진다. 희망의 교육학의 윤곽을, 그리고 교육과 사회의 민주적 전환의 가능성을 찾을 수 있는 것이 성인학습의 비판이론이다. 비판이론과 프랑크푸르트 학파의 이론이 세계 곳곳의 사람들에게 활기를 북돋우고 있다는 사실은 자본주의 지배 이데올로기가 우리가 생각하는 것만큼 심각하게 만연해 있지는 않다는 증거가 된다. 비판이론의 목적 중 하나는 성인들이 인생에서 가능하다고 느끼는 것을 어떻게 지배 이데올로기가 제한하는지를 깨닫게 하는 것이다. 이런 과정이 어떻게 발생하는지를 자각하게 만드는 것은 "교육적 과정이 어떻게 사람들의 환상을 포기하게 만드는지를 이해할 수 있게 하는 필연적인 이론적 기회"(Welton, 1995, p. 13)를 제공한다. 그러므로 비판이론의 효과성은 그 이론이 세계를 더 공정하고 자비롭게 만들 수 있다는 희망을 주는 만큼 증명되는 것이다.

이론이 유용성을 갖기 위해서는 모든 성인 교육적 상황에 적용될 수 있는 논리정연하게 요약된 공식과 실천에 대한 함의—규격화된 모델과 기술—를 가질 필요는 없다. 섈린(Shalin, 1992)이 지적했듯이, "현실은 이론을 즐겁게 받아들이지 않으며 우리의 신념을 위한 노력을 망쳐 버린다." (p. 268) 아마 우리가 가장 현실적으로 기대할 수 있는 것은 비판이론의 렌즈로 연구를 이해하는 자는 어떻게 사고가 형성되고, 그것이 어떻게 연구에 영향을 미치는지를 공개적으로 증명해 보일 수 있다는 점이다. 이러한 점에서 본보기가 되는 것이 아이라 쇼어(Ira Shor)인데, 그는 자신의 비판교육학의 실천이 어떻게 비판이론의 전통과 파울로 프레이리의 사상에 영향을 받았는지를 시종일관 말한다.

쇼어는 그의 일련의 저서에서(1987a, 1992, 1996) 교육적 실천의 강력한 실천적 이미지를 제시하고 있는데, 그 실천에 고무되어 많은 사람이 각기 다른 접근방법으로 연구와 실험을 하였다(Shor, 1987b; Shor & Pari, 1999, 2000). 비판이론의 통찰력을 바탕으로 행동하려는 교육자는 무관심하고 참여에 적대적인 학생과 침울한 교사를 즉시 알아볼 수 있다. 이러한 학생과 교사에 대해 쇼어는 구체적인 상황과 세부사항까지 설명해 가면서 유용한 제안을 했는데, 그 제안이 그대로 재현될 필요는 없다고 하였다. 그러나 그가 보여 준 창의성에 힘입어 많은 사람이 자신의 행동방식을 바꿀 수 있게 되었고, 또 그의 제안은 유용한 실험의 방침으로 사용되었다. 구체적인 예가 쇼어의 제안을 적용하여 시카고에 있는 국립 루이스 대학교 성인교육에서 민주적인 박사과정을 개설한 것이다(Avila & others, 2000).

현장교육에 관한 성인교육 관련 저서에 대한 개관에서, 헤이스(Hayes, 1993)는 "교사가 구체적 지침 없이 어마어마한 분량의 권한 부여를 감당해야 한다는 사실이 비현실적으로 느껴진다."(p. 183)고 말한 바 있다. 나는 그녀의 생각에 동의한다. 이론가들이 복잡하고 모순적인 정치적 상황에 규격화된 처방을 내리는 것을 꺼리는 것에는 동의하지만 그들이 쉽사리 "미안하지만 이 문제에 대해 우리에게 기대하지 말아 주세요. 문제를 분석하기만 하면 우리의 일은 끝난 겁니다."라고 말하는 것은 이해할 수가 없다. 실천의 문제를 이론적 분석과 별개로 생각하는 것은 곧 실천의 개념을 부정하는 것이다. 실천은 분석과 행동처럼 정반대(反)되는 것의 끊임없는 합(合)이자 비판이론 전통의 중심이 되는 내용이다.

나는 성인교육 실천에 대해 토론하기를 꺼리는 것을 책임 회피라고 생각해 왔다. 특히 세계를 이해하는 관건은 세계를 변혁할 수 있어야 한다고 말하는 지적 전통으로부터 분석을 도출해 낼 때 더욱 그러하다. 결국 비판이론과 비판교육학 같은 교육적 적용은 억압, 차별, 편협함과 싸우고 더 공정하고 자비로운 세상을 만들려는 실천가의 희망에 기초하고 있다. 이러한 전통에 중심이 되는 것은 이데올로기 간파, 헤게모니에 대한 저항, 민주적으로 행동하는 것과 같은 매우 실천적인 프로젝트다. 그람시 같은 비판이론의 선구자들이 혁명적 전술의 세부사항(예를 들어, 공장 노동위원회의 설립과 운영 및 기능)까지 구체적으로 기술하고 있다는 것을 고려한다면, 실천을 구체화하지는 않으면서 실천에 대해 상세히 기록하는 것 마저 의심하는 일부 비판적 성인교육이론의 입장은 문제가 있다.

이론가들이 실천의 지침을 제시하는 것을 꺼리는 것은 인식론적으로도 옹호할 수 없다. 싫든 좋든 우리 모두는 이론가이고, 형식적이든 비형식적이든 실천에 대한 이론은 우리가 성인학습을 돕는 문제에 대해 어떻게 접근해야 하는지 틀을 제공한다. 반대로 이론적 모색은 우리의 에너지를 고갈시키는 실천적 모순과 갈등을 설명하고 해결하려는 소망에서 시작된다. 책이나 전문 학습지에 나타나는 형식적 이론은 일반적 문제에 대한 추상적이고 성문화된 사고체계지만 우리 특유의 결정과 행동의 이해를 반영한다는 차원에서 일맥상통한다.

비판이론에서 비판성의 의미

이 책은 이론에 관한 책이면서 비판이론이라는 구체적 이론에 관한 책이다. 비판적이라는 용어가 불러일으키는 의미와 해석이 다양(어떤 것들은 서로 모순적이다)하기에 비판이론은 종종 우리를 심해(深海)로 이끌고 간다. 그럼에도 불구하고 이 책에서는 비판적이라고 표현할 수 있는 성인학습이론에 대해 탐구하려고 한다. 그러므로 이 용어가 의미하는 것이 무엇인지 확실히 설명할 필요가 있다.

비판성은 다양한 집단에서 다양한 목적을 주장하는, 다양한 의미를 가진 논쟁의 소지가 있는 관념이다. 비판적이라는 용어를 어떻게 사용하느냐에 따라 그 사람의 이데올로기와 세계관이 반영된다. 이를테면 직장에서 비판적으로 학습하는 것이 어떤 것인지 이해하는 방식은 사람마다 다를 것이다. 아지리스(Argyris, 1982)의 연구에 의하면 비판적 학습, 사고, 반성적 사고는 경영자들이 서로 다른 사고 전략과 이중순환학습(double loop learning) 방법을 어떻게 사용하는지에 따라 다양하게 나타난다. 아지리스는 성인 근로자는 시장 상황을 정확하게 평가하여 회사 방침이 제대로 세워졌는지를 점검하고, 회사 결정을 좌우하는 목표를 검토하면서 비판적으로 학습한다고 생각하였다. 예를 들면, 회사가 브랜드 이미지를 결정할 때 잠재 고객을 화나게 할 최악의 선택을 할 경우에는 어느 단계에서 추론이 잘못되었는지를 자세히 조사한다. 비판적 사고를 통한 행동은 이익과 생산성을 증가시키고 태업이나 노동자의 장기 결근을 감소시킨다. 더욱 창의적이고 인본주의적인 방식으로 생산과 판매 서비스를 조직하게 되면 자본주의는 더 이상 도전받지 않을 것이다. 자유시장경제는 과도한 월권을 제한하는 사회민주적 온정으로 넘칠 것이다. 자본주의의 이념적·구조적 전제 또한 완전하게 유지되면서 말이다.

일부 학자들은 자본주의에 대한 명백한 비판 없이는 기업에서 비판학습이 일어나는 것이 불가능하다고 본다(Collins, 1991; Simon, Dippo, & Schenke, 1991; Mojab & Gorman, 2003). 일터에서의 비판학습은 환경 파괴를 통제하지 않고 노동조합을 금지하며 저가 노동력을 제공받을 수 있는 나라로 공장을 옮기는 비도덕적 행위를 하는 기업에 맞서 싸우는 것을 포함한다. 비판학습은 노동조합원을 직권을 남용하는 부패한 스탈린 방해주의자로 만드는 것에 반대하고 성공적인 조직을 만들 수 있는 조건을 탐구한다. 또한 이윤이 생성되고 분배되는 조건에 대해 연구한다. 비판학습은 자본주의 이데올로기의 합법성을 유지하기 위해 신조어를 창출해 내는 현실에 의문을 제기한다. 예를 들면, '주주가 된다' 또는 '소유권을 갖는다'라든가, 학생을 '고객'으로 표현한다든가, '다운사이징(downsizing)' 또는 '라이트사이징(rightsizing, 노동자를 해고하는 것이 시장에 자연스럽게 생태학적 균형을 맞춰 준다는 의미를 가짐)' 등의 용어를 사용해 노동자들이 생계, 집, 자존심, 희망을 잃어가는 현실을 완곡한 표현으로 미화시키는 현실을 지적한다.

비판이론에서는 협동적 민주주의와 노동자의 권리가 주주에의 이윤 분배보다 우선시될 때, 일터에서의 학습이 노동자의 창의적 역량 행사에 집중될 때 변화가 시작된다고 주장한다. 호르크하이머(1995)의 표현처럼, "비판적 사고는…… 개인의 목적, 자발성, 합리성과 노동 과정의 관계의 불일치를 완화하려는 노력에 의해 유발된다." (p. 210) 토리노의 공장노동위원회, 스코틀랜드 클라이드사이드(Clydeside) 조선소의 연좌항의, 1968년 파리 교외의 르노(Renault) 공장 점거 등은 이러한 관점에서 일터에서의 비판학습의 예가 될 수 있다.

이처럼 동일한 용어가 어떻게 서로 다른 행동을 지칭하는 것으로 사용될까? 비판성이라는 개념을 정확히 이해하기 위해서는 각기 다른, 때로는 상호 모순된 지적 전통을 면밀히 분리해서 살펴보아야 한다. 비판성이라는 단어를 사용하는 네 가지 뚜렷한 전통은 신마르크시즘과 프랑크푸르트 학파의 비판사회이론에 나타나는 이데올로기 비평, 정신분석학과 심리요법, 분석철학과 논리학, 실용주의적 구성주의다.

비판성의 네 가지 전통

「비판적 사고를 비판적으로 만들기」라는 선동적인 에세이에서, 킨첼로(Kincheloe, 2000)는 비판성의 필수 요소인 정치적 · 윤리적 차원이 비판적 사고의 프로그램에서 간과되어 왔다고 주장한다. 그에게 비판성은 프랑크푸르트 학파의 비판사회이론과 아도르노(Adorno, 1973), 호르크하이머(1974, 1995), 마르구세(Marcuse, 1964)의 관념에 근거를 두고 있다. 그에 따르면 비판적 사고는 "일상생활을 더 의식적으로 통제하기 위해 광범위한 실천과 권력관계의 암묵적 가정으로부터 개인을 해방시키는 능력"(p. 24)이다. 프랑크푸르트 학파는 지배적인 문화에 비판적으로 거리를 두고 그에 반대되는 연대를 재구축하는 것이 성인학습의 중심 과업이라 하면서 그런 활동을 이데올로기 비평이라고 칭하였다. 이 책에서 나는 비판성과 비판이론을 주로 이데올로기 비평 전통에서 인용하고 있다. 학습 과정으로서의 이데올로기 비평은 사람들로 하여금 얼마나 무비판적으로 수용된 부당한 지배 이데올로기가 일상생활에 깊숙이 스며들어 있는지를 인식할 수 있도록 서술하고 있다. 교육적 실천으로서 이데올로기 비평은 자본주의가 어떻게 사회적 관계를 형성하고 있는지, 우리가 알지 못하는 사이에 경제적 · 정치적 불평등을 정당화하는 신념체계와 가정, 이데올로기가 얼마나 사회에 만연해 있는지를 자각하는 데 초점을 맞추고 있다.

이데올로기 비평 전통에서 중요한 요소는 헤게모니라는 개념이다. 이는 사람들이 어떻게 지배 이데올로기를 그들에게 유리한 것으로 신봉하는지를 설명하고 있다. 헤게모니 이론가인 안토니오 그람시(Antonio Gramsci)는 주도적인 가치, 관념, 관습이 학교나 다른 문화기관, 즉 교육을 통해 자연스럽게 체계화되는 현상을 지적하면서, 헤게모니는 항상 교육적 현상으로 이해되어야 한다고 보았다. 또한 가장 영향력 있는 성인학습 이론가 중 한 사람이라고 할 수 있는 잭 메지로우(Jack Mezirow)는 이데올로기 비평을 '체계적인' 비판적 반성과 동등한 것으로 보면서 그것을 통해 사회문화적 왜곡을 조사하는 데 초점을 맞추었다(Mezirow, 1991b). 그는 이데올로기 비평이 공산주의, 자본주의, 파시즘 같은 외적 이데올로기에 대한 비판적 반성이나 "경제적, 생태학적, 교육적, 언어학적, 정치적, 종교적, 관료적으로 당연시되는 문화적 체제"(Mezirow, 1998, p. 193)에 대한 반성과 맞닿아 있다고 주장하였다. 이데올로기 비평은 사회적 전환의 전망을 내포하고 있으며 프레이리, 토니(Tawney), 윌리엄스(Williams), 호튼(Horton), 코디(Coady), 톰킨스(Tomkins) 같은 영향력 있는 실천적 성인교육자들의 연구를 기본 틀로 삼고 있다.

두 번째 전통인 정신분석학과 심리요법은 성인 시기의 비판성을 다양한 트라우마의 결과로 보면서 유아기에 형성되는 금기의 동일시와 재평가로서 접근한다. 메지로우(1981)는 비판성을 정신-문화적 가정의 구조가 어떻게, 그리고 왜 우리 자신에 대한 인식과 관계를 억압하는지를 비판적으로 인식할 수 있게 하는 해방의 과정이라고 썼다. 전환학습이론을 이용해서 굴드(Gould) 같은 이론가는 유아기의 금기가 어떻게 자아실현을 제한하고 좌절시키는지를 성인이 깨닫게 되는 과정에 초점을 둔다. 이러한 깨달음은 금기를 근절시켜 진정한 삶을 누리게 하는 가장 기본적인 단계이자 요소다.

다른 이론가들은 새로운 사회 구조의 발달은 완전한 인격체를 새롭게 탄생시키는 전제조건이라고 강조하고 있다. 예를 들면, 칼 로저스(Carl Rogers, 1961)는 집단 심리치료 요법을 통해 개인의 학습과 발달이 이루어진다고 보면서 정치적 요소는 좀 더 폭넓게 다루지 않았는데, 그의 마지막 저서인 『칼로저스의 사람-중심 상담(A Way of Being)』(1980)에서 그동안 정치적 요소를 다루지 않았던 것을 아쉬워했다.

에리히 프롬(Erich Fromm, 1941)이나 로널드 랭(Ronald Laing, 1960) 같은 이론가들은 인격이 사회적 · 정치적으로 형성된다고 주장했다. 그들은 정신분열증이나 정신병을 자본주의의 내적 모순에서 기인한 사회적 병리 현상으로 보았다. 이데올로기는 질서와 예측 가능성, 외적 통제를 갈망하는 인격 유형을 만들어 내고, 나아가 전체주의나 파시즘 체제도 생성시킨다. 이러한 전통은 메지로우(1991a)의 선구자적인 이론적 연구에서 명백하게 나타난다. 랭 같은 급진적 심리학자나 프롬 같은 신마르크스주의자들은 개인과 사회의 전환이 분리될 수 없다고 보았다. 인격이 재형성되려면 무자비한 광기의 사회제도가 적합한 사회경제 구조로 바뀌어야 하고 자본주의의 모순이 해결되어야 한다는 것이다. 『마르크스의 인간에 대한 개념(Marx's Concept of Man)』(1961)이라는 책에서, 프롬은 젊은 마르크스가 사회주의 혁명의 가장 큰 소득은 인격의 변화이고, 그것이 새로운 형태의 인도주의적 시민을 만들어 낼 것이라고 확신하였다고 밝혔다.

비판성에 대한 세 번째 전통은 분석철학과 논리학이다. 비판적이 된다는 것은 논거 분석에서 우리가 좀 더 능수능란해진다는 것을 의미한다. 이 전통에서는 우리가 논리적 오류를 인식할 때, 편견과 사실, 의견과 증거, 정보 없이 판단하는 것과 타당한 추론을 하는 것을 구별할 때, 능숙하게 연역, 귀납, 유추 같은 다양한 형태의 추론을 할 때 비판적으로 행동한다고 본다. 이러한 전통은 비판적 사고에 관한 저서(Stice, 1987; Norris & Ennis, 1989)에서 분명히 나타나는데, 이러한 비판적 사고의 의도는 특정한 이데올로기 비평과는 관계없이 분석과 논쟁의 기술을 발전시키는 것이다. 비트겐슈타인(Wittgenstein, 1953)의 표현으로 사회적 관계는 언어 유희로서 이해되며, 사회적 이해는 언어의 다양한 사용과 의미를 해독하는 것을 필요로 한다. 이 전통에서 사회적 행위는 언어 행위에 참여하는 것과 유사하다(Searle, 1969). 영국 성인교육자인 케네스 로슨(Kenneth Lawson, 1975)과 랠프 패터슨(Ralph Patterson, 1979)은 성인학습과 교육의 개념에 대한 도발적인 해체를 시도하였다. 언어 분석을 비판적 사고의 중요한 특성으로 보는 이 전통은 긴보기에는 호르크하이머(1995)가 "비판적 태도는…… 사회가 구성원에게 제공하는 현재 제정한 행동 규칙을 전적으로 믿지 않는다."(p. 207)라고 주장한 것과는 거리가 있는 것처럼 보인다.

마지막으로 비판성을 정의할 때 많은 사람이 인용하고 있는 네 번째 전통은 실용주의적 구성주의다. 이 전통은 사람들이 어떻게 경험과 의미를 구성하고 해체하는지를 강조한다. 구성주의는 보편적인 것과 일반화된 진리를 부정하고 사람들이 그들의 경험을 어떻게 다양하게 해석하는지에 초점을 맞춘다. 구성주의는 우리가 발생한 사건에 대해 각자의 경험을 구성한다고 주장한다. 실용주의는 더 나은(실용주의자의 표현으로는 더 아름다운) 사회제도를 만들기 위한 끊임없는 실험의 중요성을 강조한다. 그들은 민주적인 사회를 건설하기 위해서는 실험하고 변화하고 우리 자신과 타인의 잘못을 밝혀야 한다고 주장한다.

실용주의자들이 다양한 방법으로 실험을 하였기 때문에 민주주의는 실용주의자들에 의해 신봉되는 정치제도가 되었다. 체리홈스(Cherryholmes, 1999)에 따르면, "실용주의는 민주주의를 필요로 하는데, 이는 사회적 개방성, 포용력, 실험정신은 폐쇄적, 배타적, 편협한 신중함보다 더 많은 성과"(p. 39)를 낳기 때문이다. 민주주의와 실용주의의 두 전통은 존 듀이(John Dewey, 1938)의 연구에서 뚜렷이 나타나고 있다. 이 두 전통은 에드워드 린드만(Eduard Lindeman, [1926] 1961)의 연구를 거쳐 경험을 이해하고 실험적 방법을 선호하는 성인학습의 영역으로 스며들어 갔다. 하이랜더 포크 스쿨(Highlander Folk School)에서의 마일스 호튼(Myles Horton, 1990)의 유명한 연구에서 구조주의적 접근은 이데올로기 비평의 전통과 관련이 있다. 실천가들은 이데올로기 비평의 전통으로 인해 그들의 경험이 비판적으로 분석되어 사회정의를 위해 싸우는 데 귀중한 자산이 될 수 있다는 것을 깨닫게 되었다.

비판성에 대한 나의 이해는 이상의 네 가지 전통 모두에서 비롯된 것이지만, 그중 첫 번째 전통인 이데올로기 비평은 확실히 가장 탁월한 것이다. 그러나 실용주의 요소를 비판이론의 전통에 포함시키는 비판성의 개념에 대해서는 논쟁을 불러일으킬 수 있다고 믿는다. 비판적 실용주의라고 불릴 수 있는 이러한 태도는 이데올로기 비평에서 나타난 사회 읽기의 유용성과 정확성을 수용한 것이다. 또한 비판적 실용주의는 인간의 경험이 인종, 계급, 성에 제한을 받지 않는 세계를 만들려는 데 목적을 두고 있다. 그러나 그러한 사회를 상상하고 만들어 가는 데 오직 한 가지 방법만 있다고 믿는 근본주의나 본질주의에 대한 어떠한 주장에도 회의적이다.

비판이론과 실용주의의 이런 융합을 모두가 좋아하는 것은 아니다. 실제로 비판이론과 관련된 몇몇 연구에서는 실용주의가 해방적 차원을 지니고 있다는 주장을 완전히 부정하였다. 호르크하이머(1995)의 재발행된 논문의 서문에서 스탠리 아로노비츠(Stanley Aronowitz)는 실용주의를 '무이론의 이론'이라고 기술하고는 "비판이론의 여지가 없다."(pp. xv-xvi)고 주장하면서, 실용주의를 사회정치적 비평과는 정확히 배치되고 그것을 파괴하는 것으로 비난하였다. 호르크하이머는 『이성의 상실(Eclipse of Reason)』([1947], 1974)이라는 책에서, 체계적인 실험을 통한 개선에 믿음을 가지고 '근대산업주의의 지적 대응물'(p. 50)이 될 수 있다고 생각하는 과학만능주의로서의 실용주의를 비난하였다. 실용주의는 당대의 상황을 실험적으로 개선하는 데 중점을 둔 결과 "사색적인 사고가 완전히 없어졌다."(p. 103) 그람시(1971)도 실천을 중시하는 실용주의를 '보수적이고 반동적인 행동을 정당화하는' 진정한 이론이 아닌, 본질적으로 보수적인 관점으로 간주하였다.

그러나 나는 실용주의적 전통이 호르크하이머, 아로노비츠, 그람시가 주장한 것처럼 비판성에 해를 끼치지는 않는다고 믿는다. 실용주의를 아름다운 결과를 유연하게 추구하는 것으로 생각할 수 있다면, 가장 아름다운 사회적 결과는 호르크하이머(1995, pp. 230-242)가 비판이론에 필수적인 전제조건으로 생각한 자유와 정의라고 볼 수 있다. 비판이론에 대해 실용주의적 관점은 자유, 정의라는 가치를 실현해 나가고 자기 비판적이고 자기 준거적인 입장(비판적 전통에 중요한 것으로 주장되고 있는)을 고무시킨다는 점에서 융통적으로 옹호될 수 있다. 그것은 민주적 삶의 창조를 이론의 중요한 과제로 상정한다는 점에서 받아들일 수 있다.

공동체 전체를 위해 생산을 민주화하려는 관심과 일터를 인간의 창의성이 실현되는 장소로 만들려는 소망은 비판이론과 실용주의의 접점이라 할 수 있다. 현대 비판이론가인 위르겐 하버마스(Jürgen Habermas) 또한 이를 인정하였기에 그의 연구는 미국 실용주의에 바탕을 두고 있는 것으로 해석될 수 있다. 1985년 인터뷰에서 그는 “내가 오랫동안 고수해 온 급진적 민주주의의 성향은 미국 전통에 잘 나타나 있으며, 또 미국 실용주의에 명확히 표현되어 있다.”(p. 198)고 밝혔다. 샐린(1992) 또한 하버마스의 의사소통이론을 “북미와 앵글로색슨 전통을 융합하고 성을 통한 해방 과제에 실용주의적 관점을 더해 비판이론의 활기를 북돋우려는 의도”(p. 244)라고 보았다.

실용주의를 비판이론으로서 받아들일 수 있도록 가장 노력한 코넬 웨스트(1999a)는 예언적 실용주의를 열정적으로 선언하였다. 이 철학에서 예언적 요소는 “악마를 압박할 때는 매우 급박한 양상을 보이면서도 한편으로는 자비롭게 비평할 줄 아는 유대교와 기독교 전통으로 거슬러 올라간다.”(p. 171) 그리고 실용주의적 요소는 “실용주의를 문화비평의 정치적 형태로 이해하고 정치를 평범한 사람들의 일상 경험 속에 자리 잡게 했다.”(p. 151) 웨스트에 따르면, “예언적 실용주의 정치 속에 자리 잡고 있는 해방적인 사회실험은 마르크시즘의 급진적 민주주의 요소와 매우 닮았다. 해방적 사회실험의 유연성은 독단적이고 선험적이며 일원론적인 견해를 거부한다.”(pp. 151-152) 그에게 예언적 실용주의의 두 기둥은 “투쟁방식으로서의 비판적 기질과 삶의 방식으로서의 민주적 믿음”(p. 186)이다. 그 두 기둥은 비판이론의 확실성은 결코 구체화될 수도 없고 건전한 비판을 넘어설 수도 없다는 것을 보장하는 실용주의적 정신을 갖고 있다. 그람시의 실용주의에 대한 반대에도 불구하고, 웨스트는 “그람시는 예언적 실용주의의 비판적 정신과 대립적인 정서를 구현하고 있다.”(p. 169)고 주장하였다. 그는 예언적 실용주의자를 “도덕적 · 정치적 목적을 위해 유권자를 조직하여 결합시킴으로써 생각을 행동으로 옮기는 자”(p. 146)라고 기술하고 있는데, 이는 그람시의 유기적 지식인이라는 개념과 닮아 있다.

마르크시즘과 비판이론

이 절에서는 마르크스(Marx) 사후 그의 분석에 대해 갱신하고 그에 대한 올바른 반응과 관련된 지적 토론으로서 비판이론에 대해 논하려 한다. 마르크스는 비판이론의 범주에 속하는 학자들의 지주와 기초가 되는 대단한 지적 존재였다. 그의 연구는 몇 가지 점에서 비판이론의 전통에 관한 연구를 구체화하였다고 할 수 있다. 허위의식, 상품화, 객관화, 소외 같은 가장 중요한 분석적 범주는 마르크스의 계몽적 사고에 대한 해석과 헤겔(Hegel)과의 대화에서 도출된 것이다. 비거하우스(Wiggerhaus, 1994)는 프랑크푸르트 학파에 대한 조사에서 호르크하이머, 마르쿠제, 프롬은 소외와 자본주의에 의한 인간성 말살에 대한 '초기' 마르크스 비평에 의존하고 있다. 성인교육에 관한 하버마스의 연구(메지로우의 전환학습이론의 발전에 영향을 준)는 많은 점에서 마르크스에 기원을 두고 있다.

그러나 마르크스의 관념이 전환학습이론(비판학습의 개인 해방에 대한 관심에 근거를 두고 있는)의 한 요소를 뒷받침하고 있지만 미국 성인교육에서 마르크스는 거의 언급되고 있지 않다. 미국 성인교육 저서에서 마르크시즘을 개념적 핵심으로 삼고 있는 것은 홀스트(Holst, 2002)의 분석 이외에는 없다. 이것은 아마도 미국 성인교육자들이 마르크스라는 이름만 거론해도 파괴적이고 공산주의적이고 공공연히 정치적이고 특정 계급 이익에만 관심이 있다고 낙인 찍히는 것을 두려워하고 있기 때문일 것이다. 그러나 로(Law, 1992), 마요(Mayo, 1998), 웰튼(Welton, 1995), 올먼(Allman, 2000, 2001), 영맨(Youngman, 2000)이 증명하고 있듯이, 다른 영어권 나라에서는 성인교육자들이 마르크스와 관련될 준비가 되어 있다. 웰튼(1995)은 "성인학습이 비판이론을 구축할 때 마르크스를 잊게 되면 그 결과는 실로 엄청날 것이다. 필연적으로 우리는 개인주의적인 학습모델에 구속되어 버린다."(p. 19)라고 주장하였다.

마르크스를 회고하는 데 어려움을 겪는 것 중의 하나는 마르크스 연구에 의존하는 사람들이 겪는 반사적인 '마르크스 공포증(marxphobia)' (McLaren, 1997, p. 172)이다. 마르크스 공포증이란 마르크스를 언급하기만 해도 반미적 행위를 하는 것으로 생각하고 역사상 전체주의적 공산체제에 의해 감행된 대학살과 진압을 지지하는 것으로 생각하는 것이다. 마르크시즘적 분석과 전체주의를 분리하려는 프랑크푸르트 학파의 반복적인 노력에도 불구하고, 여론은 마르크스를 진압, 획일화, 관료화, 창의성이나 자유에 대한 반대와 동일시한다. 이러한 현상이 일어나는 것은 웨스트(1982)가 지적했듯이 마르크시즘과 소비에트의 스탈린 중앙집권화를 관련지어 생각하기 때문이다. 웨스트는 "영어에서 마르크시즘을 공산주의와 동의어로 받아들이는 것은 우연이 아니다."라고 말했다.

그러나 비판이론은 마르크스와의 끊임없는 대화로 여겨진다 해도 마르크시즘의 단순한 복제는 아니다. 맥라렌(McLaren)이 지적했듯이, "대부분은 아닐지라도 많은 비판적 교육자들은 정통 마르크시즘의 전통에서 벗어나 있고 자본주의를 결정적인 악으로 생각하지 않는다." (McLaren, 1997, p. 172) 비판이론가인 프롬은 자본주의 체제에서 균열과 결함을 발견할 수 있다고 지적했다. " '자본주의'는 개인의 자유를 허용하는 그 자체로 복잡하고 끊임없이 변화하는 구조다." (Fromm, 1956b, p. 132) 비판이론 전통은 암묵적으로 중국 문화혁명을 찬성하지 않으면서도 마르크시즘적 분석을 유용한 것으로 받아들이고 있다. 마르쿠제, 웨스트, 데이비스(Davis) 등은 마르크스의 민주적 욕구에 주의를 기울이는 반면, 프롬은 마르크스가 주로 정신적 해방에 관심을 가졌던 것으로 보고 있다.

비판이론을 마르크스와의 비판적 연대라고 이해할 수 있다면, 성인학습의 비판이론은 마르크시즘 개념의 구심점임을 인정하는 것에서부터 시작해야 한다. 이것은 마르크스 공포증을 겪고 있는 사람들이 처음 보기에 언뜻 느껴지는 과장이 아니다. 그 예로 일반 학생의 등록이 저조한 학교를 지원하기 위해 가속학습 프로그램을 증가시키려는 고등교육기관을 성인교육자들이 비판하는 것을 들 수 있다. 교육기관을 통해 가능한 한 빨리 성인학습자를 처리하는 것은 학습의 상품화를 보여 주는 것이다. 상품화는 인간의 자질과 인간관계가 시장에서 사고파는 물건으로 간주되는 과정을 말하는데 객관화, 페티시즘(물신숭배), 교환가치 같은 개념과 관련이 있는 마르크시즘적 개념이다. 상품화는 '고등교육의 상품화에 대한 비판'이라는 부제가 붙은 『판매 중인 대학교(College for Sale)』(1997)라는 슈머(Shumar)의 책에 사용된 주요 개념이다. 주류 성인교육자들의 대다수가 비교적 편하게 수용하고 있는 비판론은 마르크시즘적 분석에서 그 기원을 찾을 수 있다.

영맨(2000)은 성인교육과 성인 발달에 대한 분석을 통해 구체적 성인 교육과 학습을 설명할 때 마르크시즘적 분석을 배제할 수 없다고 기술하고 있다. 그는 "마르크시즘적 사회이론은 미시적 · 거시적 차원의 분석에서 성인교육과 발달을 이해하기 위한 기초를 제공한다."(p. 9)고 주장하면서, 하라레의 사립학교에서 어떻게 컴퓨터 강좌가 계급 분석, 식민지주의, 아프리카에서의 자본주의 발달 같은 도구로 사용되었는지를 분석하며 이 주장을 뒷받침하였다. 그 강좌는 글로벌 경쟁사회에서 생존하기 위해 짐바브웨의 필요한 숙련 노동력을 창출하기 위해 개설된 것으로 사립 성인교육기관을 세우기 위한 세계은행(World Bank)과 IMF의 압력의 결과로 위치 선정이 이루어졌다. 교재는 미국의 다국적 기업에 의해 제공되었고, 강좌에 참여하는 것은 학습자의 경제적 상황에 의해 결정되었다. 학급 내 학생들 간의 관계, 교사와 학생의 관계는 짐바브웨 식민지의 유산을 반영하는 계급, 인종, 성, 종족에 따라 조직되었다. 그래서 영맨에 따르면 "학급의 성인교육자와 학습자의 경험과 일상적 행동은 더 넓게 짐바브웨의 경제적 · 정치적 현실과 세계경제에서의 위치에 의해 형성된다."(p. 10)

마르크스는 비판이론에 중심 개념을 제공했을 뿐 아니라 담론의 형태에도 영향을 미쳤다. 아울러 사회적 논쟁과 과학만능주의의 교체, 창의성과 박애를 실현할 수 있는 전제조건을 구축하기 위한 담론과 자본주의의 예견된 위기에 초점을 둔 역사의 불변 법칙을 보여 주는 담론 간의 교차에 뒤이은 비판이론의 문체를 형성하였다. 사회적 이상을 실현하기 위한 정치적 · 사회적 분석의 기초는 상당 부분 마르크스 이후 비판이론의 바람직한 사회의 기준에서부터 비롯되었다. 자주 인용되는 포이어바흐(Feuerbach)에 대한 열한 번째 테제에서, 마르크스는 철학의 요점은 세계를 해석할 뿐만 아니라 변혁하는 것이라고 주장하면서 혁명적 사회변혁을 위한 촉매로 작용하려는 비판이론의 의도를 지지하였다. 영맨(2000)은 이러한 실천주의가 "마르크스의 이론에 근거를 두고 있는 자본주의 사회의 급진적 성인교육 내의 오랜 전통"(p. 33)에서 명백하게 나타난다고 주장하였다. 그에 따르면, "마르크시즘의 시작 단계에서부터 마르크시즘과 성인교육 실천 간에 긴밀한 관계가 있었다."(p. 32) 그는 마르크스가 독일 노동자교육협회에 참가했던 것과 그람시가 토리노에서 공장노동위원회를 조직했던 것, 미국 마르크시즘 사회주의자들이 1907년에 노동자대학을 세웠던 것을 그 근거로 들고 있다.

베를린 장벽이 무너지고 소비에트 사회주의공화국이 와해되면서 많은 사람은 마르크시즘이 지적으로 의심받고 있다고 믿었다. 그러나 마르크스의 관념은 사라지지 않고 있다. 울프(Wolff, 2002)는 『왜 오늘날 마르크스를 읽는가(Why Read Mark Today)』(2002)라는 책에서 마르크스 책에 기반을 둔 강의는 꾸준히 청중을 끌어들이고 있다고 밝히고 있다. 사회가 부유한 소수를 위해 경제적으로 조직된다고 인정하고, 부익부 빈익빈 현상을 발견한다면 암묵적으로 마르크스의 이론에 의존하고 있는 것이다. 북미자유무역협정(NAFTA)에 대한 격론에서 국가 간 자유무역으로 인해 기업은 저렴하고 노동조합이 없는 노동력을 착취하여 비용을 절감함으로써 새로운 시장을 개척·착취하여 더 부강해진다는 비평가들의 지적을 접할 때, 우리는 아직도 마르크스의 영향력이 현존하고 있음을 깨닫는다. 그의 지속적인 영향력을 보여 주는 흥미로운 예는 당대 가장 탁월한 미국 흑인 사상가인 코넬 웨스트가 마르크스 사상과 계속 관련을 가지고 있는 것이다(West, 1991).

확실히 마르크스의 영향력은 프랑크푸르트 학파에 의해 정교화된 비판이론 분야에서 발견할 수 있다. 아도르노, 호르크하이머, 마르쿠제, 프롬 같은 이 학파의 학자들은 마르크스의 생각이 20세기에도 강력한 영향력을 가질 수 있다고 믿었다. 그들은 마르크스가 예견하지 못했던 세계를 위해 마르크스 관념의 의미를 재진술하고 재해석하려고 하였다. 이러한 재구성은 비판이론가답게 비판적인 방법으로 행해졌다. 제이(Jay, 1973)가 말한 것처럼, "처음부터 비판이론의 중요한 특징 중의 하나는 마르크시즘을 폐쇄적 진리로 보지 않으려고 했던 것"(p. 254)이라 할 수 있다.

20세기 이래로 마르크시즘에 대해 많은 도전이 있었다. 1917년의 볼셰비키 혁명은 도시가 아닌 농촌에서 발발했고, 도시 프롤레타리아 계급의 군중 봉기가 아닌 망명 지식인에 의해 주도된 정치적 쿠데타였다. 게다가 러시아 혁명은 도미노 효과를 일으키지 못했다. 노동자 계급이 제1차 세계대전에 병사로 참여했지만 유럽과 다른 곳에서 자발적인 혁명의 불씨는 강하게 타오르지 못했다. 마르크시즘의 원리에 의해 움직인다고 주장되었던 사회는 전체주의적 억압과 자본주의에서 노동자가 왜곡되면서 우스꽝스럽게 변형되어 갔다. 미국같이 진보된 자본주의 사회에서는 많은 수의 노동자 계급이 자본주의 체제를 파괴하기보다는 그 열매를 즐기는 데 열심이었다. 거기에다 파시즘과 나치즘이 등장하였다. 이러한 현실에 직면하여 프랑크푸르트 학파의 학자들은 새로운 범주를 만들기 위하여 마르크스의 분석 범주를 사용하기도 하고 비판하기도 하였다. 이러한 범주는 근대사회, 정치, 인간 발달에 대한 비판이론을 형성하였다.

프랑크푸르트 학파는 1923년 독일 프랑크푸르트에 세워진 사회연구소에 대한 약어다. 학회는 호르크하이머(1930년부터 소장이었음), 프롬, 마르쿠제, 아도르노(1955년에 공동 연구소장이 됨)의 연구를 지원하였다. 나치가 독일을 점령한 후에 그 학회는 제네바(1933년), 뉴욕(1935년)으로 옮겨 갔다. 1953년에 프랑크푸르트로 돌아와 1969년에 아도르노가, 1973년에 호르크하이머가 세상을 떠난 후, 학회의 뚜렷한 지적 프로젝트—현대 산업사회와 마르크스 사상의 관련성을 해석하고 비판하고 재구성하는—는 약화되었다. 현대 사상가인 하버마스(한때 아도르노의 조교였음)는 프랑크푸르트 학파의 유산을 지적으로 계승하였다. 프랑크푸르트 학파의 연구는 서로 보완적인 두 가지 탐구 방향—이데올로기 비평과 정신분석—으로 분리되었다. 이 두 가지는 비판이론 전통에서 중요한 기여를 하고 있다. 특히 이데올로기 비평은 이 책에서 인용하고 있는 지배적이고도 중심적인 전통이다.

비판이론에서 무엇이 그렇게 비판적인가: 다섯 가지 특성

비판이론은 다른 이론과 무엇이 다른가? 이것은 1937년 「전통과 비판이론」(1995)에서 호르크하이머가 다루었던 가장 중요한 문제였다. 이러한 그의 분석은 오늘날에도 타당하다. 그는 비판이론이 전통이론(실증주의)의 요소를 가지고 있다고 인정했지만 중요한 차이를 지적했다. 첫째로 비판이론은 특정한 정치 분석에 근거를 두고 있다. 그래서 "비판이론은 오늘의 교리와 내일의 교리가 다르지 않다."(p. 234) 그것은 분석의 기본 단위—물물교환에 근거한 경제의 사회 계급 간의 모순—가 사회가 급진적으로 변화될 때까지는 안정되어 있기 때문이다. '단일한 실존주의적 판단'(p. 227)은 비판이론의 중심적 개념이다. 자본주의를 구성하는 물물교환 경제에서는 해방을 위한 욕구와 그 욕구가 실현되는 것을 막으려는 소망 사이에 긴장관계가 형성된다.

호르크하이머는 해방의 가능성에 대해서 비관적이었다. 그는 해방에 대한 소망은 억압되고 인간애는 '새로운 야만주의(new barbarism)'(p. 227)로 변해 갈 것이라고 믿었다. 그러나 그의 비관은 무저항주의나 체제순응주의로 빠진다는 것을 의미하는 것은 아니었다. 대신 그는 이론에 찬동하는 자는 비루한 야만주의와 맞서 싸워야 한다는 것을 비판이론이 가정하고 있다고 주장하였다. "비판이론은 기존 질서를 비판하고 그에 맞서 이론에서 결정된 노선에 따라 투쟁하는 것을 전제로 하고 있다."(p. 229) 그래서 호르크하이머 분석의 출발점은 사회관계를 지배하는 물물교환 경제는 인간애와 자유를 실현할 수 있도록 바뀌어야 한다는 것이다.

물물교환 경제(마르크스에게서 빌려 온 관념)에서는 교환의 역학—내가 이것을 너에게 주면 그 보답으로 너는 나에게 그것을 준다—이 모든 인간관계를 결정한다. 교환가치(화폐적 가치)가 사용가치(인간의 욕구를 충족시키는 가치)보다 더 중요하다. 예를 들면, 금의 교환가치(금목걸이를 살 때 치르는 가치)는 사용가치(치아의 충전재로 쓰이는 것처럼 기능에 의해 결정되는 가치)와는 별 관계 없이 사회적으로 결정되는 현상이다. 성인 독해학습의 교환가치(학습은 어떻게 성인이 고용시장에서 더 성공적이 되도록 돕는가)는 사용가치(학습을 통해 성인이 자신감을 발전시키고, 인생에서 의미를 찾고, 세계에 대한 새로운 시각을 가지게 되는 것)보다 중요하다. 학습의 사용가치가 성인 학습자와 교육자에게 중요함에도 불구하고, 정책입안자와 회계담당자는 프로그램을 재정 지원하거나 평가할 때 교환가치를 고려한다.

교환경제에서는 교환가치에 의해 발생되는 이윤을 위해 재화를 생산하다. 교환경제의 중요한 차원은 마르크스의 용어로 생명 없는 물건이 '숭배화' 된다는 것이다. 재화는 우리의 인식 범위를 벗어나 결정된 고유한 화폐적 가치를 지니고 있다고 믿게 된다. 물론 이 가치는 물건 내에 독자적으로 존재하는 것은 아니다. 실은 물건에 대해 얼마를 지불할 것인지를 표현하는 것이다(교환경제의 용어로는 물건을 소유하기 위해 얼마를 지불할 것인가).

교환경제에서 내재적 가치(시장의 힘에 의해 결정되는)를 가지고 있는 것은 재화뿐이 아니다. 지적 노동인 교수와 학습을 포함하여 노동도 내재적 가치를 가지고 있다. 우리는 노동을 돈과 교환하고 돈을 물건과 교환한다. 그 과정에서 노동은 돈으로 교환할 수 있는 재화, 즉 용역으로 대체된다. 그래서 노동력—일할 수 있는 능력—은 여느 재화와 다름없이 우리 외부에 존재하는 것으로 간주된다. 우리가 교환하는 물자가 추상적 실체가 되어 버리면, 즉 그 가치가 신비로운 외적 힘에 의해 결정되어 우리가 통제할 수 없는 영역에 존재하게 되면 물신숭배로 이어진다. 물신숭배 때문에 노동력—학습—을 판매하는 상품인 것처럼 생각하게 된다. 가령, 대학을 간다든가 세계관이 급격히 바뀐다든가 하는 것 같은 성인 전환학습을 높은 지위와 봉급으로 교환할 수 있는 자격을 추구하는 것으로 여기게 된다.

이런 과정에서 주체성과 자존심의 근원인 노동은 추상적 물체로 물화되어 버린다. 인간관계도 '사물 사이의 환상적인 관계'(Marx, 1973, p. 72)처럼 보이면서 물신 숭배화되어 버린다. 성인교육에서 교수-학습 관계에 대해 말하거나 성인교육과정을 개발할 때 우리의 감정이나 존재 너머에 존재하는 물체를 보듯 말하게 된다. 현장에서 활동하는 성인교육자들도 인간으로서 우리가 누구인가 하는 인식,

그리고 역사 및 경험과 분리되어 버린다. 자본주의의 교환역학은 우리의 감정마저도 잠식해 버린다. 감정적 투자를 말하면서 감정도 중요한 사적 관계의 증권시장에서 살 수 있는 것쯤으로 생각한다. 관심과 부드러움은 섹스와 교환되고, 애정은 부양과 교환된다. 자식에 대한 부모의 관심은 노후에 부양받을 것을 약속하는 것으로 교환된다. 하버마스(1987a)는 자본주의의 교환 과정에 의해 일상생활이 침해받는 것을 일상생활의 식민화라고 묘사하였다.

두 번째 비판이론의 특징은 그것이 억압으로부터 해방시켜 줄 수 있는 지식과 이해를 제공하려 한다는 것이다. 비판이론의 요점은 단순히 세계를 해석하는 것이 아니라 변혁시키려는 지식을 만들어 내는 것이다. 이런 점에서 호르크하이머는 비판이론이 '전환적'이라는 형용사를 붙일 만한 자격이 있다고 주장했다. 비판이론은 사회적 개입과 정치적 행동에 거리를 둘 필요가 없다. 오히려 비판이론은 그러한 개입을 필요로 한다. 분명한 의도는 자본주의를 진정한 민주적 사회제도로 바꾸려는 것이다. 비판이론이 타당한지 알 수 있는 방법은 행동을 이끌어 낼 수 있는 능력이 있는지를 보면 알 수 있다. 이는 간접 타당도로서 "조사와 측정을 통해 누가 이익이 되고 손해가 되는지를 평가하는" 타당도다(Patton, 2002, p. 548). 이론을 통해 만들어진 지식은 분석 단위(사회에서 행동하는 사람)의 행동을 변화시켰을 때 유용한 것으로 간주될 수 있다.

게스(Geuss, 1981)는 비판이론을 "본질적으로 계몽과 해방을 이끌어 낼 수 있는 지식을 제공하는 반영이론"(p. 2)이라고 평하였다. 호르크하이머(1995)는 이론의 교리를 해방적 실천을 위한 책략으로 단순하게 해석하는 것을 경계하면서도, "비판이론의 목적은 속박에서 인간을 해방시키는 것이다."(p. 246)라고 말했다. "철학은 가능한 목적을 위하는 경우라 할지라도 선전이 되어서는 안 된다. ―철학은 명령하는 것에 관심이 없다."([1947] 1974, p. 184) 훗날 프레이리가 무분별한 행동주의를 경계하며 되풀이하여 말했듯이, 호르크하이머는 "행동을 위한 행동은 사고를 위한 사고보다 결코 더 낫지 않다. 오히려 더 못하다."([1947] 1974, p. vi)라고 주장한다. 그러나 비판이론이 명백히 전환적이며 사회변혁을 위해 존재한다는 사실은 변함이 없다. 성인교육과 가장 관련이 많은 연구 전통은 참여적 연구인데, 여기에서도 이러한 관념이 잘 구현되어 있다. 참여적 연구자들은 편견 없는 관찰을 가장하지 않는다. 그들의 목적은 성인이 결정한 방향대로 공동체를 변화시킬 수 있도록 연구하게 돕는 것이다.

호르크하이머가 제시한 비판이론의 세 번째 특징은 전통적 이론에서 발견되는 주체와 객체 간의 분리, 연구자와 연구 대상 간의 분리를 타파하는 것이다. 주체—자본주의에 의해 중요성이 줄어든 인간—가 비판이론 내에 존재하는 사회에 대한 철학적 전망을 지지한다는 사실로부터 비판이론의 타당성이 도출될 수 있다. 이 이론의 유용성은 사람들이 진정한 삶을 살기 위해 바랐던 열망을 정확히 표현하고 있다는 데에 있다. 게스(1981)가 말했듯이, 그것은 물리, 화학, 생물의 연구에 필요한 실증적 접근의 경우와는 다르다. 전통적인 과학적 연구는 연구 대상의 동의를 얻을 필요가 없다. 묘사되는 방식이 정확한지에 대한 동의를 원자나 식물에게서 얻는다는 것은 불가능하다. 성인들이 비판이론이 꿈과 희망을 담고 있다고 믿을 때, 성인학습 비판이론은 타당성을 얻을 수 있다.

비판이론의 네 번째 특징은 규범적인 기준에 기초를 두고 있다는 것이다. 이 이론은 현대사회를 비판할 뿐 아니라 더 공정하고 덜 소외받고 더 민주적인 사회를 구상한다. 벤하비브(Benhabib, 1986)의 표현에 따르면 비판이론의 과제는 사회과학과 실용철학 사이의 지점에 자리 잡고 있다. 경험적 조사와 유토피아적인 사색은 밀접하게 연결되어 있다. 기존의 사회적 · 정치적 · 경제적 조건에 대한 비판은 구상된 대안사회의 형태에 달려 있다. 현재 있는 그대로의 세계를 실증적인 근거를 갖고 정확하게 묘사하려는 시도를 하는 전통적 이론과 달리, 비판이론은 미래의 세계가 어떠해야 하는지에 대한 구체적인 전망을 제시한다. 비판이론은 공정하고 자비로운 사회를 건설하면서 자신의 인간다움을 자각하려고 노력하는 성숙한 인간으로서 산다는 것이 무엇을 의미하는지에 대한 철학적 전망에서 비롯된다. 이러한 전망은 사회적 · 문화적으로 형성된 개인이 독자성을 어누른다. 인간다움은 타인을 희생시키면서 실현될 수 있는 것이 아니다. 그러므로 성인의 발달은 협동적인 과정이라고 볼 수 있다. 발전의 기회가 특권적 소수의 전유물이 되어서는 안 된다는 비판이론의 주장을 고려해 볼 때, 이 이론에서는 필연적으로 성인의 발달과 경제적 민주주의의 확대를 연관시키게 된다.

미리 설정된 전망과 가치를 추구하는 것 때문에 비판이론은 진정한 이론이 아니라 취향, 처방, 진부함의 집합체인 '마르크시즘의 허피'라며 비판을 받고 있다. 호르크하이머(1995)도 "비판이론이 제멋대로 나아가는 것은 아니라 하더라도 모험적이고 일방적이며 쓸모없고 편향되고 부조리하게 보인다."(p. 218)는 쓴소리를 하면서 비판을 인정하고 있다. 그 결과, 그는 비판이론이 "목적 없는 지적 게임, 반은 개념적 시, 반은 마음의 무기력한 표현"(p. 209)으로 묘사되고 있다고 말하였다. 결국은 비판과 전환에 대한 '획일적인 실존적 판단'에 근거를 두기 때문에 연구의 초점이 물물교환 경제에 의해 결정되어 버린다. 그러나 이 역시 그렇게 간단하지 않다.

사실 비판이론의 철학적 · 사회적 전망을 실현하려는 것은 매우 복잡한 문제다. 자본이 점점 유동적이 되면서 마르크스 분석에서 중심이 되는 산업 프롤레타리아는 제3세계 농민(그들 중 일부는 제1세계에서 일함)으로까지 확대되었다. 콜리니(Collini, 2000)는 계급투쟁이 국제화되는 것에 대해 언급하면서, "세계 자본주의의 '프롤레타리아'는 세계 부르주아와는 다른 피부색을 띤다."(p. 12)고 말했다. 더 좋고 많은 소비재로 가득한 생활에 대한 매력적인 전망으로 인해 사회변혁의 엔진으로 간주되는 노동자 계급의 혁명적 추진력은 무디게 되었다. 실제로 20세기 말 서구 자본주의 사회에서는 노동자 계급의 이익을 위해 조직되었던 노동조합 같은 정치적 기관이 쇠퇴하게 되었다.

비판이론이 지키려고 했던 이론적 영역은 더 복잡해졌다. 분석 단위로서 인종과 성은 사회계급과 같은 중요성을 지니게 되었다. 후기구조주의는 우리가 국가 권력의 행사를 단순하게 이해하는 것에 도전한다. 그래서 우리는 우리 자신에 대한 감시, 검열, 처벌을 어떻게 행하고 있는지 더 잘 의식하게 된다. 후기구조주의에서는 통제할 수 없는 특유한 경험에 대해 강조하기 때문에 비판이론의 중심인 비판적 자각, 자유, 해방에 대한 가능성을 경감시키기도 한다. 사회가 인종, 문화, 성에 의해 분해됨에 따라 자유가 어떤 모습을 갖추고 있어야 하는가에 대한 윤곽도 넓어졌다. 사이버 공간의 안팎에서 인력과 사회적 취향이 행사되는 방식이 잠재적으로는 무한히 다양하다. 다양성에 대한 강조로 인해 실험적 전통을 중시하는 실용주의를 재조명하게 되고, 인간다움을 실현하는 다양한 방식을 강조하게 된다.

물론 우리가 인간다움의 실현과 같은 용어를 사용할 때는 이것이 그 사용자들의 계급, 성, 인종, 이데올로기를 반영하는 문화적인 편견이 내포된 의미라는 것을 인정해야 한다. 이 용어에 의해 형성된 이미지는 정의를 내리는 사람의 문화적 환경에 따라 아주 다르다. 어떤 것은 다른 이미지보다 더 높은 지위를 가지게 된다. 어떤 사람에게는 클래식 콘서트홀이 록 콘서트 무대보다 예술적 창의성을 통해 인간다움을 실현할 수 있는 은닉처가 된다. 어떤 사람에게는 자유시장경제의 자본주의가 국가사회주의보다 자유와 창의적 에너지를 북돋우는 성숙한 방법으로 여겨진다. 게다가 포스트모던적인 분석에서는 사람들이 일관된 주체성을 가지고 있다는 것에 의문을 제기하고, 대신 이러한 관점이 인간의 합리성과 완벽성에 대해 확신을 가졌던 그릇된 근대주의적 관점을 나타낸다고 주장한다. 포스트모더니즘에서 우리 각자는 "불완전한 개체 속에서 분해되고 오직 조건적으로 결정되어 더 불완전한 개체의 불확정성을 띠게 된다."(Bagnall, 1999, p. 107) 더 인간다워질 능력과 더 자비로운 사회를 만들려는 능력에 대한 믿음은 대학살과 인종 청소와 같은 끊임없는 공포에 의해 산산이 부서진다. 배그날(Bagnall)의 표현대로, 포스트모더니즘은 "개인이 가지고 있는 신념이 있다면 개인은 무엇인가 해낼 수 있는 것처럼 보인다."(p. 108) 비판이론은 공정하고 자비로운 사회를 진실하는 것을 실천 가능한 목표로 삼고 있다는 점에서 주제넘게도 근대적이다.

비판이론의 흥미를 자아내는 마지막 특징은 이 이론이 지향했던 사회적 전망을 실현하기 전까지는 이론이 옳은 것인지 확인할 수 없다는 것이다. 바꿔 말하면, 예견했던 세계가 건설되고 그 세계의 인간다움과 자비를 우리가 상대적으로 판단할 수 있을 때까지는 비판이론이 옳은지 그른지 알 수 없다는 것이다. 호르크하이머(1995)에 따르면 "비판이론에서 중요하게 여기는 변화에 관해서는 실제로 그것이 일어날 때까지는 구체적인 견해를 말할 수 없다. 푸딩을 음미하려면 먹어 봐야 하는데 먹는다는 것은 아직도 차후의 일이다."(p. 220)

전통적 이론은 현재나 가까운 미래의 세계에 대해 언급하는 것으로써 평가받는다. 대신 물리적 세계는 이론의 가설을 정확하게 검증할 수 있는 조건을 만들 수 있다. 대조적으로 호르크하이머는 비판이론의 전망을 평가할 수 있는 조건을 확립하려는 노력은 시간이 많이 걸리고 때로 격렬하고 때로는 혁명적인 노력이라고 경고하였다.

비판이론과 성인학습의 연관성

그렇다면 이 모든 것이 어떻게 성인학습과 관련이 있는가? 특히 성인학습이론이 어떻게 비판이론의 관점에서 재구성될 수 있는가? 내 입장에서는 두 가지 요소가 중요하다. 첫째, 가장 중요한 것은 비판이론의 중요한 관심사인 학습의 차원에 초점을 맞추는 것이다. 경제적 불균형에서 비롯된 불평등한 구조가 노골적으로 재생산되는 현상을 어떻게 성인들이 대대로 혹은 계속해서 자연스러운 질서로 받아들이는지를 이해하려는 것이 이러한 관심사로 표현되는 것이다. 비판이론은 성인들이 이러한 현상을 수용하고 도전하는 것을 어떻게 배워 나가는지에 대해서 우리에게 무엇을 말하는가? 둘째, 비판이론이 비판이론 자체의 가정에 대해 비판적으로 사고하는 방식에 대해 탐구하는 것이다. 이것은 성인학습과 성인교육 실천의 특징으로도 꼽을 수 있다. 이 두 요소를 순서대로 살펴보자.

학습의 중요성

비판이론은 성인학습에 관심을 가진 사람들이 바로 쉽게 인식할 수 있는 용어로 표현되지 않는다. 그러나 성인학습에 대한 분석은 비판이론의 전제에 내재되어 있다. 특히 하버마스와 연관된 비판이론이 분석을 통해 어떻게 성인학습 이론을 꿰뚫고 나아가는가를 가장 설득력 있게 설명한 사람은 웰튼(1991, 1993, 1995)이었다. 사회적 · 정치적 · 경제적 지배의 끊임없는 재생산에 대해 이해하고 도전하려고 했던 비판이론은 다양한 관심사를 표출한다. 그중의 하나는 지배 이데올로기가 사회를 조직하는 특정 방법이 자신에게 유리하다고 믿도록(그 반대가 옳음에도 불구하고) 어떻게 교육시키는가 하는 것을 알아보는 것이다. 또 하나는 자본주의와 기술 관료적 합리성의 정신이 어떻게 일상생활에 침투하여 관계를 왜곡시키는가(하버마스에 따르면 체제에 의한 일상생활의 식민화)를 밝히는 것이다. 세 번째(성인학습 이론에 특히 중요함)는 억압적인 이념적 권력과 사회 현상을 밝혀 그에 맞서는 방법을 배우고 이해하는 것이다.

비판이론의 일반적 관심에서 비롯된 성인학습의 비판적 이론은 사람들이 어떻게 자각하고 행동하는 법을 배우느냐에 초점을 맞춘 구체적 질문에 대해 답변을 시도한다. 이러한 질문에는 다수의 복지를 희생시키고 소수의 이익을 위하는 신념과 구조에 어떻게 도전할 것인가 하는 문제도 포함된다. 구체적 질문은 다음과 같다.

- 성인들은 지배 이데올로기에 도전하고 그것이 정당화하는 사회, 정치, 문화 형태에 의문을 제기하는 추론을 어떻게 학습하는가?
- 성인들은 타인과의 연계를 강조하고 연대와 집단조직의 필요성을 느끼는 경험의 해석 방법을 어떻게 학습하는가?
- 성인들은 삶과 지역공동체에 침투하는 권력의 정체를 인식하고 폭로하는 것을 어떻게 학습하는가?

- 성인들은 자신들의 이익과 대치되는 관념, 실천, 제도를 인식하고, 헤게모니의 존재와 그 복잡성에 대해 어떻게 학습하는가? 그리고 그것을 인식한 후에는 그 파급 효과를 어떻게 활성화시킬 것인가?
- 성인들은 삶을 규정하는 이해와 가정의 집합체인 일상생활과 시민사회(국가 통제하에 있지 않은 관계를 형성하고 자아정체감을 발전시키는 관계, 협회, 기관)를 자본주의 윤리, 시장의 힘, 관료적 합리성으로부터 지켜 내는 것을 어떻게 학습하는가?
- 성인들은 대안적 관점을 수용하는 것이 도전받는 현재의 상태를 지키는 한 가지 방법으로 인식하고 비판적으로 사고하는 것을 어떻게 학습하는가?
- 성인들은 세상을 변화시키는 어떠한 자유도 인식하고 수용하고 실천하는 것을 어떻게 학습하는가?
- 성인들은 반대와 처벌을 극복하고 민주주의를 실천하는 것을 어떻게 학습하는가?

이러한 질문을 통해 명확해지듯이, 성인학습 비판이론은 필연적으로 사회적·정치적 학습이론이다. 이 이론은 이데올로기에 도전하고, 헤게모니를 인식하고, 권력의 정체를 폭로하고, 일상생활을 지키고, 힘을 발전시키려는 성인의 의도를 방해하면서 성인의 삶을 규정하는 권력과 체계에 대해 연구한다. 이러한 이론은 명백히 정치적 성격을 띤다. 권력을 불평등하게 행사함으로써 형식적 학습을 구조화하고 제한하는 정치적 문제에도 끊임없이 초점을 맞추고 있다. 성인학습 이론은 정치체제의 창설, 특히 인종, 계급, 성의 장벽을 넘어 경제적 민주주의를 확대하는 것과 연관 짓는 활동을 회피해서는 안 된다. 오히려 성인교육을 정치적 과정으로 이해해야 한다. 성인교육은 정치적 과정 안에서 누군가를 희생하여 이익을 추구하고 있고, 다른 것보다 '나은' 내용을 교과과정으로 채택하였고, 타인의 노력을 판단하는 권력을 행사하고 있다. 비판이론은 민주사회주의의 가치와 과정을 확대하고 공동선에 참여함으로써 개인의 안녕과 발전의 기초가 되는 세상을 만들려는 소망에서 비롯되었다. 성인학습 비판이론은 이 목적을 이루기 위한 결정적인 요소인 성인학습 방법을 지속적으로 연구할 것이다.

비판이론에 대한 비판적 태도

성인학습 비판이론의 두 번째 요소는 이론에 대한 자기비판적 태도다. 비판이론에서 실증주의와 계몽적 이성을 보편적 진리라기보다는 문화적 유산—특정한 시공간에서 만들어진 이해의 형태—으로 보듯이, 비판이론 자체도 특정한 사회적 · 정치적 · 지적 환경의 산물로 이해해야 한다. 비판이론이 비판적이기 위해서는 시공을 초월하여 사회 작용을 모두 설명하려는 '대이론'으로서 고정화되고 매장되어 가는 것을 경계해야 한다. 비판이론이 비판저 태도를 견지하려면 이론의 보편성과 정확성에 대해 생산적인 회의주의를 수반해야 한다. 이것은 이론가들이 자본주의나 관료적 합리주의를 추구하는 이론을 비판적으로 분석하듯이 비판이론에 대해서도 똑같은 기준을 적용해야 한다는 것을 의미한다. 비판이론에 대해 불편한 질문을 하고 부정적 결과를 지적하였던 사람들은 지적으로 문제가 있는 부랑자로서 배척될 위험에 처하게 되었다. 비판이론은 당의 노선에서 벗어나는 것을 용납하지 않았던 스탈린주의자와 공통된 부분이 있다.

유명한 미국 역사가인 하워드 진(Howard Zinn)은 사회질서에 도전했던 자들은 지배집단이 그랬던 것처럼 정교(正敎)를 만들 가능성이 있다고 지적하였다. 그는 "20세기의 역사를 보면 알 수 있듯이 낡은 정교, 전통 이데올로기, 정교하게 잘 엮어진 관념—자본주의, 사회주의, 민주주의—은 해제될 필요가 있다. 그래서 우리가 그 원료들을 가지고 실험하고 다른 것을 첨가하여 더 느슨한 묶음으로 새로운 조합을 만들 수 있다."(1990, p. 8)고 하였다. 진은 완고한 도그마로부터 독립할 것을 촉구했는데, 이러한 자기비판적 태도야말로 성인학습 비판이론이 갖추어야 할 부분이다.

자기비판적 태도는 비판이론에서 낯설지 않다. 비판이론은 결국 마르크스가 예견하지 못했던 조건에 대해 마르크시즘적 사상을 재공식화하려는 시도로서 시작되었다. 브로너와 켈너(Bronner & Kellner, 1989)는 "비판이론은 헤겔과 마르크스의 변증법적 전통에 영향을 받아 본질적으로 발전과 수정에 개방적이다."(p. 2)라고 언급하였다. 안토니오 그람시처럼 확고한 마르크스주의자도 마르크시즘이 "영원하고 절대적인 진리의 독단적 형태로 이데올로기화되어 간다."(1971, p. 407)라고 말했다. 그람시는 「민중의 함성」이라는 1918년 논설에서 "마르크스는 시공을 초월한 절대적인 기준과 절대적인 명령을 가지고 설교하는 메시아가 아니다."(1988, p. 36)라고 경고하였다. 그는 마르크시즘의 가치는 항상 일시적인 것이라고 믿었다. 이러한 마르크스에 대한 그람시의 태도에서 비판이론이 어떻게 불변하는 도그마를 거부하고 신성화되는 것을 경계하는지를 알 수 있다.

이런 태도를 잊어버리고 비판이론이 그토록 경계했던 구체화에 종속되기는 쉽다. 예를 들면, 오버그와 언더우드(Oberg & Underwood, 1992)는 예비교사에게 그들의 경험을 이해할 수 있는 새로운 방법으로 비판이론을 적극적으로 도입할 때 "비판이론적 관점이 이미 폐기된 이론적 틀처럼 기능하게 될 수도 있다고 하였다. 학생들을 일상생활에서 분리시키고 다른 사람들이 그들의 현실을 구성하는 것에 관심을 가지도록 만든다."(p. 166)고 지적했다. 비판이론의 관점이 정확하다고 확신하는 사람들은 학습자와 동료에게 치명적인 방법으로 비판이론을 강요하기 쉽다. 세계를 정확하게 이해하는 유일한 방법을 발견했다고 고집하는 것은 거들먹거리는 승리주의의 느낌을 준다. 특히 우리의 관점을 비판하는 것에 대해 이념적으로 선동된 선전이라고 치부할 때는 더욱 그렇다.

비판이론을 비판할 때는 반박이 있어서는 안 된다. 비판이론으로부터 도출된 기본적인 정확성과 설명적 틀의 유용성을 일시적으로 수용할 수는 있어도 동시에 최선을 다해 그들에 도전해야 한다. 이것이 밀(Mill)의 『마르크스주의자들(The Marxists)』(1962), 이글턴(Eagleton)의 『이데올로기(Ideology)』(1991), 페이(Fay)의 『비판적 사회과학(Critical Social Science)』(1987), 켈너의 『비판이론, 마르크시즘 그리고 근대성(Critical Theory, Marxism, and Modernity)』(1989)과 같은 책의 목적이다. 이들 책에서는 "비판이론은 그 자체에 대해, 그리고 이론의 기초가 되는 사회적 힘에 대해 비판적"이라고 하였던 마르쿠제(1989)의 주장을 구현하고 있다.

비판적으로 이론화하는 작업에서 우리는 자기비판적이어야 하고 임시적 결론에 대해 자기 참조적이고 회의적인 시각을 가져야 한다. 켈너(1989)는 "비판이론이 사회이론의 최첨단에 있다면 전통이론이 받았던 비판을 감수하고 이전의 미숙하고 진부한 입장을 극복해야 한다."(p. 2)고 말했다. 헤게모니, 이데올로기, 소외, 생활세계, 상품화 등의 개념은 우리가 경험을 이해하는 데 도움을 준다. 그러나 더 잘 이해되고 사물을 더 명확히 설명할 수 있는 개념이 나오면 그것을 받아들일 준비를 해야 한다.

비판이론의 두 번째 요소는 분석철학의 전통과 우연성 및 오류를 강조하는 실용주의 전통에서 도출할 수 있다. 실용주의에서는 모든 이론과 실천은 일시적이며 재구성될 수 있다고 주장한다. 실용주의에서는 이론의 기초를 무효화하는 것과 실험을 중시한다. 보편적 설명에 관한 풍자적인 회의주의를 조장하고 예측할 수 없는 가능성을 다룬다는 점에서 부분적으로 포스트모더니즘을 앞당기고 있다. 그러나 실용주의 경향성은 코넬 웨스트가 말한 대로 사회정의 부문에서 전개될 수 있다. 웨스트에게 "사회적 참여의 징후는 얼마나 자기비판적이고 자기반성을 하느냐 하는 것이다. 그것은 당신이 고통을 극복할 수 있는 가능성을 찾고 있고 그러한 상황을 만들려고 진지하게 노력하고 있다는 방증이기 때문이다."(West, 199b, p. 295)

비판이론에 의존하는 사람들이 맞닥뜨리게 되는 유혹 중 하나는 그들의 분석이 정확하다고 자만하는 것이다(물론 전통이론이나 실증주의도 마찬가지다). 잠재된 헤게모니의 실체를 파헤치기 위해 일상생활에 드리워져 있는 이념적 베일을 꿰뚫어 보려고 분석하는 것에는 승리주의가 끼어들 수 있다. 그것은 의식이 덜 깨어 있거나 억압 속에서 어떻게 의식이 은밀히 결탁하는지 알아보려는 사람을 향해 거들먹거리는 태도라고도 말할 수 있다. 비판적 조사를 면제받은 출입금지 구역도 있다. 예를 들면, 자본주의가 종종 의심의 여지도 없고 구제할 수 없이 철저히 나쁜 것으로 간주되는 것이다. 예외적으로 제임스 로웬(James Loewen)의 『선생님이 가르쳐 준 거짓말(Lies My Teacher Told Me)』(1995) 같은 책에서는 사회적 불평등을 만들어 내는 자본주의 시장에서 민족을 근절시키는 것을 정당화하면서 자본주의에는 상당한 유익도 있다고 인정하고 있다.

비판이론에 대해 동정적으로 비판적인 태도를 취하는 재미있는 예는 페이의 『비판적 사회과학』(1987)이다. 페이는 비판이론에 대한 대부분의 비판을 요약해서 분석하고 있다. "그것은 본질적으로 경험적 증거에 둔감하다. 어떠한 경우에도 항상 정해진 '답'이 있는 선험적 가정에서 출발한다. 그리고 거스를 수 없는 도덕적 요소를 가지고 있기 때문에 본질적으로 주관주의적이다. 사회변혁의 목표는 과학적 엄격함을 요하는 객관성과는 양립할 수 없다."(p. 5) 그는 이러한 비판에 대해 비판이론으로부터 혁명적 힘을 제거하기 위해 정치적으로 타협한 적들이 행하는 공격이라고 치부하지는 않았다. 대신 비판이론의 관련성과 정확성에 대해 그의 주장을 펼친 다음 그가 신봉하는 관념의 지나치게 합리적이고 유토피아적인 차원에 대해 비판하려고 하였다. 페이는 내가 주장하고 있는 비판성에 대해 비판적 접근을 하는 것이 비판적 이론화에 필수적이라는 것을 보여 주는 모범이 되고 있다.

간단하게 말하면, 페이는 비판이론이 전통, 문화, 역사의 구속적인 영향력을 본질적으로 보수적인 것으로 보고, 경시하고 있다고 주장한다. 그러나 그가 지적한 대로 부유한 정치지도자의 대중 영합적인 회의주의 같은 전통은 본질적으로 해방적이다. 비슷한 관심사를 가지고 있다 하더라도 프랑크푸르트 학파와 직접적으로 관련이 없는 비판적 이론도 많이 있다고 인정한다. 그에게는 비판적 분석을 독일 밖으로까지 확장시키는 것이 중요하다. 그는 이러한 주장의 예로서 정신분석학자인 랭(R. D. Laing)과 하이랜더연구센터(Highlander Research Center)의 전 국장이자 성인교육자로서 유명한 존 가벤타(John Gaventa)를 들고 있다. 당신이 지금 이 책에서 접하고 있는 성인학습의 통찰력들이 마르크스의 관념에 어느 정도 근거를 두고 있으나, 푸코, 그람시, 윌리엄스, 웨스트, 훅스, 알튀세 같은 학자들은 프랑크푸르트 학파에서 연구했던 사람들이 아니다.

마지막으로 페이는 경험적 실증에 대한 요구를 실증주의적 관료합리주의를 비판적 인식론에 잘못 적용하는 것으로 치부하는 사람들과 결별하였다. 그는 마르쿠제(1964)의 의견에 동의하면서, 마르쿠제의 해방 가능성에 대한 판단과 관련해서 비판이론은 "이러한 판단의 객관적 타당성을 증명해야 하고 경험적 근거를 가지고 입증해야 한다."(p. xi)고 하였다. 페이는 예측 가능성이 비판이론의 구성에 본질적인 것이라고 생각했고, 이론의 정확성은 경험적 증거에 대한 대중적 기준에 의해 평가될 수 있다고 하였다. 바꿔 말하면, 우리는 비판이론에 영향을 받은 사회적 · 교육적 실험이 실세계에서 얼마나 잘 기능하고 있는지 살펴보는 것을 두려워해서는 안 된다.

비판이론에 자기비판적 탐구의 정신을 주입하는 것은 프랑크푸르트 학파의 특징이라는 것을 다시 강조하는 것은 중요하다. 제이(1973)는 비판이론이 다른 철학체계에 비판적으로 참가하고 대화하면서 발전했으며, 이로 인해 "본질적으로 제한이 없고 탐구적이며, 미완결적인 특성을 가지게 되었다."(p. 41)고 지적한다. 헬드(1980)는 프랑크푸르트 학파에 대한 연구에서 호르크하이머와 아도르노(Adorno)에 관하여 "1960년대에는 정치적 비관주의와 실천적 참여의 결여로 공격을 받았으나 그들 사후에는 '테러리즘'과 '정치적 무책임'을 조장했다고 추측되면서 공격을 받았다."(p. 39)고 주장하였다. 실제로 프랑크푸르트 학파의 분석에 공감하는 사람들을 가장 실망시켰던 것은 혁명적 변화와 인간 해방에 관한 호르크하이머, 아도르노, 마르쿠제(좀 정도가 덜하지만)의 비관주의였다. 이 세 철학자는 그들이 경험적으로 관찰한 것을 볼 때 사회통제의 힘을 관철시킬 수 없다는 것을 확신하고 해방에 대한 그릇된 희망을 약속하려 하지 않았다. 이에 반해 푸코, 하버마스, 웨스트 같은 이론가들의 특징은 사고의 독립성, 미리 결정된 이념적 노선을 따르지 않는 것, 새로운 증거나 이론이 나오면 기존의 입장을 기꺼이 바꿀 수 있다는 것이다.

내부적인 비판 때문에 비판이론은 해를 거듭하면서 그들의 입장을 재공식화하였다. 첫째, 비판이론가들 사이에서 계급은 더 이상 유일한 분석의 주요 단위가 아니라는 것이다. 계급이 중요하기는 하지만 현대 이데올로기 비평의 세 단위로서 인종, 성과 함께 포함되어야 한다. 둘째, 푸코(1980)의 권력에 대한 분석으로 인해 지배적 권력(최고권력기구, 군사정부, 왕, 의회, 당 중앙위원회 등과 같은 중앙 권력에 의해 행사되는 권력)은 규율적 권력(일상생활에서 자기 감시와 자기 검열을 행사하는 주체에 의해 행사되는 자기 규율)으로 부분적으로 대치되었다. 셋째, 포스트모던 비평은 비판이론의 근대주의적 토대를 의문시하였다. 특히 개인적이고 집단적인 평등화, 해방, 변혁의 가능성에 대해 확신하는 비판이론에 의문을 제기하였다. 넷째, 비판적 실용주의의 유산으로 인해 어떤 정치적 상황에서 성공한 방법과 접근 방법(브라질 동북부 농촌 지역에서 개발된 프레이리의 의식화와 문제 제기식 교육 방법)을 다른 환경(미국 대학)에 적용하려는 시도에 관해 회의적 입장을 취하게 되었다.

이 장에서는 비판이론의 성인학습에 대한 관련성을 탐구하기 위한 출발점이 비판이론의 주요 관심사에 포함되어 있는 학습의 차원을 상세히 설명하는 것이라고 주장하였다. 이러한 관심사는 자유, 평등, 정의, 자비(이러한 가치들 간의 모순에 대해서는 나중에 다룰 것이다)의 가치를 실현하려고 노력하는 민주사회의 사회철학적 전망에 규범적으로 기초를 두고 있다. 이 이론을 탐구하는 다음 단계는 비판이론의 학습과제가 어떤 것이고, 그것이 어떻게 교차되고 있는지를 상세하게 조명하는 것이다.

제2장

비판이론의 학습과제

- 이데올로기 비판하기
- 헤게모니 논쟁하기
- 권력의 실체 폭로하기
- 소외 극복하기
- 해방 학습하기
- 이성 회복하기
- 민주주의 실천하기

이 장에서는 비판이론에 포함되어 있는 성인학습 과제에 대해 개관하려고 한다. 앞 장에서 비판이론은 타인의 창의성을 침해하지 않고 자유롭게 창의성을 발휘하면서 살 수 있는 공동사회를 전망하고 있다고 언급하였다. 그런 사회에서는 개인의 안녕이 공동의 복지와 필수적으로 밀접한 관계가 있다고 생각한다. 그들은 상호 간의 관대함과 자비로 부정, 불평등, 억압에 대해 경계한다. 그런 사회를 만들기 위해서는 학습과제가 필요하다. 즉, 소수에 의한 다수의 착취를 당연한 것으로 보는 이데올로기를 인식하고 비판하는 방법을 학습하는 것, 헤게모니를 폭로하고 그에 반대하는 방법을 학습하는 것, 권력의 실체를 폭로하는 방법을 학습하는 것, 소외를 극복하고 자유를 인정하는 방법을 배우는 것, 해방을 추구하는 방법을 배우는 것, 이성을 회복하는 방법을 배우는 것, 민주주의를 실천하는 방법을 배우는 것이다.

물론 이러한 학습과제는 서로 연관되어 있고, 대개는 분석적인 목적을 위해 분리된 것뿐이다. 결국 지배 이데올로기는 우리가 경험을 이해하기 위해 사용하는 기준과 범주를 형성한다. 우리는 자본주의 가치와 실천의 헤게모니에 대한 폭로와 비판 없이는 해방을 추구할 수 없다. 헤게모니의 중심에는 다수를 대변한다고 주장하나 결국에는 소수의 이익을 위해 봉사하는 이데올로기가 자리 잡고 있다. 그러나 이들 관계를 더 잘 이해하기 위해 학습과제와 개념을 분리하여 연구하는 노력이 요청된다.

이데올로기 비판하기

비판이론에 포함된 가장 탁월한 첫 번째 학습과제는 이데올로기 비판이다. 게스(Geuss, 1981)는 "사회에 대한 비판이론의 중심은 이데올로기 비판이다. 이데올로기는 개인이 사회에서 실제 상황과 이익에 대해 올바르게 인식하지 못하도록 방해한다. 사회적 억압에서 자유롭고 싶다면 이데올로기적 환상에서 벗어나야 한다."(pp. 2-3)고 하였다. 의심할 여지없이, 성인학습에 대한 비판이론적 접근은 성인이 어떻게 이념적 조작을 거부하는지를 배우는 데서 출발한다. 그러나 이데올로기 개념은 맥릴런(McLellan, 1986)이 "사회과학 전체에서 가장 파악하기 어려운 개념"(p. 1)이라고 표현했듯이 복잡하며 논란의 여지도 많이 있다. 이데올로기 개념은 다양하게 사용되지만 비판적 전통 안에서는 뚜렷한 의미를 가지고 있다. 전통은 생산관계와 사회의 물질적 조건이 인간 의식을 결정한다는 마르크스의 관점에 근거하고 있다. 이글턴이 비판이론의 관점에서 표현했듯이, 이데올로기는 "왜곡과 은폐로 지배 계급과 집단의 이익을 정당화하는 관념과 신념을 의미한다."(Eagleton, 1991, p. 30)

비판이론에서는 이데올로기를 본질적으로 사기성이 있고 사람들을 무의식 중에 노예 상태로 만드는 관습과 구조를 정당화하는 허위 신념체계라고 본다. 이글턴은 이러한 관점에 이의를 제기하면서, 이데올로기는 정의상으로는 허위적이지 않으며 지속적으로 용인되면서 진실된 것으로 보이는 요소를 가지게 된다(그람시에 의해서도 지적된 부분이다)고 주장한다. 그는 '이데올로기를 허위의식'으로 보는 입장에 깔려 있는 거들먹거리는 태도를 폭로한다. "많은 사람이 정말 공허하고 불합리한 관념 속에서 살아가고 죽는다는 것을 믿는 것은 평범한 사람에 대해 불쾌할 정도로 품위를 떨어뜨리는 태도를 취하는 것이다."(p. 12)

그러나 비판이론 전통 안에서 이데올로기는 억압과 지배의 뚜렷한 함의를 가지고 있으며, 불평등이 영구히 지속되는 것을 정상적이며 타당한 것으로 받아들이도록 사람들을 복종시키고 현혹시키는 데 사용되고 있는 것이 현실이다. 이글턴(1991)에 따르면, "이데올로기를 연구하는 것은 무엇보다 사람들이 불행에 자신을 내맡기게 되는 방법에 대해 연구하는 것이다."(p. xiii) 비판이론에서는 이데올로기를 명백히 옳고, 경험적으로 정확하고, 타당하고, 대다수 사람이 도덕적으로 바람직한 것으로 받아들여 널리 용인되는 가치, 신념, 설명, 정당화라고 보고 있다. 이데올로기의 기능은 불공평한 사회적 · 정치적 질서를 유지하는 것이다. 이데올로기는 기존의 사회제도가 자연스럽게 만들어졌으며, 공동선을 위해 작용하고 있다고 사람들에게 확신시킴으로써 사회적 · 정치적 질서를 유지한다. 마르크스와 엥겔스(Marx & Engels, 1970)가 언급하였듯이, 지배계급은 "자신의 이익을 사회 구성원 모두의 공동 이익으로 설명하기 위해 관념의 보편성을 추구하고 이성적이고 타당한 설명에 열을 다한다."(p. 66)

인간의 사고방식은 언어, 사회적 관습, 문화적 형태가 결합해서 결정되는데, 이데올로기는 자연스럽게 이러한 것들에 녹아 있어 간파하기가 쉽지 않다. 이데올로기는 소수 특권층의 이익을 위해 고의로 왜곡시킨 신념보다는 상식이나 기정사실의 형태를 띤다. 그러나 조금만 주의를 기울이면 그 고의성은 우연히 등장한 것처럼 포장된 신념체계를 활용하고 있다는 것을 알 수 있다. 프롬(1968)이 언급한 것처럼, "이데올로기는 대중을 조종하기 위해 언론, 연설자, 관념론자들이 유포시킨 진부하게 상품화된 사고체계다. 그리고 종종 그 반대의 경우도 있다."(p. 153)

마르크스와 엥겔스는 이데올로기가 겉으로는 모두의 이익을 증진시키는 것 같지만 실제로는 어떻게 소수 권력을 위해 기능하는가를 『독일 이데올로기(The German Ideology)』(1970)에서 상세히 다루고 있다. 그들에 따르면, "지배계급의 관념은 시대를 막론하고 지배적인 관념이다. 즉, 사회의 물질적 힘을 지배하는 계급은 지적인 힘도 동시에 지배한다. 다시 말해, 물질적 생산수단을 소유한 계급은 정신적 생산수단에 대해서도 지배권(권력)을 행사한다."(p. 64) 지배계급을 구성하는 개인들은 물질의 생산과 분배에 대한 지배권만 행사하는 것이 아니다. 그들은 "사상가 및 이론가로서 그 시대의 관념을 생산하고 분배하는 것에 대해 통제한다."(p. 64) 최근에 푸코와 같은 후기구조주의자들은 어떻게 지식과 권력이 얽혀서 진리의 왕국—우리가 세상에 대해 어떻게 생각하는가 하는 것을 형성하는 지배적 관념, 분석의 틀, 담론의 형태—을 만들어 내는지 분명하게 밝혔다.

비판이론에서 이데올로기를 이해하고 비판하는 것은 '이데올로기 비평'이라고 표현된다. 그것은 비판이론의 주요 관심사이기도 하다. 이데올로기 비평은 성인으로서 완전한 삶을 산다는 것은 우리에게 주입된 것이 아닌 우리 자신의 본능, 충동, 욕구에 기초하여 행동하는 것이라는 계몽주의적 확신에서 비롯된 행위다. 이데올로기 비평에서는 자본주의는 끊임없이 그 체제를 옹호하며 살도록 최선을 다해 우리를 설득하기 때문에 우리가 그 체제를 정당화하는 이데올로기를 폭로하고 비판하지 않는다면 완전한 성인이 될 수 없다고 주장한다. 이러한 과정에서 우리는 우리에게 유일한 것으로 간주되는 현실 경험의 직관적 방법이나 편견, 성향, 예감이 실제로는 사회적으로 학습된 것이라는 것을 알게 된다. 우리가 우리의 독특한 관점이나 기질이라고 생각하는 것이 마르쿠제(1964)의 표현대로 '이데올로기적으로 침전된 것'이라는 것을 깨닫게 된다.

이데올로기 비평은 우리가 학교, 협회, 클럽, 가속, 친구관계 같은 시민사회의 제도 안에서 정치적 이념, 도덕, 사회적 철학을 어떻게 배우는지를 이해할 수 있게 해 준다. 또한 일상적인 경험을 이해하기 위해 사용하는 범주와 구성 개념이 이데올로기적으로 형성된 것이라는 것을 보여 준다. 이데올로기 비평에서는 윌리엄스(Williams, 1977)가 '감정의 구조'라고 명명한 경험의 해석 틀을 우리가 속한 문화집단과 사회계층에서 학습되고 사회적으로 유발되는 것으로 본다. 그래서 이데올로기 비평은 성인들로 하여금 이데올로기가 그들에게 불리하게 작용하는 외부세계의 구조를 어떻게 지지하고 있는지, 어떻게 이데올로기가 그들 사이에 뿌리 내리고 있는지를 알게 해 준다. 우리가 표준적인 질서로 알고 있는 것이 이데올로기 비평을 거치면 특권층의 이익을 보호하기 위해 구성된 현실이라는 것을 깨닫게 된다.

비판이론 전통에서 이데올로기 비평은 일상생활에 잠재되어 있는 불평등과 억압을 폭로하고 기정사실을 꿰뚫어 볼 수 있게 해 주는 기본적 도구다. 이데올로기 비평이 프랑크푸르트 학파의 주요 연구 과제라는 것을 생각하면, 성인학습에 대한 비판이론적 접근에서는 성인이 일상적인 사고와 행동에서, 그리고 시민사회의 제도 안에서 어떻게 이데올로기의 지배를 인식하는지를 답해야 한다. 그것은 또한 성인들이 어떻게 다수의 복지를 희생하여 소수의 이익을 위해 봉사하는 이데올로기를 비판하는 방법을 배우는지를 설명해야 한다.

헤게모니 논쟁하기

세인트토머스 대학에서 동료 조시화(Seehwa Cho)와 같이 맡았던 '비판적 교육학의 이론적 기초'라는 박사과정 수업에서, 그녀는 학생들에게 "노동자 계급의 혁명이 미국에서 가능할 것이라고 생각하는 사람이 몇이나 있나요?"라는 흥미로운 질문을 던졌다. 학생들은 모두 교육실천가나 지역사회 운동가였다. 나를 포함해서 단 한 명도 긍정적인 답을 하기 위해 손을 들지 않았다. "바로 이거예요. 이것이 헤게모니예요." 하면서, 그녀는 대규모 사회변동의 가능성이 행동주의적 성향을 지닌 사람들에게조차 외면받을 때 굳이 국가가 권력을 유지하고 통제하기 위해 복잡하게 개입할 필요가 없다는 것을 지적했다.

헤게모니는 정치적 통제를 유지하기 위해서는 성인 교육과 학습이 필요하다고 이해하는 관념이다. 헤게모니는 사람들이 불공평한 사회질서를 당연시하고 그것이 자신에게 유리하다고 생각하게 하는 방식을 설명한다. 안토니오 그람시(이 관념과 가장 연관 있는 사상가)가 지적했듯이, "헤게모니의 모든 관계는 필연적으로 교육적 관계다."(1995, p. 157) 사람들은 자신의 이익에 불리하게 작용하고 권력층을 위해 봉사하는 정치적 조건과 신념을 상식적인 지혜로 받아들이는 것을 배운다. 헤게모니가 제대로 작용하기만 한다면 국가가 사회질서 유지를 위해 엄한 경비, 통행 금지, 고문, 암살단 같은 강제적인 통제를 할 필요가 없다. 사람들은 불공평한 구조와 지배이념과 맞서 싸우는 대신 그것을 미리 예정된 것이라 여기고 그들이 숨쉬는 문화적 공기의 일부로 받아들이게 된다.

사람들이 매체를 통해 가치와 의견을 배우고 방송국에서 무엇을 뉴스로 삼는지 결정하는 사회에서는 매스미디어가 헤게모니의 원활한 기능에 중대한 역할을 한다. 허먼과 촘스키(Herman & Chomsky, 1988)는 매스미디어(대중매체)가 하는 역할이 동의를 만들어 내는 것이라고 설명했다. 여기서 동의를 만든다는 표현은 헤게모니 개념의 좋은 약어로 쓰일 수 있다. 허먼과 촘스키는 매스미디어가 동의를 만들어 내는 현상을 대규모의 구조적인 불평등을 비판하기는커녕 언급조차 하지 않으며, 현실을 경험적으로 정확하고 가치 중립적인 것으로 받아들이는 것이라고 설명하였다. 정치적 이슈, 질문, 토론은 개인적인 문제와 갈등으로 환원된다. 〔클레런스 토머스(Clarence Thomas) 비준 청문회, 클린턴-르윈스키(Clinton-Lewinsky) 사건, 사담 후세인(Saddam Hussein)을 악마처럼 만드는 것에 할당된 방송 시간이 그 증거다.〕 그들은 미디어가 자본주의 관념과 실천의 헤게모니에 결코 대항하지 않는다는 것을 보장하기 위해 다음 다섯 가지 필터가 작동한다고 주장한다. ① 미디어는 거대한 자본주의 기업이다, ② 미디어의 생존은 기업으로부터 광고를 유치하는 것에 달려 있다, ③ 미디어는 정부와 경제 전문가에게 의존한다, ④ 특권층의 이익 추구 활동이 비판적으로 표현되지 않도록 의식한다, ⑤ 반공산주의를 국가 이념으로서 선전한다.

다수를 침묵시키고 선거권을 박탈하기 위한 음모를 폭로하기 위해 억압의 실체를 드러내려 하는 것이 어렵다는 현실에서 헤게모니의 미묘한 고집과 융통성이 존재함을 느낀다. 음모가 있다면 보통 사람의 음모다. 헤게모니의 관념과 실천—흔해빠진 의견, 관습적 지혜, 특정 상황에서 당연시하는 상식적 행동—은 일상생활의 중요 부분이다. 그것은 우리의 의지를 거스르며 강요하는 것처럼 보이지 않는다. 아이러니하게도 헤게모니의 잔인성은 성인들이 그들을 예속시키는 신념과 가정에 근거하여 행동하고 학습하는 데 자부심을 가진다는 것이다. 이러한 가정에 근거하여 살기 위해 열심히 공부하면서, 사람들은 자기 자신의 교도관이 된다. 그람시는 헤게모니 개념을 이데올로기 분석에 적용함으로써 이데올로기가 어떻게 사회 통제·유지에 기여하는지를 폭넓게 이해시켜 준다. 국가와 지배자가 어떻게 가치 중립적이고 합리적이며, 분개하는 민중에게 세계관을 강요하는지를 이해하는 데서부터 민중이 어떻게 억압 속에서도 적극적으로 결탁하여 지배계급과 파트너가 되려 하는지를 이해하는 것으로 연구 초점이 옮아가고 있다. 결국 어떻게든 성인들이 억압을 받아들이도록 하는 것이 헤게모니의 중요한 교육적 과제다.

헤게모니 개념은 다국적 기업이 역사와 경제의 결정 요소로서 정부를 대신하고 있는 21세기에 더욱 의미가 있다. 다국적 기업은 은밀하게 주주에게만 책임을 지고 정부로부터 대중적인 조사를 받지 않도록 특혜를 받는다. 그들은 새로운 시장과 값싼 노동력을 찾는 데 있어서 유연하게 국경을 넘나들고 새로운 사회 조건, 정치적 변화, 기술적 발전, 인구 변화에 매우 잘 적응하고 있다. 다국적 기업은 그것이 제공하는 재화와 용역으로 인해 진정한 욕구가 충족되고 행복하고 완전한 삶을 살 수 있다고 믿는 사람들 때문에 존재할 수 있다. 이러한 사실은 당연하고 바람직한 것처럼 보이지만 실제로는 특권층의 이익을 위하는 관념을 받아들이도록 강조하는 헤게모니와 명백하게 유사하다.

헤게모니 개념은 이 분야에 관한 푸코의 연구에 선행하며 권력에 대한 우리의 이해를 넓혀 준다. 푸코는 현대사회에서 권력은 예전에 인정된 것보다 더 미묘하게 작용하며 위로부터 정적(靜的)으로 부여되는 것이 아니라 사회에서 순환되는 것으로 이해되어야 한다고 주장했다. 그의 관점에서 보면 권력은 지배적 권력(중앙의 통제적 힘에서 행사되는 권력)의 행사에서 규율적 권력(우리가 우리 자신에게 행사하는 권력)의 행사로 이행해 왔다. 우리는 자기 규율, 자기 검열, 자기 감시 등의 규율적 권력을 행사하기 때문에 지배집단이 우리에게 관념이나 행동을 강요할 필요가 거의 없다. 이는 헤게모니 개념에서 자신의 현재 위치를 배우고 사랑하도록 강조하는 것과 유사하다. 그람시와 푸코는 성인이 스스로 노예 상태에 빠져들어 감으로써 국가로부터의 자유와 해방을 주장할 필요가 없게 된다고 보았다.

그람시의 헤게모니 개념은 냉정하다. 헤게모니는 효율적이고, 적용 가능하며, 스스로 형태를 바꿀 수 있고, 반대적 요소를 흡수하면서도 본질을 고수할 수 있으며, 상황을 진정시키기 위해 적에게 기꺼이 양보할 수도 있는 특성을 지닌다. 그람시는 소수 지배계급의 헤게모니를 다수 프롤레타리아 헤게모니로 대체하면서 반대 가능성도 열어 놓았다. 헤게모니가 끊임없이 변하면서 압제자와 피압제자 간의 협상의 과정으로 부분적으로 이해된다면 균열과 모순(일부는 자본주의의 내적 모순을 반영함)이 필연적으로 나타나게 된다. 윌리엄스(1977)는 헤게모니는 "피동적으로 지배의 형태로서 존재하기만 하는 것은 아니다. 끊임없이 새로워지고 옹호되고 변경되는 것이다. 또 끊임없이 외적인 압력으로부터 저항받고 제한받고 변경되고 비판받는다."(p. 112)고 역설하였다. 이 점은 성인이 현장에서 규율적 권력에 저항하도록 강조했던 푸코의 의견을 앞서는 것이다. 푸코(1980)는 "저항 없이는 권력관계도 없다. 저항은 권력관계가 행사되는 그 지점에서 형성되기 때문에 더 현실적이고 효과적이다."(p. 142)라고 가정하였다. 그래서 헤게모니가 존재한다 하더라도 모든 반대를 묵살할 수 있는 것은 아니다.

헤게모니에 대한 저항은 어디서, 어떻게 발생하는가? 그람시는 저항적 실천을 위한 장소로 대중문화와 일터(특히 공장위원회)를 꼽았다. 노동운동, 환경운동, 녹색당 같은 대안 정당, 인종차별 철폐 주도, 페미니스트 수업, 성인교육센터(시카고의 린드만 센터, 미네아폴리스의 프레이리 센터, 테네시의 하이랜더 센터 같은)에서 지원하는 지역실천 프로젝트는 학교와 대학에서 미디어 이미지의 실체를 폭로하고 그것의 해체를 가르치려고 한다. 이 모든 것은 미디어를 통해 성인의 인식이 조작된다는 확신에 전제를 둔 교육적 반헤게모니의 예다. 월드와이드웹(World Wide Web)조차도 소프트웨어 기업의 광고도구라기보다는 제국주의 침입, 자본주의, 다국적 기업의 무역협상 반대 같은 전 세계적 항의를 동원하고 조정해 낼 수 있는 창의적인 성인 교육적 도구로 활용될 수 있다.

이데올로기 분석에서 헤게모니의 중요성을 고려해 볼 때, 성인학습에 대한 비판이론적 접근은 성인이 믿고 있는 신념과 가정 속에 존재하는 헤게모니를 어떻게 성인이 인식하는지를 이해시킬 수 있어야 한다. 또 헤게모니를 다수의 이익을 대변하는 신념과 실천의 체계로 바꾸기 위해 어떻게 성인이 개인적으로나 집단적으로 헤게모니에 대항하는 방법을 배우는지도 고찰해야 한다.

권력의 실체 폭로하기

권력은 인간 생활에서 어디든지, 즉 대규모의 정치제도뿐 아니라 대인관계의 사소한 부분에서도 명백히 존재한다. 권력의 존재를 부정할 수도 있지만, 비판이론에서는 권력의 영향력을 없앨 수 없다고 주장한다. 전형적인 예로 푸코가 말했듯이, "권력은 '이미 거기' 있다. 누구도 거기서 벗어날 수 없다. 자기가 몸담고 있는 체제와 결별한 사람을 위한 '여지'는 없다."(p. 141) 성인이 된다는 것의 일부는 우리 삶에서 권력행위를 인식하고 어떻게 권력이 이용되고 남용되는지를 아는 것이다. 권력을 사람에게 명령하는 힘으로 보면서 완전히 부정적인 용어로만 생각하면 오산이다. 권력을 소유한다는 것—세상에서 실천하기 위한 에너지, 지성, 자원, 기회를 가지는 것—은 의도적인 사회변혁의 전제조건이다. 개인의 권력이 엄연히 집단의 권력(예: 사회계층, 문화, 성, 인종, 사회운동)에 포함된다고 볼 때, 대규모 사회변혁의 가능성, 심지어 혁명의 가능성은 매우 높다. 메리 파커 폴렛(Mary Parker Follett, 1924a, 1924b)이 '통제하는 힘(power over)'라기보다는 '공유하는 힘(power with)'라고 묘사하고 몇몇 사람들이 부여한 권력이라고 언급한 것을 상기해야 한다. 흥미롭게도 어떻게 헤게모니가 잠재적으로 파괴적인 관념을 흡수하여 길들이는지를 역설적으로 보여 주는 것이 바로 정치권에 있는 자들이 자유시장경제 자본주의를 유지하고 정당화하기 위해 권한 부여를 외치고 있다는 것이다.

성인학습에 대한 비판이론의 이해에서는 사람들이 생활과 지역사회에서 어떻게 권력의 흐름을 인식하는 방법을 학습하는지, 어떻게 일상생활의 추론과 행동에서 권력이 각인(푸코가 선호하는 용어를 사용하자면)되는 것을 알게 되는지, 어떻게 소수보다는 다수의 이익을 위해 권력을 사용하게 할 것인지를 살펴야 한다. 권력의 형태와 행사는 푸코가 '진리의 체제'라고 묘사한 것처럼 지배적인 사고방식에 포함되어 있고 정당화되기 때문에 무엇보다 그 실체를 폭로하는 것이 쉽지 않다. 예를 들면, 널리 사용되고 있는 다윈의 비유(적자생존 같은)나 자수성가한 사람의 가공적 이미지(어떤 남자나 대통령이 될 수 있다고 암시하는)는 그것이 어떠한 형태를 띠든지 기존의 권력체제를 정당화한다. 게다가 기존의 권력 불균형은 자연 질서를 반영하는 것으로 간주된다. 결국 적자가 생존한다면 권력을 가진 사람은 타고난 힘과 뛰어난 지능 때문에 정상까지 올라가게 되고 그 자리에 있을 수밖에 없다는 것이다. 정치 권력을 소유하게 되면 변명의 이유가 생기게 된다. 권력을 행사하는 사람은 진화의 힘에 의해 그렇게 할 수 있는 것으로 보이는데, 그들은 시련과 필요조건을 감당할 수 없는 약골들로부터 분류된 사람들이다.

성인이 권력을 폭로하는 방법을 어떻게 학습하는지 탐구하는 영역에 푸코의 후기구조주의 분석을 수십 년 앞서는 성인교육의 훌륭한 전통이 있다. 에드워드 린드만(Eduard Lindeman)은 '성인교육은 편견과 선동을 종식시키는 해결책'([1944] 1987c, p. 115)이라고 믿으면서 성인교육을 '지배, 독재, 폭력에 대한 대안의 실재'([1937] 1987b, p. 6)로 주장하고 증명하는 데 그의 인생을 바쳤다. 그는 전체주의로 빠지는 위험을 막기 위한 가장 효율적인 방지책으로 지역주민 토론집단의 정보망을 주장했다. 북미와 유럽 성인교육의 주요한 전통은 노동조합, 공장위원회, 노동자협동조합 같은 조직을 통해 성인 노동자 계급에게 권한을 부여하려는 사회운동과 동맹을 맺는 것이다. 하이랜더 포크 스쿨(Highlander Folk School), 안티고니쉬(Antigonish) 운동, 러스킨 대학(Ruskin College), 프레이리식(Freireian) 문화 서클 같은 유명한 단체를 결합시켜 주는 연결고리는 노동자 계급의 이익에 반대되는 권력 구조를 폭로하고 그에 대항하는 것이다. 이러한 과업은 소위 '평범한' 사람들이 그들이 이미 가지고 있는 권력을 인식하고 그에 근거하여 행동하도록 도와줌으로써 실행될 수 있었다. 성인이 지식과 경험, 전략과 전술, 성공과 실패를 공유함으로써 권력을 유지할 수 있는 가능성을 학습하는 것은 급진적이고 해방적인 성인교육의 지주 중 하나다. 권력 구조를 위협하고 타파하는 방법을 학습하며 집단조직의 형태와 민주적 과정을 실험하는 방법을 학습하는 것은 또 하나의 핵심이다. 다양한 성인교육 연구의 공통적인 주제는 기관(개인적이거나 집단적인 권력을 통해 세상에 영향력을 행사할 수 있는)을 발전시키기 위해서는 반드시 학습이 중요하다는 것이다.

성인들이 어떻게 자신의 권력을 경험하고 느끼는지를 이론화하려는 초기의 시도는 매클러스키(McClusky, 1963, 1970)의 권력/부담/차이(power/load/ margin) 모형이다. 매클러스키는 성인이 인생의 특정 시기에 수행해야 할 사회적 과제와 실현하고자 하는 내적 열망 및 욕구로 이루어진 부담을 가지고 있다고 주장했다. 권력은 이러한 부담을 수행하는 데 필요한 자원, 능력, 협력자로 정의될 수 있다. 성인은 소유한 권력이 많고 수행해야 할 부담이 적을수록, 즉 권력과 부담 사이에 차이가 크면 클수록 그들에게 열려 있는 성장에 대한 선택권이 더 많다. 이것은 매우 심리학적으로 접근하여 권력을 이해하는 것이지만 권력을 자원에 대한 접근으로서 개념화하는 장점이 있다. 목표를 추구할 때 요구되는 자원의 수, 다양성과 권력의 연관성을 탐구하다 보면 필연적으로 자원이 분배되는 방법과 활용되는 현상을 묻게 되어 있다. 이 과정을 거치다 보면 정치적 · 경제적 분석이 바로 수반된다.

권력을 이해할 수 있는 성인학습의 다른 분야는 자기주도적 학습(self-directed learning)이다. 성인의 자기주도적 학습에 관한 많은 연구에서 성인이 어떻게 자신의 교육활동에 대해 권력과 통제를 행사하는지를 연구한다. 콜린스(Collins, 1991) 같은 비평가는 자기주도학습이 학습 계약의 테크닉, 온라인 수업의 기술에 관한 단순화된 관심으로 변질되어 간다고 강력하게 비판했다. 하지만 다른 학자들(Brookfield, 1993; Hammond & Collins, 1991)은 권력을 폭로하고 그에 대항하려는 관심이 자기주도학습에 있다고 믿었다. 메지로우(Mezirow, 1991a, 1991b, 1998)의 전환학습이론과 그 영향을 받아 뒤따라 나온 많은 연구에서(Taylor, 1997)는 의미 구조와 의미 관점을 재구성하는 것이 어떻게 권력에 대해 증대된 의식을 가져오는지를 이해하는 데 초점을 맞춘다. 여기서 권력은 비판적 반성에 근거하여 세계를 이해하고 행동하는 능력으로 간주된다.

요컨대, 성인학습을 이해하는 데 비판이론이 기여한 바는 이데올로기에 내재되어 있고 성인들의 일상생활에 각인된 권력관계와 불평등을 인식하고 폭로하는 것을 어떻게 학습할지 탐구한 것이다. 또 성인들은 필연적으로 권력이 행사되는 상황에서 어떻게 결정하는 것을 배우는지, 불공평하고 독단적인 권력 행사에 대해 어떻게 자신을 방어하는 방법을 배우는지를 연구한 것이다. 그것은 또한 성인이 강력한 기관—목적을 가진 집단행동에서 타인과 단결하기 위해 욕구, 자원, 능력을 소유하는—을 발전시키는 방법을 어떻게 학습하는지를 연구한다. 마지막으로 권력은 비판이론에서 전통적으로 고려했던 것보다 더 산만하고 모순적으로 행사된다는 후기구조주의자의 주장을 고려해 볼 때, 비판이론에서 권력이라는 표현을 비판적으로 고찰한다.

소외 극복하기

마르크시즘에서 불후의 개념 중 하나는 소외다. 마르크스의 관점에서 우리는 일할 때나 살아갈 때 진정한 우리 자신에게서 벗어나 있기 때문에 소외를 당하게 된다. 일터에서 우리가 우리 내면의 창의성을 자각할 수 없을 때, 우리가 하는 일이 너무 힘들어 직장 밖에서 창의성을 추구할 수 없을 때, 우리는 자유에 거스르는 소외 상태에 있는 것이다. 진정한 자유는 소외 없는 세상에서만 가능하다. 그 세상에서는 우리를 소외시키지 않는 방법으로 행동하는 방법을 선택할 수 있다. 소외는 자유와 정반대되며, 소외의 폐지가 자유 실현에 필수적이다. 에리히 프롬의 평생의 연구는 소외가 어떻게 발생하는지를 고찰한 것이었다. 소외라는 단어가 소설가, 시인, 철학자, 신학자 같은 특정한 집단에 국한되어 있는 것과 달리, 자유는 그것이 없을 때 슬퍼하고 존재할 때는 기뻐할 수 있는 보통 사람들의 일상적인 단어다. 자유와 소외는 동전의 양면과 같다. 의미상으로는 소외가 사라질 때 자유의 가능성이 생기고 창의력을 발휘할 수 있게 된다. 그래서 자유를 추상하는 것과 소외를 극복하는 것은 서로 뒤얽혀 있다.

자유는 수많은 사람이 목숨을 잃어 가면서까지 지키려 했던 신성한 단어다. 서구에서 자유는 전쟁과 고통, 희생까지도 불사해 가면서 지키려 했던 논쟁의 여지가 없는 선(善)이다. 자유는 계몽주의 저작들에 나타나는 관념 중에서 가장 강력하고 소중한 것이다. 정부에서는 정책을 정당화하기 위해 자유를 부르짖었고, 사람들은 자유를 추구하는 것을 삶의 기본 원리로 삼았으며, 자유를 약속하는 사회운동이 활기를 띠게 되었다. 자유를 주장하는 것은 소외된 삶에서 벗어나기 위해 일생을 투자해야 할 성인의 주요 과업이다. 그러한 점에서 자유는 성인학습의 비판이론에서 우위를 차지한다.

물론 후기구조주의적 관점에서는 계몽주의의 기원을 내세워 자유를 고지식하고 논란의 여지가 있는 개념으로 보면, 계몽주의적 관점에서는 독립적인 개인이 자신의 인격과 취향에 맞춰 선택하고 결정할 수 있는 권리로 본다. 맥라렌(McLaren, 1995)은 인간 행동에 대한 이러한 관점을 "역사와 관계없이 행동할 수 있는 자율적이고 자기 충족적인 자아에 대한 위대한 계몽주의적 사기"(p. 204)라고 간주한다. 자유에 대한 계몽주의적 이상은 개인을 독특하고 확실한 방법으로 자신의 깊숙한 내적 요구를 실현하기 위해 행동하는 통합적인 인격체로 보는 개념에 근거하고 있다. 어셔, 브라이언트와 존스턴(Usher, Bryant, & Johnston, 1997)은 이를 "고전적인 과학적 자아, 즉 개인화되고 미분화된 추상적 실체인 '독백적' 자아"(p. 94)라고 묘사한다.

포스트모더니즘 이론과 비판이론에서는 인간 행동을 고립적으로 바라보는 이 같은 관점을 미심쩍게 바라본다. 두 이론에서는 사람들이 마음속의 욕구를 자각하거나 그 실체를 발견하는 데 있어서 과연 자율적 실체로서 행동할 수 있는가에 대해 의문을 제기한다. 포스트모더니즘 이론에서는 우리의 삶이 끊임없이 변하고 분해되는 사회적 · 문화적 상황에 영향을 받기 때문에 자유가 보편적인 가치일 수 없다고 주장한다. 자유가 어떻게 이해되고 존속되는지는 시간과 공간에 따라 엄청나게 달라진다. 실제로 한 집단에서 자유를 평가하려면 집단의 구성원이 계몽주의 시대의 문화적 영향력을 공유해야 한다.

비판이론에서는 개인의 행동을 지배 이데올로기에 의해 형성되는 것으로 이해해야 한다고 주장한다. 이러한 관점에서는 우리가 개인으로서 자유를 행사하고 있다고 생각할 때조차도 이데올로기적 전투와 모순을 이겨 내고 있다는 것이다. 여기서 비판이론은 실존주의와 차이가 있다. 실존주의자들은 자유는 선택을 통해 주장하도록 운명 지어진 것으로 생각한다. 삶은 우리에게 선택을 강요하지만 우리는 우리의 본질을 드러내도록 행동하는 것 외에는 다른 방도가 없다. 우리가 이러한 자유를 가졌다는 것을 부정하는 것은 부당한 신념을 갖고 사는 것이며, 우리의 선택이 우리의 존재와 관계가 없고 불가피하게 더 큰 힘에 의해 형성되는 것이라고 생각하는 것이다.

20세기 후반에 한나 아렌트(Hannah Arendt), 조지 오웰(George Orwell), 에리히 프롬 같은 사회비평가들은 소외되지 않는 삶의 중요한 요소로 자유를 강조했다. 그들은 모두 인간성 실현에 위협이 되는 전체주의에 관심을 가졌다. 파시즘이 한창일 때 쓰인 프롬의 『자유로부터의 도피(Escape from Freedom)』(1941)에서는 인간이 어떻게 자유에 대한 책임을 피하려고 하는지를 탐구하였다. 자유가 있기 때문에 우리는 책임을 져야 할 선택과 행동, 사회적 기여를 해야 한다. 그리고 프롬은 자유에 대해 책임지는 것이 불편하고 어렵기 때문에 사람들이 전체주의적 독재를 받아들이거나 산업사회에서 자발적으로 자동기계가 되려 함으로써 그 어려움과 불편을 피한다고 주장하였다. 파시즘이나 전체주의적 공산주의 같은 이데올로기는 사람들에게 더 큰 공동체에 소속된다는 느낌을 주고 미리 예정된 목적이 있는 행동에 사람들을 동참시킨다. 따라서 자유가 주는 부담감을 두려워하는 사람들에게는 매우 매력적이다.

프롬, 아렌트, 오웰은 정부와 국가가 삶과 감정의 모든 부분까지도 통제하려는 정치적 전체주의에 관심을 가졌다. 비판이론에서는 정치적 전체주의에 경제적 전체주의의 위협적 요소를 덧붙였다. 경제적 전체주의는 사본주의가 재화와 용역을 확보하는 것을 삶의 존재 이유로 세뇌시킴으로써 인간 존재의 모든 측면을 지배하려 한다. 이는 다국적 기업이 성장하고 욕구가 세계화되어 가는 과정에서 나타난다. 다국적 기업은 국경을 넘나들며 이미지를 교묘하게 조작함으로써 아름다움과 행복한 삶, 완성된 인간(만리장성을 거닐거나 아마존 강을 표류하면서 빅맥 햄버거를 먹거나 코카콜라를 마시는 것)을 구성하는 것이 무엇인지에 대한 합의를 세계적으로 이끌어 낸다. 현대 프랑스 사상가인 보드리야르(Baudrillard, 1975, 1983)는 사람들이 이미지, 상징, 욕구의 표현〔그의 용어로는 '모조(simulacra)'〕과의 작용을 통해 현실을 경험한다고 하였다.

프롬은 미국 밖에서는 '자유에 대한 두려움'이라는 제목으로 알려진 고전 『자유로부터의 도피』(1941)를 통해서 자유를 분석한 비판이론가다. 그는 현대인의 소외가 자신의 행동에 책임을 지려 하지 않는 데서 비롯된다고 주장하였다. 사람들은 자유를 두려워하고 결과를 수반하는 선택을 회피하기 때문에 소외된다는 것이다. 파시스트 사회에서 발생했던 자유로부터의 도피는 산업사회에서 기계적 존재가 되기로 자처하고 순응하는 것으로 대체되었다. 이러한 순응은 그들에게 소외에 대한 불감증을 제공한다.

기계적 존재가 되려고 순응하는 것은 사람들이 익명적 대중으로서 생각하고 행동하려는 욕구를 표현하는 현대적 소외의 특별한 형태다. 즉, 다수는 항상 옳으며 행복해지려면 다수가 생각하는 바를 알아내어 그것을 따라야 한다는 논리다. 사람들은 상식적인 관점을 모방하고 다수와 조화될 수 있도록 행동하려고 애쓴다. 푸코의 규율적 권력의 개념처럼 사람들은 바르게 행동하고 있다고 확신하기 위해 자신에게 곡해된 형태의 권력을 행사한다. 푸코는 이러한 순응을 소외의 숭배라 칭하고는 어떻게 이를 극복할 것인지 고민했다.

성인학습의 비판이론에서는 소외를 어떻게 극복하여 진정한 자유를 실현할 것인지에 대해 몇 가지 질문을 할 것이다. 자신의 욕구에 따라 세상을 만들 수 있는 힘, 능력, 욕구를 가졌다고 느끼는 자유에 대한 감각을 어떻게 발전시킬 수 있을까? 우리는 상황에 따라 다르게 경험되는 자유를 어떻게 인식할 수 있을까? 자유로운 삶인 것처럼 보이지만 실제로는 기업의 광고에 의해 조작된 소비적 욕구를 충족시키기 위해 노력하는 소외적인 삶을 사는 것을 어떻게 인식할 수 있을까? 자유를 주장할 수 없게 만드는 소외와 어떻게 싸울 것인가? 이러한 투쟁에서 야기될 수 있는 좌절감과 실패를 어떻게 견뎌 낼 수 있을까? 문화적 제약과 집단적 비난을 자유롭게 행동하려는 욕구와 어떻게 조화롭게 만들 수 있을까? 프롬이 말했던 자유에 대한 두려움과 책임감을 어떻게 견뎌 낼 수 있을까? 사회적으로 형성된 자유의 이미지와 은유(언론의 자유, 시장의 자유 같은)로 위장된 강력한 정치적 · 경제적 힘의 통제에 어떻게 이의를 제기할 것인가? 자유의 부재를 감지하면서도 그것을 어떻게 견뎌 낼 것인가? 마지막으로 참여자에게 자유를 촉진할 수 있는 성인교육적 접근과 조건은 어떠한 것인가?

이것들은 불평등하고 불공평한 사회에서 인간성을 실현하기 위해 행동하였던 계몽주의적 전망에서 비롯된 근대주의적 질문이다. 그러니 이런 문제를 다루는 데 있어 완전한 자유의 개념과 자유의 이름으로 자행되는 억압 및 잔학행위에 대한 자각에 관하여서는 포스트모더니즘적 회의주의를 염두에 둘 것이다. 포스트모더니즘에서는 자유가 결코 절대적이지 않고 상황에 따라 달라지며, 계속되는 비판적 분석의 초점이 되어야 한다고 주장한다.

해방 학습하기

앞 장에서 살펴보았듯이, 비판이론은 자본주의의 요구로부터 창의성을 해방시키는 것이 주요 목표다. 해방은 대부분 대규모의 사회변혁을 일으키는 대중사회운동을 통해서 가능하다고 생각한다. 개인적 해방은 집단적 해방에 의존한다고 할 수 있다. 집단적 사회운동의 중요성을 인정하더라도, 비판적 이론가 마르쿠제는 집단적인 것에서 분리된 개인 해방의 가능성에 관심을 두어야 한다고 믿었다. 그는 다른 비판적 이론가가 덜 관심을 가졌던 고립, 거리, 분리, 사생활 같은 요소를 강조했다. 그에게 새로운 감수성, 미적 충동, 상상력의 발선에 의해 표상화된 내적 혁명은 사회, 경제, 정치 조직의 개혁을 요구하는 외적 혁명의 중요한 선구자 역할을 한다.

성인은 어떻게 지배 이데올로기로부터 자신을 해방시킬 수 있을까? 이것은 마르쿠제가 『일차원적 인간(One Dimensional Man)』(1964), 『해방론(An Essay on Liberation)』(1969), 『미적 차원(The Aesthetic Dimension)』(1978a)과 같은 책에서 다루는 문제다. 일차원적 사고는 호르크하이머가 『이성의 상실(The Eclipse of Reason)』(1974)에서 묘사한 이성의 도구화와 유사한 정신적 · 사회적 현상이다. 그것은 현 제도의 정당성에 의문을 제기하는 사고라기보다는 그 제도의 작동 여부에만 관심을 두는 사고다. 마르쿠제는 우리의 이성 능력에 의존해서는 일차원적 사고에서 벗어날 수 없다고 믿었다. 그는 우리의 잠재의식에 존재하는 창조력은 미적 충동에 의해 발산될 수 있다고 생각했다. 성인들은 연극, 시, 그림, 노래, 조각, 소설 같은 예술작품을 깊이 감상할 때 일시적으로 일상생활로부터의 소외를 경험한다. 이러한 긍정적인 소외는 생산적이고 혁명적인 방법으로 일어날 수 있다. 이때 성인은 근본적으로 독창적이고 더욱 본능적인 가치 체계를 추구하는 삶의 의지를 자각하게 된다. 마르쿠제는 성인들이 새로운 감수성을 발전시키는 것을 '반란적 주체성(rebellious subjectivity)'이라고 불렀다.

반란적 주체성을 발전시키기 위한 가장 좋은 방법은 무엇일까? 마르쿠제는 지배적 가치, 상식적 의견, 우리의 사고와 미적 반응을 예정된 방향으로 이끄는 모든 압력으로부터 우리 자신을 분리하는 것이라고 주장한다. 그는 이러한 과정에서 성인들이 동료로부터 일시적으로 떨어져 있을 것을 요구한다. 또한 마르쿠제는 소외, 분리, 사생활이 혁명적 가능성이 있다고 강조하였다. 이는 개인적 고립을 향락적 사고의 한 형태인 방종으로 의심하였던 대부분의 비판이론과는 완전히 대조적이다. 성인교육 분야에서 개인주의에 대한 의심은 종종 협동적인 집단학습 방식을 옹호하는(때로는 무비판적으로) 것으로 이해된다.

집단학습 프로그램에서는 집단이 각 구성원의 복지에 관심을 갖고 있으며 본질적으로 학습공동체를 지지한다고 가정한다. 그러나 그 프로그램의 어두운 단면은 집단적 사고의 발전이 무시될 수 있다는 것이다. 참여와 학생 자치를 표방하는 집단 프로그램에서는 의사결정을 장악하는 소수가 강한 목소리를 내거나 지배문화의 이데올로기를 모방하는 의사결정을 내릴 위험이 있다. 교과과정이나 정책을 결정할 때나 교사에게 건의할 때 교사의 간섭 없이 집단적으로 학생들이 사고를 교환하다 보면 소수의 반대 의견을 가진 학생들은 자칫 신속한 결정에 방해가 된다고 분류된다. 합의를 거친 일치된 면모를 보이려는 학생들의 욕구는 이데올로기적 복종을 요구하는 압력에 순응하려는 욕구보다 앞선다.

마르쿠제의 입장은 이데올로기가 협동적인 성인교육 집단을 포함한 모든 대인관계를 지배한다는 것이다. 일차원적 사고의 논리에서는 집단 프로그램에서 장려되는 협동적 팀워크나 집단행동이 그 제도의 도덕적 기반을 논의하기보다는 그 제도가 잘 작동되도록 하는 데 자동적으로 초점을 맞추게 된다. 성인교육 프로그램이나 사회가 어떻게 하면 효율적으로 움지일 수 있을까 하는 문제에 대한 각자의 신념은 그 프로그램이나 사회의 다른 구성원과 접촉하면서 강화된다. 그래서 일시적으로 다른 사람의 영향력에서 벗어나는 것은 혁명적 행위이고, 이는 현실에서 후퇴하는 것이 아니라 한걸음 더 나아가게 하는 것이 된다. 이러한 관점에서는 자기 진도나 개인에 맞춘 학습 프로그램이나 온라인 교육을 강조하는 학습 프로그램을 통해 학습자가 주류집단과의 분리를 경험할 가능성을 높여 저항적 주체성을 발전시킬 수 있다.

이성 회복하기

추론—증거를 평가하고, 예측하고, 판단하고, 인과관계를 인식하고, 선택하기 어려운 상황에서 행동을 결정하는 것—을 할 수 있다는 것은 성인의 특징이다. 비판적 전통에서는 자본주의를 옹호하지 않으면서 추론이 가능하다는 것을 보여주려 한다. 추론의 중요한 특징은 굳이 자본주의 논리를 옹호하지 않아도 사고할 수 있다는 것이다. 그러나 호르크하이머, 아도르노, 마르쿠제 같은 비판이론가에 의하면 추론할 수 있는 능력은 도구화되고 있다. 다시 말하면, 우리는 제때에 정확하게 출근하거나 상사를 기쁘게 하거나 학교에서 좋은 학점을 받거나 인터넷에서 좋은 정보를 얻을 수 있는 방법 같은 기술적 문제에만 이성적 추론이 필요하다고 생각한다는 것이다. 도덕적인 삶을 살려면 어떻게 해야 하는가, 정의로운 사회를 구현하는 것은 무엇을 의미하는가, 인간관계에서 무엇이 가장 중요한가 같은 철학적 질문에 관한 추론은 부적절하거나 다루어서는 안 되는 것으로 간주한다. 비판이론의 주요 관심사는 삶의 모든 부분에, 즉 기술적인 결정이 요구되는 영역뿐 아니라 가치 기준을 결정할 때도 추론해야 한다는 것이다.

이성에 가장 관심을 가졌던 이론가 중의 한 사람은 위르겐 하버마스다. 하버마스는 이성의 도구화는 우리가 상호 관심 영역에서 크고 작은 문제를 토론할 기회를 잃어 가는 것과 관련이 있다고 믿었다. 그는 사람들이 함께 모여 공동의 문제를 논하고 토의하는 영역이 사라져 가고 있다고 지적했다. 대중사회와 사이버 공간이 도래하면서 마을회의나 집회는 부적절한 것으로 여기게 되었고, 현대사회에서는 막상 그것을 대체할 만한 것이 출현하지 않고 있다. 하버마스의 관점에서 우리는 시민사회(카풀, 학부모회의, 교회, 자원봉사단체처럼 우리가 정기적으로 참여하는 비공식적 모임)가 쇠퇴함에 따라 점점 더 개인화된 삶을 살고 있다. 하버마스에 의하면 이러한 현상은 결국 생활세계의 침해로 이어진다.

생활세계는 아직 연구분석의 주류는 아니지만 성인교육과 고등교육(Welton, 1995; Williamson, 1998; Sergiovanni, 1999)의 담론으로 스며들기 시작한 단어다. 이것은 현상학자인 알프레드 슈츠(Alfred Schutz)가 우리가 현실을 어떻게 경험하는지를 결정하는 전(前)의식적이고 당연시되는 전제, 이해, 인지적 관점을 설명하기 위해 사용하였던 용어다. 루크만(Luckmann)의 책에서 슈츠가 설명했듯이 (Schutz & Luckmann, 1973), 생활세계란 "나의 경험에서 주어지는 모든 것의 명백한 근거, 내가 다루는 모든 문제가 존재하는 명백한 틀"(p. 4)이다. 그것은 우리가 의식하는 것이 아니다. 오히려 우리는 생활세계에서 "우리가 경험하는 것을 의심하지 않는다. 모든 문제는 추후 통지가 있을 때까지 우리에게 문제가 되지 않는다."(p. 4) 생활세계의 특징은 그것이 상호 주관적이라는 것이다. 다시 말하면, 그것은 상호 간에 의사소통할 수 있게 하는 공유된 의미 체계를 지닌다. 사회적으로 형성된 인지와 감정 구조로서의 생활세계와 이데올로기 간의 관계는 명확해야 한다. 생활세계는 행동과 추론의 형태를 결정하는 명백한 가정과 무의식적인 준거틀이다.

성인교육자들은 대부분 하버마스의 관념에 관한 다양한 해석을 통해 이 용어를 알고 있다. 슈츠와 마찬가지로, 하버마스 또한 생활세계가 우리가 생각하고 말하고 행동하는 모든 것에 어두운 장막을 치고 있기 때문에 그것에 접근하기 어렵다는 것을 강조한다. 그에 따르면, "생활세계에서는 특정 상황에서 말하고 토론한 것이 간접적인 맥락을 형성한다. ……그것은 친숙하고 명백하며 직관적으로 나타난다. 동시에 의미 있는 언어로 광범위한 전제가 설명되어야 한다."(Habermas, 1987a, p. 131) 그러나 하버마스는 슈츠와 루크만이 생활세계의 상호 주관성(상호 간에 이해하려는 노력)이 언어와 의사소통의 구조를 통해 결정된다는 사실에 주목하지 못했다고 주장했다. 그는 우리가 직관적으로 받아들이는 말의 형태의 법칙이 생활세계의 형태를 결정한다고 하였다. 아울러 상식적인 이해를 하기 위해 우리가 사용하는 자명한 추론과 대화를 포함하는 생활세계의 일상적 개념을 제안하였다. 우리는 누군가 중요한 것을 말하고 있다고 확신하게 되면 아직 인정받지 못한 규칙과 관례도 상징적 구조를 구성한다. 이런 구조를 통해 정체성을 형성하게 되고 문화적 지식을 습득하고 집단 유대감을 발전시키게 된다.

성인교육 이론가들에게 가장 흥미로운 것은 하버마스가 생활세계가 그 제도에서 '떨어져'나와 '식민화된다'고 주장했다는 점이다. 그 제제는 권력과 돈이 교환되는 것을 통제하는 사회적 과정을 구성한다. 통제적 과정은 자본주의 이데올로기와 행정적 관료주의로부터 비롯된다. 현대사회에서는 제도의 규칙—우리가 어떻게 행동할 것인지를 결정하는 규칙과 판단—이 생활세계를 침해해 왔다. 이러한 규칙은 행동, 도덕성, 윤리에 영향을 미치고, 추론하는 것뿐 아니라 시민, 노동자, 가족 구성원으로서 살아가는 것에도 직접적으로 영향을 미친다. 자본주의 제도적 규칙의 예는 지혜를 부와 연관시키는 것(부유할수록 더 지혜롭다)이라 할 수 있다. 또 성공과 행복을 소비재를 구입하는 것과 동일시하는 것이다. 관료적 합리주의의 제도적 규칙의 예는 성공한 인생은 시간 관리(영적 명상을 위해 30분, 또 긴밀한 관계를 만들기 위한 대화에 40분을 할당하면서 하루를 계획하는 것)의 원칙에 따라 규제된다고 믿는 것이다. 그리고 자식의 행동을 통제하기 위해 부모가 가족 계약서를 작성한다든가, 관계에서 어려움에 부딪히면 전문적으로 증명된 전문가를 찾아간다든가 하는 것이다.

이러한 규칙이 구체화되면, 우리는 그것을 삶과는 별개로 존재하는 보편적인 믿음과 규칙으로 간주하게 된다. 하버마스의 표현대로 그 규칙들은 우리의 일상과 분리되어 존재한다. 그러나 분리되어 있다는 것은 곧 영향력이 없다는 것을 의미하지는 않는다. 오히려 그 반대다. 하버마스는 "자본주의 성장의 결과로 경제와 국가의 하부 조직이 더욱 복잡해지고 그것들이 생활세계를 상징적으로 재생산하도록 조장한다."(1987, p. 367)고 하면서 내적 식민화의 명제를 제안하면서 중산층의 인터넷 재택근무, 정규직 노동자의 감소와 비정규직 노동자의 증가, 자영업자 비율의 증가 등이 그 예라고 보았다.

이러한 변화는 작업장이나 작업 공간을 구성하는 것이 무엇이냐에 대한 정의가 바뀐 결과라고 할 수 있다. 그것은 공장, 침실 코너의 책상, 정부기관의 사무실, 커피숍, 또는 식탁인가? 집에서 일하게 되면 일과 사생활의 경계가 모호해진다. 일의 영역에서 명백히 나타나는 자본주의적 가치와 관료적 합리주의에서 비롯된 사회생활의 규칙과 사고방식이 가정생활, 친구관계, 동료관계, 지역공동체 참여의 영역을 침해하게 된다. 이러한 경제적 관심사가 사람들이 자신의 잠재력을 실현하거나 생활을 통제하는 것에 대해 어떻게 생각하는지를 규정하면서 생활세계에 뿌리를 내리게 된다. 뉴먼(Newman, 1999)은 이 주제에 대해 언급하면서, "실제로는 타당하지 않지만 우리는 일상생활의 관계, 의사소통, 행동과 사건을 돈과 권력의 관점에서 판단하게 된다. 우리는 정치적이고 법적인 구조를 통해 돈과 권력에 점점 더 예속되어 간다."(p. 154)고 하였다.

하버마스의 사상은 성인학습의 비판이론과 어떻게 연관될 수 있을까? 전환학습 이론에서 메지로우(1981)는 하버마스가 기술적 · 의사소통적 · 해방적 지식으로 지식을 구분하였던 의사소통이론에 근거하여 성인 학습과 교육에 대한 비판이론을 발전시켰다. 마이클 웰튼(Michael Welton, 1995)과 몇몇 학자들은 『생활세계의 방어(In Defense of the Lifeworld)』라는 책에서 메지로우와 하버마스의 관련성을 좀 더 발전시켰다.

성인학습의 비판이론에서는 어떻게 생활세계가 우리의 정체성을 형성하게 되는지, 구체적 상황에서 어떻게 우리가 그 존재를 의식할 수 있는지에 대해 살펴보아야 한다. 슈츠와 하버마스가 생활세계의 존재를 정확하게 파악하는 것이 논리적으로 불가능하다고 하였지만, 그 현상을 명명할 수 있다는 사실은 그 존재를 명확히 알 수 없다는 주장을 다소 약화시킨다. 웰튼과 몇몇 학자들(1995)은 성인학습 비판이론에서 자본주의가 어떻게 생활세계에 제도적 규칙을 부여하는지, 성인이 어떻게 이러한 과정을 인식하여 그 힘에 대항할 것인지를 연구하게 될 것이라고 하였다. 이 이론에서는 다음과 같은 구체적 질문에 대해 탐구할 것이다. 성인은 그들의 요구와 욕구에 대한 소비 문화적인 정의에 대해 어떻게 대항할 것인가? 정치적 담론이 선전적 연설로 전락하고 경제적 뒷받침을 받으면 큰 목소리를 내는 현실을 어떻게 인식하고 그에 도전할 것인가? 개인의 취향과 미적 감각을 소비로 직결시키는 현실에서 어떻게 벗어날 것인가? 전문적 지식을 소유하고 통제하는 자들과 전문가에게 허용했던 우리의 삶의 영역을 어떻게 되찾을 것인가? 마지막으로 공동의 이익을 실현하지 못하게 하는 분열과 개별화된 힘을 어떻게 은밀하게 활용하며, 공동선을 위해 집단을 조직할 수 있는 정신과 현실성에 어떻게 다시 불을 붙일 것인가?

민주주의 실천하기

마르크시즘에 근거를 두고 있는 현대 비판이론(특히 하버마스의 이론)에서 사회주의나 공산주의의 사회적 이상을 살펴보는 것만큼이나 민주주의의 사회적 이상을 살펴보는 것은 흥미롭다. 반민주주의자이자 반미주의자로서 혹평을 받았던 마르쿠제 같은 이론가도 실제 민주사회의 모델이 없음에도 불구하고 민주주의를 실현하는 과제에 자신을 바쳤다고 공언하였다. 스탈린주의나 전체주의적 공산주의에서 주장하는 사회주의적 희망을 의심했기에, 프랑크푸르트 학파의 이론가들은 자신의 욕구와 이익에서 비롯된 자유로운 행동은 필연적으로 인간의 자유를 강조한 민주주의에서 가능하다는 사실에 주목하였다. 그린(Greene, 1988) 같은 현대 비판이론적 교육자는 민주주의 이상에 스며들어 있는 정치적 · 경제적 전제조건은 미국 교육에서 급진적 실천을 위한 도약대가 될 수 있다고 주장하였다.

그러나 그 이론의 숭고함에도 불구하고 민주주의 이상은 자본주의 헤게모니를 지지하는 데 구체화될 수도 있다. 민주적 과정은 일상생활과 별개로 존재하거나 우리의 관심 영역과 분리될 수 있다. 그러나 사람들은 민주제도가 기본적인 공평성을 보장하고 연설의 자유를 옹호하고 정치에 참여할 기회를 공평하게 부여하면서 저 밖 어딘가에 조용히 존재한다고 믿는다. 민주제도 안에서는 반대 의견도 말할 수 있기 때문에 사람들은 모든 관점에 공정하고 평등한 발언권이 주어진다고 생각한다. 이것이 마르쿠제가 말한 억압적 관용의 핵심이다. 지배집단은 언론의 자유라는 미명하에 사회적 비평을 어느 정도 허용해 줌으로써 사람들이 민주주의 사회에서 살고 있다고 믿게 만든다. 이렇게 위안을 주는 확신 때문에 혁명을 추구하려는 사람들의 욕구가 무디어지며 기본적인 경제적 · 정치적 구조는 손상되지 않는다.

특히 미국의 성인교육에서는 민주주의적 이상을 확실히 채택하고 있다. 실천행위를 민주적이라고 말하는 것은 성인교육적 '관리, 유지(경영)를 잘하고 있다'

는 승인을 해 주는 것과 같다. 진정한 성인교육의 전통을 나타낸다고 신봉되는 관념 중에서는 실무자들이 더욱 민주적인 실천을 해야 한다고 주장하는 관념이 가장 강력하다. 민주주의나 민주적이라는 단어는 일종의 성서적 신호로 기능하며, 성인교육자들이 옹호하는 모든 실천을 정당화하거나 방어하는 데 사용되었다. 그것은 화자(話者)가 진보적이고 좌익의 성향을 가지고 있다는 것을 의미하기도 하였다. 다른 숭고한 이론처럼 민주주의의 관념은 융통성 있고 모호하기 때문에 말하는 사람마다 그 정의와 해석이 다르다. 너무 자주, 그리고 의례적으로 일컬어지다 보니 중요한 의미가 퇴색되어 버릴 수도 있다. 이런 방식으로 민주주의는 조급한 결론—한번 언급하게 되면 더 이상 그 의미에 대해 진지하게 토론할 필요가 없을 정도로 숭상되는 개념—이 되어 버린다. 실제로 과정이나 결과가 민주적이었다는 이유만으로 중요한 문제가 더 이상 논의되지 못하는 경우가 허다하다. 이 단어는 성인교육에서 무비판적으로 숭상되고 있어서 비판적으로 검토되지 않는다. 민주적 발전을 진정으로 이루려고 할 때만이 이러한 생각에 대한 모순이 드러난다.

미국의 성인교육자 에드워드 린드만은 형식적인 민주주의의 언급, 그 이상을 이해하고 분석하려고 애쓴 학자였다. 린드만([1935] 1987a)은 민주주의를 "인간의 언어 중에서 가장 숭고한 단어"(p. 137)이자 위선자들에 의해 가장 제대로 이해되지 못한 채 남용되는 단어로 이해하였다. 그는 대부분의 사람이 "민주주의에 대해 무지하다. 그들은 집단에서 어떻게 살아가야 하는지 모른다."(p. 150)고 믿었다. 이것은 해결되지 않은 갈등을 견뎌 내고 공손하게 문제를 다루는 특별한 기술이 부족하다는 것을 의미한다. 아울러 복잡한 사회문제에 처방된 해결책은 항상 잠정적이고 임시적인 것으로 간주되어야 한다는 사실을 받아들이는 것을 의미한다. 린드만은 "궁극적인 권력이 대중 속에, 전 국민에게 존재할"(p. 147) 때 민주주의가 존재하게 된다고 믿었다. 그래서 사람 사이의 권력관계(power with)—"당신과 함께할 때 우리의 권력은 커진다"(p. 144)—는 '지배 또는 행사의 관계(power over)'를 내체하게 되었다. 하지만 그는 민주주의가 담론의 형태이거나 의사결정의 프로토콜일 뿐 아니라 경제적 평등화도 요구한다고 강조하였다. 정치적 민주주의가 경제적 민주주의를 요구한다는 관점은 호튼(Horton)에 의해서 거듭 강조되었다. 린드만은 "현대 경제사회에서 민주주의의 활용법을 제대로 배우지 않는다면 민주주의는 조소의 대상이 될 뿐이다."(p. 144)라고 하였다.

린드만은 민주적으로 산다는 것이 본질적으로 성인학습의 과정이라고 보았다. 성인학습의 과정은 참여자에게 민주적 훈련을 실천하는 데 익숙해질 것을 요구한다. 이것은 다양성을 존중하는 것, 민주적 이상의 편파적인 기능을 감지하는 것, 잘못된 안티테제의 함정을 피하는 것, 수단과 목적의 양립성을 수용하는 것(명백히 옳고 필요한 것으로 간주되는 결정을 빨리 하려고 민주적 과정을 무시하려는 유혹을 물리치는 것), 사회제도(보건교육, 사회복지사업)의 기능을 민주적 목적과 연관짓는 것, 사회적·경제적 계획의 공동 형태를 학습하는 것, 불리한 결정을 감내할 수 있는 것, 민주적 모순에 내재되어 있는 코미디를 감상하는 방법을 학습하는 것을 포함한다. 린드만은 민주주의를 학습하는 것이 성인의 주요한 과업이라고 보았다.

린드만의 민주주의 제창은 적어도 미국 성인교육에 강한 영향을 미쳤다. 그러나 사후에 그의 연구에 내재된 급진적 사회비평은 대부분 잊혀졌다. 오늘날 그는 비판이론의 영역 밖인 미국 실용주의의 주류에 위치하고 있으며, 자본주의와 개인주의를 솔직하게 비난한 그의 연구는 거의 인용되지 않고 있다. 대조적으로 집단활동을 민주적 과정을 학습하는 가장 좋은 본보기로 강조하면서 성인교육 과정에서 경험의 중요성을 강조했던 사실은 잘 알려져 있다.

린드만에게 성인교육은 주요한 사회운동이었고, 그는 그것을 통해 삶과 의사결정의 집단적 형태를 학습할 수 있다고 보았다. 『성인교육의 의미(The Meaning of Adult Education)』([1926] 1961)라는 유명한 책에서, 그는 "집산주의(Collectivism, 토지, 생산수단 따위를 국가가 관리함-역자 주)는 대표적인 권력 행사의 한 방법이며 성인의 삶에 두드러진 현실"이기에, 성인교육의 중요한 목적은 "집단적 삶을 교육적 경험으로 만드는 것"(p. 43)이라고 했다. 그러나 "우리 문명에 널리 퍼져 있는 경제 구조"(p. 26) 안에서 '전쟁이 가장 중요한' 것인 이상, 집단적 삶을 교육적 경험으로 만드는 것은 좀처럼 발생하지 않는다. 이 구조는 "공공연하게 교활하고 강하며 공격적인 자들에게 이익을 돌려주는 경쟁윤리"(p. 26)에 근거를 두고 있기 때문이다. 민족주의와 제국주의 같은 난폭한 자본주의 구조의 결과물은 "우리를 타락시키는 '허위권력'의 표면적인 현현(顯現)"(p. 26)이다.

내가 린드만의 주장을 성인학습의 비판이론에 포함시킨 이유는 단지 그가 자본주의를 비난했기 때문만은 아니다. 그는 실제로 경제적 중도파에서 중요한 인물이었다. 이분법적 추론을 지양했던 그는 사회주의나 자본주의에 절대적으로 몰입하는 것에 반대하였다. 그에 따르면, "모든 기본적인 기능이 정부에 의해 수행되고 민간의 행동과 주도권이 개입될 여지가 없을 때, 민주주의는 더 이상 존재할 수가 없게 된다."(p. 166) 그러나 당대 가장 유명한 미국 성인교육자로서 현대사상에 끊임없는 영향을 미치고 있기 때문에 실용주의적 전통에서 그의 위치는 주목받을 만한 가치가 있다. 앞에서 지적했듯이, 웨스트와 하버마스가 밝혔던 비판이론과 실용주의의 민주적 실험에 대한 관심 간의 연관성은 무시되어 왔다. 그러나 그린(1986, 1988)이 언급했듯이 듀이(그리고 린드만) 같은 실용주의자들은 "아직 사회 지배적 관점에 선명하게 드러나지 않지만 무엇이 나중에 '헤게모니'나 이데올로기적 통제라고 불리게 될지"(1986, p. 434)를 잘 알고 있었다. 실용주의적 전통의 성인교육적 해석자로서 린드만이 민주적 발전과 모순에 대해 분석한 것과 이를 다루는 것을 배우는 것이 성인의 중요한 과업이라고 주장한 것은 성인학습의 비판이론에서 중요한 의미를 지닌다.

비판이론의 전통에서 하버마스는 민주주의의 발전과 모순을 분석하는 데 탁월했다. 하버마스의 주요 관심사는 진정으로 민주적인 방법으로 의사결정을 할 수 있는 소건을 만드는 것이었으며, 린드만처럼 민주적 발전이 소집단에서 어떻게 작용하는지에 특히 관심이 많았다. 이는 민주주의에 대한 담론이론으로 설명되었다. 하버마스는 민주적 토론이 최적의 조건으로 이루어질 수 있는 이상적인 담론의 소건을 만들 수 있으며, 그 조건 속에서 중요한 공동체 문제나 의사결정에 관하여 집단토론을 할 수 있다고 주장하였다. 엄격한 의미에서 린드만의 민주적 훈련과는 같지 않지만, 이상적인 담론의 조건 속에는 린드만도 강조했던 새로운 관점과 어느 정도 일맥상통한다. 하버마스는 대중의 지지와 동의를 이끌어 낼 수 있는 민주적 결정 방법을 이해하는 것이 중요하다고 주장한다. 그는 민주적 형태의 의사소통을 학습하기 전에는 완전한 성인이 될 수 없다고 보았다.

민주주의를 학습하는 것과 관련하여 성인학습의 비판이론에서 중점을 두는 과제는 무엇인가? 첫째는 성인이 자유와 민주주의에 동시에 찬성할 경우 발생하는 모순을 어떻게 인식하고 감내하는 방법을 배워 나가는지를 살펴보는 것이다. 밥티스트(Baptiste; Baptiste & Brookfield, 1997)가 주장했듯이, 민주주의는 필연적으로 자유의 실현을 제한하다. “상호작용이 공정한 것으로 판단된다면 상호작용하는 인간의 자유는 서로 규제되어야만 한다. 윤리적 자유는 상대적 자유다.”(p. 27) 타인의 존재를 고려하여 행동한다면 타인과 더불어 살아갈 수 있다. 그리하여 민주주의자들은 결국 평등을 보장하기 위해 사람들이 자유롭게 행동할 수 있는 범위를 제한해야 한다.

이것은 성인이 불리한 결정도 감내하는 법을 학습해야 한다는 것을 의미한다. 린드만(Smith & Lindeman, 1951)은 이를 중요한 민주적 훈련으로 간주하였다. 또한 성인은 밀(J. S. Mill, 1961)이 밝혔던 다수의 횡포에도 방심하지 말아야 한다. 『자유론(On Liberty)』(1859)에서 밀은 사회에서 어떤 사고방식이 민주적인 동의를 얻거나 상식으로 여기게 되면 그것은 “어떠한 정치적 압력보다도 더 강력하게 사회적 횡포를 휘두르게 된다. ……거기에서 빠져나갈 방법은 거의 없으며 삶의 세세한 영역까지 깊이 침투해 영혼을 사로잡게 된다.”(p. 191)고 주장했다. 민주주의 사회에서 다수의 억압적인 통제에 대한 이러한 분석은 그람시의 모든 영역에 퍼져 있는 헤게모니 개념과 푸코의 일상생활의 선택과 행동에 각인된 권력 개념에 반영되어 나타난다.

성인학습의 비판이론에서는 민주적 발전에 내재하는 우연성의 요소를 성인이 어떻게 잘 견뎌 내는지에 대한 보편적 문제도 살펴볼 것이다. 배그널(Bagnall,

1999)이 포스트모더니즘을 분석한 『급진적 우연성의 발견(Discovering Radical Contingency)』에서 암시했듯이, 우연성—모든 이해와 해결책을 부분적이고 일시적인 것으로 받아들이고 기꺼이 재검토하거나 재협상할 수 있는 자세—은 포스트모더니즘과 관련이 있다. 그러나 그 뿌리는 민주주의에 필수적인 끊임없는 탐구와 실험을 강조했던 실용주의 전통에 있다. 이러한 우연성을 감내하는 것은 민주주의가 항상 부분적으로 작용할 것이라는 이상을 받아들이는 것이다.

우리는 또한 린드만과 하버마스가 주장한 민주적 담론에 참여하기 위해 필요한 훈련과 조건에 대해 연구할 수 있다. 성인은 어떻게 '타자(他者)', 다름, 민주적 의사소통에서 마주칠 수 있는 개성, 가치, 욕구, 표현 형태의 다양성에 대해 탐구하고 반응하는 방법을 배우는가? 그들은 서로 용납되지 않는 상호 배타적인 선택을 해야 할 경우 어떻게 성급하게 토론을 종결하는 것을 피할 수 있을까? 그들은 재검토될 수 있을 때까지 그들의 요구와 반대되는 결정을 어떻게 다룰 것인가? 더 일반적으로 인종, 계급, 성에 따라 서로 다른 권력을 가진 공동체 구성원에 의해 필연적으로 발생하는 민주적 발전 과정에서의 왜곡을 어떻게 다룰 것인가? 어떻게 자신이 속한 문화적 의사소통 양식을 버리고 타인과 대화하고 귀 기울일 수 있을 것인가? 마지막으로 민주적 참여자는 어떻게 그들의 실천에 대해 비판적으로 사고할 수 있을까?

이 장에서는 비판이론의 중요한 관심사에 근거하여 비판이론에 내재되어 있는 성인학습의 일곱 가지 과제, 즉 이데올로기 비판하기, 헤게모니 논쟁하기, 권력의 실체 폭로하기, 소외 극복하기, 해방 학습하기, 이성 회복하기, 민주주의 실천하기에 대해 제안하였다. 이제부터는 더 세부적으로 이 과제에 대해 살펴보겠다.

제3장

이데올로기 비판하기

- 비판이론에서의 이데올로기와 이데올로기 비판
- 이데올로기의 사악한 쌍둥이: 자본주의와 관료적 합리주의
- 이데올로기와 이데올로기적 국가기구
- 이데올로기에 저항하기
- 성인학습과 이데올로기 비평
- 이데올로기를 학습하며

얼마 전에 아내와 나는 공립 초등학교를 졸업한 딸이 다닐 중학교를 선택하는 문제에 봉착하였다. 이 결정에 대해서는 두 번 생각할 필요가 없었다. 아무런 의식적인 선택 없이 특정 공립 중학교가 떠올랐다. 친구들로부터 수집한 정보에 의하면 그 학교의 평이 꽤 좋았고, 시험 성적 또한 그 지역에서 우수했다. 그렇다면 그 학교는 분명 딸이 다닐 학교로 선택되어야 할 것이다. 이 결정은 이데올로기적인 것이었다.

이데올로기적이라고 표현한 것은 그 결정이 정확함에 대한 본능적 감각에서 나온 것처럼 보이지만 실제로는 결코 무의식적인 것이 아니라는 것을 의미한다. 사실 그 결정은 내 안에 있던 지배적인 신념과 가치의 명백한 표명이었다. 그 가치와 신념은 내 입맛대로 고를 수 있는 이데올로기적 잡동사니로서 내 밖에 존재하는 것이 아니었다. 그것은 나였다. 확실히(우리가 '확실히'라고 할 때마다 이데올로기는 가까이에 잠복하고 있다) 나는 그 학교가 좋다던 친구의 판단을 믿었다. 어쨌든 친구들은 현명한 사람이며(그들은 현명해야만 한다. 그렇지 않다면 내 친구가 될 수 없을 것이다), 그들이 동의하는 것은 분명 옳다.

아내가 딸을 다른 중학교로 보낼 수도 있다고 제안했을 때 학교 선호도에 대한 나의 확실한 생각은 도전받기 시작했다. 그러면서 무의식적이고 본능적인 결정으로 보였던 핵심적인 두 개의 이데올로기적 신념이 어떻게 형성되었는지를 깨닫게 되었다. 첫째는 많은 사람(특히 동료나 준거집단일 경우)이 동의할수록 옳을 가능성이 많다는 것이다. 둘째는 학생들의 시험 성적이 높다는 것은 그 학교의 지적 생산성, 교사의 능력과 헌신, 교과과정의 적절성이 높다는 것을 정확하게 보여 준다는 것이다.

물론 이러한 신념은 옳을 수도 있다. 하지만 이글턴(Eagleton, 1991)이 상기시켜 주듯이, 이데올로기는 사람들이 경험 속에서 옳다고 인식하는 요소가 부분적으로 있기 때문에 존재할 수 있는 것이다. 하지만 바로 그러한 이유 때문에 많은 사람이 옳다고 믿는 것이 반드시 옳은 것은 아니다. 이 경우에 나는 동료집단의 의사소통에 대한 확실성에 결코 의문을 품지 않았으며('너는 내 친구이고 네가 말한 것은 옳아야만 한다. 그렇지 않으면 너를 친구로 선택한 나의 현명함이 문제가 된다'), 그들이 어떤 계급과 인종 출신인지에 대해서도 문제 삼지 않았다. 내가 학습의 가치를 교환경제의 잣대(학교 시험 성적)로 평가하면서 학습을 생산품으로 간주하고 상품화하고 있다는 사실에 대해서도 걱정하지 않았다. 게다가 학습의 사용가치(학생이 학습에 대해 가지는 의미)가 무시되고 있다는 생각도 하지 못했다.

이러한 신념이 이데올로기화된다는 것은 기존의 체제와 인간 행동에 관한 전반적인 사고방식(교육)을 정당화하고 재생산하는 데 신념이 사용되고 있나는 것을 의미한다. 촘스키(Chomsky, 1989)의 용어로 표현하자면, 신념의 이데올로기화는 엄청난 불평등과 불균형이 존재함에도 불구하고 구성원의 지지에 의해 체제가 지속될 수 있게 하는 '필요한 환상'이다. 나는 학교의 성적으로 학교의 가치를 가정하였다. 학교 시험 성적은 학교가 위치한 지역의 경제적 수준과 자녀의 성적이 높기를 바라는 부모의 기대를 나타내는 것이지 실제 학교 수준과 반드시 일치하지는 않는다. 나는 지식적으로는 이 사실을 알고 있었는데도 딸에게 적절한 학교를 선택해야 할 때 본능적으로 학교의 가치와 성적을 동일시했다. 즉, 나의 이성은 나의 본능을 억제하지 못한 것이다.

신념이 당연하고 확실하게 보이며 기존 체제, 구조, 행동을 재생산하는 데 기여하면 이데올로기적인 것이 된다. 이데올로기는 그 존재를 의식하지 못한 채 기존 질서를 반영하고 지지하며 일상생활의 행동, 결정, 관습에 나타나는 관념과 가치의 체계다. 우리가 의식적인 고려 없이 확신한 것처럼 보이고 상식적인 논법처럼 보이는 것을 선택할 때는 그것에 이데올로기적 근거가 있을 가능성이 높다. 무엇인가를 선택할 때 상식적으로 반응할 수 있고 그 논리가 쉽게 다가온다고 느껴질 때는 그것들이 바로 이데올로기적 속성의 시표가 된다.

당연하고 확실해 보이는 관념은 '의사결정센터'라고 분류된 뇌의 부분으로부터 우리의 의식으로 들어오게 된다. 그것은 계급, 인종, 문화의 다수가 수용한 상식적인 지혜라고 인식될 때 즉시 선택된다. 명백한 확실성에는 미묘한 매력과 숨겨진 권력이 존재한다. 확실한 것으로 보이는 관념은 어떤 사람에게는 이득을 주지만 다른 사람에게는 불이익을 주게 된다. 명료한 진리에 근거한 현명한 선택인 것처럼 보이는 것들은 우리의 인식이나 자각과는 상관없이 우리에게 고통을 줄 수 있다. 이데올로기는 우리 존재에 너무나 깊게 뿌리박혀 있어서 파벌적이기보다는 객관적이고 중립적인 것처럼 보인다. 이 사실은 또한 이데올로기가 우리에게 주는 상처를 의식하지 못하게 하는 것을 의미한다.

비판이론에서의 이데올로기와 이데올로기 비판

이데올로기는 비판이론의 주요 개념이다. 그것은 기존의 사회적 구조, 체제, 관계를 반영하고 재생산하는 신념, 가치, 관습의 체계를 나타낸다. 이데올로기는 지배 집단의 이익에 도움이 되는 신념을 보편적인 진리로 묘사하면서 지배 집단이나 계급의 권력을 옹호한다. 이것은 마르크스와 엥겔스가 『독일 이데올로기(The German Ideology)』(1970)에서 분석했던 요소로서 가장 빈번하게 인용되고 있다. 부분적인 신념을 보편화하는 것은 작위(作爲: 학교나 교회에서 소수 특권층의 이익에 도움이 되는 것을 사회의 모든 가치로 가르치는 경우)와 부작위(不作爲: 다른 신념은 금지되어 사람들이 그것을 고려할 기회를 주지 않는 경우)의 행위를 통해서 가능하다. 이글턴(1991)이 썼듯이, 이데올로기에 대한 비판이론의 관점에서는 "특정한 관념이 불공평하고 불필요한 정치적 지배를 어떻게 정당화하는지에 관심을 둔다." (p. 167)

구어적으로는 우리가 불행한 일을 당하여 어깨를 으쓱하며 "인생이 뭐 그렇지." 하고 말할 때도 이데올로기가 드러난다. 내가 영국에서 자랄 때 유행하던 어구는 '불평하면 안 된다'였다. 이 말은 불평할 때, 좌절할 때, 곤경에 처할 때 자주 듣던 말이었다. 병, 실직, 물가 상승, 임금 삭감, 식량 부족, 정전, 폭격, 실직, 진료받지 못하는 것, 파업, 그리고 인생이 더 나아지고 있다는 생각이 들지 않는 경우, '불평하면 안 된다'는 것은 고통을 경감시켜 주는 보편적인 위로가 되었다. 사람들이 불평하면 안 된다고 믿을 때 그 체제는 안전하다. 반면 불평을 한다는 것은 체제를 비판하는 것이다. 많은 사람이 불평하게 되면 항의하는 불평의 소리를 서로 간에 듣게 되고 마음 맞는 사람끼리 상황을 변화시키려고 한다. '불평하면 안 된다'는 것이 이데올로기가 실행되는 것이라면 '불평해야 한다'는 것은 이데올로기 비평의 출발점이다.

이데올로기의 사악한 쌍둥이: 자본주의와 관료적 합리주의

비판이론에서 이데올로기 비평의 '고전적' 전통으로 불리는 것을 설명하기 위해 마르크스, 호르크하이머, 아도르노, 알튀세의 사상에 대해 살펴보겠다. 호르크하이머와 아도르노는 프랑크푸르트 사회연구소의 연구원, 나중에는 연구소장으로 재직했고 프랑크푸르트 학파에서 중요한 인물로 인용되고 있다(Jay, 1973; Held, 1980). 알튀세는 그람시에게 영향을 받고 푸코에게 영향을 준 프랑스 마르크스주의자다. 다음 절에서는 호르크하이머와 아도르노의 저작 중 그들의 사상이 가장 잘 드러난 『계몽의 변증법(Dialectic of Enlightenment)』(Horkheimer & Adorno, 1972)과 『이성의 상실(Eclipse of Reason)』(Horkheimer, 1974)에 대해 살펴보겠다. 이 책들에서는 사고와 이성이 도구화—어떻게 살 것인가, 서로를 어떻게 대할 것인가와 같은 보편적인 문제를 고려하지 않는 것—되는 것에 대해 다루었다. 이성이 도구화되면 실용적이고 실리적인 목적을 위해서만 쓰이게 된다. 보편적인 문제를 탐구하지 않고 단기적인 실용적 문제 해결에만 몰두하게 함으로써 자본주의와 관료적 합리주의를 유지시키는 것이다.

『계몽의 변증법』 서문에서 호르크하이머와 아도르노는 우리가 "사고가 상품이 되고 언어가 상품을 판매하기 위한 수단이 되는"(p. xii) 세상에 살고 있다고 말하고 있다. 상품으로서의 사고는 '어떻게 하면 글로벌 시장에서 더 경쟁적이고 효율적일 수 있을까?' 처럼 지배계급이 중요하게 여기는 문제를 푸는 것에 관심이 있다. 지배질서에 의한 사고가 선택된다는 것은 "지배적인 사고 흐름을 수용하지 않으려는 언어적 표현은 더 이상 존재하지 않는다는 것이다. 평가절하된 언어, 즉 지배적 사고를 반영하지 않는 언어는 사회적 메커니즘에 의해 도태된다."(p. xii)는 것을 의미한다. 그러므로 사고는 지배 이데올로기의 두 개의 중요한 지주인 자본주의와 관료적 합리주의에 의해 결정된다고 할 수 있다.

자본주의 이데올로기는 『계몽의 변증법』(Horkheimer & Adorno, 1972)에서 광범위하게 분석되었다. 마르크스에 이어 호르크하이머와 아도르노는 자본주의 체제에서 노동의 가치가 상품화된다고 주장하였다. 다시 말하면, 노동에 대한 가치가 지불될 때에만 그 노동이 가치 있다고 여겨지며 보수를 잘 받아야만 근본적으로 노동이 가치 있다고 보는 것이다. 상품화된 세계에서는 사람들이 순전히 경제적 측면으로만 자신의 주체성과 자존심을 발전시키고 평가한다. 그들은 '경제적 가면은 인간 내면의 인격과 완전히 일치'하기 때문에, 사람들은 "시장가치로서 사람을 판단하고 자본주의 경제에서 자신에게 일어나는 것을 통해 자신이 누구인지를 배우게 된다."(p. 211)고 하였다(1940년대에는 일반적이었던 남권주의적 어투로 말하였는데 그 자체가 이데올로기의 예다!). 사람들은 자본주의가 쏟아내는 상품에 유혹당하고, 곧 그들의 삶의 목적은 상품을 추구하는 것으로 전락한다. 그리하여 사람들이 경제적 성공의 신화에 사로잡히게 되면서 상품(또는 소비재)은 "응집된 사악함을 가리고 있는 이데올로기의 커튼"(p. xv)이 되어 버린다. 그 결과, "후기 자본주의 시대의 인생은 끊임없는 입문식이 된다. 모든 사람은 자기를 공격하는 힘과 자신을 동일시하고 있다는 것을 보여 주어야만 한다. ……모든 사람은 완전히 항복하여 행복을 추구하려 하지 않을 때에만 행복할 수 있다."(p. 153)

관료적 합리주의의 이데올로기는 『이성의 상실』(Horkheimer, [1947] 1974)에서 살펴볼 수 있다. 이러한 형태의 사고는 삶을 상호 배타적이지만 서로 맞물려 있는 범주로 조직할 수 있다는 신념에서 비롯되었다. 호르크하이머는 추론할 수 있는 성인의 능력(성인학습의 주요 관심사인)이 그가 명명한 형식화된 이성 또는 주관적인 이성으로 바뀌어 간다고 주장한다. 이 개념은 이성이 도구화되어 "본질적으로 수단과 목적에 관심을 가지고 당연하게 받아들이는 명백한 목적을 위해 적합한 과정을 취하고 있는지에 관심을 갖는 것이다."(p. 3) 형식화된 또는 주관적 이성은 수단과 목적을 중시하는 사고다. 이성은 단기적인 사회적·경제적 목적을 달성하기 위한 수단을 강구하는 데 사용된다. 단기적인 목적을 이루기 위한 투쟁 속에서 이성이 정의, 평등, 관용 같은 추상적이고 보편적인 문제를 위해 사용될 가능성은 희박해진다.

보편적 문제와 결부시키는 이성적 습관이 사라지게 되면 이성은 "이데올로기적 조작을 하는 데나 빤한 거짓말을 전파하는 데까지 쓰이게 된다."(p. 23) 사고는 어떤 목적을 얻기 위한 도구로 쓰게 될 때 맹목적인 숭배의 대상이 되어 버린다. 즉, 사고가 사고하는 사람과는 별개의 존재와 내적 가치를 가지게 된다. 단어에서 의미가 사라지고 사회적으로 사용되어 온 역사가 뒤죽박죽되어 버린다. 권한 부여(empowerment)와 전환(transformative)의 경우가 그 증거가 된다. 이 두 단어는 억압받는 사람들이 화해하여 자신의 삶을 관리하고 지배적인 권력관계를 바꾸는 방식을 표현한다. 하지만 구어적인 영어에서는 혁명적이거나 정치적인 의미는 사라지고 자신에게 유리하게 상황을 바꾸는 경우에만 국한되어 사용된다. 호르크하이머는 "사고나 언어가 도구화되면 진정한 사고를 할 수 없게 되고 사고를 언어적으로 표현할 때 필요한 논리적 행위를 할 수 없게 된다."(p. 23)고 개탄하였다.

단기적이고 도구적인 이성은 본질적으로 체제 순응적이고 명백히 이데올로기적인 산물이다. 호르크하이머에 따르면 "이성적이라는 것은 고집 부리지 않고, 있는 그대로의 현실에 순응하는 것을 의미한다."(Horkheimer, [1947] 1974, p. 10) 즉, 불평하면 안 된다는 것이다. 사고가 도구화된 이성은, 사려 깊고 현명해진다는 것을 지배 집단의 이데올로기에 순응한다는 것과 동일시한다. 이성이 체제 순응적이기 위한 기본 전제는 사고가 "사고 자체의 진실성과 진리성 여부와는 상관없이 기존의 지배 집단에 유용하게 사용될 수 있느냐의 여부로 정당화된다." (p. 86)는 것을 의미한다.

다수는 자유민주주의에서 안정적인 지배 집단이기 때문에 사람들은 "다수결의 원칙이 객관적 이성의 대리자일 뿐 아니라 객관적 이성의 발전된 형태"(p. 26)라고 생각하고 있다. 그래서 다수결의 원칙(대다수의 사람이 어떤 생각이나 행동에 동의하게 되면 그것은 아마도 옳을 것이라는 가정, 친구 모두가 동의한다고 해서 나의 선택이나 학교의 선택이 옳았던가 기억해 보라)이 본질적으로 뛰어난 이성의 한 형태로 간주되고 있다. 다수결의 원칙은 (호르크하이머에게는) "인간은 결국 자신의 이익에 관한 가장 뛰어난 심판관"(p. 26)이라는 명백히 잘못된 논리에 근거를 두고 있는 것으로 보였다. 사람들이 이 논리를 받아들인다면 다수결의 원칙은 '순응하지 않는 것에 대해 저항하는 힘'이 되기에 역부족이다.

호르크하이머는 공식적인 성인교육 조직에서 이루어지는 성인학습에서의 이성을 다수결의 원칙과 연관시켜 분석하였다. 다수결의 원칙—사람들은 자신의 이익에 대한 가장 뛰어난 심판관이고 그들에게 이미 익숙한 것을 요구할 것이다—은 성인교육 프로그램 개발자에 의해 호의적인 요구분석이라는 미명하에 자신을 드러낼 것이다. 성인교육의 대학원 수업에서 가르치는 주문(呪文)은 우리가 학습자의 요구에 근거하여 성인교육 프로그램을 개발하며, 좋은 프로그램 개발의 첫 단계는 그들의 요구가 무엇이지 분석하는 것이라는 것이다. 성인이 자신들의 요구에 대한 분석(그들이 '느끼는' 요구)을 받아들인다는 것은 사람들이 항상 자신의 이익에 대해 가장 잘 판단한다는 것을 전제로 하는 것이다. 실제로 학습자는 그들에게 익숙하고 인식할 수 있는 프로그램에 대한 욕구를 표현하며, 동료집단의 다른 사람들은 무엇을 배우는지 살펴본 다음에 무엇을 배울 것인지를 결정한다. 프로그램 개발에 대한 그러한 접근 방법은 '순응하지 않는 것에 대해 저항하는 힘'을 표현한다.

호르크하이머는 민주적 다수결의 원칙이 사람들의 이익을 대표한다는 것에 문제가 있다고 하면서, 그 이익이라는 것이 "맹목적이거나 지나치게 경제적인 것을 의식하는 힘의 작용"(Horkheimer, [1947] 1974, p. 28)임을 지적하였다. "모든 영역에 걸쳐 우리의 삶이 무의식중에 상업문화를 추구하는 것에 점점 적응해"(p. 112) 가면서 자본주의가 우리의 정신을 침범하고 있다. 이러한 침입에 반대할 것 같은 노동조합에까지도 자본주의의 침범은 일어나고 있다. 호르크하이머는 노동조합을 사고하고 행동하는 데 있어서 대안적 방법을 만들려는 반자본주의 운동의 대표라기보다 오히려 자본주의의 이데올로기적 대리인으로 보았다. 노동조합의 지도자는 사업적인 이데올로기를 적용하여 노동자를 사회질서 속으로 통합시키려 하였고, 노동을 관리하고 조종하고 선전하여 높은 가격에 팔 수 있는 것으로 간주하여 상품화하였다. 노동조합의 임무는 자본주의 게임을 파괴하고 완전히 새로운 사회를 수립하는 것이라기보다 그 게임의 규칙이 적용되는 범위 안에서 최대한의 파이를 노동자에게 제공하는 것이었다. 자본주의에 도전하려는 투사가 없었기에 노동자들은 "근본적으로 다른 세계에 대한 꿈을 접어야 했다."(p. 150) 도구적이고 관료적인 이성이 만연한다는 것은 노동자들이 "사회적 불평등—그들 집단 내에서의 불평등조차도—을 강력한 사실로 받아들이고 그 사실을 유일하게 고려해야 할 것으로 인정하게 되었다."(p. 150)는 것을 의미한다.

이데올로기와 이데올로기적 국가기구

『독일 이데올로기』(Marx & Engels, 1970)에 근거를 두고 그람시의 헤게모니 개념에 영향을 받은 프랑스 철학자 알튀세는 「이데올로기와 이데올로기적 국가기구」(1971)라는 영향력 있는 글에서 이데올로기에 대한 이해를 심화시켰다. 알튀세는 이데올로기를 사회적·경제적 제도의 모든 영역에서 사람들이 그 제도의 기본적인 합리성을 받아들이게 만드는 사고적 통제의 체계적 형태라고 보았다. 이데올로기는 그 제도가 특정 집단의 이익을 증진하는 어떤 가치에 근거하고 있다는 사실을 의도적으로 감춘다. 대안적인 가치가 진지하게 고려될 가능성이 조금

이라도 있다면 그 제도는 도전받을 것이다. 그러나 그 제도가 설명이나 변명할 필요가 없는(본질적으로 그 제도가 올바르다는 것이 너무나 확실하므로) 당연한 현상으로 받아들인다면 저항의 가능성은 사라진다.

알튀세는 사람들이 그 사실을 자각하지 못한 채 이데올로기 속에서 당연하게 그리고 무의식적으로 살고 있다고 생각하였다. 그는 "이데올로기적인 사람들은 자신이 확실히 이데올로기에서 벗어나 있다고 믿고 있다. 이데올로기의 영향 중 하나는 이데올로기가 자체의 이데올로기적 특성을 실제적으로 훼손한다는 것이다. 이데올로기는 결코 '나는 이데올로기적이다.'라고 말하지 않는다."(Althusser, 1971, p. 175) 알튀세의 관점에서는 이러한 것이 진정 불가능할 때에라야 중립적이고 객관적이고 이데올로기적인 왜곡이 없다고 거짓 없이 말할 수 있다. 자신이 이데올로기적이지 않다고 확신하는 사람들 중에는 "착취와 억압을 위해 지배계급의 이데올로기를 조작하여 통치계급의 지배를 '말'로 표현하는"(p. 133) 사람들도 포함된다. "'이데올로기의 전문가'(Marx)는 물론이고, 생산, 착취, 억압의 주체는 그들의 임무를 '진지하게' 수행하기 위해 어찌되었든 이데올로기에 빠져들게 된다."(p. 133) 알튀세는 이데올로기적 관리자들이 자신들의 업무의 이데올로기적 속성을 진지하고 격렬하게 부정하는 것으로 보았다.

왜 사람들은 이데올로기에 빠져 있으면서도 그 사실을 자각하지 못하는 것일까? 알튀세(1971)는 "이데올로기는 항상 조직이나 습관, 관습 속에 존재"(p. 166)하고 "인간의 '관념'은 행동 속에 존재"(p. 168)하기 때문이라고 주장하였다. 이러한 행동은 "지배 이데올로기의 관례에 의해 결정되는 관습 속으로 편입된다." (p. 182) 바꿔 말하면, 이데올로기는 우리의 일상적인 결정, 행동, 사소한 상호작용 속에서 살아 숨쉬고 있다. 그리하여 우리는 고프먼(Goffman, 사회에서 소외된 인간의 상처받은 아이덴티티의 내면적 갈등과 인간관계의 드라마를 포착하였다–역자 주)의 세계로 들어가게 되고 일상적인 관례가 형성되며, 푸코가 강조했듯이 일상생활에서 규율적 권력이 각인되어 버린다. 친밀한 표정, 일상화된 직업적 행동, 대화의 습관, 이 모든 것이 관습 속에서 무의식적으로 굳어진 권력관계의 질서를 반영한다. 알튀세의 책이 출판된 지 20년 뒤 기든스(Giddens, 1991)는 “이데올로기의 가장 미묘한 형태는 구체적이고 일상적인 관습이 조직되는 방식 속에 숨어 있다.”(p. 23)고 주장하였다. 이데올로기는 명백하게 식별하기 힘든 관념이 되어 버리고 이데올로기적으로 결정된 행동, 사회적 책략, 관례 속에 더욱 교묘하게 나타나게 된다. 사람들은 알튀세가 명명했던 이데올로기적 국가기구를 통하여 이데올로기 세계 속에 살아가고 있다.

알튀세는 통치계급 이데올로기의 지배를 보장하는 두 종류의 사회기관을 가정하였다. 억압적 국가기구(법률제도, 경찰, 군대)와 교육이 중요한 역할을 하는 이데올로기적 국가기구(교회, 대중매체, 지역단체)가 그것이다. 이데올로기적 국가기구(ideological state apparatuses: ISA)는 대부분 시민사회 속에 존재하며 국가가 시민의 삶을 통제하도록 돕는다. 그의 명제는 “이데올로기적 국가기구에 대해 헤게모니를 행사하지 않으면 어떠한 계급도 오랫동안 국가 권력을 유지할 수 없다.”(1971, p. 146)는 것이었다. 이데올로기적 국가기구로서 교육은 이데올로기를 지지하는 가치를 가르치고, 학생들을 이데올로기적으로 결정된 관습에 젖어들게 함으로써 지배 이데올로기를 영속시킨다. 이러한 관습(교과과정을 분리한다든가, 학생의 학습과 교사의 자질을 표준화된 검사 점수로 평가한다든가, 나이에 근거하여 학년을 구분한다든가)은 보편적이고 합리적이고 명확한 것으로 간주되지만 실제로는 단편적으로 세상을 배열하고 이해하는 것이다.

앞에서 언급한 관습에 참여함으로써 “학생들은 지배 이데올로기에 종속되고 ‘관습’에 길드는 ‘방법’을 배우게 된다.”(1971, p. 133) 교육기관은 “자본주의적 사회 형태 속의 생산관계, 즉 착취자와 피착취자의 관계가 재생산되는”(p. 156) 자본주의와 동류어(同類語)가 되어 버린다. 학교에서 학생들이 배운 착한 행동, 도덕성, 시민적 양심의 규칙은 “사실상 노동의 사회–기술적 분화에 대한 존중의 규칙과 지배계급이 수립한 질서의 규칙을 의미한다.”(p. 132) 물론 이데올로기는 학습을 중립적으로 보이게 하여 교육에 이데올로기가 없는 것으로 간주되도록 할 것이다. 교사는 학생들이 이를 거부하거나 받아들임에 있어서 자유로운 선택을 할 수 있도록 자기결정권을 주고 있다고 믿고 있다. 어떠한 집단도 자신들이 묶여 있는 이데올로기적 그물망을 보지 못한다.

이데올로기에 저항하기

호르크하이머, 아도르노, 알튀세의 책을 처음 읽게 되면 비관적인 우울증에 빠질 수도 있다. 그들이 설명하는 것은 모두 구제받지 못할 무기력한 상황으로 비쳐진다. 이데올로기가 그토록 강력하고 한결같다면(너무나 깊게 배어 있어서 우리가 거기서 벗어나야 한다고 의도적으로 강력하게 주장해야 할 정도로) 거기서 벗어날 수 있는 가능성이 있는 것일까? 희망은 있다. 모두가 이데올로기적 조작의 무덤에서 비관하게 되는 것은 아니다. 결국 세 사상가의 책은 폭넓게 읽히고 있고 지대한 영향력을 행사하고 있다. 수백만의 사람이 그들의 책을 읽고 있는데도 이데올로기적 지배에서 벗어나지 못하겠는가?

비관적(나치 독일에서 망명하였기 때문에 이해할 수는 있다)이었기는 해도 호르크하이머와 아도르노는 저항의 가능성을 인정하였다. 『계몽의 변증법』을 쓴 이유는 "사회적 자유는 계몽적 사고와 분리해서 생각할 수 없기"(p. xiii) 때문에 "맹목적 지배의 속박에서 벗어날 수 있도록 계몽의 긍정적인 개념을 제공해 주는"(Horkheimer & Adorno, 1972, p. xvi) 것이었다. 호르크하이머는 『이성의 상실』에서 "사람들이 인간 본성과 민심에서 일어나고 있는 심오한 변화를 정확하게 해석할"(Horkheimer, [1947] 1974, p. vi) 수 있다면 민주적 사회변화를 위한 동력으로서 이성을 이용하는 것에서 희망을 찾을 수 있다고 보았다. 그는 "세계 도처에서 억압의 강도가 심해지는 것"(p. 160)은 절박한 변화의 몸부림에 대해 지배계급이 느끼는 두려움을 입증해 주고 있다고 주장하였다. 그러면서 사람들이 "개인에게 주어지는 참을 수 없는 압력이 당연한 것이 아니라는 것을 점점 자각해 가고 있다."(p. 160)고 낙관하였다. 알튀세도 "피착취 계급이 저항을 표현할 수 있는 수단과 근거를 발견하였기 때문에"(1971, p. 147) 이데올로기적 국가기구가 지배의 주체로서 원활하게 활동할 수 없다고 보았다. 그가 간결하게 표현했듯이, "지배 계급의 계급투쟁에 대해 말하는 자는 누구나 피지배 계급의 저항, 반란, 계급투쟁을 말하는 것이다."(p. 184) 잘 이해된 이데올로기도 때로는 관료주의적 합리성에 도전하는 요소—자유, 해방, 개성—를 비판적으로 수용한다.

우리는 이데올로기를 논할 때, 자본주의적 사고방식으로 세뇌된 비밀결사단이 순진한 대중에게 왜곡된 허위관념을 교묘하게 팔아서 핵심적 권력자들이 지배권을 확보할 수 있도록 하는 것이라고 단순하게 말해서는 안 된다. 그보다 이데올로기는 역동적인 현상이다. 이글턴(1991), 윌리엄스(Williams, 1977), 진(Zinn, 1990) 같은 학자들은 이데올로기 자체를 논쟁하고 변동하고 협상하고 개조하고 끊임없이 재정의되는 것으로 보았다. 예를 들면, 이글턴(1991)은 이데올로기를 "권력다툼에서 이리저리 끌려 다니며 자유롭게 표류하는"(p. 101) 주제를 가진 '복잡하고 상충하는 의미의 영역'으로 보았다. 그는 서구 자본주의 사회에서 다원론적이고 모순적인 이데올로기적 요소가 섞여 있다고 주장하면서 프랑크푸르트 학파에서 이데올로기를 너무 배타적으로 보고 있다고 지적하였다. 예를 들면, 자유주의적 휴머니즘에서 자유와 자율을 강조하는 것은 "다양성, 다수성, 문화적 다양성, 구체적 특성"(p. 128)에 대해 공간을 마련해 주는 것이다. "'각계각층'의 사람을 있는 그대로 받아들여라." "우리는 우리의 관점을 가질 자격이 있다." 같은 일상적인 관용구에서 주류적 이데올로기의 제방에 균열을 생기게 하는 다양성을 숭배하고 획일적인 정설을 거부하고 있음을 알 수 있다. 윌리스(Willis, 1999)가 지적했듯이, 제작자가 문화적 과정(광고 같은)이나 문화적 상품(TV 프로그램 같은)에 부여한 의미는 엄격하게 통제되거나 제한될 수 없다. 사람들은 결말에서 의도한 의미마저 바꾸어 가며 스스로 대안적인 읽기를 자처하기 때문이다.

기관이나 집단에서 일부러, 그리고 공공연하게 서구 자본주의의 지배 이데올로기에 반대하며 터무니없는 얘기를 하는 것도 같은 경우에 해당된다. 몇몇 종교인들은 대담하게 예수의 가르침에서 사회적·정치적 관련성을 발견함으로써 정치지도자로부터 비난을 받는다. 법률가나 압력집단이 그들을 파산시키려는 노력에도 불구하고 TV 방송 프로그램이나 출판사에서는 정부를 비판하거나 현대 도덕성을 의심하는 책을 발간한다. 지배 이데올로기를 타도하는 것이 때로는 환영받는다. 그럴 것 같지 않은 분야에서 대안적인 세계를 엿볼 때도 있다. 〈공산주의 이해(Seeing Red)〉라는 다큐멘터리에 출연했던 미국 공산당원이 도나휴(Donahue) 쇼에 나와서 1930년대와 1940년대에 공산당에 가입해서 열정과 헌신을 갖고 활동했던 것을 아무 편집 없이 방영한 것을 본 적이 있다. 더욱이 학교나 대학에서는 학생들에게 대안적 교과과정을 제안하고, 지배적 가치에 의문을 던지고, 권위에 도전하고, 사회적 행동을 조직하고, 민주주의가 진정 무엇을 의미하는지를 깊이 생각하게 하는 교사를 고용하고 프로그램을 개발하고 있다.

많은 교사가 교육적인 이데올로기적 국가기구 안에서 무비판적으로 움직이는 이데올로기적 바보가 될 가능성을 인정하는 것은 알튀세(1971)의 글의 큰 단점 중의 하나다. 그는 "제도와 관습, 이데올로기에 맞서는"(p. 157) '용감한' 교사가 있을 가능성은 인정하였지만 그런 경우가 매우 '드물다'고 생각하였다. 그는 교사 대다수가 자신이 하는 일이 교육의 이데올로기적 기능을 유지하고 키우는 데 어떻게 도움이 되고 있는지를 모른다고 생각하였다. 이것은 경험적으로도 틀렸을 뿐 아니라 지나치게 과장되고 위축된 것처럼 보인다. 수천 명의 헌신적인 교사들은 교육제도 속에서 있는 힘을 다해 노력하고 관습적인 지혜와 관습에 도전하고 있다. 내가 아는 교사의 대다수는 교육의 이데올로기적 차원을 잘 인지하고 있고, 그에 이의를 제기하고 타파하기 위해 노력하고 있다. 성인교육 회의에서 성인교육의 이데올로기적 기능을 부인하는 사람이 있다면 웃어 버리고 문제 삼지도 않을 것이다.

알튀세의 글을 읽으면 대중에게까지 퍼져 있는 이데올로기적 안개를 꿰뚫어 볼 수 있는 소수 지식인이 될 가능성을 부여받는 것이 불가능해 보인다. 그것은 마치 비판이론이 허위의식, 오류, 왜곡의 안개를 없애 버릴 수 있는 자동차 유리의 와이퍼로서의 가능성을 부여받는 것과 같다. 이 모든 것에 대해 의기양양한 거만함이 있어서 때로 걱정되는 감이 있다. 비판이론은 이데올로기적으로 모호화된 현실을 꿰뚫어 볼 수 있는 사람들로 구성된, 일반 사람은 접근하기 어려운 상류층 클럽으로 묘사되는 것처럼 느낄 수 있다.

이글턴(1991)은 대중이 쉽게 허위의식에 현혹되고 도취된다는 관점에 도전한다. 그는 이데올로기가 잘 기능하려면 대중이 그것을 진리의 핵심으로 인식해야 한다고 반복해서 지적하였다. 그의 관점에서 볼 때, "일관된 신념은 어느 정도까지는 수용될 수 있지만 우리의 실천적 행동이 결국은 미약하나마 진실을 드러낸다." (p. 12) 지배 이데올로기는 "사람들이 이미 가지고 있는 욕구와 욕망을 충족시켜야 하고 진정한 희망과 요구를 그들의 독특한 언어로 표현하여 이데올로기가 매력적이고 그럴듯하게 보이도록" (p. 15) 해야 한다는 이글턴의 주장을 읽으면 로날드 레이건(Ronald Reagan)의 '미국의 아침(morning in America)'이 떠오른다. 성공적인 이데올로기는 "거부당하지 않을 만큼 현실적이고 인식할 수 있는 사회적 현실을 대중에게 전해야 한다." (p. 15)

이데올로기가 얼마만큼 완벽한 전체주의적 조정자로서 기능할 수 있는지에 대한 평가는 아직 이르다. 마르쿠제(1965a)는 억압적 관용이 사람들에게 그들이 개방된 사회에 살고 있다고 오해하도록 느낄 만큼만 이의를 제기할 수 있게 허용해 준다고 주장한다. 이 주장에 의하면 차이를 표현하는 것은 결국에는 규범이 탁월하다는 것을 확인시켜 주는 것이 된다. 이러한 예로서 호르크하이머와 아도르노(1972)는 문화산업에 대한 글에서 "오손 웰스(Orson Welles, 미국의 영화감독—역자 주)는 영화에서 트릭을 쓸 때마다 규범에서 이탈하는 것이 곧 그 제도의 타당성을 한층 더 확고히 해 주는 계산된 돌연변이로 간주되어 용서를 받았다." (p. 129)고 지적하였다. 미국 이데올로기의 분석에 관한 글의 서문에서 진(1990)도 명백한 용어로 억압적 관용을 강조하였다. 그는 반체제적 의견을 표현하는 것이 허용될 때, 반체제적 의견은 "비판에 직면하게 되고 대개 그 평판은 추락한다. ……문화의 한 구석에 살아남아(쇠약하지만 살아남아) 민주주의, 관용, 다원주의를 옹호하는 증거로서 제시된다." (p. 4)고 주장하였다.

한편으로는 진 자신도 "부와 권력에 의해 지배되고 있지만 다른 곳에서는 볼 수 없는 개방성과 가능성을 가진 나라에 우리가 살고 있다."고 인정하고 있으며, "이 나라도 정설에 대한 저항과 반란의 긴 역사를 가지고 있다."(1990, p. 7)고 하였다. 그의 유명한 『미국 사람들의 역사(A People's History of the United States)』(1999)는 제20판까지 발행할 만큼 역사적인 베스트셀러다. 이 책에서는 설득력 있는 구체적 증거를 들어가며 반란과 저항에 관해 상술하고 있다. 반스 앤 노블(Barnes and Noble) 서점은 반체제적 사상에 관한 책을 출간하는 영세한 소규모 서점을 소멸시키고 있지만 역설적이게도 진의 책을 팔고 있다. 내가 최근에 들렀던 반스 앤 노블 서점에는 마르크스, 엥겔스, 레닌(모두 중고책 코너에 있는 것이 아니었다!)의 책이 선반에 있었다. 다른 반스 앤 노블 서점에 갔을 때는 진보적인 마르크시즘 이론에 관한 글이 게재된 『코넬웨스트 독본(The Cornel West Reader)』(West, 1999a)가 진열되어 있는 것을 보았다. 때로는 지배 이데올로기를 타도하는 책이 팔린다.

인터넷을 보면 독점자본주의 기업이 자신의 목적을 위해 이 기술을 이용하는 것을 보게 된다. 어떤 검색 엔진을 선택하느냐에 상관없이, 컴퓨터에 접속하는 순간 다양한 기업 광고를 접하게 된다. 그러나 런던의 '자본주의 반대의 날' 시위나 시애틀과 워싱턴 D.C의 WTO 회담의 결렬을 위한 시위처럼 대중 시위를 주도하는 데 인터넷이 사용되기도 한다. 비판이론의 경우를 반헤게모니적 담론으로 본다면, 로웬(Loewen, 1995)의 "상류층에서는 비판이론을 교육의 영역에 들여놓지 않으려 한다. 반면 비판이론가들은 현장에서 학문을 지배하고 있다. 그들의 책은 특출하게 출간되고 좋은 논평을 받고 있다. 교육 분야의 교수들은 매년 수천 명의 학생들에게 비판이론가들의 책을 할당하고 있다."(p. 276)는 진술의 진실성을 부인할 수 없다. 그가 말한 대로, 우리가 이데올로기적 지배 명제의 진실성을 알아차리게 된다는 것은 "상류 계급이 제대로 일하고 있지 못하는 것을 의미한다."(p. 276)

그래서 우리는 절대 닿을 수 없는 이데올로기적 고봉(高峰)과 마주하지 않는다. 폴리(Foley)가 언급한 것처럼 이데올로기가 어떻게 사회질서를 재생산하는 것을 돕는지에 대한 이야기는 "획득과 손실, 진보와 후퇴, 지배와 해방 간 투쟁의, 끊임없이 의문시되고 복잡하고 모호하고 모순적인 속성이 인식되는"(1994, p. 129) 이야기다. 성인학습을 이해하기 위한 비판이론적 접근은 이데올로기 비평과 앞서 언급했던 모순과 균열의 존재 가능성에 전제를 두고 있다. 이제 우리는 성인학습과 교육적 실천의 형태로서 그러한 균열이 발견되고 심화되는 것에 대해 살펴보겠다.

성인학습과 이데올로기 비평

앞의 몇 장을 읽어 본 성인교육자들은 아마도 몇 가지를 발견하게 될 것이다. 첫째, 성인이 된 지금 이데올로기의 영향을 받지 않고 어릴 때 배운 신념과 가치를 비판적으로 검토한다는 것이 얼마만큼 현실적인지 의문을 갖게 될 것이다. 둘째, 성인을 자기주도적 학습자로 보는, 성인교육에서 가장 중시되고 있는 자율적 선택의 개념과 이데올로기 개념이 어떻게 교차되는지에 의문을 갖게 될 것이다. 셋째, 그들 자신의 실천이 이데올로기적 조작의 형태라는 것에 대해 우려하게 될 것이다. 이제 이 세 가지 주제에 대해 살펴보겠다.

이데올로기 비평의 전제조건으로서의 성인

정치적 학습, 성인의 인지 발달에 관한 책에 의하면 이데올로기 비평을 위한 초기 능력이 제대로 자각되는 것은 성인이 되면서부터라고 할 수 있다. 이것은 아이들은 모순을 인지하지 못한다는 말이 아니다. 아이들은 권위를 가진 어른들이 제멋대로 진실을 왜곡하고 그들의 말과 행동이 일치하지 않으면서도 '나는 바담 풍(風) 해도 너는 바람 풍 해라.'는 메시지를 전한다고 종종 말한다. 그러나 발달의 측면에서 보면 유아기나 사춘기는 이원론적 사고의 시기여서 세계를 옳고 그름,

선인과 악인으로 양분한다. 그러나 모두가 이 관점에 동의하는 것은 아니다. 벨 훅스(Bell Hooks, 1994, p. 60)는 자신을 "현상(現狀)에 도전하는 수단으로서 이론을 이용하는 아이였다."고 말하면서 이러한 관점을 비판하였다. 그녀는 충분히 사회화되지 않아서 명백하게 불공평한 당연한 관습을 수용하지 않을 수 있는 아이들이야말로 최고의 이론가라고 주장했던 이글턴의 주장을 인용했다. 아이들은 '놀랄 만한 소외감'을 갖게 하는 의식, 관습과 행동에 관해 성인에게 불편하고 당혹스러운 질문을 할 필요가 없다.

그러나 성인기에 성인이 지배적이고 명백한 것으로 생각되는 관념과 관습을 비판하는 동안 발생하는 에피소드는 놀랄 만한 소외로 경험되기 어렵다. 이데올로기 비평은 소외라고 할 수 있지만 그것은 경이라기보다는 문화적 자살행위, 상실된 순결, 사회적 혼란으로 가득 찬 고통스러운 소외다. 변증법적인 사고(Basseches, 1984), 포괄적 논리(Labouvie-Vief, 1980), 실용적 지성(Sternberg & Wagner, 1986), 인식론적 지식(King & Kitchener, 1994)처럼 경험에 기초를 둔 이론적 개념을 연구하게 되면, 우리는 이데올로기에 의문을 품게 하는 경험적 모순이 점점 쌓여서 더 이상 쌓을 수 없을 정도로 높게 쌓인 책으로 만들어진 탑처럼 상식적인 현실이 완전히 무너지는 것이 성인기라는 것을 알게 된다. 성인기는 서로 일치하지 않는 경험의 증거가 늘어나는 것을 한데 모아 정의 내리기가 점점 더 어려워지는 시기다. 서구 민주주의의 근본적인 공평함, 모든 사회 구성원을 동등하게 존중하는 것의 중요성, 열심히 일하면 성공할 것이라는 확신, 정부가 진정으로 국민을 위한다는 확신에 관해 어린 시절에 배웠던 이데올로기적 신념은 우리가 쌓아 온 경험에 의해 손상된다. 여론조사원들이 비관적으로 보고한 정치와 기업에 관한 깊은 냉소주의는 성인학습에 대한 비판이론의 관점에서 보면 이데올로기 비평을 가르칠 수 있는 희망적인 조짐이라고 볼 수 있다. 지도자에 대한 냉소주의를 통해서 알 수 있는 것은 세계가 다수의 이익을 위해 조직되어 있지 않고 그들에게 유리하게 상황을 전개시키지 않는다는 것을 성인들이 알아차릴 만큼 경험적 과부하의 시점에 도달했다는 것이다.

성인들이 자신의 상황을 잘 알고 있고 인식하고 있다는 사실을 믿어야 한다는 것은 테네시에 있는 하이랜더 포크 스쿨의 설립자이자 실천가인 마일스 호튼(Myles Horton, 1990)이 강조하는 바다. 호튼은 성인교육자나 당국에 있는 사람들이 소위 '평범한' 노동자들의 지적 교양을 과소평가하고 있다고 일생을 통하여 주장하였다. 그는 거듭해서 비판이론에서 이데올로기적으로 취약한 사람들이 자신들에게 가장 이익이 되는 것이 무엇인지 알고 있다고 믿는 것이 중요하다고 하였다. 그는 억압받고 있는 사람들이 그 압제에 대해 잘 알고 있으므로 그들이 공통의 경험에 기초하여 저항할 수 있도록 성인교육자들이 길을 터 주어야 한다고 믿었다. 성인은 이데올로기적 조작을 간파할 수 있다. 성인교육의 과제는 성인들이 그것에 저항하고 비판할 수 있도록 돕는 데 있다.

자기주도학습의 이데올로기적 형성

성인교육자들이 관심을 갖는 호르크하이머, 아도르노, 알튀세의 분석에 나타난 두 번째 주제는 이데올로기 개념과 현대 성인학습이론의 가장 중요한 부분인 자기주도 개념 간의 연관성이다. 터프(Tough, 1971)의 성인학습 프로젝트에 관한 영향력 있는 연구에서부터 놀스(Knowles, 1984)가 자기주도적 성향을 성인교육학의 핵심에 놓은 것을 거쳐 최근의 자기주도성에 관한 비판적 평가(Candy, 1991; Brockett & Hiemstra, 1991; Hammond & Collins, 1991)에 이르기까지, 자기주도성은 성인학습과 성인교육 실천의 뚜렷한 특징으로서 언급되었다. 자기주도성 개념은 수많은 박사학위 논문(내 것을 포함해서)에 영감을 주고 (오로지) 그 개념의 분석에 초점을 둔 정기적 학회를 개최하게 만들었다. 이 개념이 인기 있는 것은 그것이 성인 인지의 특징적 형태를 발견하거나 성인학습의 독특한 방법론적 경향을 밝히는 데 도움이 되기 때문이다. 또 하나는 개인이 성인학습 과제라는 미개척 분야를 헤쳐 나간다는 개념이 미국 이데올로기의 핵심인 개인주의(누구든지 대통령이 될 수 있다. 우리는 누구나 자력으로 성공할 수 있다)와 잘 맞아떨어지기 때문이다.

자기주도적 학습은 순전히 개인의 힘으로 시련을 이겨 내고 신화적인 위치까지 올라간 자수성가한 사람들의 얘기를 강조한다. 이것은 순전히 의지로써 시련을 극복하여 자신의 지위를 공고히 한 사람에게 주어지는 '올해의 성인학습자' 상과 관련된 얘기다. 이것은 대통령 후보지명 진당대회에서 상영되었던 〈희망의 사람(The Man from Hope)〉에서 다룬 클린턴 대통령 측 선거운동본부의 얘기이기도 하다. 누구든지 대통령이 될 수 있다는 사실은 미국 문화의 중요한 원리로서 찬양되고 있다. 그러나 얼마나 엄청난 돈과 이자, 시간을 투자해야 가능한지는 아직도 모호하게 남아 있다.

이데올로기 비평에서는 성인의 자기주도학습에서 그들이 존재의 중심에서 깊이 느끼는 진정한 욕구를 반영하는 학습을 자유로이 선택한다는 기본적인 가정에 의문을 갖는다. 이데올로기 비평에서는 학습자가 다양한 가능성 속에서 자율적인 선택을 한다는 자기주도적 학습의 이상을 무의미한 것으로 본다. 대신 자유와 해방으로 가득 찬 것처럼 보이는 자기주도성과 같은 개념은 결국 지배자, 기득권의 이익에 기여한다고 본다. 많은 학습자와 교육자들에게 자기주도성의 이미지는 자기 충족적인 능력이 있는 성인이 고립되어서 자신의 목표를 성취하는 것을 연상시킨다. 자아는 사회, 문화, 정치 형성에서 분리되어 학습에 관해 이성적이고 내적으로 일관적인 선택을 할 수 있는 자주적이고 자율적이며 자유의지를 가진 존재로 간주된다. 자아에 대한 이러한 생각을 맥라렌(McLaren, 1993)은 "문화적이고 언어적인 상황, 역사와 별개로 행동할 수 있는 자율적이고 안정적이며 자기 충족적인 자아의 위대한 계몽적 기만"(p. 121)이라고 언급하였다.

이데올로기 비평에서는 자아에 대한 이러한 개념에 대해 몇 가지 문제점을 지적하고 있다. 첫째, 우리는 우리가 몸담고 있는 사회, 문화, 정치 상황에서 벗어날 수 없다는 것을 강조한다. 학습에 관해 완전히 개인적이고 사적인 것처럼 보이는 선택을 할 때, 우리는 우리 속에 있는 모순적인 이데올로기적 충동과 싸우고 있는 것이다. 둘째, 이데올로기 비평에서는 자기주도성을 단지 독자성을 강조하는 학습의 형태로 보는 것은 타인은 고려하지 않고 개인적인 목적을 위해 자기도취적 추구에 몰입하는 이기주의와 같은 것이라고 주장한다. 이것은 살아남아 번창할 만한 가치가 있는 사람이 당연히 그렇게 된다고 주장하는 자유시장경제의 자본주의 논리와 정확하게 조화를 이룬다.

사람을 개인적 과제를 위해 허둥대는 자기 충족적이고 자유의지를 가진 존재로 보는 학습의 관점에서는 집단적이고 협동적인 욕구를 무시한다. 자기주도적 학습에의 참여를 언급하면서, 사람들은 자아에 대해 강박적 관심을 가지며 인간의 상호 의존성과 공동 이익에 대해 부인할 수 있다. 그러한 입장을 취하게 되면 신념, 규범, 구조를 문제 삼지 않게 되고 현상 유지가 더 강화된다. 이러한 자기주도성 개념에서는 외적인 연결고리나 지원은 필요하지 않고 자신의 내적인 추진력만으로 유지되는 자아를 강조한다. 그것은 독립적이고 완전한 역할을 하는 사람을 심리적 발달의 이상적으로 성취된 자아로 본다.

다행스럽게도 성인의 발달 궤도가 독립적이고 자율적인 자아를 형성하는 방향으로 나아간다고 보는 관점은 성(gender)심리학(Belenky, Clinchy, Goldberger, & Tarule, 1986; Goldberger, Tarule, Clinchy, & Belenky, 1996)과 비판심리학(Morss, 1996; Burman, 1994; Fox & Prilleltensky, 1997)에 관한 최근의 연구에서 비판받고 있다. 이 연구에서는 원자론적인 자기결정권을 교육적 이상이자 심리적 발달의 당연한 귀결로 보는 가부장적 개념에 대해 의문을 제기한다. 대신 상호 의존성을 강조하는 페미니즘적인 가치와 사회적으로 형성된 정체성에 대한 해석을 시도한다.

그리하여 이데올로기 비평에서는 자기주도학습이 분리주의를 강조하는 것을 비판하면서 그 학습이 사람들을 공동의 대의명분에 동참하지 못하도록 방해한다는 것을 보여 주고 있다. 자기주도성의 분리주의적 개념은 개인적 고통과 사회 이슈 간의 연관성을 분리시키며(Mills, 1959), 개인적인 학습과제인 것처럼 보이는 것들이 이데올로기적으로 형성되어 있다는 사실을 모호하게 만든다. 정책입안자들은 자기주도성에 관한 연구를 성인교육 예산을 삭감하기 위한 핑계로 삼을 수도 있다. 결국 그들은 성인학습자가 자기주도적이라면(교사의 지시에 의지하는 아이들과는 달리) 굳이 성인교육을 준비할 필요가 있겠는가라고 주장할 수도 있다. 어쨌든 그들은 솔선해서 자기주도적으로 자신의 학습을 계획하고 실행하지 않겠는가? 그러나 자기주도학습에 대한 원자적(사회의 구조적 문제를 무시한 채 모든 문제를 개인에게만 귀속시키는)·분열적 해석이 결말이 될 필요는 없다. 내가 다른 곳에서 주장했듯이(Brookfield, 2000), 실용적 임무나 전문적 담론에 담겨 있는 자기주도성에 대한 이데올로기적 차원을 설득력 있게 보여 줄 수 있다면, 그리고 자기주도적 학습에 대한 해석이 비판 없는 자아실현에 집중하지 않는다면, 그 개념을 성인교육의 비판적 실천을 위한 기본적 요소로 활용할 수 있을 것이다.

이데올로기적 국가기구로서의 성인교육

성인교육과 이데올로기 비평 간 연관성의 세 번째 핵심은 성인교육을 이데올로기적 국가기구로서 분석하는 것이다. 알튀세의 이데올로기적 국가기구(이하 ISA)에 관한 연구는 주로 학교에 초점을 두었지만(그가 지적한 대로, 성인교육에서는 항상 그렇지는 않지만 출석을 강요하는 힘을 강력한 무기로 보았다), 성인교육 프로그램과 실천을 ISA로, 성인교육자를 전문적인 이데올로기의 신봉자로 볼 수 있다. 예를 들면, 나는 이 장의 초고를 쓰면서 성인학습과 성인교육이론에 관한 대학원 수업을 하고 있었다. 강의의 절반은 비판이론과 급진적 성인교육의 탐구에 할애되었다. 그 강의는 합격/불합격(pass/fail) 평가를 사용하였고, 주요 교수방법으로 집단토론을 이용하였다. 수업시간의 1/3가량을 두세 명씩 짝 지어 다른 학생의 글을 읽고 비평하는 데 할애했으며, 모든 글은 계속적인 진행 과정에 있는 초고로 삼았다. 겉으로 보기에는 추천 도서목록에 그람시, 웰튼, 프레이리, 호튼이 있고 이데올로기 비평과 헤게모니에 초점을 둔 문답식 강의가 ISA의 억압적 기능을 수행한 현장같이 보이지는 않는다. 그러나 중요한 면에서 억압적 작용이 정확하게 발생하였다고 할 수 있다.

결국 그 강의는 강의 '상품'—학생의 글—의 생산에 초점이 맞추어져 있었다는 점에서 교육을 상품화하였다고 할 수 있다. 이 상품은 교육적인 교환경제의 지배를 받게 된다. 학생들이 그것을 내가 준 학점과 교환하면서 교환가치(강의에 대한 임금으로서 합격, 불합격, 불완전 이수를 받는 것)가 사용가치(글을 쓰면서 이론적 설명과 자신의 학습에 대해 더 잘 이해하게 되는 것)보다 더 중요하게 되어 버렸다. 학생들의 학습은 생산의 투입-산출(top-down) 방식과 하향식(input-output) 방식에 따라 구성되었다. 하향식 투입은 내가 강의 준비를 해서 수업시간에 강의를 하고 학생들의 과제에 논평을 하는 것이다. 산출은 학습에 대해 내가 어떤 판단을 내렸는지 학점에 의해 평가되고 학생들의 글과 학습 포트폴리오에 나타난 것으로 평가되는 것이다.

학습은 명확하게 지정된 시간(매주 넷째 토요일 오후 1~4시)과 장소(212호)에서 행해졌다는 점에서 관료적 합리성에 따라 구성되었다고 할 수 있다. 때로는 나 자신이 전문적인 이데올로기 신봉자의 역할을 하였다. 결국 나는 성인교육의 공식적인 이데올로기에 도움이 되는 저자, 개념, 이론, 도서목록을 선택하였다. 나는 언제 강의를 시작해서 쉬는 시간을 갖고 강의를 끝낼지를 결정하고 끄덕임, 미소, 찌푸림, 직언을 통해 집단토론과 학생들의 참여 패턴을 통제하고 지배하였다. 또한 나는 미리 지정된 교환가치(적어도 3.0의 학점)를 가진 적합한 문화적 자본(석사학위)을 생산할 능력이 없거나 높은 등록금을 낼 능력이 없다는 이유로 이해관계자들을 배제시킨 사립대학교에서 강의를 하였다. 분명하게 민주적 성인교육의 겉모습을 띠고 있다고 해서 ISA의 방식으로 특정한 기능을 수행하는 것을 자동적으로 멈추게 할 수는 없다.

이데올로기를 학습하며

호르크하이머, 아도르노, 알뛰세는 자신들의 책에서도 학습에 대해 논하고 있지만 일반적인 용어를 사용하였다. 그들의 연구는 자본주의와 관료주의가 어떻게 학습의 과정을 왜곡시키는지에 대해 철학적이고 사회학적인 측면에서 폭넓게 접근하였다. 그러나 반유대주의, 독재주의, 가족에 관한 그들의 연구에 비해 프랑크푸르트 학파 이론가들은 경험적 연구에 좀 더 구체적으로 초점을 맞추고 있다. 이제 내가 살펴보려는 부분은 학습 이데올로기에 관한 경험적 연구다.

한 관점에서 보면 이데올로기를 학습한다는 것은 모순이다. 알튀세와 기든스가 전에 표현했던 용어를 수용한다면, 이데올로기는 개인의 삶 속에 이미 존재하고 있기에 새로운 생각, 기술, 이해에 대해 학습하면서 이데올로기를 학습할 수는 없다. 이 관점에 의하면 이데올로기는 관습 속에 새겨지고 일상의 행동 속에 내재된 대대로 전해지는 의식 전단계의 기억이라고 할 수 있다. 이와 같은 이데올로기 형성의 이해는 학습의 계획적인 행동이라기보다는 명백화를 추구하는 사회화의 과정으로 볼 수 있다. 학습의 이해에 내재하는 기술, 지식, 이해의 의도적인 습득은 이데올로기의 개념에는 없다. 이데올로기가 먼저 존재한다면, 우리가 학습해야 할 것은 이데올로기가 이미 존재하고 있다는 사실을 인식하는 것뿐이다. 물론 우리가 그람시의 견해를 참조한다면 사람들이 어떻게 신중하게 헤게모니의 개념을 받아들이고 그들의 종속성을 강화하는지를 연구하는 것으로 초점이 옮겨지게 된다.

하지만 나의 입장은 이데올로기를 학습하여 자신의 행동 결과를 예측할 수 없다 하더라도 이데올로기를 학습하는 것을 적극적이고 의도적인 과정으로 말할 수 있다는 것이다. 이런 관점을 가장 잘 뒷받침하는 예를 기술(記述)민족학—영국 중부와 텍사스 남부에서의—에서 찾아볼 수 있다. 그것들은 청년이 자신도 이해할 수 없는 방식으로 지배 이데올로기에 익숙해지면서 동시에 그것을 비판하는 것을 어떻게 학습하는지를 상세히 보여 주고 있다. 이들 연구—폴 윌리스(Paul Willis)의 『학교와 계급 재생산(Learning to Labor)』(1981)과 더글라스 폴리(Douglas Foley)의 『자본주의 문화 학습하기(Learning Capitalist Culture)』(1990)—에서는 이데올로기 학습을 재생산(合)과 반대(反)를 포함하는 변증법적 과정으로 보고 있다. 스탠리 아로노비츠(Stanley Aronowitz)가 『학교와 계급 재생산』의 미국판 서문에서 언급했듯이, "아이들은 정치적 · 사회적 기회주의자가 되는 것에 대해 반항하면서 동시에 자신을 산업노동자로 재생산시킨다. ……사람은 물을 그릇에 가득 채우듯이 이데올로기로 채울 수는 없다. 그들은 지배적 문화와 이데올로기적 관습에 대해 적대적 관계를 갖게 된다." (Willis, 1981, pp. xii-xiii)

『학교와 계급 재생산』의 주요 주제는 이데올로기적 자기파멸이다. 윌리스는 영국 버밍엄의 중학교에 다니는 남학생을 연구하였는데, 그들은 학교에서 육체노동을 하기 위해 일터로 나아가는 과도기 과정을 잘 헤쳐 나가고 있었다. 학교의 '소년들'(권위를 무시하고 학문적 연구를 경멸하는)에게 초점을 두면서, 윌리스는 노동자 계급의 10대들은 노동자 계급에 적대적이라고 생각되는 생각이나 관습을 적극적이고 열렬하게 받아들이며, 이러한 결과로 그들이 성인이 되었을 때 지배질서에 복종해야 한다는 인식을 하지 못한다고 주장하였다. 그리하여 "노동자 계급의 소년들은 자기 자신의 파멸로 빠져들게 된다." (Willis, 1981, p. 3) 그러나 "역설적이게도 이러한 파멸은 진정한 학습과 저항의 형태로서 경험된다." (p. 113) 저항의 이데올로기처럼 보이는 것을 학습한 결과에 대해 안타까워하면서, 윌리스는 "소년들은 그들 인생의 특정한 시기에 불행이 결코 찾아오지 않을 것이라고 믿고 있다. 확고부동한 자신감의 시기가 인생의 중요한 결정을 그들에게 불리한 입장에서 내려야 하는 시기와 일치한다는 것은 노동자 계급의 문화적 · 사회적 재생산의 주요한 모순 중 하나다." (p. 107)라고 주장하였다.

소년들이 학습하게 되는 적대적으로 보이는 이데올로기의 구성 요소는 무엇인가? 소년들은 또래집단에서 자유롭게 네 가지 강력한 요소를 배우고, 그 요소는 더 광범위한 노동자 계급 문화 속에서 강화된다. 자기주도성—성인교육에서 익숙한 주제—은 특히 높이 평가되는 요소다. 소년들은 그들 자신의 달력을 만들어 마음대로 학교 주위를 돌아다니며 시간과 공간의 조직적 개념을 자기주도적으로 무시하는 것을 학습한다. '범생이들(earoles)' 사이에서 나타나는 순응과 복종을 정신노동과 동등하게 다루면서 정신노동에 대해 회의를 갖는 것이다. 정신노동에 대한 본능적인 무시를 학습하는 것은 성인학습의 비판이론에 대해 함축적인 의미를 가지고 있다. 성인이 되어 이데올로기를 비판하려면 상당한 지적 노력이 필요한데, 청년기에 비판적 분석을 하는 것에 저항한다면 어른이 되어 이데올로기 비평을 하는 것은 더 힘들어진다.

세 번째 이데올로기적 요소는 언어를 중산층의 허세, 부르주아의 방종으로 보고 거부하는 것이다. 그람시 그리고 그 후에 프레이리가 지적했듯이, 노동자 계급의 권한 위임(폭력적 혁명 없는)에 대한 전제조건은 지배자의 집을 파괴하기 위해서는 지배자의 도구를 사용해야〔오드리 로드(Audre Lorde, 1984)의 표현을 사용하자면〕 하는 것처럼 지배적인 언어에 대한 비판적인 사용이다. 청년기에 언어에 대한 경멸을 학습하게 되면 성인이 되어 이데올로기적 혼란을 없애 버리기가 매우 어렵다. 네 번째 이데올로기적 요소—불공평한 제도를 당연한 자연질서로서 수용하는 것—는 성인이 되어 저항할 수 있는 가능성을 효과적으로 무력화시킨다. 소년들은 그들이 불공평한 세계에 살고 있다는 것을 인식하지만 착취를 체계적인 공동의 목적도 없고 뇌우처럼 예측할 수도 없는 "인간 조건의 임의적인 부분"(Willis, 1981, p. 165)으로 본다. 이에 대해 호르크하이머(Horkheimer, [1947] 1974)는 노동자들이 "사회적 불평등—심지어는 노동자 사이에서의 불평등조차도—을 엄연한 사실로 받아들이고, 심지어 그렇게 엄연한 사실로 받아들이는 것을 존중하고 있다."(p. 150)는 주장을 영국 중부의 실례를 들어 뒷받침하였다.

윌리스의 연구에 근거를 두면서 때로는 비판적이었던 폴리(1990)는 텍사스 남부의 작은 마을에서 이데올로기적 학습에 대해 14년간 연구하였다. 그는 젊은 멕시코 사람들이 어떻게 "심하게 경쟁적이고 개인주의적이고 불평등한 물질문화를 배우게"(p. xv) 되는지를 밝혀내려고 하였다. 윌리스의 소년들에게서 발견할 수 있는 지적 노동에 대한 회의는 지배 이데올로기를 비판하기 위해 필요한 정신노동을 무시하며 육체노동의 세계로 들어가게 되는 '바토스(vatos)'(멕시코어로 '소년')에게서도 발견할 수 있었다. 이러한 경향은 학교에 의해 주입된 것으로, 폴리는 "소년들은 책이나 영어를 배우는 데 우둔했다. 그들은 낙제가 계속되면서 교사의 비판을 공개적으로는 거부하지만 개인적으로는 내면화한다."고 주장하였다.

윌리스와 폴리는 경제적이고 문화적인 재생산의 과정을 설명하려고 하였지만 엄격한 결정론에는 찬성하지 않았다. 그들은 내면화가 "제도를 만족시키려는 것이라기보다는 재생산의 결과를 위해 싸우는 문화적 과정 안에 혹은 그 뒤켠에 자리잡은 파괴적인 논리, 투쟁, 적대감, 지체, 균열 등이다."(Willis, 1981, pp. 175-176)라고 믿었다.

이미 지적한 대로, 윌리스(1981)는 영국 소년들이 학습했던 네 가지 특징적인 이데올로기적 요소—자기주도성, 정신노동에 대한 저항, 언어 거부, 불평등을 자연질서로 수용하는 것—에 대해 밝혔다. 독특한 미국의 상황에서 많은 학자는 바토스나 미국의 소년들이 배우게 되는 독특한 미국 이데올로기의 구성 요소(또는 교과과정)에 대해 탐구해 왔다. 그로스(Gross, 1980)는 세 가지 간단한 요소를 제안하였다. 공산주의와 사회주의는 나쁘다〔이러한 믿음 때문에 사람들은 복지, 의료, 교육, 주택 공급의 확대를 '잠행성(潛行性) 사회주의'와 동등하게 생각하게 된다〕, 자본주의는 좋다(기업이 존재하는 유일한 이유는 인류를 이롭게 하는 것이라고 암시하는 기업 광고에서 노골적으로 나타난다), 그러나 자본주의는 더 이상 존재하지 않는다(왜냐하면 생산 효율성과 사회정의에 대한 관심을 융합한 혼합경제에 의해 대체되었기 때문이다). 웨스트(West, 1982)는 '미국 사회의 정치적 무의식'을 "사유재산의 신성함과 자본 축적의 미덕"(p. 132)으로 설명했다. 그의 관점에 따르면 "이 이데올로기는 제도적 권력, 관료주의, 특히 국가를 영구적으로 불신하게 만든다. 그리고 고립된 개인으로서의 대중의 복지에 대해 전례 없는 강조를 한다."(p. 132)

진(1990)은 다원주의의 이데올로기—우리는 정치적 충성을 선택할 자유와 언론의 자유를 특징으로 하는 열린 민주주의 사회에 살고 있다는 신념—를 지배적인 미국의 이데올로기로 제안하였다. 그는 사람들이 그들의 선택이 실제로 매우 제한적일 수 있다는 것을 모르고 이 이데올로기를 학습한다고 주장하였다. 우리는 자본주의의 극단을 완화하는 정도에서만 그 차이가 있는 두 자본주의적 정당에만 투표할 수 있고, 억만장자〔루퍼트 머독(Rupert Murdoch), 테드 터너(Ted Turner), 빌 게이츠(Bill Gates)〕가 지배하는 뉴스, TV, 기타 미디어를 선택할 수 있을 뿐이다. 스프링(Spring, 1992)에 따르면 이데올로기적 관리와 경영(그가 공산치하에서 '이데올로기적 관리자'로서 훈련받았던 불가리아의 정치망명자로부터 배운 용어임)은 공교육과 언론이 어떻게 서로 결탁하고 때로는 충돌하기도 하는지를 표현하는 용어다. 여기서 이데올로기적 관리와 경영은 "대중에게 어떤 사상이나 정보를 은폐하고 특정한 도덕적 · 정치적 · 사회적 가치를 가르치기 위해서 대중매체에 의해 대중에게 전달되는 정보나 사상을 의도적으로 배제하거나 추가하는 것" (1992, pp. 3-4)으로 정의된다.

이글턴과 마찬가지로, 이러한 이론가들은 자유민주주의 이데올로기는 전체주의 국가에서나 가능한 거리낌없는 이데올로기적 관리에 대한 방지책으로서 기능할 수 있는 요소를 가지고 있다고 강조한다. 이데올로기적 국가기구조차도 "여지를 갖고 잠재적 반대를 허용하고, 사회 이슈를 살려두면서 자본주의의 근원을 흔든다." (Willis, 1981, p. 176) 이러한 기관에서 일하는 것은 "자본주의의 기능적 요구와는 별개인 전문적 목적에 헌신" (p. 176)하는 고용인이다. 저항과 반대 그리고 창의성과 완강함에 대한 기회를 부인하는 것은 윌리스의 관점에 의하면 "진정 사람을 활기 없는 무기력한 시체로 격하시키고 미래를 없애 버리는 것이다." (p. 186) 성인기에는 직장, 가족, 공동체 속에서 지배 이데올로기를 비판할 기회가 열려 있다.

빌리그와 다른 학자들(Billig & others, 1988)이 지적했듯이, 이데올로기는 종종 내적 모순을 가지고 있다. "그것은 단 하나의 이미지를 남기는 것이 아니라 딜레마적인 난국도 만들어 낸다." (p. 146) 이 관점에 의하면 이데올로기의 딜레마적 속성을 이해하는 것은 중요한 성인학습 과제다. 성인이 일상생활에서 하는 선택, 결정, 해석, 판단은 그들의 의식이 대립되는 지적 · 사회적 입장 사이에서 동요되고 있다는 것을 보여 준다. 우리는 모순적인 개념—자유의지와 결정론, 개인적인 것과 집단적인 것, 감정과 이성, 창조적인 예술성과 기술적 필요성 등—의 부분적인 조화 속에서 이해되고 시도된 행동을 하게 된다. 빌리그 등은 그것들이 특히 자유주의를 지배 이데올로기로 삼고 있는 사회에서 가능하다고 주장했다. 이데올로기의 딜레마적 특징을 인식하는 것은 성인학습의 주요 과제로 이해될 수 있는데, 그것은 성인의 구별되는 인지방식인 변증법적인 사고를 배우는 것이다.

변증법적 사고는 상황에 근거한 주관적인 추론방식과 보편적이고 객관적인 규칙과 명분 사이에서 논의할 수 있는 능력을 그 특징으로 한다. 변증법적 사고에 관심을 가진 연구자들이 발전시킨 연구 도식(Riegel, 1973; Basseches, 1984; Kramer, 1989)에서는 성인기에 예측할 수 있는 인지적 발달을 가정하고, 성인이 주관적 추론과 객관적 추론을 적당히 긴장감 있게 조절할 수 있다고 하였다. 성인은 보편적인 기준과 규칙이 행동과 추론의 중요한 지표라는 것을 받아들이면서도 상황에 따라 그 기준이 불가피하게 왜곡되는 것을 인정한다. 정직이 최선의 방법이며 항상 진실을 말해야 하고 솔직하게 털어 놓으면 신뢰가 생긴다고 믿지만, 어떤 상황에서는 선의의 거짓말을 하고 중요한 정보를 감추는 것이 최선이 될 경우도 있다.

게다가 두 개의 상반되는 입장을 견지하는 것이 정신분열적이고 비윤리적이고 모순적인 것이 아니라 복잡하고 모순적이며 탈근대적인 세계의 삶에 적합하다고 인정하고 있다. 변증법적 사고를 연구하는 학자들은 이러한 능력이 발달적으로 학습되는 성인 인지의 특징이라고 주장한다. 따라서 성인에게서는 구체적-보편적 긴장을 이해하고 포용하는 것을 주로 발견할 수 있다. 우리가 이러한 경험적 연구를 믿을 수 있다면 호르크하이머와 아도르노가 객관적 · 보편적 추론보다 도구적 · 주관적 추론이 더 지배적인 위치에 있다고 주장했던 것은 지나치게 과장된 것이라는 것이 명백해진다.

이 장에서는 이데올로기에 대한 비판이론의 분석, 특히 이데올로기가 어떻게 불평등을 유지하고 정당화하는 데 도움을 주는지에 대해서 살펴보았다. 그리고 이데올로기적 통제가 모든 내립을 완전히 없앨 수 없을 뿐더러 완전하지도 않다는 것을 살펴보았다. 이데올로기적 통제의 모순적 속성(지배를 행사하면서도 저항의 가능성을 열어 두는 방식의)은 그람시의 헤게모니 개념의 중심에 자리 잡고 있다.

헤게모니는 사람들이 자신의 이익에 반대되는 신념과 관습을 열렬하게 받아들이도록 학습하는 것을 강조한다. 그러나 또한 상반되는 요소가 발생할 가능성과 반헤게모니의 가능성도 허용한다. 이제 흥미진진한 이데올로기적 통제 개념의 확대에 대해 살펴보겠다.

제4장

헤게모니 논쟁하기

- 헤게모니가 작용하는 방식
- 비판의식 학습하기
- 유기적 지식인으로서 성인교육자
- 현대적 의미

서서히 자신들을 좀먹어 가는 방식으로 행동하는 친구나 동료를 보고 우정을 위해 그에 대해 지적해 본 적 있는가? 그리고 그들의 행동에 대한 당신의 분석이 조롱이나 불신을 당하고, 그 똑같은 행동에 찬사를 보내고자 하는 친구들의 바람이 점점 커져서 결국 그것에 더욱 몰두하는 것을 발견한 적이 있는가? 그러면 당신이 목격하고 있는 것은 아마도 제멋대로 이성을 상실한 자기 파괴와는 다른 무엇일지도 모른다. 오히려 그것은 헤게모니가 작용하고 있는 것일 수도 있다. 헤게모니란 결과적으로 우리에게 해가 되고 우리를 지배하는 힘 있는 이들의 이익을 위해 일하도록 하는 신념과 관행 체제를 열정적으로 수용하도록 하는 일련의 과정이다. 웨스트(West, 1982)는 헤게모니적 문화를 "사람들에게 자신들을 억압하고 착취하는 것에 순응하도록 설득하는 데 성공한 문화"(p. 119)라고 설명한다. 헤게모니는 우리가 우리의 예속 상태를 어떻게 사랑하게 되는지를 설명해 준다.

이 용어와 가장 관련이 많은 이론가는 이탈리아의 정치경제학자 안토니오 그람시(Antonio Gramsci)다. 코넬 웨스트(Cornel West, 1982)는 그를 "금세기 문화를 가장 통찰력 있게 꿰뚫은 마르크스주의 이론가"(p. 118)라고 표현하였다. 그람시는 이탈리아 공산당의 창당 멤버, 사회주의 신문사들의 기자, 그리고 1920년대 토리노에서 있었던 공장위원회운동(피아트 자동차 회사와 같은 산업체에 대한 노동자의 직접 장악을 옹호함)의 전략가였다. 1926년 그는 이탈리아 국회의 공산당 하원의원으로 있던 중 파시스트 정부(1922년에 무솔리니 집권)에 의해 체포되어 경찰의 감호를 받았다. 1928년 5월에 그는 정치범으로 재판을 받았다. 전하는 바에 의하면 검찰은 "20년간 이 두뇌가 활동하는 것을 막아야 한다."라고 선언했다고 한다. 합법적으로 완전하게 석방된 지 며칠 만인 1937년 한 요양소에서 죽을 때까지, 그는 간간히 병원을 들락거리면서 여생을 감옥에서 보냈다. "우리가 어떻게 생각하느냐는…… 죽느냐 사느냐의 문제다."(p. 2)라는 말보다 진(Zinn, 1990)의 소견

(1장에서 인용함)을 더 극적으로 보여 주는 것은 아마 없을 것이다.

그람시는 헤게모니란 용어를 만들어 내지는 않았다. 사실 그것은 레닌과 밀접히 연관되어 있다. 보그, 부티기그와 메이오(Borg, Buttigieg, & Mayo, 2002)는 "그람시의 엄청난 저작 중에 그가 자신의 헤게모니에 대한 개념을 분명하고 체계적으로 설명한 구체적인 지문이나 부분은 전혀 없다."(p. 1)고 피력한다. 이는 윌리엄스(Williams, 1983), 라클라우와 무페(Laclau & Mouffee, 1985) 같은 이후의 학자들이 그 개념에 자신들만의 색채를 덧붙였음을 의미한다. 일반적으로 말해서, 헤게모니 논의는 그 자체를 이데올로기보다 더 미묘하고 더 포괄적인 위치에 올려놓았다. 『독일 이데올로기』(1970)에서 마르크스와 앵겔스가 윤곽을 제시했듯이, 이데올로기는 지배계급의 사상이 모두의 사상으로 보편화되어 가는 방식을 설명한다. 헤게모니는 이데올로기에 대한 이러한 이해를 넓혀 준다. 그것을 지배계급의 제도로 생각하는 것이 아니라 오히려 관습—개인적인 관계, 기관, 직장, 공동체 내에서 사람들이 매일 살아가기 위해 학습하는 행동과 행위들—이라는 제도 안에 내재된 것으로 보이도록 하기 때문이다.

이데올로기는 지배적인 사상들이 학습되고 매일의 결정과 판단 속에 살아 있을 때, 그리고 이러한 사상들이 (대중매체의 이미지와 메시지에 의해 강화되어) 모든 존재에 침투할 때 헤게모니가 된다. 여러 가지 면에서 헤게모니는 지배 이데올로기에 대한 마르크스의 개념과 자본주의 및 기술적 합리성(technical rationality)에 의한 생활세계의 식민화라는 하버마스의 사상 간의 개념적 간극을 메우는 다리 역할을 한다. 그것은 자본주의의 논리, 특히 1장에서 논의된 상품화의 논리가 일상생활의 모든 측면—문화, 보건, 여가, 심지어 가까운 (남녀)관계—에 스며들고 침투하는 방식을 강조한다.

헤게모니에 관해 기억해야 할 중요한 것은 그것이 합의에 의해 작용한다는 것이다. 사람들은 자신들의 의지에 반해 지배 이데올로기에 동화되도록 강요받지 않는다. 그들은 아주 기꺼이, 그 과정에서 이 이데올로기가 그들의 이해를 가장 잘 대변한다고 믿도록 학습된다. 헤게모니는 사람들이 실제로는 자신들에게 해가 되는 신념과 관행을 적극적으로 환영하고 지지할 때 작동한다. 이것은 국가나 지배 계급이 질서를 유지하기 위해 폭력이나 강압에 호소할 필요가 없음을 뜻한다. 만약 그래야 한다면 비용도 많이 들고 예측 불가한 상황이 빈번히 발생할 것이다. 하지만 그람시도 어느 사회나 특정 형태의 헤게모니는 불가피하다고 믿었다는 것을 언급할 필요가 있다. 중대한 과제는 이 헤게모니가 소수가 아닌 다수를 위하여 행사되도록 해야 한다는 것이었다. 그의 목표는 지배 계급의 헤게모니를 노동자 계급, 즉 프롤레타리아 헤게모니로 대체하는 것이었다.

헤게모니에 대한 그람시의 자세한 설명을 읽어 가다 보면 우리가 명심해야 할 것이 몇 가지 있다. 첫째, 영어로는 아주 비판적인 이론으로 보이는데, 다른 언어들(이 경우 이탈리아어)로 쓰인 경우 번역상의 문제와 그로 인한 오해가 있다는 점이다. 둘째, 그의 글 대부분은 당국의 혹독한 검열이 존재했던 감옥에서 작성된 것이어서 일종의 암호화된 속기로 저술되어야만 했다는 점이다(마르크시즘이 '프락시스의 철학'이 된 것이 대표적으로 인용되는 예다). 셋째, 형수, 아내, 친구들에게 쓴 그의 편지(Gramsci, 1994)에 나타나듯이, 그람시는 점점 더 심각한 질환으로 계속 고통받았으나 치료를 받지 못했다는 점이다. 결과적으로 그의 저술의 다수가 완전하게 구현된 이론적 분석이라기보다는 미래 계획에 대한 틀이나 스케치 등과 같은 메모 형태로만 나타났다. 이런 점에서는 앞서 인용된 검사가 어느 정도 성공했다고 주장할 수 있을 것이다.

넷째, 그람시는 이론가인 만큼 활동가이기도 하였다. 그는 투옥 이전과 이후에 특정한 국민 발안들에 대해 전략적이며 전술적인 조언을 제공함으로써 이탈리아에서 공산주의 대의를 진작시키고자 했다. 공장위원회운동뿐만 아니라, 그는 프롤레타리아문화협회(Institute of Proletarian Culture), 『인민의 외침(The People's Cry)』과 『신체제(The New Order)』 같은 학술지들, 그리고 이탈리아 사회주의와 공산주의당의 의정활동에 깊숙이 관여했다. 그 결과, 그람시의 이론적 분석은 종종 교육정책에 대한 논의, 연극 행사(그는 연극 비평에 관해 많은 글을 썼다), 그리고 1920년대와 1930년대 이탈리아인의 삶에 관한 지식인적 토론에 깊숙이 관련되어 있다. 이러한 국지적(지역적) 분석들과 21세기의 일반적(전체적) 경향에 대한 분석을 연결시키는 것은 종종 쉽지 않은 일이다. 마지막으로 다른 마르크시즘 활동가들을 위해 글을 쓴 마르크시즘 활동가로서, 그람시의 저술은 종종 대부분의 일반 독자나 성인교육자들이 접근할 수 없었던 마르크시즘 철학과 마르크시즘 학자들 간의 논쟁에 대한 일정 수준의 지식을 전제로 하고 있다.

그렇다면 성인교육에 관심이 있는 우리는 왜 그람시의 저작을 읽어야 하는가? 나에게는 세 가지 이유가 있다. 첫째, 그가 헤게모니를 교육적 관계로 이해했기 때문에 성인교육자들의 관심을 사로잡아 온 것은 당연하다. 헤게모니—사람들이 신념과 관행이라는 지배적 제도를 살며 사랑하도록 학습하는 과정—는 그들에게 강제로 부과되는 것이 아니라 학습되는 것이다. 따라서 "모든 헤게모니 관계는 반드시 교육적인 관계"(Gramsci, 1971, p. 350)라는 그의 소견은 가장 많이 인용되고 있다. 그람시에게는 성인의 핵심적인 특징이 헤게모니를 학습하는 것이다. 둘째, 그는 헤게모니를 어떻게 알아내고 반대할 수 있는가에 대해 기술하면서 하나의 학습이론, 특히 비판의식의 형성과 개발이라는 이론을 만들어 냈는데, 이는 동시대의 전환학습(transformative learning) 활동과 관련이 있다. 셋째, 그는 교육이 지배 계급의 헤게모니에 대항하기 위해 사용될 수 있는 방법을 제시하면서 유기적인 지식인—억압받는 계층 출신으로서 억압받는 사람들을 위해 그들과 함께 일하기 위한 활동가이자 설득자—이란 개념을 개발해 냈다. 유기적 지식인의 개념은 저항의 학습을 실천하려는 성인교육자들에게 채택되었다.

헤게모니가 작용하는 방식

그람시는 지배 계급이 그 통제력을 어떻게 조직하고 관리하며 방어하는지를 분석하면서 그 과정의 보편적(all-pervasive) 특성을 강조한다. 그는 대중매체의 영향력에 특별히 주목했지만, 헤게모니의 과정—사람들에게 현재의 상태를 있는 그대로 받아들이도록 설득하는—은 삶의 모든 측면에 침투되는 것으로 보았다. "대중의 의견에 직접적 또는 간접적으로 영향을 주거나 줄 수 있는 모든 것이 그에 속한다. 도서관, 학교, 협회, 다양한 종류의 클럽, 심지어 건축양식과 거리의 배치와 이름들까지도 그렇다."(Gramsci, 1985, p. 385) 윌리엄스(1977)가 지적하듯이, "삶의 모든 사회적 과정이 구체적이고도 두드러진 의미와 가치에 의해 실제로 조직되는 것"으로 생각되기 때문에 "헤게모니는 이데올로기를 초월한다."(p. 109)

헤게모니는 단지 사상들만의 체계가 아니고, "삶 전역에 관행과 기대들의 온전한 실체가…… 삶의 전 과정들이 흠뻑 포화된 상태다."(p. 111) 그것은 "그 사회 대부분의 사람에게 현실감을 구성해 주며…… 그것을 넘어서면 삶의 모든 영역에서 그 사회 구성원 대부분이 운신하기 힘들어진다."(p. 110) 헤게모니를 알면 인종차별주의와 성차별주의가 어떻게 아무런 저항도, 인식도 없이 만연하는지를 더 쉽게 이해할 수 있게 된다. 사람들은 편협주의, 가부장제 또는 동성애 공포를 큰 소리로 선언하며 돌아다니지는 않는다. 물론 실제로 일어나기도 하지만 말이다. 오히려 헤게모니는 우리의 친밀한 행위들(남녀 간), 일상적 관찰, 신체의 자세에서, 우리가 서로를 쳐다보고 말을 걸고 할 때 하는 순간적인 계산에서, 그리고 하나의 삶으로 연계되는 끊임없는 소소한 결정 속에서 하루에도 수천 번 작용한다.

그람시의 분석에서의 헤게모니는 두 가지 영역에서 두드러진다. 정치적인 차원에서 국가는 "적극적으로나 수동적으로 동의하지 않는 집단들에게 규율을 법적으로 집행하는 강압적인 국가 권력기구"를 통해 직접적인 지배를 행사한다(Gramsci, 1971, p. 12). 이것이 알튀세(1971)가 이후에 억압적인 국가기구라고 언급했던 것이다. 국가의 강압적인 권력은 최후의 수단이다. 즉, 그것은 헤게모니가 억압에 대한 사람들의 동의를 확보하지 못했을 경우의 이중 안전장치다. 시민사회—"흔히 개인이라 불리는 유기체들의 앙상블"(p. 12)—에서 우리는 헤게모니의 작용을 이데올로기의 조작으로 본다. 여기서 헤게모니는 "핵심 지배집단이 사회적인 삶에 부여한 전체적인 지시들을 인구의 대다수가 자발적으로 동의하게 될 때"(p. 12) 분명해진다. 시민사회에서 헤게모니의 작용이 성공적이면, 강압적인 국가기구는 절대 필요하지 않을 것이다. 우리가 거쳐 가는 언론매체, 학교, 교회, 공동체 협회의 조직망은 모두 사람에게 지금 살아가는 방식이 자신들에게 가장 유익하며 자연스럽고 운명에 의해 예정된 상태임을 확신시키기 위해 봉사한다.

시민사회에서 특정 기관들이 대중에게 세상은 그들의 이익을 위해 조직되었다고 확신시켜 주는(그리하여 실제로 존재하는 야비한 불평등을 감춰 주는) 개념은 훨씬 나중에 알튀세의 이데올로기적 국가기구들의 개념에서 그 표현을 찾을 수 있다. 기본 요지를 강조하자면, 헤게모니는 삶의 모든 측면에 침투되어 있으며 끊임없이 학습되고 평생 재학습된다. 만일 어떤 것이 평생교육으로 표현될 수 있다면 그것이 바로 헤게모니다. 헤게모니적 관계는 "사회 전역에서 다른 개인과 관련된 모든 개인에게 존재한다. 그것은 지식인과 비지식인 사이에서, 지배자와 피지배자 사이에서, 엘리트와 그들의 추종자 사이에서, 지도자와 추종자 사이에서, 그리고 군대의 선봉과 일반 군인 사이에서 존재한다."(Gramsci, 1971, p. 350)

이제 자명해졌겠지만, 이것은 이해하기 어려운 개념이다. 내가 수년간 성인교육자들과 토론해 왔던 모든 사상 중에서 사람들이 가장 어려움을 호소했던 개념이다. 미묘하고 혼동되어서, 우리가 그것을 알았다고 생각하는 찰나 어느 새 그것은 우리 의식을 빠져나가는 것 같다. 미국의 젤로나 영국의 블러만주(젤리-역자 주)를 고정시키려 한다고 가정해 보면 이 개념을 분명하게 이해하려는 노력에서 무언가를 알게 될 것이다. 1999년에 영화 〈매트릭스(The Matrix)〉가 나왔을 때, 내가 가르치는 성인학습 이론의 대학원 과정에 다니던 린다 크밤(Linda Kvamme)은 이 영화가 자신이 이해한 그 사상을 설명하는 데 도움이 된다는 것을 알았다. 이것은 전적으로 그람시 저작의 정신과 일치하는 것이었다. 대중문화의 스토리가 헤게모니를 어떻게 강화시키면서도 때로 어떻게 그에 도전하는지를 보여 주는 것이었기 때문이다.

우리가 보아 왔듯이 헤게모니는 한 그룹이 다른 그룹에 복종하는 것이 바람직하다고 확신시켜 주는 과정을 표현해 준다. 복종하는 그룹은 서서히 자신들을 죽여 가는 신념과 관행을 열정적으로 받아들인다. 이것이 〈매트릭스〉의 기본 전제다. 이 영화에서는 인공지능으로 창조된 기계들이 인간을 유선형 용기에 감금해 둔 채 그들의 의식을 꾸며 낸 현실로 채워 넣어 통제한다. 인간들은 실제처럼 꾸며진 환상의 영역에서만 산다. 지배 그룹(인공지능 기계들)은 복종하는 그룹(인간들)이 자신들의 현실을 이해하기만 하면 저항하게 될 삶의 방식을 부과하기 위해 애쓸 필요가 없다. 오히려 복종의 상태를 적극적으로 추구하고 바람직한 것으로 간주한다.

예를 들어, 영화의 특정 시점에서 헤게모니적(패권을 장악한) 매트릭스를 인식해 온 몇몇 인간 반란군 중의 한 명(조 팬티얼러노가 연기한)이 자신이 속한 소규모 무리의 반헤게모니적 동지들(로렌스 피시번이 이끄는)을 배반하기로 결심한다. 자신의 반역에 대한 대가로, 팬티얼러노는 기계들에게 자신을 예전처럼 자신의 모든 의식이 매트릭스에 의해 통제되는 더없이 행복한 압제의 상태로 되돌려 보내 줄 것을 요청한다. 스스로를 억압해 달라고 애원하는 것은 헤게모니가 부드럽게 작동할 때 일어나는 현상이다. 착취받는 자들은 자신들의 자유의지에 의해 세워진 이데올로기적 감옥에 들어간다. 그들은 자신들의 감방을 선택해서 감방 문을 잠그고, 열쇠를 창문 밖으로 되찾을 수 없도록 가능한 한 멀리 던져 버린다. 그러면서 그들은 시종일관 작업을 잘 완수했다는 자기만족감에 취해 있다. 이런 상황에서는 엘리트나 국가기관들이 억압적인 통제를 행사할 필요가 없다. 착취받는 자들은 부지런히 자신들의 지속적인 굴복 상태를 확고히 하기 위해 움직이고 있을 뿐 아니라 그렇게 하는 데 큰 자부심을 느낀다.

직업이라는 은유를 예로 사용하면 헤게모니 개념을 훨씬 더 분명하게 이해할 수 있다. 직업을 완수한다는 측면에서 성인교육에 대해 얘기하는 당신의 동료가 몇 명이나 되는지 혹은 당신 자신이 그런지 생각해 보라. 직업으로서 성인교육의 개념—학습자를 섬기고 소명의식을 갖는—은 흠잡을 데가 없어 보인다. 훌륭한 성인교육자는 성인교육이라는 대의를 가지고 이타적으로 봉사한다는 생각에 누가 이의를 제기할 수 있겠는가? 이는 참으로 칭찬할 만한 일인 것 같아 보인다. 그것은 기업의 이해나 국제 자본주의를 위해 일하는 돈벌이에 급급한 사람들에 비하면 우리를 특별한 사람으로 돋보이게 한다. 나는 20대 초반에 대학을 나와 산업계에 뛰어든 친구가 자신이 30세가 되었을 때 벌게 될 부와 자신이 일을 시작하자마자 사게 될 자동차의 종류를 말했던 것을 기억한다. 그의 행운에 대한 나의 시기에 찬 분노는 내 직업의 선택에 관한 나 자신의 자축에 의해서만 위로가 되었다. 배금주의를 숭상하는 내 친구와는 다르게, 나는 내 학생들의 잠재력을 실현시키도록 도와 이 세상에 측은지심과 비판성을 배가시키게 될 것이다. 나는 '그는 돈은 모을 수 있을지 모르지만, 나는 상상을 모으고 영혼을 구하고 있다.'고 스스로 생각했다.

하지만 다른 관점에서는 사실상 그리 밝지 않나. 도덕적으로 존경스러운 측면이 있음에도 불구하고 암울한 측면 또한 있다. 아주 간단히 말해, 이타적으로 타인을 위한 삶을 사는 소명을 완수한다는 이러한 직업관은 교육자들에게 착취와 조종의 가능성을 열어 준다. 이러한 소명의식이 자신의 에너지와 능력을 과도하게 사용해야 하고, 때로는 건강과 개인적인 인간관계를 파괴시키면서까지 책임과 의무를 수행하는 노동자를 정당화시키는 데 사용된다면 직업도 헤게모니를 위한 것이 된다. 실제로 그들의 자기 파괴는 점점 더 자원이 고갈되어 가는 하나의 시스템을 돌아가게 하는 데 기여한다. 만일 교육자들이 예산삭감에 대처하기 위해 점점 더 많은 일을 맡아서 스스로를 죽여 간다면, 그리고 겉으로 보기에 이타적인 학생들에 대한 헌신에 자부심을 갖도록 배운다면, 그 시스템은 강화될 것이다. 교육자들이 점점 더 작은 대가를 받으며 점점 더 많은 일을 기꺼이 하게 되면 돈은 기업의 세금감면이나 국방비 지출로 흘러 들어간다.

교직처럼 월등히 여성이 많은 직업군에서 극명해지듯이, 직업은 가부장제를 통해 걸러지면 특히 헤게모니적으로 변한다. 대학 교수로 있었던 시간 동안, 계속해서 나는 여성 교수진이 직업윤리를 내재화시키고 남성들보다 더 높은 실현 기준을 지키려고 하는 것을 보아 왔다. 학과의 여성 교수들은 학생들에게 우수한 강의와 조언으로 유명한 양육자로 종종 비쳤다. 학문적 현실로 바꿔 보면, 이는 여성 교수가 종신 재직권을 얻기 위한 노력으로 논문이나 책을 저술하기 위해 사무실에서 두문불출하기보다는 학생들과 작업하면서 기꺼이 시간을 보내려는 것이다. 지배 이데올로기는 남자 교수가 다소 관계 지양적이고 보살핌과 측은지심의 윤리에 덜 영향받는 것으로 추정한다(즉, 직업적 소명감에 의해 덜 감동받는다).

직업이 제도적인 문화에 뿌리 내려서 학생들의 배움을 위해 자신의 정신적 · 육체적 안위(well-being)를 기꺼이 희생해야 한다는 것을 의미하는 것으로 해석될 때(전반적인 제도적 이익을 위한 것으로 해석됨) 헤게모니적인 것이 된다. 한번 그 장면을 상상해 보라. 당신은 너무 많은 학생과 과중한 행정적인 책임을 맡은 항상 시간에 쫓기는 과로에 지친 교사다. 학장이나 학과장이 당신에게 와서 안식년을 가는 동료가 가르치던 한 그룹의 학생을 맡아 달라고 한다. 당신의 상사는 동료가 돌아올 때까지 한 학기만 그렇게 해 달라고 하면서, 당신이 아주 강의를 잘하므로 학생들이 당신에게 배우면 아주 많은 혜택을 받을 것이라고 설명한다.

그러고 나면 의외의 함정이 나타난다. 당신의 상사는 당신에게 그 학생들과 함께할 수 있는 유일한 다른 교수진은 X교수뿐이라고 알려 준다. 그런데 X교수는 책임감이나 측은지심이 전혀 없는 고집쟁이 바보로 알려져 있다. 당신은 이제 자신이 그 불운한 학생들이 무능한 자의 마수에 넘어 가는 것을 참을 수 없다는 것을 안다. 그래서 그들을 맡기로 한다. 동료가 안식년에서 돌아올 때까지는 딱 한 학기다. 하지만 당신은 학기말에 그 동료가 사임을 하거나 다른 보직을 맡게 되었다는 것을 알게 된다. 그리고 예산 동결을 이유로 더 이상의 강사 고용이 없을 것이라는 것도 듣는다. 한편 임시로 맡은 학생들과는 관계를 형성해 와서 그냥 그들을 내칠 수가 없다(당신의 직업관에 어긋나는 것이므로). 결국은 임시 업무가 영구 업무가 되어 버린 것이다.

다음 학기가 시작된다. 교수 상임위원회 대표가 당신에게 다가오더니 교육과정 전반에 걸친 비판적 사고에 대한 신설 대학위원회의 의장을 맡으라고 한다. 당신은 다른 동료의 눈에 당신이 비판적인 사고에 대한 지식을 갖추고 있고 서로 다른 학과의 교수들과 일할 수 있는 능력을 소유하고 있다고 보이기 때문에 선택된 것이다. 이 새로운 위원회가 제대로 된 의장만 있으면 학생들에게 엄청난 혜택을 주게 될 것이라는 주장을 한다. 그렇게만 되면 대학 전반에 비판적 사고 훈련에 대한 공감대와 약속을 이끌어 내는 데 도움이 될 것이다. 학생들은 비판적 사고에 대한 모순된 정의에 노출되지 않을 것이고, 교육과정을 따라 배워 갈수록 이전 강좌에서 개발된 비판적 능력을 그저 반복하는 것이 아니라 갈고 닦아 세련되게 될 것이다.

이제 더 이상 어쩔 수 없는 강력한 주장이 나온다. 당신은 Y교수가 그 의장직을 얻으려고 열심히 로비를 했다는 소리를 듣는다. Y교수는 비판적 사고에 적대적이어서 그것을 드러내는 행위는 교수당국에 대한 학생들의 부적절한 도전이라고 맞설 한 파벌의 지지를 받고 있다. 그 파벌은 Y교수를 회장에 앉혀서 교육과정 발의권 전반에 비판적 사고가 사실상 고사되기를 희망하고 있다. Y교수 역시 각개격파 전술의 대가로 알려져 있고, 전에 화합이 잘되던 위원들 간에 반목을 야기한 전력을 가지고 있다. 이 시점에서(아주 예측 가능하게도) 당신은 직업적 소명감이 발동해 동의하고 만다. 결국 당신은 잘못된 판단으로 학생들이 고통받고 위원회가 앞장섰던 변화들이 후퇴하는 것을 피하고 싶었을 것이다. 그래서 이제 당신은 감당할 수 있는 것보다 더 많은 학생을 맡게 되고 합리적인 수준을 넘는 위원회 책임도 맡게 된다. 그러면서도 스스로에게 직업(소명)을 완수하는 것이 다 그런 것이라고 되새김질한다. 놀랍게도 당신은 이러한 상황이 자랑스럽기만 하다! 결국 이러한 추가적인 책임을 수락한 것이 당신이 정말로 학생들을 위해 헌신하는 것이며 '교육자'라는 타이틀에 정말로 걸맞은 것임을 증명하는 것이니까? 당신은 노예 상태의 옷을 자부심과 함께 입는 것이다.

직업이 이렇게 헤게모니적으로 될 때, 당신은 녹초가 되지 않은 상태로 퇴근한 날은 '당신이 할 수 있는 최선을 다한' 것이 아닌 날로 생각하기 시작한다. 가족, 친구, 여가를 위한 에너지가 하나라도 남아 있다면, 당신은 학생들에게 당신의 전부를 준 것이 아니다. 하시반 하루를 마친 후 당신이 할 수 있는 전부가 전자레인지에 데운 냉동식품으로 저녁을 때우면서 〈보모(The Nanny)〉 재방송을 보는 것이라면 하루 일과를 잘한 것이라는 것을 안다. 완전 녹초 상태란 당신이 자신의 직업에 헌신하고 있다는 신호인 것이다. 완전한 녹초 상태가 아닌 어떤 것도 완벽한 직업정신이라는 목표물에서 벗어났다는 것을 시사한다.

그러므로 겉으로 보기에는 모든 합리적인 사람이 동의할 수 있는 정치적으로 중립적인 사상으로 보이는 것—성인교육은 헌신과 근면을 필요로 하는 학습자에게 봉사하는 직업이라는 생각—도 한 사람이 할 일로 딱 알맞은 상황에서 두세 명의 일을 억지로 떠안겨야 한다는 것을 의미하도록 조작된다. 이런 식이라면 직업으로서 성인교육은 헤게모니적 개념(즉, 도덕적으로 바람직한 상식의 표본인 것으로 보이는 사상도 교육자 자신의 최선의 이해와 배치된다)이 된다. 그것은 교육기관에서 봉사해 준 이득은 최저 금액을 쓰고, 최소 인원을 고용해서 부서와 분과를 효율적으로 수익을 내면서 운영하기를 바라는 사람들의 것이다.

더 넓은 차원에서 직업으로서의 교육은 배움을 상품화하는 것, 즉 학교와 대학의 비용을 최소화하고 결과물(output)은 최대화하려는 생산센터화하는 것을 뒷받침해 주는 하나의 은유(메타포)가 된다. 개인에게 도덕적 헌신으로 느껴지는 것이 사실은 통제의 한 메커니즘이고 교환경제 유지를 위한 소도구가 된다. 교사들이 점점 더 무거운 작업량을 떠맡는 것을 직업적인 부지런함의 한 예로 간주하는 한, 그리고 그들이 헌신의 수준에 자부심을 느끼는 한, 점점 더 적은 자원이 교육에 투입될 것이다. 그리고 잉여자원은 부유층을 위한 세금 감면, 혹은 환경 규제를 비껴 가거나 뒤집고 싶어 하는 기업을 지원하는 기금으로 전용될 수 있다.

미묘한 헤게모니의 파워와 그 성공적인 작용은 그것의 포괄적이고 총괄적인 속성 때문이다. 그에 반대할 가능성은 전혀 없는 것 같고, 대체 가능성을 개발할 방법도 전혀 없어 보인다. 뉴먼(Newman, 1994)의 구절을 사용하자면, 적이란 것이 사람들의 생각 속에, 행동 속에, 매일 살아가는 관계 속에 스며 있으면 그것을 정의하는 것은 불가능해진다. 그리고 헤게모니가 위협받을 때조차도, 그것은 반대 요소를 정의하고 수용하기 위해 그 물리력을 재조직화하는 데 아주 노련하다. 정적이고 흔들림이 없다면 목표물은 아주 분명하다. 하지만 헤게모니는 자신에게 도전하는 어떠한 혁명적인 추진력이 나타나든 그것을 차단하기 위해 유동적이고 융통성 있게 모양을 바꾸고 조절할 수 있다.

하지만 무덤에서 나온 것이라고 다 암울하기만 한 것은 아니다. 헤게모니라는 담요가 모든 순간에 정치 조직체의 모든 부분을 다 덮을 만큼 넓고 깊은 것은 결코 아니다. 헤게모니는 항상 보다 크든 작든 늘 그것이 지배하려고 하는 일부 부류에 의해 도전받게 된다. 그러므로 지배 그룹의 통제에 도전하는 자들이 나타나고 지배 그룹은 그들을 잠재우려 하기 때문에 헤게모니적 과정이란 정말로 끊임없는 재정렬의 과정이 된다.

헤게모니의 논쟁적 성격은 "그것은 절대 전체적이거나 배타적이 될 수 없다. 어느 경우라도 대안적인 또는 직접적으로 반대하는 정치와 문화의 유형이 우리 사회에 의미 있는 요소로 존재한다."(p. 113)라고 말한 윌리엄스(1977)에 의해 강조되었다. 물론 헤게모니는 늘 이들 부류를 경계한다. "그것의 지배에 의문을 품거나 위협하는 대체 세력과 반대파를 특히 경계하고 대처한다."(p. 113) 이는 "헤게모니는 끊임없이 저항받고, 제한되고, 수정되고, 도전받는" 동시에 "지속적으로 재생되고, 재창조되고, 방어되고, 수정된다."(p. 112)는 것을 의미한다. 결과적으로 윌리엄스는 "그렇다면 우리는 헤게모니란 개념에 반헤게모니와 대체헤게모니라는 개념을 더해야 한다. 이는 실제로 존재하는 요소다."(pp. 112-113)라고 주장했다. 확실히 하자면, 성인들은 헤게모니를 학습한다. 하지만 그들은 혁명적인 정치의식을 개발하면서 헤게모니를 비판적으로 인식할 수 있는 능력도 가지고 있다.

비판의식 학습하기

권력과 통제에 대해 비판적으로 생각하는 법을 배우고 자신의 계급 위치와 진정한 정치적 이해관계를 인지하는 법을 배우는 것이 그람시에게는 중요한 성인학습 프로젝트였다. 그의 성인학습 논의는 노동자 계급의 의식 개발에 대한 그의 분석과 비판의식을 소유함으로써 얻게 되는 정치적 영향력에 대한 그의 분석에 확고히 자리 잡고 있다. 그에게 핵심은 노동자들이 자신들의 억압에 대한 인식을 어떻게 학습하게 되고, 이 인식이 정치적 변신을 위해 그들이 어떻게 결속하는지를 배우는 방법에 대해 이해하는 것이다. 그러면 이 혁명당은 이런 학습을 육성하는 성인교육기관이 된다. 이러한 학습은 쉽지 않다. 그것은 고의적으로 성인을 자신들의 어린 시절 경험과 거리를 두게 하고 그것들을 문화적으로 구성된 것으로 보도록 해야 하기 때문이다.

한평생 일어나는 학습을 분석하면서, 그람시는 어린 시절에는 우리의 의식이 사회적으로 형성되어 있다고 주장한다. "어린이의 의식은 개별적인 것이 아니다(아직 덜 분화됨). 그것은 어린이가 참여하는 시민사회의 부문 그리고 자신의 가족, 이웃, 마을 내에 형성된 사회적 관계들을 반영한다."(1971, p. 35) 사고란 항상 사회적인 과정이며 우리의 계급, 인종, 민족 그리고 성에 만연한 사상들을 순응하도록 하는 압력에 굴하기 쉽다. 그람시는 "세상에 대한 개념을 얻게 될 때, 사람은 늘 동일한 사고 및 행동 방식을 공유하고 있는 모든 사회 구성원의 특정 집단에 속한다. 우리는 이런 순응주의건 저런 순응주의건 모두 순응주의자이며, 늘 대중 속의 인간 또는 집단적인 인간이다."(p. 324)라고 밝혔다.

학습이 사회적으로 구축된다는 본질에 대한 이런 강조는 그람시적인 마르크시즘의 결과물이다. 그는 마르크시즘의 "기본적인 혁신은 고정되고, 변하지 않는 추상적인 '인간 속성'은 없다. ……인간의 속성은 역사적으로 결정된 사회적 관계물의 총체다."(1971, p. 133)라고 주장했다. 그는 "모든 교리적인 하나의 개념은 모든 인간에 내재된 '일반적인 인간' 또는 '인간의 속성'이라는 개념을 표현한 것으로 일축되고 파괴되었다."(p. 405)라고 한 그의 선언에서 분명 포스트모더니즘적인 주장을 하고 있다. (다시 말하지만, 우리는 이 성차별적인 언어로 된 글을 읽으면서 그람시가 썼던 문맥을 명심해야 할 것이다.)

학습을 항상 사회 속에 뿌리박힌 것으로, 그리고 특정 그룹을 더 많이 반영하는 것으로 생각한다는 것은 그것이 돌이킬 수 없을 만큼 구조적이라는 것을 의미한다. 누구도 성인학습을 일반적이고 추상적인 방식으로 또는 탈구조적인 단계나 국면의 모델로 말할 수는 없다. 학습은 관계적인 것으로서 항상 "순전히 개인적이고 주관적인 요소(부류) 간의, 그리고 대중과 그 개인이 활발한 관계를 맺고 있는 객관적이거나 물질적인 요소(부류)"(p. 360) 간의 상호작용에 의해 틀이 형성된다. 학습의 초점과 과정은 개인들의 삶이 처한 사회적인 상황에서 비롯되며 그들이 살고 있는 정치적 상황에 따라 변화한다.

예를 들어, 헤게모니를 인지하고 도전하는 법을 배우는 것은 계급 억압, 인종차별주의, 성차별주의, 동성애 공포증과 싸우는 정치적 운동들의 발생과 연계되어 있다. 이런 종류의 학습은 개별적으로 결정되거나 그렇지 않으며, 어떤 식으로든 그들이 움직이는 세상에서 물러난 개인이 내린 일련의 내적 결정이나 개인적인 정신행위도 아니다. 오히려 그것은 사회적으로 고안된 것이다. 그람시의 견해로는 혁명당의 당원(membership of a revolutionary party)들과 연계되어 있다. 이런 학습의 내용(사람들이 헤게모니에 도전하는 것에 대해 배울 때 무엇이 중요하다고 생각하는지), 학습의 과정(헤게모니는 어떻게 작용하고 어떻게 도전받는지를 배우기 위해 사람들이 사용하는 방법과 방법론), 그리고 학습의 인지(사람들이 헤게모니에 관한 그들의 학습을 이해하도록 돕는 개념, 범주 그리고 해석 유형들)는 모두 학습자의 상황—현대적인 용어로는 위치 또는 위치성—을 반영한다.

그람시의 관심을 샀던 주요 성인학습 프로젝트는 성인 노동자가 혁명적인 계급의식을 갖게 되었던 방식과 이를 바탕으로 사회를 바꾸고 프롤레타리아 헤게모니를 창조하기를 배웠던 방식이었다. 이런 유형의 학습은 오늘날 성인교육자들이 알아볼 수 있는 여러 가지 활동을 담고 있다. 즉, 세상(종종 지배 그룹의 사상을 반영하도록 조직화된)에 대한 일반적인 인식에 도전함으로써 비판적인 사고를 배우는 것, 노동자가 자신들을 만연된 사고 습관과 거리를 두기 위해 애씀으로써 독립적인 사고 능력을 키우는 것, 그리고 혁명적인 이론과 실천을 결합하는 법을 배우는 것이다. 그람시는 이들 학습 과정을 연구했다. 그것들이 노동 계급의 혁명을 위한 투쟁에서 이룩된 것이고, 그가 가장 관심을 가졌던 성인학습자들이 이탈리아 공산당 안팎의 정치운동가와 조직자였기 때문이다. 하지만 그의 성인학습에 대한 분석은 현대적인 의미를 갖는다. 예를 들어, 비판적인 사고를 학습한다는 것은 "세상에 대한 자신만의 개념화를 의식적이고 비판적으로 작업해 내며, 따라서 자기 자신의 두뇌 노동들과 연관하여 자신의 활동 영역을 선택하고, 적극적으로 세계 역사 창조에 참여하며, 자기 자신의 안내자가 되어 자신의 개성이 외부로부터 주조당하는 것을 수동적으로 무기력하게 받아들이기를 거부하는 것"(1971, pp. 323-324)이다.

성인들은 어떻게 이를 배우는가? 그람시에게는 비판적 의식을 개발하는 '기본적이고 원시적인' 단계가 "독립이라는 본능적 감정 안에 '다른' 그리고 '떨어져' 있는 감각에서 비롯된다는 것을 의미했다. 그리고 이는 세상에 대한 단일하고 일관된 개념화를 소유하게 되는 수준으로 발전해 간다."(1971, p. 333) 여기에서 우리는 현대 성인교육이라는 범주에서 자기주도성이라는 용어를 자주 볼 수 있다. 하지만 그것은 지배 이데올로기로부터의 고의적인 이탈과 거리두기 등으로서의 자기주도성을 의미한다. 그람시의 분석에서 자기주도적 학습의 초점은 문화를 그 문화 내에서 고안된 학습 프로젝트를 뒷받침하기 위한 자원으로 사용하기보다 오히려 문화로부터 일시적으로 비판적인 거리를 두는 것을 배우는 성인들에게 있다. 7장에서 살펴보겠지만, 마르쿠제는 그람시의 분석에 명시적으로 의지하지 않고 상식, 일상의 경험으로부터 일시적인 거리두기의 중요성에 대해 그람시가 강조한 것을 그대로 되풀이하고 있다.

그러므로 어느 형태든 진정성 있는 자기주도적 성인학습의 전조는 성인이 자기 자신을 이방인으로 간주하는 인식이다. 독립적인 사고는 정치적으로 강력한 영향력을 행사한다. "종종 독립적인 사고를 하는 사람은 대학기관들 전체보다 더 많은 영향을 끼치기 때문이다."(1971, p. 342) 하지만 그람시는 사고의 독립성이 독창적인 지식을 창출하는 것과 동일하지는 않다는 것을 조심스럽게 지적하고 있다. 비록 학습되고 있는 것이 이미 다른 사람들에게 알려져 있더라도, 학습에서의 자기주도성은 아주 분명하다. 따라서 "외부의 제안이나 지원 없이 스스로 진리를 발견하는 것은—비록 진리가 오래된 것일지라도—창조하는 것이다."(p. 33) 이렇게 독립적으로 진리로 나오는 것은 "새로운 진리를 발견할지도 모르는 지적인 성숙 단계"(p. 33)를 의미한다.

기본적인 독립과 분리감을 배우는 '기초적이고 원시적인' 단계 뒤에는 헤게모니 또는 반헤게모니 그룹 내에서 자신의 위치를 의식하는 상태가 온다. 그람시는 노동자 계급의 성인이 두 가지 이론적인 의식(또는 하나의 모순된 의식)을 가졌다고 하였다. 그중 하나는 "표면적으로 분명하거나 언어적이고…… 과거로부터 물려받아 무비판적으로 흡수된 것이다."(1971, p. 333) 이는 표면적으로 분명한 세계관념이며 당시의 지배적인 사상으로 이루어졌다. 그것은 "의식의 모순된 상태가 어떠한 행동, 결정이나 선택도 허용하지 않고, 도덕적 · 정치적 복종의 상태를 만들어 낼 만큼 강력하게"(p. 333) 작용했다. 이 첫 번째 표면적인 형태의 의식은 헤게모니적이었다. 즉, 그것은 침묵과 순응을 만들어 내는 이데올로기적 통제의 한 형태다. 상황들이 상호작용하여 어떤 한 그룹이나 계급이 스스로를 정비해 압제에 대항하는 운동을 하도록 할 때, 두 번째 의식—비판적 의식—이 나타나기 시작했다. 따라서 그람시에게, "자아에 대한 비판적인 이해는 정치적 '헤게모니들' 및 상반된 지배 간의 투쟁을 통하여 자기 자신의 현실 관념화를 더 높은 수준에서 구상해 내기 위해 우선은 도덕적인 분야에서, 그다음에는 정치 본연의 분야에서 일어나는 것"(p. 333)이다.

이것은 성인의 비판적인 숙고가 정치적 투쟁에 명쾌하게 자리하는 것이다. 그람시는 비판성은 노동자 계급의 행동주의의 장에서 학습되며, 보다 진실한 현실 개념은 노동계층의 성인들이 자신들의 공통 상황과 집단행동에 대한 필요성을 이해할 때 실현된다고 말하고 있다. "자신의 활동에 암시적이고 사실상 세상을 바꾸기 위해서 자신과 다른 동료 노동자를 결속시키는 것은 그 성인에게 있어 연대의식이다."(1971, p. 333) 다시 말해, 그람시의 분석을 이해하려면 노동자 혁명당의 성인교육의 힘을 인정하는 것이 필요하다. 노동자들의 운동을 조직하고, 그렇게 해서 비판적 의식의 개발을 촉발시키는 것이 바로 그 당이다. 이 분석에서 성인교육자들이란 정치변혁에 관심을 가지는 당원들이며 활동가들이지 교실에 있는 교사들이 아니다.

유기적 지식인으로서 성인교육자

앞서 밝혔듯이, 그람시는 성인이 자신의 잠재적인 독립을 실현하는 '기초적이고 원시적인' 단계에서 비판적인 의식을 일깨우는 단계로 발전하는 것은 정치적인 운동에 참여하고 있는 사람, 더 구체적으로는 혁명당원에 달려 있다고 믿었다. 이러한 광범위한 운동을 강화하는 것은 부분적으로 당 지식인(party intellectuals)들의 책임이다. 그람시에게는 누구도 노동자 계급에 의한 비판적 인식의 학습을 교육자와 지식인들의 촉매적 활동과 분리할 수 없었다. 따라서 "비판적인 자기 의식은 역사적 · 정치적으로 엘리트 지식인을 창출하는 것을 의미한다."(1971, p. 335)

이런 지식인들의 성인교육 작업을 그람시가 어떻게 생각했는지를 자세히 살펴보기 전에, 그가 지적인 과정들(철학하기, 사고하기, 개념화하기)을 일반적인 인간의 활동으로 간주했다는 것을 강조하는 것이 중요하다. 이러한 생각은 가장 많이 인용되는 "모든 인간은 지식인이다. ……그러나 모든 인간이 사회에서 지식인으로서 기능하는 것은 아니다."(p. 9)라는 말로 요약된다. (우리가 그람시의 저작을 읽을 때는 그가 man과 men이라고 사용한 것을 person과 people로 바꿀 필요가 있다.) 그람시는 지식인 활동을 평가하는 방식을 민주화하고 싶어 했다. 그는 "우리는 비지식인에 대해 말할 수 없다. 왜냐하면 비지식인은 존재하지 않기 때문이다."(1971, p. 9)라고 생각했다. 모든 사람은 사유하는 존재이므로 이론가들이다. 각 사람은 어떤 형태의 지적인 활동을 수행한다. 그 사람은 "특정 세계를 관념화하는 데에 참여하여 의식 있는 도덕적 행위를 하고, 그러므로 세계에 대한 관념(conception)을 유지시키거나 그것을 변화시키는 데 기여한다. 즉, 새로운 사고방식을 도입하

는 데 기여한다."(p. 9)

그람시의 견해로 모두가 지식인인 것처럼 모든 사람은 철학자다. 사람들이 언어를 사용하거나 행동을 취하거나 행위에 대한 지침을 개발할 때마다 "세계에 대한 관념화, 즉 철학이 암묵적으로 포함되어 있다."(1971, p. 344) 발화 행위와 일상적인 행동은 난해한 텍스트와의 만남이 아니라 철학적인 사고의 도가니다. 더욱이 그람시는 교양 있는 사람은 미적 감상을 위한 고급 예술품에 조예가 깊은 사람이라는 생각을 없애기를 원했다. 그에게는 "모든 사람이 이미 교양인이다. 모두가 생각하고 모두가 자신의 문화에 의해 정해진 틀대로 원인과 결과를 관련지으니 말이다."(1985, p. 25)

이것이 사실이고 모든 사람이 정말로 철학자라면, 비판적인 사고는 반드시 그들을 어떤 새로운 유형의 보다 높은 수준의 사유로 입문시키는 것을 의미하지 않는다. 오히려 비판적인 사고는 이미 존재하는 개념화 유형에 비판적인 면 또는 차원을 더하는 것을 의미한다. 따라서 "그것은 원점에서부터 과학적인 형태의 사고를 모든 사람의 개인적인 삶에 도입시키는 문제가 아니라 이미 존재하는 활동을 혁신시키고 '비판적'으로 만드는 문제다."(1971, p. 331) 이러한 시각에서 비판적 사고란 전적으로 새롭고, 보다 높은 단계의 인지활동이 아니라 이미 자각하지만, 그러나 모두가 지적인 활동에 참여하는 철학자로 간주될 수는 있어도 모든 사람이 지식인으로서의 사회적 기능을 담당하지는 않는다. 그람시가 '지적인'이란 단어를 사용할 때는 많은 사람이 다수의 문헌에 조예가 깊어서 나머지 사람보다 높은 수준에서 활동하는 세련된 사상가 집단을 의미하였기 때문에 단순히 구어적 용어로 사용하지 않을 것인을 알 수 있나. 그에게 지적인 작업이란 억압자나 억압받는 자들을 위해 조직화하는 작업이다. 지식인은 지배 이데올로기를 재생산하고 현상을 공고히 하거나, 정치투쟁에 참여하도록, 주로 혁명당을 통하여, 조직화해서 대중이 비판의식을 가지도록 하거나 하는 조직자이사 설늑자이며 여론을 이끄는 사람들이다. 지배 그룹의 지식인들은 시민사회의 기관들(학교, 교회, 지역협회 등)에서 지배 그룹의 세계관이 현실관으로 확실히 인정받도록 하기 위해 그 그룹의 권력을 유지할 책임을 맡은 대리인 또는 하급관들이다. 이데올로기적인 전이와 조작들과 주로 관련이 있는 이들 지배층의 지식인들과 대조되는 것은 혁명당의 지식인, 즉 유기적 지식인(organic intellectual)들이다.

유기적 지식인들은 "대중에게서 나왔지만 그들과 접촉을 유지하고 있는 새로운 유형의 엘리트들이다."(1971, p. 340) 이들 지식인은 "건설자, 조직자, 영구적인 설득자로 현실 삶에 적극적으로 참여"함으로써 노동자 계급이 "이데올로기적으로 전통적인 지식인을 정복하는 것을 돕는다."(p. 10) 그들은 대중이 자신들의 실제적 활동에 의해 제기한 원리들과 문제들을 해결해 내고 일관성을 갖도록 돕는다."(p. 330) 그들은 노동자 계급이 이해할 수 있는 표현으로 정치적 혁명을 위한 전략을 체계화하고 소통할 수 있다. 왜냐하면 그들 자신이 노동자 계급의 문화에 의해 형성되었기 때문이다. 이런 노력의 최종 결과는 노동자가 계급의 이해를 반영한 새로운 헤게모니를 확립하는 것이다.

유기적인 지식인이 하는 일은 "사상을 개념적이고 철학적으로 표현하는 것을 '전문으로' 하는 사람들이 존재함으로써 구체적으로 구분되고 있는 이론과 실천의 관계에서 이론적 측면에 해당된다."(1971, p. 334) 다시 말해, 노동자가 자신들의 진정한 억압 상황을 깨닫고 정치적 행동을 통해 그것을 변화시키도록 결심하도록 하는 데 필요한 촉발장치가 유기적인 지식인 그룹이다. 그들의 존재는 혁명적 열정을 일깨우는 데 중요하다. 그람시는 대규모 정치운동의 역동성과 관련하여, "혁신은 대중으로부터 나올 수 없다. 아니, 적어도 처음에는 엘리트의 중재를 통해서가 아니라면 불가능하다."(p. 335)라고 밝혔다. 유기적인 지식인들은 사람들이 지배 계급의 헤게모니가 존재하며 그것을 프롤레타리아 헤게모니로 대체하는 것이 중요함을 이해하도록 도울 책임이 있다. 그러기 위해서는 억압받는 것이 어떤 느낌인지 감정이입에 의한 자기 동일시의 능력을 갖춰야 한다. 그들은 대중의 생활세계에 거주하며, "사람들의 기초적인 열정을 느끼고, 그들을 이해하고, 그럼으로써 그들을 설명하고 정당화시킬 수 있어야 한다."(p. 418)

이것이 바로 중산층 급진파들이 유기적인 지식인이 되는 것이 어려운 이유다.

농부나 여타의 억압받는 계층과 진정성을 가진 방식으로 작업할 수 있기 위한 중산층 성인교육자들의 계급자살(class suicide)을 감행할 필요성에 관한 프레이리의 권고에도 불구하고(Freire, 1970), 이 전이는 상당히 문제가 많다. 그러면 계급 대신에 인종자살 시도는 어떤가? 백인 성인교육자가 비백인이 매일 경험하는 조직적인 인종차별주의를 어떻게 경험할 수 있단 말인가? 홀스트(Holst, 2002)가 지적하듯이, 마틴 루터 킹(코넬 웨스트의 견해로 유기적 지식인의 표상인)에 집중된 유기적인 지식인에 대한 논의들은 시민운동들이 "남부 전역에 있는 흑인 물납 소작인(미국 남부에서 노예제도 폐지 후에 생겨남-역자 주)과 노동자 계급에서 유기적인 지식인을 배출한 방식"(p. 85)을 무시하는 경향이 있다. 또한 10장에서 개괄할 아프리카 중심적인 성인교육 시각에서 볼 때 백인들의 인종적 자살은 의미 없는 개념이다. 아프리카 중심주의의 핵심적인 정의(定義)적 요소는 그 찬성론자들—그들의 인종에 관계없이—이 아프리카 흑인들의 디아스포라(African Diaspora. 바빌론 포로 이후 유대인의 분산처럼 대서양 노예무역 이후 흑인들이 전 세계로 분산된 것-역자 주)와 인종적 일원이라는 것이다. 물론 백인들은 비백인들의 투쟁을 후원하고 동맹자가 되어 줄 수 있으며 이따금 그러한 것들에 참여할 수도 있겠으나, 그람시가 말하는 운동조직의 유기적 지식인이 될 수는 없다.

유기적 지식인이 되는 상태란 교육자가 해당 인종 또는 계급의 일원이 되는 것일 뿐, 아무리 좋은 의도를 가졌다고 하더라도 동정심 있는 동료 여행자는 아니라고 주장하는 그람시의 주장을 읽은 적이 있다. 마일스 호튼(Myles Horton)이 세인트존의 섬 주민들이 (그들이 투표 등록을 할 수 있도록) 글을 읽고 쓰는 것을 배우도록 돕는 운동에서 글을 가르치는 교사는 아프리카계 미국인(즉, 미국 흑인)이어야만 한다고 주장한 것은 이를 충분히 이해한 데서 비롯된 것이었다(Horton, 1990). 백인 교사가 아무리 성실하다 해도 '그 민족의 기본적인 열정'을 느낄 수 있는 인종적 유대감은 결여되어 있다.

그람시가 어렴풋이 성인교육자를 유기적 지식인으로 묘사할 때는 성인교육자를 촉진자(facilitator)로 보는 개념과는 아주 다르게 보는 것이다. 그에게 유기적인 지식인의 임무는 "대중을 조직해서 사람들이 활동할 수 있는 영역을 만들고, 그들의 처지에 대한 의식을 획득하고 투쟁 등을 하도록 하는 것"(1971, p. 377)이다. 중립적이거나 객관적인 척할 필요도 없으며, 압제자의 견해를 발견해야 한다는 강박감도 없다. 유기직 지식인의 임무는 노동 계급의 저항을 강화하여 그것을 효과적인 혁명당으로 변화시키는 것이다. 이러한 분석에서 성인교육은 유기적 지식인들이 노동 계급을 도와서 혁명투쟁을 할 수 있도록 하는 정치적 실습의 장이다. 성인교육자를 유기적 지식인으로 보는 그의 사상은 웨일즈의 문화비평가 레이먼드 윌리엄스(Raymond Williams, 1977), 미국 흑인 철학자 코넬 웨스트(1982, 흑인 목사와 설교자들을 유기적인 지식인으로 봄) 그리고 원주민 교육자 릭 헤쉬(Rick Hesch, 1955)와 같은 이들에 의해 인정받아 왔다. 웨스트(1982)에게서 유기적 지식인으로 일하는 성인교육자들은 "이론과 행동을 결합하여 대중문화와 종교를 구조적인 사회변화와 연관시킨다."(p. 121)

그람시에게 이런 유기적인 지식인의 일은 지배문화에서 노동자 계급의 성인들이 그 문화를 압도하여 새로운 헤게모니, 즉 노동자 계급의 프롤레타리아 헤게모니를 수립하도록 도와줄 요소를 배우도록(아주 기초적인 읽기, 쓰기 정도) 도와주는 '진지전(陣地戰)'의 일부분이다. 이런 종류의 학습은 오늘날 이따금 성인 및 평생교육 프로그램에 만연한 즐거운 자아실현 정신과는 거리가 있다. 그람시에게 공부는 일이었고, "그것만의 독특한 도제살이가 있는 아주 피곤한 일이었다. 즉, 지성뿐만 아니라 육체적 노동과 정신적 노동까지도 필요하며…… 노력과 지루함, 심지어 고통까지도 참고 획득해 내야 하는 습관이었다."(1971, p. 42)

현대적 의미

그람시가 성인교육의 실제에 관한 자세한 방법론적 틀(template)을 전혀 제시하지 않았기에(물론 그의 공장위원회 활동에 관한 기술은 매우 자세하지만), 가령 파울로 프레이리의 사상들이 북미 교육자들에게 해석되었던 방식과 견줄 만큼 현대 성인교육에 그의 접근법을 적용한 저작들은 전혀 없다(Shor, 1987b; Shor & Pari, 1999, 2000). 사람들은 성인교육에 그람시의 규약을 사용한다고 주장하지 않는다. 그런 것이 존재한다고 말할 수 없기 때문이다. 이것은 분명한 장점일 것이다. 메이오(Mayo, 1998)와 코벤(Coben, 1998) 같은 성인교육 논평가들이 지적하듯이, 교육적인 조언을 포함하여 그람시의 글은 단편적이고 암호화되어 있고 앞뒤가 상충되는 특성이 있어 독자들이 그의 말에서 여러 가지 의미를 도출할 수 있다. 사실 엔트위슬(Entwistle, 1979) 같은 저자들은 그람시를 강의 중심의 교수(법)를 열성적으로 지지하는 매우 보수적인 사람으로 해석하였다. 이러한 애매함이 그의 영향력에 대한 한 가지 그럴듯한 설명이 된다. 성인교육에 대한 구체적이고 자세한 방법론상의 지침이 부재한 상황에서, 어떤 사람은 그람시의 방식으로 일하고 있었다고 얘기하면서도 아주 다양한 접근법을 사용할 수 있다.

그람시에 관한 한, 나는 그것이 분명한 목적과 정신을 가지고 일하는 쪽일 것이라고 믿는다. 그 목적이란 지배 계급의 헤게모니와 싸워서 그것을 프롤레타리아 헤게모니로 대체하기 위하여 사람들에게 비판의식을 개발시키는 것이다. 이런 점에서 성인교육 작업을 위한 주된 곳은 바로 혁명인민당— '근대 군주(modern prince)' (Gramsci, 1957)—이다. 그 정신은 성인교육의 실제에 대해 알려 주는 비타협적인 정치 의제를 설정하게 한다. 그람시를 따르는 성인교육자는 적이 누구인지에 대한 분명한 의식을 가지고 있으며, 학습자가 계획대로 실현하도록 일하는 비지시적인 촉진자가 아니라 지시적인 설득자이며 조직자라는 자기 의식을 가지고 있다.

나에게 이러한 정신을 가지고 일하는 것 같아 보이는 현대 성인교육자는 호주의 마이클 뉴민(Michael Newman)이다. 뉴먼은 성인교육자들을 단호한 태도를 취하지 않을 수 없으며 충성을 맹세할 수밖에 없는 운동기로 자리 잡게 한다. 뉴먼은 혁명노동사낭의 맥락에서 성인학습의 논의에 대한 그의 의향을 분명히 선언하고 있다. 계급 분석에 대해 알고 있는 그는 성인교육자의 역할을 특정 그룹의 편을 들고 그 그룹의 대의를 발전시키기 위해서만 일하는 지시적인 촉매자로 이해한다. 내게는 불평등한 투쟁에서 가장 힘이 없는 자들의 편을 들고 자신의 노력을 그들에게 연합시켜 줘야 하는 이런 분명한 헌신이 그람시가 성인교육자를 촉매자, 설득자, 조직자로 본 개념을 구체화시켜 주는 것 같다.

뉴먼의 이러한 입장에 대한 자세한 기술은 두 권의 수상 저서인 『적군은 누구인가(Defining the Enemy)』(1994), 『맬러의 시선(Maeler's Regard)』(1999)에 가장 잘 제시되어 있다. "분노감에 의해"(1999, p. 175) 쓰인 두 책 모두 성인교육을 소위 자유주의적 인도주의자 헤게모니로 부르는 것을 강하게 비난하였다. 이 헤게모니는 사람들이 자신들의 가정(억측)을 인식하기 위해 자신의 경험을 분석하도록 돕는 데 집중하고 있는데, 그의 견해에 의하면 "조직화된 행동을 자발적으로 억누르는 단계로 필연적으로 귀결된다."(1994, p. 108) 뉴먼에게는 자기 이해에 초점을 두는 것이 자기 몰두로 이어질 수 있다. 그 결과, 억압받는 집단의 구성원들은 적을 규정하는 진짜 문제에서 피해자가 되고, 자신의 관심을 자신들의 경험에 대한 선입견을 이해하는 데로 돌리게 된다. 뉴먼은 자유주의적 인도주의 헤게모니를 진정한 정치 · 경제적 민주주의를 이루어 내기 위한 운동가적 헤게모니로 대체하는 것이 중요하다고 분명하게 믿고 있다. 그는 다음과 같이 자신의 개념을 기술하고 있다. "학습자들이 자신을 바라보도록 돕기보다는 오히려 배려가 없는 사람들, 억지 주장을 하는 사람들, 자신의 권한을 남용하는 사람들 등과 같은…… 폭력배와 고집불통을 보도록 도와줘야 한다. 그렇게 해서 우리는 사람들이 밖을 볼 수 있도록 격려해서 좀 더 활동적이고, 나아가 활동가가 되도록 격려할 수 있다. 우리는 그들이 자신들의 분노에 대해 그 원인에 초점을 둘 수 있도록 도울 수 있다. 그리고 우리는 우리와 함께 일하는 사람들이 행동을 생각하고 계획하고 결정하도록 독려할 수 있다."(1994, p. 144)

뉴먼은 성인교육에 대한 자신의 개념화에 대해 익숙한 어휘—성인이 비판적으로 사고할 수 있도록 해 주는 것—로 근거를 제시한다. 하지만 비판적 사고에 대한 그의 정의는 많은 성인교육자에게는 생소하다. 그에게 그것은 억압, 지배 계급의 헤게모니 그리고 자본주의를 드러내고 무너뜨리는 것과 분명하게 연관되어 있다. 그는 "비판적(critical)이라는 단어에 '비난하다'라는 개념을 회복시켜서 비판적인 사고가 사기꾼적이거나 위험하거나 착취적이거나 괴물 같거나 연약한 자들을, 그럼으로써 우리 그리고/또는 다른 사람들에게 해를 초래하는 사람들을 찾아내고 드러내도록 해야 한다."(1994, pp. 53-54)고 보았다. 세 명의 남아공 사람들〔과거 정치범이자 지금은 대통령이 된 넬슨 만델라(Nelson Mandela), 암살된 철학자 릭 터너(Rick Turner), 그리고 시인인 알프레드 템바 콰불라(Alfred Temba Qabula)〕를 인용하면서, 뉴먼은 비판적인 사고가 명확한 시각으로 분명하게 판단하고 나아가 비난의 손가락질을 해댈 수 있는 행위를 포함한다고 주장한다. 투쟁에서 아군을 선택하고 그 선택의 의미를 지켜 나가고자 하는 헌신은 비난을 하는 행위와 함께 한다.

뉴먼에 따르면 성인교육자는 어떤 학습이든 객관적으로 초연한 이타적인 충복이라는 개념을 스스로를 위해 규정할 필요가 없다고 본다. 오히려 "사회정의를 위한 성인교육은 대립이 있고, 그러한 교육활동 안에서 배움은 이해 갈등을 분석하고 그 갈등의 반대 세력을 정의함으로써 잘 구축될 것이다. 변혁을 위한 배움은 적을 정의함으로써 시작되고 이루어진다."(1999, p. 178) 성인교육자들의 주요 과제는 학습자들이 부정을 저지르는 구체적인 개인, 단체, 조직을 구분해 내어 그들의 이름, 주소, 근거지를 알아내도록 돕는 것이다. 성인교육자는 학습자가 억압과 헤게모니와 같은 추상적인 것들에 포착된 적들이 주범인지 종범인지, 장군인지 보병인지를 조사함으로써 실체를 부여하도록 도와줄 수 있다. 또한 그들이 권력을 휘두르는 방식을 정확하게 조사할 수도 있다. 유기적인 지식인의 방식에서, 뉴먼의 성인교육자들은 이러한 상황에서 범죄를 저지르는 적을 지명하고 대적하여 저무술 목적하에 공동으로 억압받고 있는 자들과 연대하는 감독자, 조직자, 영구적인 설득자들이다.

뉴먼의 분석에 기초하여, 그라나다 태생의 성인교육자 이안 밥티스트(Ian Baptiste, 2000)는 성인교육자들이 학습자에게 '진정한 적들'—반대편의 목표가 자신들의 것과 상치되기 때문에 원칙적으로 자신들의 반대편의 목표를 무력화시키고자 하는 사람들" (p. 29)—을 분별할 수 있도록 돕는 윤리적인 토대를 가진 강압적인 교육학을 옹호한다고 주장한다. 밥티스트에게서 성인교육자들은 종종 설득자와 조직자로 기능하나 이를 인정하려고 하지 않는다. 그들은 이미 정당화된 강압의 유형을 사용하지만 그러한 현실을 인정하는 것을 불편해한다. 밥티스트의 견해에 따르면 성인교육자들이 그들의 일은 편들기가 아니고 학습자들에게 의제를 강요하는 것이 아니라고 주장하는 것은 순진하고도 경험상으로도 부정확한 것이다. 좋든 싫든(그리고 우리 중 대부분은 이를 인정하고 싶어 하지 않는다고 밥티스트는 믿고 있다), 성인교육자들은 중립이나 불간섭을 공언했음에도 불구하고 그들의 행위에서 지시적이 될 수밖에 없다.

밥티스트의 글 중에서 가장 논쟁적인 측면 중의 하나는 강압적 도덕성에 대한 그의 주장이다. 자신의 주장을 뒷받침하기 위해 조지 카운츠(George S. Counts)를 인용하면서, 밥티스트는 성인교육자가 자신들의 기호와 의제를 학습자에게 부과하지 않을 수 없으며, 어떤 경우에는 그들이 그렇게 하는 것이 중요하다고 믿고 있다. 그는 가끔 합법적인 의제를 조장하거나 비합법적인 것을 금지하기 위해 성인교육자들이 강압을 동원해야 한다고 주장한다. 또 다른 경우, 성인교육자는 자신의 권위에 대한 도전을 차단하기 위해 강압적인 방법을 사용하지만 그것들이 곧잘 모호한 공격과 비지시적인 진행이어서 잘 드러나지 않는다. 우리 모두는 우리 또는 동료들이 '무엇을 해도 괜찮다(anything goes)'고 말하면서도 그 '무엇이든'이란 우리 자신의 기호(선호)가 반영되어야 함을 (종종 미묘하며 비언어적인 힌트로) 아주 분명하게 밝히고 있음을 알고 있다.

밥티스트의 견해로, 신중한 강압의 교육학은 그것이 폭력과 부정을 막고 제어할 수 있는 충분한 힘을 사용한다면 정당화될 수 있다. "목표는 꼭 범법자들을 모두 없애 버리는 것이 아니라 약탈을 계속하지 못하도록 하는 것이다." (2000, p. 43) 이를 뒷받침하기 위해 그는 자신이 시카고 남부에서 여러 지역사회 단체들과 일하면서 그들이 오염과 이주로 황폐화된 지역을 되살리도록 지원했던 상황을 묘사한다. 그는 중립적이고 독립된 촉진자로서 그 단체들 중 어느 곳과도 연대하지 않기로 했다. 자신의 자유주의적이고 인도주의적인 감성을 언급하면서, 그는 중립적이려고 애쓰면서 어떻게 "내가 공무원들(그리고 지역사회에서 그들의 하수인들)의 술수에 넘어가게 되었는지, 그리고 그들이 나를 마구 가지고 놀면서 사람들 앞에서는 유화적인 척하면서 사적인 자리에서는 술책을 부렸는지"(p. 47)에 대해서 설명하였다.

밥티스트는 지나고 나서 보니까, 성인교육자들은 힘의 불균형이 명백할 때 비타협적으로 억압받고 있는 것으로 보이는 자들의 편을 들어야 한다는 것을 경험을 통해 배웠다고 말한다. 이러한 행위의 어쩔 수 없는 결과는 그들이 "일정 형태의 조작(필요하다면 얼버무리기, 자세 꾸미기, 은폐, 조작, 잘못된 정보, 심지어는 철저한 속임수 등)에 관여해야 할 필요가 있다는 것이다."(2000, pp. 47-48) 일부 성인교육자들은 조작이 정당화될 수 있다면 중요한 학습과제는 자신의 조작 능력을 향상시키는 방법을 조사하고 실습하는 것으로 보고 있다고 지적한다. 윤리적으로 정당화된 조작을 연구하면서, 성인교육자들은 "우리의 강압적 억제 사용을 합법화하고 지도할 수 있는 이론을 구축할 수 있다."(p. 49)

우리는 이러한 설명에서 두 명의 현대 성인교육자가 그람시의 유기적 지식인의 지시적인 정신 속에서 어떻게 일하는지를 자세히 볼 수 있다. 비록 자신의 조직과 운동가적인 활동을 묘사하면서 성인교육의 용어를 사용하지 않았지만, 나는 안젤라 데이비스(Angela Davis)가 세 번째라고 믿는다. 뉴먼, 데이비스, 밥티스트가 성인교육자들의 분명한 지시적 역할과 그들이 이루려는 정치적인 목표에 대하여 분명히 확신을 줄 수 있어야 함을 강조할 때, 우리는 성인교육자들을 구축자, 조직자, 영구적인 설득자로 본 그람시의 사상을 뚜렷하게 인식할 수 있다. "성인교육에서 일종의 성스러운 문서"(Newman, 1994, p. 94)인 학습자의 경험을 분석하려는 대신, 성인교육은 적을 분석하는 것에서부터 새시작해야 한다. 이것은 분노로부터 나오는 분석이며, 사람들이 혹독하게 취급되고 있는 것에 대한 성인교육자의 의식으로부터, 그리고 이를 막기 위해 정치적으로 그들을 조직할 필요성으로부터 나오는 분석이다. 그람시의 분석에서 나오는 성인교육 작업은 열정으로 고취될 것이고, 성인교육자들은 성인학습자의 기초적인 열정을 느끼고 이해하고 설명하고 정당화하는 것을 자기 일의 일부로 할 수 있어야 한다. 성인교육의 전반적인 과제는 자신들이 억압되었다는 인식을 갖게 되고 그러한 상황에 투쟁하기 위해 연대하도록 성인들이 도움을 받는 일종의 진지전을 치르는 것이다.

제5장

권력 폭로하기

- 푸코는 비판이론가인가
- 인간관계에서 권력의 중요성
- 권력의 촘촘한 그물망
- 규율적 권력
- 감시와 판옵티콘
- 권력, 지식 및 진리
- 권력, 저항 및 성인교육 역할
- 푸코와 성인교육 실천

초보 성인교육자로서 나의 희망 중 하나는 가능한 한 개방되어 있고 민주적인 교실을 만드는 것이었다. 나에게 성인교육은 내가 일했던 전문기관보다 교사의 권위가 훨씬 덜 강조되는 분야로 느껴졌다. 성인들에게 교실은 진정으로 자유로운 공간이거나 적어도 교수자와 학습자가 서로 평등하게 힘을 나눌 수 있는 곳이라고 보였다. 첫 번째 수업에서 나는 토론 서클을 만들었고 학습자들에게 말을 하라고 강요하지 않았다. 얼마나 안심할 일인가! 마침내 나는 힘을 행사하는 책임에서 벗어날 수 있는 상황을 찾았다. 나는 내 소박함의 정도가 이렇게 작다는 것을 몰랐다.

나는 수년간 권위에서 벗어났다는 착각을 하였다. 토론 서클에 대한 나의 본능적 선택이 그 분야의 기질과 아주 잘 맞았다는 것은 행운이었다. 결국 민주적인 토론은 성인교육에서 아주 많이 애용하는 진보적인 인본주의적 접근을 의미하는 실천의 판테온 안에서 중심을 차지한다. 이러한 접근은 대개 교육학적 이유와 정치적 이유로 칭송되고 있다.

교육학적으로 토론은 참여학습에서 학습자를 몰입하게 하고 주제를 더 깊이 이해하도록 돕는다. 정치적으로는 민주적 과정과 비슷한 동류어로, 모든 목소리가 동일한 정도로 소리를 내고 동일하게 존중되는 장소를 제공하기도 한다. 메지로우(Mezirow, 1991a)와 콜린스(Collins, 1991)에 따르면 바람직한 성인교육 실천의 개념은 하버마스의 이상적인 담론—많은 사람이 정중하고 민주적이고 개방적인 토론으로 받아들이는—을 연상시킨다.

나는 이러한 이상을 현실과 혼동하는 실수를 범했다. 물론 교실이 민주적으로 보인다고 해서 학습자들이 권위로부터 자유롭다고 느끼지는 않았다. 토론학습에 관한 자전적 경험을 미리 반추할 경험이 있었다면, 나는 내 가정을 검토할 기회가 되었을 것이다. 학창 시절, 토론 그룹에 있었던 나의 동료 학생들은 토론학습의 이상을 가능한 한 거부하려 했다. 학습자로서 나는 토론에 참여하는 것이 자유롭고 민주적인 경험이 아니라는 것을 알게 되었다. 오히려 토론시간은 가장 큰 목소리를 내는 학생들만이 살아남을 수 있는 괴로운 경쟁의 시간이었다. 잘해야 한다는 걱정에 진이 빠지곤 했다. 토론에 멋지게 참여하고 싶었지만 어떻게 하는 것이 잘하는 것인지 확신이 없었다. 결국 토론시간은 일종의 지적 경쟁의 장으로 여겨졌고, 가장 자주 발언하는 학생이나 통찰력 있는 의견을 조리 있게 전달하는 학생들이 승자가 되었다. 여기서 나는 학자들이 모인 칵테일 파티에서 다른 사람에게 사회적 지위를 과시하고 인정받기 위해 유명인의 이름을 계속 언급하는 손님처럼 행동했다. 최대한 지적으로, 그것도 자주 의견을 표해야 한다는 의무감에 얽매인 것이다. 나의 지성을 과시하여 선생님으로부터 인정받고 싶었다. 그러나 토론 과정에서 토론 그룹과 함께 지식을 만들어 나간다는 생각은 한 번도 해 보지 못했다. 나에게 토론시간은 전혀 자유롭지 않았으며 선생님이 학생들의 수업 과정에 대한 이해도를 확인하기 위한 도구에 불과하다고 생각했다.

학부 시절에 미셸 푸코(Michel Foucault)의 연구를 미리 접할 수 있었더라면, 나는 토론시간에 급우들과 교수의 감시하에 있다고 느끼거나 모호하게 정의된 모범적 토론 참여를 실현하고자 했던 나 자신을 더 잘 이해할 수 있었을 것이다. 또한 내가 속했던 토론 그룹이 '진리의 체제(regime of truth)'에 의해 진행되었다는 사실도 알 수 있었을 것이다. '진리의 체제'는 "사회가 수용하고 진실로 여기는 담론"(Foucault, 1980, p. 131)으로 정의되며, 자유로운 환경에서 교수자를 지원하는 수단이 된다. 당시 나는 내가 부족하고 자신감이 없었기에 토론시간이 힘들었다고 자책했고, 내가 생각한 것보다 토론이 민주적이지 않고 자유롭지도 않다는 의심을 모두 부인하였다. 나중에 내가 교수가 되었을 때는 예전의 토론 참여 경험이 전혀 의미가 없었다. 내가 토론을 통한 교육 방법을 선택한 이유는 토론이 원천적으로 민주적일 뿐 아니라 토론수업 안에서 교사는 학생들의 목소리를 듣고 민주적인 교실을 제공하면서도 자연스럽게 자신의 힘을 행사할 수 있기 때문이었다.

권력은 선이나 악을 위해서 절대적인 힘을 행사할 수 있을 뿐 아니라 토론 서클이나 성인의 의견과 경험을 담고 있는 학습저널(learning journal) 등에서 해방을 촉진하는 도구가 될 수 있다는 점을 인정하는 측면에서, 나는 다른 성인교육자 동료들과 맥을 같이하고 있다고 말하고 싶다. 그들과 마찬가지로 나는 권력의 행사를 억압성과 해방성의 양면을 가진 야누스적 현상으로 생각하였다. 억압적 힘은 대상을 굴복시키는 강제적 · 위압적 성격을 지닌 반면, 해방적 힘은 사람들에게 활기를 부여하여 자신의 삶을 더욱 주도적으로 살 수 있게 한다. 그러므로 성인교육에서는 해방적 힘을 발산하도록 하는 것이 최고의 핵심 과제로 여겨진다.

그러나 비판이론의 전통에서는 권력, 곧 힘의 억압성이 더욱 두드러진다. 국가권력이 주로 이데올로기 조작을 위한 기관(성인교육기관 포함)을 통해 국민을 지배적 질서에 복종시키는 데 중점을 두는 것이 그 예다. 바로 알튀세가 제기한 '이데올로기적 국가기구(ISA)'의 기능이다. 이데올로기적 국가기구가 지배적 문화를 재생산하지 못하거나 헤게모니를 지속시키는 데 사회적 합의를 도출할 수 없다면 억압적인 국가기구(군, 경찰, 주 방위군 등)가 등장해 반란을 진압한다. 물론 비판이론에는 노동자의 단결, 혁명적 사회운동, 반헤게모니 운동을 분석하는 등의 해방적 힘도 포함된다. 그러나 그런 해방적 권력은 쉽게 드러나지 않는다. 비판이론은 억압적 국가 권력의 해악을 숨기는 일종의 보호막을 형성하며, 이로 인해 해방을 원하는 가련한 외침을 묵살하는 경우도 있다.

그러나 성인교육에서는 해방적 힘이 더욱 강하게 보이는 반대 현상이 나타난다. 성인교육자들은 성인학습자가 스스로의 목소리를 찾고 삶을 주도하기 위한 자신감을 형성하는 과정이 바로 권한 부여 과정이라고 강조한다. '학습자를 통제하는 힘(power over learners)'을 '그들과 함께하는 힘(power with them)'으로 전환시킬 수 있다는 가능성—메리 파커 폴렛(Mary Parker Follett)이 처음 고안한 표현이며 린드만(Lindeman)이 성인교육자들 사이에 널리 알림—은 오늘날까지 교육자의 상상을 자극하는 원동력이다(Kreisberg, 1992). 이처럼 성인학습자에게 권한을 부여하고자 하는 의지는 성인교육을 특별하고도 매력적인 연구 분야로 만든다. 미국성인계속교육협회(American Association for Adult and Continuing

Education), 영국국립성인평생교육연구소(National Institute of Adult Continuing Education), 호주성인교육협회(Australian Association for Adult Education) 등과 같은 성인교육 전문가 단체를 방문해 보면 모두가 성인교육은 학습자에게 권한을 부여하는 분야라고 주저 없이 자랑스럽게 말하는 것을 쉽게 접할 수 있다.

프랑스 사회이론가 푸코의 연구 핵심은 바로 이러한 권력에 대한 이분법적 접근방식을 비판하는 것이다. 그는 비판 전통에 내재되어 있는 비평과 불일치를 가장 도발적으로 드러낸 이론가 중 하나였다. 성인교육이 겉으로는 자유를 주는 것처럼 보이지만 실제로는 억압적인 측면을 내포하고 있다고 주장한 푸코의 분석은 진보적 성인교육자들이 납득하기 어려울 수 있다(물론 그것은 유용하기도 하다). 푸코는 권력이 존재하는 곳이라면 어디든 억압과 해방이 공존한다고 주장하였다. 그러므로 "도피의 수단인 종속 없이는 권력관계는 존재하지 않는다."(Foucault, 1982, p. 225) 그는 또한 권력을 단순히 선과 악으로 양분하는 것은 터무니없다고 지적하였다. 권력은 훨씬 더 복잡하며, 동일한 상황에서도 억압적이거나 해방적으로 행사될 수 있다. 나중에 이 장에서 언급하듯이, 푸코는 우리의 의지대로 권력을 조작할 수 있으며 원하는 대로 대상을 휘두를 수 있다는 확고한 믿음을 뿌리째 흔든다.

푸코(1984년 사망)는 정신이상, 성(sexuality), 처벌 등의 개념이 형성되는 담론을 역사적으로 분석하였다. 이러한 분석에서 권력에 대한 이해는 공통된 키워드였다. 푸코는 현대사회에서 주권적 권력(sovereign power: 군주나 대통령과 같은 명확한 권위적 주체가 위에서 아래로 행사하는 힘)이 규율적 권력(disciplinary power)으로 대체되었다고 주장하였다. 규율적 권력이란 일상생활에서 사람들 스스로가 자신에게 행사하는 자율적 권력을 뜻한다. 성인교육자들은 주권적 권력의 개념에 초점을 맞추는 경향이 있다. 이는 거만한 교육자, 무관심한 행정가, 회사나 정부가 자본주의의 필요에 따라 실시하는 의무교육에서 발견된다. 우리는 종종 주권적 권력을 적대시하지만, 적이 누구인지 알고 그에 대항할 수 있음을 자각할 때 분명 안도감을 느낀다. 성인교육자들은 규율적 권력과 감시의 권력이 결탁하는 상황을 이해하는 데 큰 어려움을 겪는다. 자신이 해방적 힘을 가능케 하는 선과 진실의 편에 분명 서 있다고 생각하는 성인교육자는 푸코의 연구를 읽으면서 혼란을 느끼게 된다. 푸코의 연구는 비판적 성인교육을 문제시하되 건설적으로 기존 견해를 반박한다. 그렇게 함으로써 성인교육자가 가르칠 때 권위주의적이거나 조작적인 측면이 전혀 없다고 생각하는 오만한 확신을 갖지 않도록 한다.

성인교육 토론 그룹의 예로 돌아가 보자. 푸코의 입장에서 토론 그룹은 여러 권력이 얽혀 있는 복잡한 집단이다. 그의 분석은 규율적 권력이 가해지는 과정이나 겉으로는 자유로운 분위기인데 참석자들이 일종의 감시를 느끼게 되는 과정에 대해 많은 시사점을 던진다. 발언을 하기 위해 손을 들거나 학생들이 서로 시선을 교환하는 행위(또는 발언자가 정해졌을 때 내용을 이해하기 위한 사제 간의 시선 교환), 통찰력 있는 발언을 인정하는 참여자와 토론 진행자의 고개 끄덕임, 선호하는 토론 좌석 배열(주로 원 형태의 배열), 주로 사용되는 언어 구사 및 용어 모두에서 핵심은 '제대로 된(correct)' 또는 '적절한(appropriate)' 토론 참여 기준을 함축적으로 보여 주는 것이다.

분명히 토론 형태의 수업에서는 교수자의 권력과 힘이 사라진 것이 아니며, 단지 자유로워 보이는 상황 안에서 눈에 덜 띄는 형태로 변형된 것뿐이다. 민주적인 토론수업을 가정할 때 자유로운 토론은 권위에 복종하고자 하는 참여자의 의지를 효율적으로 강화시킬 수 있다. 푸코의 관점에서 이는 당연한 현상이다. 그는 현대사회가 너무 복잡하기 때문에 사람들에게 권력관계를 인식시키기 위해서는 끊임없이 수많은 경찰과 정보 제공자가 필요하다고 하였다. 그러나 이는 현실적으로 불가능하기 때문에 자율 감시가 확연한 감시를 대체한다고 주장하였다. 즉, 토론이나 유사한 상황에서 자신의 생각과 행동을 스스로 감시하고 검열한다는 것이다.

성인교육이 학습자에게 권한을 부여한다고 생각하는 모든 사람(내 경험상 성인교육자 대부분이 그럴 것이다)은 반드시 푸코의 연구를 살펴보아야 한다. 혹자는 푸코의 문체가 어려워 쉽게 포기할 수도 있다. 그러나 푸코의 연구를 이해하고 실제로 적용하고자 하는 노력은 분명 값진 경험이다. 푸코 연구의 진가를 알지 못하는 성인교육자들은 성인교육 과정에서 나타나는 권력을 제대로 이해하지 못하고 무지에 머무르게 될 수 있다. 성인학습자들의 잠재력 실현을 돕기 위해서 우리의 일상생활에서 나타나는 권력, 특히 겉으로는 아무런 문제가 없어 보이는 권력을 인식하는 데 푸코의 연구는 필수적이다.

푸코는 비판이론가인가

이 제목을 질문 형태로 정한 것은 푸코가 종종 비판이론의 범주 밖에서 논의되고, 후기구조주의 또는 포스트모더니즘 이론가로 비춰질 때가 많기 때문이다. 그러나 푸코가 자신의 지적 형성 과정을 논할 때, "비판이론은 프랑스에서 거의 알려지지 않았으며 프랑크프루트 학파도 아직 생소하였다."(Foucault, 1988a, p. 26)라고 회상한 바 있다. 이는 푸코가 가장 중요한 연구를 진행할 때도 마찬가지였다. 동일한 인터뷰에서 푸코는 그의 분석이 비판이론의 분석과 매우 유사하며, "만약 프랑크프루트 학파를 미리 잘 알았더라면 이미 내뱉어 버린 어리석은 말을 하지 않을 수도 있었고 이 학파가 미리 닦아 놓은 길을 둔 채 내 보잘것없는 학문의 길로 이렇게 돌아갈 필요도 없었을 것이다."(p. 26)라고 말했다. 내 견해로는 푸코가 1장에서 제시한 비판이론가의 요건 중 두 가지를 충족시키지 못하는 것 같다. 첫째, 푸코는 기존의 권력관계(지배적 담론, 진리의 체제 등)가 어떻게 재현되는지에 초점을 맞추고 마르크스를 인용한다. 마르크스를 계속해서 선년에 내세우지는 않지만, 푸코의 연구에는 마르크시즘적 개념의 주권저 권력이 계속 등장한다. 둘째, 푸코는 스스로가 고안한 이론적 힘의 형성에 자기비판적인 태도를 고수한다. 이 두 가지를 각각 살펴보도록 하자.

푸코의 연구에서 마르크시즘이 인용이 드물다는 점을 감안할 때, 푸코가 마르크시즘과 무관하다고 섣사리 결정을 내릴 수도 있다. 분명 푸코는 소련을 비롯한 일부 지역의 마르크시즘 맹신을 비난하였다. 지성의 역사(intellectual history)에 관한 인터뷰에서, 그는 "너무 오랫동안 마르크시즘을 억지로 끼워 맞추고 과시해 온 정당의 독단론으로부터 마르크시즘을 해방"(Foucualt, 1988a, p. 45)하라고 언급한 바 있다. 더군다나 푸코는 좌파 세력이 "마르크스주의를 인용해 주기를 간절히 원한다는 사실을 알고 그것을 일부러 피하려고 했다."(p. 46)고도 말했다. 푸코는 또한 『권력과 지식(Power/Knowledge)』(1980)에서 자신의 의도를 감추고 마르크시즘적 분석을 이용하여 독자들의 고개를 갸우뚱거리게 만드는 것을 즐긴다고 밝혔다. 그에 따르면, "나는 마르크스를 인용한다고 밝히지 않으면서 그를 인용했다."(p. 52) 이 인터뷰에서 마르크스의 연구가 자신의 권력에 대한 분석에 어떻게 토대를 제공하였는지 꽤 명쾌히 밝힌 셈이다. "현재로서는 마르크스의 생각과 직·간접적으로 연결된 다양한 개념이나 그가 정의하고 설명한 생각의 범주를 배제하고 역사를 논할 수 없다."(p. 53)

주권적 권력에서 규율적 권력으로의 전환을 자본주의 부상의 결과라고 보는 푸코의 주장에서 마르크스의 영향을 엿볼 수 있다. 푸코에 따르면, "자본주의 경제의 성장으로 인해 규율적 권력의 구체적 형태가 생겨났다."(1977a, p. 221) 규율적 권력은 "자본주의적 착취를 지속하기 위해 행사되었다."(1977b, p. 216) "자본주의가 원료나 생산수단 형태의 실체 일부를 대중에게 맡기게 되면 이 부를 지키는 것이 절대적으로 중요해진다." 부를 수호하고자 하는 노력은 "19세기에 사람들에게 수많은 도덕적 의무를 부여하고 노동자들을 기독교 신자로 만들려던 대대적인 캠페인도 포함된다." 특히 "대중을 도덕적 주체로 만들고 범죄로부터 멀어지게 하는 것은 절대적 과제가 되었다." 가령, 공장에서는 태만을 반사회적, 사회 분열적 행동으로 규정함으로써 생산에 대한 위협적 요소가 될 싹을 제거하였다. 이는 준법정신이 투철한 대다수 빈민으로부터 "악의로 가득 찬 심각한 사회 위협자"(1980, p. 41)를 구분하는 것이었다.

여기서 푸코는 분명 자신의 분석을 마르크시즘과 연관 짓고 있다. 그러나 푸코는 마르크시즘적 경제 운명론과 물질적 사회 기반 및 이데올로기적 상부구조 간의 구분을 지나치게 간소화하는 마르크스적 개념을 하나로 보는 데 비판적이었다. 그는 "권력은 일차적으로 생산관계와 계층 지배를 동시에 유지하기 위한 역할을 한다."(1980, p. 89)고 주장하는 이데올로기적 조작과 경제적 기능성 모델에 회의적이었다. 푸코는 "권력에 대한 비경제적인 분석이 필요하다."(p. 89)고 주장하였다. 그에게 권력이란 항상 경제에 종속된 개념이 아니었다. 소득이 적거나 소비재를 많이 보유하지 않는다 해서 항상 권력이 없는 것은 아니다. 또한 푸코에게 권력이란 일종의 재화로서 소유할 수 있는 것도 아니다.

분석의 시발점은 "권력은 주어지거나 교환되거나 회복되는 것이 아니라 행사되는 것이며 행동으로서만 나타난다."(p. 89)는 인식이다. 하버마스에 따르면 푸코의 분석은 "호르크하이머와 아도르노의 도구적 이성(instrumental reason)에 대한 비판을 급진화시켜 영구적인 권력의 반환(eternal return)이라는 이론을 정립한다."(Habermas, 1989a, p. 52) 코넬 웨스트(Cornel West)도 푸코의 지성의 역사를 상기시킨다. "푸코가 초년에 공산당원이었던 것은 사실이나, 프랑스 좌파에 대한 푸코의 반박과 마르크시즘이 레프트 뱅크〔Left Bank, 파리를 동서로 가르며 남북으로 흐르는 센 강의 좌안(左岸)을 레프트 뱅크라고 부른다. 프랑스어로는 리브 고슈(Rive Gauche)다. 레프트 뱅크는 1930년대를 기점으로 20세기 초 문학, 예술, 철학 등을 논하는 지성인들의 집결지로 불린다.–역자 주〕에 끼친 영향력을 분석하려 했던 그의 의지, 새로운 좌파 공간을 만들고자 했던 노력 등을 생각하지 않고는 푸코를 이해할 수 없다."(West, 1993a, p. 95)

푸코는 마르크스를 비판적으로 다시 생각하는 과정에 있어 1장에서 논한 자기비판적인 입장을 취한다. 어떤 이론을 비판적으로 구분하기 위해서는 자기비판적인 태도가 필요하다. 푸코는 어떤 생각을 비판 없이 숭배하는 것을 비난하였고, "생각을 가장 높이 떠받들 수 있는 방법은…… 바로 그것을 사용하고 변형시키고 여러 각도에서 공격하는 것이다."(1980, p. 54)라고 하였다. 푸코는 자신의 책과 인터뷰에서 자기 연구의 가설적이고 임시적인 특성과 그 연구가 어떻게 세계에 반향을 일으키고 논의를 개진시키며 반박을 야기하는지에 관해 끊임없이 언급한다. 푸코는 자신의 저작이 "증거가 아니라 탐색하기 전에 맛보기, 개괄적으로 보기, 독자의 반응 보기, 무엇이 비판의 대상이 될지, 무엇이 오해를 받을지, 무엇이 원망을 살지 등에 있어 일종의 서론 역할을 한다."(1980, p. 193)고 주장하였다.

그는 또한 자신의 과거 연구를 언제든지 뒤엎을 준비가 되어 있었다. 두 명의 지리학자와 인터뷰했을 때, 푸코는 그들이 그에게 출처를 밝히지 않고 공간적인 비유나 지리적 개념을 사용한 점을 비난하자 겸허히 받아들였다. 그러고는 "인터뷰 초반에 내 생각을 바꿨기 때문에 여러분과의 이야기가 즐거웠다."(1980, p. 77)고 말했다. 하버마스(1987b)는 푸코가 자신의 개념적인 기반을 무시한 채 잘못된 일반화를 시도했다고 비판하였지만, 푸코가 끊임없이 실생활에서 권력의 시현과 특징을 분석한 점과 자신의 생각에서 모순을 찾고자 노력한 점에는 경의를 표했다. 그는 푸코에 대해 다음과 같이 썼다. "나는 푸코가 끊임없이 생산적인 모순을 파헤친 점을 높이 평가한다. 고도의 사고를 통해서만이 유용한 모순을 발견할 수 있다."(1989a, p. 178)

인간관계에서 권력의 중요성

푸코는 권력을 지배자와 피지배자 간의 일방향적인 관계로 보지 않았고, 권력자가 독점할 수 있는 소유의 대상으로 보지도 않았다. 그는 권력을 한 사회 안에서 도처에 존재하며 복잡하면서도 정교하게 작동하는 인간 지배의 기술과 전략으로 인식했다. 푸코에게 권력은 비판이론에서 보통 '대중(the masses)'이라 불리는 자들이 지속적으로 행사하는 것이다. 이는 권력을 엘리트 지배층이 주로 행사하며 분명한 중앙적 통제의 한 방법으로 보는 이론과 현저히 대비된다. 푸코는 "권력은 개인의 모든 생각과 신체에 깊숙이 침투하여 행동, 태도, 말, 학습 과정, 일상생활 모두에 반영된다."(1980, p. 39)고 보았다. 결과적으로 푸코의 권력에 대한 연구는 일상생활의 의식과 교류에서 권력이 어떻게 나타나는지에 초점을 맞추고 있다. 그는 "권력의 행사가 실질적인 영향을 미칠 정도로 극대화되는 경우"(p. 197)에 대해 연구한다. 성인교육에서 극대화된 권력의 행사는 이 분야에서만 볼 수 있다고 알려진 구체적인 학습 관행(토론 서클, 학습일지, 자기주도학습 목표 등)에서 나타난다.

푸코의 관점에서는 성인교육의 재정적 지원이 어떻게 조달되는지 조사하는 것보다 특정 환경에서 특정 학습집단의 권력의 미세한 역학(몸동작, 자세, 좌석 배치, 얼굴 경련, 학습자와 교수자가 자주 쓰는 말과 표현)을 살펴봄으로써 성인교육 안에서 행사되는 권력에 대해 더 잘 알 수 있다. 기업 연수와 인적 자원 개발이 늘어나는 것은 이 분야에서 매우 중요한 경향일 수도 있고, 성인교육 관련 법안 통과는 중요한 정치적인 사건으로 볼 수도 있다. 그러나 푸코는 여기서 권력이 일차적으로 행사되는 것은 아니라는 주장을 견지하였다. 그는 권력을 이해할 수 있는 유일한 방법은 '무엇이 지속적인 복종을 강요하는지, 또 무엇이 우리의 신체를 지배하고 우리의 몸짓, 행동을 결정하고 지배하는지'를 조사하는 것이라고 보았다.

그래서 푸코는 가장 기본에서부터 연구를 시작하였다. 바로 '일반인(ordinary)'의 일상적 생각과 행동에 초점을 맞춘 것이다. 이렇게 일상생활의 관습과 행동에 중점을 두는 자신의 연구방식을 그는 아래서부터 위로의 권력분석이라고 칭하였다. 그는 "고유의 역사, 궤도(trajectory), 기술(techniques), 전략(tactic)을 갖춘 가장 작은 조직"이 "더욱 일반적인 체제를 갖추고 글로벌한 지배 형태"(Foucault, 1980, p. 99)로 발전해가는지를 연구하였다. 아래서부터 위로의 분석은 중앙 통제서 기관(예: 성인교육 프로그램을 인가하는 기관)이 행사하는 위에서부터 아래로의 권력분석과 대조적이다. 수직적인 권력 분석은 특정 행동양식을 유도해 내어 특정 기관이 행사하는 권력을 알아보는 데 중점을 둔다. 푸코는 위에서부터 아래로의 권력 분석이 지나치게 결정론적이며 지배집단의 능력에 과도한 의미를 부여함으로써 사람들로 하여금 순응을 유도한다고 주장하였다.

푸코는 권력관계란 무한한 다양성을 지니고 있으며 환경의 영향을 받는다고 보았다. 권력관계는 예상치 않은 방식으로 특정 시간 및 장소로부터 기인한다. 사실

지배층은 처음부터 자신의 권력을 강화하기 위해 통제수단을 만든 것이 아니다. 오히려 집단 구성원이 지배집단의 특권을 유지하는 "경제적 · 정치적으로 유용한"(Foucault, 1980, p. 101) 구체적인 관행을 알아차리게 되는 것이다. 지배집단이 유용한 특정 관행을 인식할 경우, 이는 "자연스럽게 권력 유지 수단이 되며, 한 국가 체제 안에 자리를 잡고, 글로벌 메커니즘이 되어 생명력을 이어 간다."(p. 101) 그러므로 푸코는 사회적 장치가 의도적으로 고안된 것이라기보다는 우연히 생긴 것이라고 주장하였다. 체제를 현 상태로 유지하고자 하는 이들은 체제 유지에 기여할 수 있는 특정 권력관계와 관행이 나타날 때까지 기다린다. 지배집단은 이렇게 우연히 발생한 배합(configuration)을 포착하여 애초 의도와는 종종 배치되는 목적을 실행하기 위해 시스템에 흡수시킨다.

성인교육에서 이를 잘 드러낸 예는 어셔와 에드워즈(Usher & Edwards, 1994)가 포스트모더니즘 교육의 분석에서 논한 바와 같이 성인의 이전 경험적 학습을 인정하는 것이다. 원래 이전학습(prior learning) 경험의 타당성을 인정하는 행위는 반체제적이고 실험적인 시도로 여겨졌다. 이는 고등교육과정에 내재된 메마르고 경직된 형식적 학습에 도전하는 매우 혁신적인 방법이었다. 성인교육에서 이전학습의 중요성을 인정해야 한다고 주장한 자들은 대학이 성인학습자들이 이전에 습득한 지식이나 경험을 무시해서는 안 된다고 주장하였다. 그래서 특정 분야에 풍부한 경험을 지닌 성인학습자가 매우 기초적인 강의를 수강해야 하는 교육과정 관행은 성인학습자에 대한 모욕이라고 여겼다. 일부 성인교육자들은 이런 관행에 반발하며 일상생활에서 얻은 지식이 교육기관에서 체계화되고 전달되는 지식만큼 중요하다고 주장하였다. 같은 맥락에서 그들은 성인학습자들이 기존의 경험과 지식을 대학 학점으로 인정받을 수 있는 포트폴리오 평가 체제의 도입을 지지하였다.

성인의 경험적 학습에 대한 주장이 제기되었던 초기에는 그것을 마치 변두리 기관에서 일하는 소수 진보주의자들의 일관성 없는 주장으로 받아들이기 일쑤였다. 푸코에 따르면 성인의 이전학습은 예속적 지식을 의미하며, "업무 수행에 도움이 되지 않을 뿐더러 제대로 구체화되지 않았으며, 지식의 위계 질서상 가장 하단에 위치하고, 적정 수준의 인지나 과학성을 얻지 못한 어리석은 지식의 총 집합체" (1980, p. 82)에 속한다. 그러나 지배집단은 점점 이전학습을 인정하는 것이 지배 체제의 유지에 기여할 수 있다는 확신을 갖게 되었다.

푸코의 분석에 따르면 이는 충분히 예측 가능한 변화다. 예속적인 지식은 "사회에서 인정받고 통용되자마자 체계화되고 식민화되는 상황에 처한다." (1980, p. 86) 논란의 여지는 있으나, 이는 바로 형식적 교육기관 내에서 시행된 일부 이전학습 구상들이 봉착한 운명이기도 하다. 초기에는 이전학습을 인정하는 시스템은 대립적 관행(oppositional practice)으로서 번창한다. 그러나 시간이 지나면서 대학들은 그것을 흡수하여 기존 체제에 병합시킨다(p. 86). 어셔와 에드워즈(1994)는 "경험적 학습은 정부가 특정 형태의 경험(특히 정보기술직과 관련된 경험)만을 인정하는 평가와 학점인증제도를 고안하기 위해 실제로 전문적인 교사들을 배제하면서 급속하게 권력적이고 억압적인 담론의 중심이 되어 가고 있다." (p. 206)고 주장하였다. 그들의 관점에서 "특정 경험을 제도화하는 것은 풍부한 경험을 배제하는 것이면서 동시에 경험을 단지 자격 충족을 위한 학점으로, 다시 말해 교환될 수 있는 상품으로 전환하는 것이다." (p. 204)

권력의 촘촘한 그물망

이제 가장 규모가 작고 영향력이 세세한 인간의 상호작용에 나타나는 권력에 대해 논의해 보자. 앞서 살펴듯이, 푸코는 권력이 시민의 일상생활과 성인교육자 및 학습자 관계에 깊숙이 내재되어 있다고 주장하였다. 그는 "권력의 미세한 체제, 즉 권력의 행사는 위로부터라기보다는 내부에서 행사되는 것이다." (1980, p. 39) 라고 가정하였다. 권력은 특정 주체에 고정되어 있기보다 정치단체와 성인교육이 이루어지는 교실 내에서 자유자재로 움직인다. 그러므로 "권력은 연쇄작용이라기보다는 돌고 도는 현상으로서 분석되어야 한다."(p. 98) 권력은 항상 행사되고 있으며, 재생하고 변화하고 그것을 행사하는 모든 개인에 의해 영향을 받는다. 푸코는 "권력은 망과 같은 조직 내에서 행사된다. 개인은 그 망 내에서 순환하면서 동시에 권력을 행사하고 권력의 영향을 받는 위치에 있다. ……개인은 권력의 전달수단이다."(p. 98)라고 언급하였다.

권력이 어디에나 존재하며 각계각층의 개인이 권력을 행사한다는 이 견해는 비판이론에서 자주 등장하는 담론, 즉 권력이 이데올로기적 조작을 위해 억압적으로 작용된다는 견해에 정면으로 맞선다. 전통 비판이론에 비춰 볼 때, 권력을 가진 주체(지배계층, 엘리트 권력 등)는 하위 계층을 계속 종속시키고자 그것을 사용한다. 그러나 "권력은 소유하는 것이 아니라 행사하는 것"(Foucault, 1977a, p. 26)이라고 한다면 어떻게 한 집단이 다른 집단을 지배하는지 설명하는 데 어려움을 겪게 된다. 엘리트 계층이 대중을 조종하고 지배하는 사회적 장치임을 규명하는 대신, 개인 특유의 구체적 일상 행동이 어떻게 위로부터의 권력 없이도 체제를 유지할 수 있는지 설명해야 한다. 권력이 일종의 상품처럼 소유할 수 있는 것이라는 개념을 주장하는 것은 사회활동 또는 성인교육 관행이 억압과 자유라는 이분법적 개념으로 구성되어 있다는 견해를 반박하게 된다.

푸코는 사회 전반, 특히 성인교육 실제에서 권력이 미치지 않는 자유 영역이 있다는 견해를 비판한다. 푸코를 인용하자면, "이미 권력은 편재하며 그 누구도 권력의 영향권 밖에 있지 않다. 그 권력 체계를 부수고 자유롭게 뛰어다닐 '여지'는 그 어디에도 없다."(1980, p. 14) 권력의 편재성이란 우리 모두가 언제 어디서든 권력의 영향하에 있다는 사실을 인정해야 한다는 것을 의미한다. 또한 "권력은 사회와 동일한 범위에 걸쳐 있다. 그 망 사이사이에 근본적인 자유를 위한 여지는 없다."(p. 142) 푸코의 관점에서는 내가 성인교육자로서 초기에 권력으로부터 자유로운 구역을 만들었다고 자부한 것은 순진하고도 잘못된 생각이었다.

많은 성인교육자는 다른 교육 분야에 비해 성인교육이 비교적 자유로운 편이라고 주장하면서 이러한 분석을 전면적으로 거부한다. 성인교육하에서는 학습자들은 K-12 교육의 요구 사항을 충족시키기 위한 각종 제약으로부터 자유롭게 개방적이고 민주적인 과정을 경험할 수 있다는 주장을 자주 들어볼 수 있다. 인본주의적, 진보적, 급진적 성인교육자는 성인학습자에게 스스로의 학습을 주도할 수 있게 한다는 데 자부심을 갖는다. 학습자들이 각자의 교과과정을 생성하고 강의를 주도하며 스스로 성과를 평가하도록 유도한다. 성인이 자신의 개인적 · 정치적 자아 실현에 책임을 져야 한다는 믿음은 그 자체로서 해방적인 성향을 띠는 것처럼 보인다.

그러나 푸코는 그 반대로 생각해 보라고 말했을 것이다. 그에 따르면 권력관계란 모든 성인 교육적 상호작용에 분명히 나타나며, 심지어 가장 자유롭고 제약이 없는 것처럼 보이는 상호작용에서도 존재한다. 그 예로 대등한 권력관계처럼 보이는 성인교육의 실제를 떠올려 보자. 토론 그룹이 그것이다. 30여 년 전에 동료 중 한 명이 나에게 농담처럼 질문을 던졌다. “파티에서 누가 성인교육자인지 어떻게 알아볼 수 있는가?” 나는 “의자를 원형으로 배열하는 사람이겠지.”라고 흔쾌히 대답했다. 실제로 성인교육자가 되고 나서 수업 전 가장 먼저 하는 일은 책상과 의자를 원형으로 배열하는 것이었다. 의자를 옮기면서 학습자의 의견과 경험을 존중한다고 생각했고, 학습 환경에서 교육자로서의 억압적 권력을 배제했다고 생각하며 뿌듯해했다.

성인교육에서 토론 그룹은 교육자의 순수한 민주적 의지와 학습자 중심적 사고를 단적으로 보여 주는 신성하고 구체적인 상징으로 알려져 있다. 그러나 푸코에 따르면 토론 그룹은 참여자들이 고도의 감시 상태를 경험하는 자리로 생각될 수도 있다. 어셔와 에드워즈(1994)는 토론 그룹은 “다양한 학습 방법 중 하나가 될 수는 있지만 학생을 규제하는 또 다른 형태에 불과하다. 물론 원형으로 앉을 경우 교육자의 직접적 감시하에 놓인다는 생각은 줄어들 수 있으나 그 감시는 동료들의 것으로 대체된다. 따라서 기존의 관행을 바꾸는 것은 권력의 행사를 제거하는 것이 아니라 새로운 방법으로 권력을 행사하는 것이다.”(1994, p. 91)라고 주장하였다. 토론 서클에서 학생들은 자신의 참여가 저조하다거나 의견 개진이 부실하다는 사실이 그대로 드러나게 된다는 점을 잘 알고 있다.

고어(Gore, 1993)는 푸코의 연구를 바탕으로 토론 서클이라는 민주적 허식하에 더욱 우려되고 모순적인 현실이 있을지도 모른다고 주장하였다. 자신감 있고 말하기 좋아하며 학구적 분위기에 익숙한 학습자들에게는 토론 그룹의 활동이 그렇게 공포스럽지 않을 것이다. 오히려 재미있고 참신하며 자유를 느낄 수 있는 경험이 될 것이다. 그러나 수줍음을 많이 타거나 자신의 인종, 외모, 옷차림, 말투를 의식하거나 지적 토론에 익숙하지 않고 전문용어에 두려움을 느끼며 어휘력이 부족하다고 생각하는 학습자에게는 그룹 토론이 괴롭고 굴욕적인 경험이 될 수도 있다.

이러한 학습자들에게 토론 서클은 사생활을 노출시키는 경험과 같다. 교수자를 믿을 수 있을지 없을지 결정하기 위해 멀리서 선생님을 면밀히 관찰했던 기회는 더 이상 고수할 수 없다. 교수자에 대한 신뢰는 오랜 시간 동안 교수자가 일관적으로 정직하고 공평하게 행동해야만 구축될 수 있다. 그러나 토론 서클은 당장 참여해야 하고 또 잘해야 한다는 의무감 등이 신뢰를 구축할 시간이나 기회를 박탈한다. 이는 겉으로는 민주적인 관행이 참여자에게는 억압적이고 독재적인 경험이 될 수 있다는 사실을 단적으로 보여 주는 예다.

규율적 권력

푸코는 여러 중요한 아이디어를 규율적 권력이라는 단일한 개념으로 포괄하였다. 그는 복잡하고 다양하며 기술적 진보를 이룬 사회에서 권력이 어떻게 작용하는지 증명하고자 18, 19세기에 규율적 권력이 새로운 권력의 체제로서 등장하였다고 주장하였다. 이 새로운 체제에서는 "더욱 세밀한 경로를 통해 권력은 순환하고 개인의 생각뿐만 아니라 신체, 몸짓, 일상생활의 모든 행동에 영향을 미치게 된다."(1980, p. 152) 규율적 권력은 "사람의 사고에 침투하기 때문에"(1982, p. 214)

주권적 권력보다 여러 면에서 더욱 교활하고 악랄한 영향을 미칠 수 있다.

21세기에 들어서도 대부분의 사람이 권력을 주권적 권력(특정 개인이나 정치적 집단이 행사하는)의 개념으로 생각하지만, 푸코는 규율적 권력의 체제가 이미 2~3백 년 전에 등장했다고 보았다. 이러한 체제는 "권력이 사회 전반에 지속적으로 순환하며 영향을 끼치면서 '개인화' 되는 절차"(1980, p. 119)를 형성하였다. 규율적 권력은 '집요한 악의'(1977a, p. 139)를 드러내며 "감시라는 도구를 통해 행사되는 권력의 일종이다."(1980, p. 104) 규율적 권력은 감옥에서 가장 잘 드러나지만 학교, 공장, 사회복지기관, 성인교육에서도 발견된다. 그것은 평생교육을 "위계 질서적 감시, 지속적인 통제, 영구적 평가와 구분"(1977a, p. 220)이라는 장치를 통해 평생의 악몽으로 변모시킬 수 있다.

권력의 관계는 비밀스럽고 지배적인 엘리트 계층에 의해 의도적으로 교묘히 생성된 것이 아니라는 그의 주장과 일맥상통하게, 푸코는 규율적 권력의 이면에 있는 임의적 요소를 강조한다. "발상과 근원이 다른 여러 작은 권력의 과정은 중복되고 반복된다. 그것들은 서로를 모방하면서 분리되기도 하고 다시 병합하면서 점차 기본적인 양식을 구축해 간다."(1977a, p. 138) 규율적 권력은 집단을 소단위로 구분하여 각각 감시할 필요가 있었기 때문에 등장하게 된 것이다. 소단위 내부에서도 결국은 감시가 지속된다. 만약 사회가 지속적인 내부적 위협하에 있으며, 모든 불안정적 요소로부터 자신을 보호해야 한다고 시민을 설득한다면 그들은 감시를 더 잘 받아들일 수 있을 것이다(Foucault, 2003).

규율적 권력은 공간적·시간적 측면을 지닌다. 규율적 권력은 "각 개인의 행동을 감시, 평가, 판단하며 그 질이나 장점을 가늠하기 위해 공간을 필요한 만큼의 세부적 주체와 요소"(2003, p. 143)로 나눈다. 성인학습자는 개인 좌석이나 열람석에 앉아 분리되거나 혹은 개인 프로젝트를 수행하며 각자의 컴퓨터 앞에 있을 수 있다. 시험, 과제물, 졸업논문은 개인 각각의 지적 노동의 산출물로서 제출된다. 서너 명의 대학원생들이 함께 논문을 쓰거나 두세 명의 성인교육 교수들이 공동으로 학문 저널을 쓰는 등의 집단적 학습방식은 지적 능력이 부족한 표절적 행위로서 지양된다.

마찬가지로 규율적 권력은 학습을 단계별로 구분하며, 시간도 "각각의 형태로 변형되고 조정된 응답으로"(2003, p. 158) 세분화한다. 학습과 실습은 서로 구분되며 교과과정 역시 미리 정해진 일정표에 따라 소단위로 나뉜다. 이 일정표는 교수자와 학습자의 활동을 구성하는 데 있어 매우 중요한 지침이 된다. 마일스 호튼(Myles Horton)은 푸코를 인용하지는 않지만 동시대 교육을 비판하며 푸코적 색채를 뚜렷이 드러낸다. "모든 현상은 작은 단위로 분리되어 분석, 통제, 실험될 수 있다."(Horton, 2003, p. 225) 그는 "학습을 수학, 독해, 문법, 언어, 지리 등 30분 단위로 쪼개는 전통적 방식은 교육적 목표보다 기술적인 목표를 달성하는 데 더 효과적이다."(p. 225)라고 주장하였다.

규율적 권력의 핵심 장치는 시험이다. 시험은 "시험 대상이 특정 수준에 도달하였는지, 모든 대상이 동일한 학습 과정을 거쳤는지, 각 개인의 실력은 어떠한지 알려 주는 역할을 한다."(Foucault, 1977a, p. 158) 시험 대상은 "날짜와 내용으로 구성되어 있는 꼼꼼한 자료실"(p. 189)을 구성하는 각종 문서에 그들의 삶을 고정시킨다. 사람은 시험을 통해 분류되고 구분된다. 여기서 시험은 "모든 사람을 정상적인 기준에 맞추려고 하는 감시의 일종으로 자격의 부여, 분류, 처벌을 가능하게 하는 도구다."(p. 184) 사람의 성과와 적성이 시험을 통해 판단될 경우, 우리는 "정상의 잣대가 도처에 존재하는"(p. 304), 즉 "시험적 정의의 시대(age of examinatory justice)"(p. 305)를 살아가게 된다. 다시 말해, 표준화된 시험 점수가 개인을 정상 또는 비정상으로 구분 짓고 판단하는 도구가 된다.

감시와 판옵티콘

과속 단속 경찰차가 없는데도 왜 운전자들은 제한 속도 이내로 달리는가? 어쩌면 속도 제한을 지켜야 안전하다고 생각하는 것일 수도 있다. 그러나 아마도 가장 중요한 이유는 어딘가 숨어 있는 단속 카메라나 위장 경찰차에게 걸리지 않기 위해서일 것이다. 우리는 이러한 감시장치가 도처에 존재하며 언제든 감시의 대상이 될 수 있다는 사실을 잘 안다. 푸코가 말했듯이, "감시의 행위가 지속적이지 않더라도 그 영향은 영구적이다."(1977a, p. 201) 우리는 어떤 보이지 않는 권력이 우리를 감시하고 있다는 사실 때문에 감히 속도를 위반할 수 없는 것이다. 보이지 않는 강력한 권력이 우리를 지켜보고 있다는 공포를 의식하고 행동한다면 완벽한 통제장치, 즉 자기 감시가 실행되고 있는 것이다.

자기 감시는 규율적 권력의 핵심 요소다. 규율적 권력의 영향을 받는 사회에서 우리는 스스로의 행동을 통제한다. 그렇기에 많은 비용과 시간을 들여 억압적인 국가 통제기관을 만들 필요가 전혀 없다. 불명예를 피하고자 하는 내부 의지 때문에 부지런히 스스로를 통제하는 것은 아니다. 오히려 정상적으로 생각하고 행동하고자 하는 우리의 삶이 항상 감시되고 있다는 사실을 알기 때문에 스스로를 통제하는 것이다. '어딘가' 숨은 곳에 '그들'이 항상 우리를 지켜보고 있다는 사실을 의식하고 산다. 일상생활 곳곳에 숨어 있는 카메라(은유적인 카메라든, 실제 카메라든)가 우리의 생각과 행동을 일일이 관찰하고 기록한다고 생각한다면 정상적 행동에서 벗어나기가 매우 힘들다.

푸코는 "완벽한 규율장치는 단일 주체가 지속적으로 모든 것을 감시할 수 있도록 하며"(Foucault, 1977a, 173), 감시 대상으로 하여금 언제나 감시하에 있다는 사실을 일깨워 준다. 주차장이나 호텔 엘리베이터를 혼자 타고 갈 때를 생각해 보라. 우리는 엘리베이터 코너에 설치되어 있는 감시 카메라에 자신이 '정상적(normal)'이고 위험한 존재가 아니라는 점을 보여 주고자 한다. 이러한 감시는 "감시 대상에게 감시자의 권력을 보여 주는" "필연적 가시성의 원칙(the principle of compulsory visibility)"(p. 187)에 기반하고 있다. 푸코의 말을 인용하자면, "항상 감시되고 어디서든 노출되어 있다는 사실 때문에 바로 개인이 스스로를 통제하는 것이다."(p. 187)

자기 감시는 사람을 효율적으로 통제할 뿐만 아니라 비용도 매우 저렴하다. 푸코는 자기 감시의 이런 실용적 측면을 거의 서사적으로 예찬한다. "무기, 물리적 폭력, 물질적 제약 모두 필요 없다. 감시만 하면 된다. 개인이 스스로의 감시자가 될 때까지 개인을 관찰하는 감시의 눈만 있으면 된다. 결국 개인은 자신의 의지와 무관하게 스스로의 감시자가 된다. 이는 참으로 멋진 방법이다! 감시가 계속 이루어질 뿐 아니라 알고 보니 비용도 저렴하다."(1980, p. 155)

필연적 가시성의 원칙은 원형 교도소에 가장 잘 반영되었다. 제레미 벤담(Jeremy Bentham)이 고안한 원형 교도소인 판옵티콘(panopticon)은 두세 명의 경비가 배치된 단일 망루 타워를 중심으로 수백 개의 방이 원형으로 배열되어 있는 교도소를 말한다. 감시인이 있는 중앙의 망루는 빛이 새어 나오지 않도록, 그리고 문소리도 들리지 않도록 지그재그의 칸막이로 공간을 배치해 놓는다. 빛이 훤하게 관통되는 독방의 죄수들은 망루의 감시인에게 선명하게 보이는 반면 망루의 감시인은 죄수들에게 전혀 보이지 않게 설계되어 있다. 결과적으로 모든 수감자는 특정 순간에 경비가 자신을 감시하고 있는지 아닌지 확신할 수 없다. 이는 "전체적이며 순환적인 불신의 장치"(Foucault, 1980, p. 158)이며, 수감자 자신이 통제 권력을 스스로 행사한다. 원형 교도소 시스템은 수감자는 보이고 어두운 망루의 경비는 보이지 않는다는 사실을 기반으로 운영된다. "수감자는 경비가 특정 순간에 자신을 보고 있는지 아닌지 절대로 알아서는 안 된다. 하지만 언제든 감시의 대상이 될 수 있다는 사실은 분명히 알아야 한다."(Foucault, 1977a, p. 201)

푸코는 원형 교도소가 현대사회에서 규율적 권력의 구성 원칙이라고 하였다. 원형 교도소는 "생산에서 증기 엔진의 공이 컸던 것처럼 권력에 관한 혁신적인 발명품이다."(1980, p. 151) 사회의 각종 조직과 기관은 구성원들을 "자동적으로 권력이 행사될 수 있는 의식적이고도 영원한 가시성의 상태"(1977a, p. 201)에 놓이도록 유도한다. 주차장, 번화한 거리, 직장, 상점, 호텔, 공항, 쇼핑몰, 은행, 심지어 학교, 대학에서까지 감시 카메라를 볼 수 있다. 우리는 우리가 알 수 없는 곳에서 보안 경비원이 은행 감시 카메라 화면에 잡힌 우리의 모습을 보고 있을 수도 있다는 사실을 잘 알고 있다. 물론 그 경비원이 우리의 모습을 의도적으로 보고 있는지, 아니면 잠시 자리를 비운 사이에 우리가 담긴 화면을 지나치는지 전혀 알 수 없다. 감시 여부를 알 수 없기 때문에 감시를 당한다고 생각하고 행동하는 편이 훨씬 안전하다.

푸코는 원형 교도소가 다른 인간 활동과 마찬가지로 교육에도 영향을 미친다고 분명히 밝혔다. "정의되고 통제된 감시의 관계는 부가적인 개념이 아니라 내재적이며 효율적인 장치로서 교육의 중심에 자리 잡고 있다." (1977a, p. 176) 시험, 시간표, 상장, 별 스티커, 기말 리포트, 학생 자습서, 학습 포트폴리오 등은 학생이 언제나 감시당하고 있다는 사실을 일깨워 준다. 영국 중등교육에 관한 윌리스(Willis, 1981, 3장 참조)의 연구에 등장하는 '녀석들(lads)'은 이 사실을 너무 의식한 나머지 학교생활의 거의 대부분을 감시를 피하는 데 할애하였다. 감시받지 않을 만한 곳을 찾고 학습과는 거의 무관한 자신들만의 일정표를 따르면서 시간과 공간의 규율적 제약에서 좀 더 자유로울 수 있었다.

보셔와 윌슨(Boshier & Wilson, 1998)은 푸코의 아이디어를 실제 성인교육에 흥미진진하게 적용한 바 있다. 그들은 웹 기반 교육(학습자 중심적이고 유연하며 탈중앙적으로 종종 묘사되는)이 원형 교도소 방식으로 운영될 수 있다고 하였다. 학습자는 대화창을 통한 토론에 의무적으로 참여해야 하고 학습자의 활동을 기록하는 웹마스터가 토론을 관찰한다. 보셔와 윌슨은 학생들에게 누군가가 관찰하고 있다는 사실을 알리기 위해 반어법을 사용한 사이트 하나를 인용한다. "'역사 수업 102'를 수강한 학생들에 대한 정보를 매일 알려 주던 핑커튼 요원(Pinkerton agents)들은 상당수 빈둥자들이 '강의 21' 참석을 며칠간 미루겠다고 결정한 사실을 제보하였다." (Boshier & Wilson, 1998, p. 46) 학생들은 자신들이 접속하는 웹사이트에 대한 세밀하고 포괄적인 기록(보낸 다음 삭제한 이메일 기록까지도 포함)이 필요하면 언제든 재생할 수 있다는 사실을 알고 있다. 그러므로 성인학습자를 특정 장소와 시간이 정해진 의무적인 학습으로부터 자유롭게 하고, 자신의 학습 진도를 직접 조절할 수 있도록 개발된 교육과정에서도 원형 교도소의 감시 방법을 쉽게 따라 할 수 있다.

권력, 지식 및 진리

푸코의 연구가 성인교육자들에게 관심을 끄는 이유는 그가 지속적으로 권력과 지식의 관계를 조명하기 때문이다. 어떤 형태의 권력을 지닌 누구라도 권력관계에 도움이 되는 지식을 만들 수 있다. 한 사회가 지식이나 진리로 수용하는 것이면 무엇이든지 불가피하게 일부의 권력을 제한하고 일부의 권력을 강화하는 것으로 끝난다. 푸코는 "권력의 행사는 끊임없이 지식을 창조하고, 반대로 지식은 끊임없이 권력의 효과를 강화한다. 지식 없이는 권력 행사는 불가능하며, 지식은 반드시 권력을 창출해 낸다."고 반복해서 설명한다. 그렇다면 지식과 진리를 창조하는 가장 중요한 기능을 가진 사회단체 중의 하나인 교육(성인교육 포함)을 세심하게 살펴보아야 할 것이다. 결국 사람들이 진리를 결정하는 표준을 학습하고 그 사회의 공인된 지식을 포함하는 것들을 배우는 것은 교육적 기관 안에서 이루어진다(Apple, 2000).

푸코에 따르면 지식은 사회적인 메커니즘에 의해 생산된다. 그는 "지식의 경영, 지식의 정치학, 지식을 통해 전달되는 권력관계"(1980, p. 69)가 존재하며, 어떤 지식은 합법적이고 어떤 지식은 믿을 만하지 못한 것으로 분류된다고 본다. 이러한 메커니즘은 조사의 결과를 퍼트리고, 자료를 기록하고 조사하고 관찰하는 정확한 절차를 규정함으로써 지식을 결정한다. 지식 생산의 이 같은 메커니즘들은 효과적인 제어장치의 역할을 할 뿐만 아니라 그 장치를 최대한 활용하여 진리의 체제와 지배적 담론을 만들어 간다(진리의 체제와 지배적 담론이라는 용어는 푸코와 매우 깊게 관련되어 있다).

지배적인 담론은 어떤 것들이 다른 것보다 선천적으로 더 옳고 중요하다는 특정 세계관과 특별한 언어를 구성한다. 하나의 담론은 담론 공동체에 참여하는 사람들이 공통적으로 지니는 개념들의 조합이다. 담론은 담론 공동체에 참여할 수 있는 사람을 결정하는 데 적용될 절차와 그 담론에 받아들일 만한 공헌을 하고 있는지를 판단해 줄 규칙을 포함한다. 지배적인 담론은 불가피하게 기존의 권력적 사회 구조를 반영할 뿐 아니라 그 구조를 지탱하고 유지하는 데 중요한 역할을 한다. 푸코에 따르면, "권력관계는 스스로 형성되거나 통합되지 않고 또 다른 담론의 생산, 축적, 순환작용 없이는 창출될 수 없다. 특정 담론이 없는 상태에서 권력의 행사란 불가능하다."(1980, p. 93)

하지만 한 사회에 단지 하나의 전권을 가진 담론이 있다는 것은 드문 일이다. 지배적인 담론과 주변적인 담론은 때로 서로 다투기도 한다. 억눌린 소수의 담론은 경우에 따라 사회적 특정 영역을 지배하기도 한다. 예를 들면, 동시대의 성인교육 분야에 지배적인 담론들이 있다. 인적 자원 개발, 자기주도성, 경험적 학습, 교양 자유주의적 인본주의 등이 가장 두드러진 담론일 것이다. AAACE(Annual American Association of Adult and Continuing Education) 프로그램의 팸플릿을 살펴보면 협회가 이러한 담론에 집중하고 있다는 점에서 고무적이다. 하지만 AERC(Annual Adult Education Research Conference)에 참석해 보면 지배적인 담론이 포스트모더니즘과 비판이론에 대한 것들이다. 실제로 AERC에서 논의되는 주제를 듣고 AAACE에서 인정받는 담론들 안에 참여하는 이들은 자신을 마치 천덕꾸러기나 숙맥처럼 느끼기 십상이다.

특정 담론들이 서로 중복되거나 일치할 때 그것들은 푸코가 말한 진리의 체제가 된다. 자주 인용되는 글에서 푸코는 "각 사회는 나름의 진리 체제, '일반적 정치 체계'를 갖는다. 각 사회가 은연중에 받아들이는 담론의 방식, 참된 진술과 거짓 진술을 구분하는 메커니즘과 사례들, 진리임을 인정받기 위한 기술과 절차들, 무엇이 진리인지를 결정하는 사람들의 지위 등이 일반적 정치 체계를 구성한다."(1980, p.133)라고 주장한다.

물론 푸코는 '진리'라는 말을 사용할 때 고유의 보편적 정확성과 부정할 수 없는 경험적 정확성을 표현하는 지식이나 관념을 의미하지 않는다. 진리라는 용어는 특정 형태의 담론이 수용되어야 하는 체제를 설명하기 위해 사용된다. 그러므로 진리는 "특정 진술의 생산, 규제, 분배, 순환 및 작용을 가능하게 하는 절차적

시스템이다." (1980, p. 133)

진리, 담론과 권력 사이의 관계에 대한 푸코의 글들은 지식을 단순히 몇몇 열성적인 개인이 더욱 지적인 인류를 만들기 위해 헌신한 데서 비롯된 것이라는 사고를 떨쳐 버리게 하는 데 기여한다. 대신 지식을 하나의 사회적 생산물로 보게 한다. 특정 분야(예, 성인교육)에서 특별한 글, 사고, 사람들을 왜 중요한 것으로 받아들이는지 재고해 보자. 푸코는 우리에게 특정 주제를 다룬 성인교육 도서가 출판되는 이유, 성인교육 담론에서 특정 질문이 주로 다루어지는 이유, 특정 성인교육 입문서가 교재로 채택되는 이유, 특정 성인교육 학술지가 인정받는 이유, 특정 개념과 이론들이 성인교육 연구 활동에 주로 활용되는 이유를 물으라고 재촉한다. 믿을 만한 성인교육 책이 출판된 이유, 믿을 만한 질문들이 전문적인 담론에서 자연적으로 맨 앞에 오는 이유, 성인교육 입문서의 저자들이 어떻게 선택되는지, 믿을 만한 성인교육 학술지들은 다른 것들보다 어떻게 더 존경받게 되는지, 그리고 믿을 만한 개념과 이론들이 한 분야에서 다른 것들의 연구 활동을 구상하는 것이 어떠한 것인지에 의문을 가져 보라고 재촉한다. 그리고 이와 같은 현상을 반영하는 새로운 연구 주제와 이론적 틀을 성인교육 분야에 연계시키라고 권유한다(혹은 그 반대로 최소한 그에 도전하지 말라고 권유한다). 진리의 일반적 정치 체계는 사회공동체뿐만 아니라 성인교육의 학문공동체 안에도 분명 존재한다.

권력, 저항 및 성인교육 역할

지금까지 푸코는 권력에 초점을 두어 연구하였다. 한 가지 주의할 점은 권력을 전적으로 억압되거나 강제하는 것으로 보는 사고에 빠지는 것이다. 그의 관점에서 권력은 어떤 것이 일어나는 것을 단지 막는 것이 아니다. 그렇기에 푸코는 끊임없이 이러한 오해에 대한 경계를 늦추지 않는다. 그것은 또한 '욕망의 단계에서 의미를 생산하는 것'이다. 그는 이러한 논쟁에 대해 다음과 같이 설명한다. "권력이 결코 억압하지 않는다면, 또 결코 거절할 만한 것들을 요구하지 않는다면, 사람들은 과연 기꺼이 권력에 복종한다고 생각하는가? 권력을 유익하게 유지하도록 만드는 것, 그것이 수용되도록 만드는 것은 권력이 사물을 생산하고 즐거움을 유발하고 지식을 형성하며 담론을 생산한다는 사실 때문이다."(p. 119) 그러므로 권력은 억압적으로 기능하는 하나의 부정적인 개념이 아니라 "전체 사회의 주요부를 관통하는 하나의 생산적인 네트워크"로(p. 119) 고려되어야 한다.

권력의 행사가 즐거운 것이라면 그것이 규율적 권력이냐 혹은 주권적 권력이냐에 상관없이 적용될 것이다. 사람들이 그들 자신을 규율하면서 즐거움을 찾는다면(예: 한 명의 학습자가 일찍이 학습계약을 완성하고 특정한 학습계약의 요구 조건에 신속하게 충성한 것을 축하할 때) 우리는 헤게모니를 목격하고 있는 것이다. 다양한 아이디어, 가치, 실천 등을 이해하려는 학습자의 의지는 실제로 학습자 자신의 자유에 배치된다는 그람시의 주장은 푸코의 규율적 권력의 즐거운 행사라는 개념과 비슷하다. 헤게모니와 규율적 권력에서 사람들의 동의는 가장 중요한 요소다. 그들은 적당한 수준에서 자신들의 경계를 고수하는 방법을 학습하고, 타당하지 않다고 받아들일 비평을 회피하며, 말썽을 부리지 않고 가만히 앉아 있는 방법을 고수하면서 자신이 효율적이라는 생각에 우쭐해한다. 두 개념은 모두 완전한 감금상태를 성공적으로 확보할 수 있는 감정적 만족과 즐거움, 학습자 스스로의 통제 안에서 이루어지는 '학습자들의 공모'를 강조한다.

권력이 창출해 내는 또 다른 욕망은 억압에 맞서 싸우고 조작에 저항하려는 것이다. 생활세계 곳곳에 존재하는 감시의 가능성을 다루는 푸코의 글을 읽다 보면 권력의 편재성에 압도되는 느낌을 받는다. 복잡하게 얽힌 채 이동하는 권력과 지식의 조합을 밝혀낼 수 있다는 생각은 단념하기 쉽다. 이러한 단조로운 비관주의는 푸코 연구의 두 가지 입장에서 용납되지 않는다. 첫째, 저항의 경험적인 필연성을 강조하는 그의 분석적 요소가 그것이다. 실제로 저항이 권력과 필연적으로 상호 연관적이어서 권력은 오직 저항의 가능성이 존재할 때만 존재한다는 것이 그의 입장이다. 그는 "권력관계에는 필연적으로 저항의 가능성이 있다. 저항—

상황을 발전시킬 전략들, 책략, 도피, 폭력적 저항— 의 가능성이 없다면 권력 관계는 존재하지 않을 것이다."(Foucault, 1987, p. 12)라고 기술한다. 진리의 체제와 진리에 관한 지배적인 담론이 일상의 사고와 행동의 가장 세세한 요소 안에 침투한다 할지라도, 푸코는 침투 시점에서 이를 제거할 수 있다고 믿는다. 둘째, 푸코 자신의 삶은 시민들이 구체적인 원인에 관해서는 변화를 수행하는 행동가들로 어떻게 개입할 수 있을지를 조명한다. 저항의 가능성을 다루는 측면에서 이러한 두 가지 양상에 대해 검토해 보자.

푸코에 따르면 저항은 권력 분석의 그럴듯한 출발점이라는 점에서 권력관계의 중심에 있다. "권력관계를 이해하기 위해서 우리는 이러한 관계를 무너뜨리려 했던 시도와 저항의 형태를 조사해야 한다."(1982, p. 211) 권력은 항상 저항의 가능성을 내포한다. 따라서 "권력관계의 중심부에는 권력을 영속하게 하는 조건으로서 자유 원칙의 일부분인 저항과 고집이 있기 마련이다."(p. 225) 푸코는 권력의 편재성이 사람들을 단순히 지배집단이 고안한 체스게임의 폰(pawn, 가장 기본적인 체스 말로 사람의 모양을 하고 있음)들로 간주하는 것은 아니라고 주장한다. 그의 관점에서 "인간은 권력 밖에 존재할 수 없지만 그것이 결코 그들이 곤경에 처해 있다거나 필연적으로 패배할 상황에 놓여 있다는 것을 의미하지는 않는다."(1980, p. 142) 권력과 저항은 공존한다. 둘은 항상 다른 하나의 이면으로서 존재한다. "저항 없는 권력관계는 없다. 저항은 권력관계가 행사되는 바로 그 지점에서 일어나므로 더욱 실제적이고 효과적이다."(p. 142) 푸코는 인터뷰에서 "나의 분석들은 제도의 자의성을 드러내고, 우리가 여전히 즐기고 있는 자유 공간을 보여 주는 동시에 얼마나 많은 변화가 지금도 진행되고 있는지를 보여 준다."(1988b, p. 11)라고 주장한다.

그래서 푸코는 권력과 지배적인 담론의 편재성을 극적으로 묘사했으나 저항의 가능성을 항상 염두에 두고 있다. 권력관계가 편재한다면 자유 역시 어디에나 존재한다. "모든 사회 분야 구석구석까지 권력관계가 존재한다면 그것은 바로 자유의 편재성에 기인한 것이다."(1987, p. 12) 분명하게 푸코의 관점에서 권력 행사에 대한 저항은 예측할 수 있는 확실성이다. 그의 견해에 따르면, "모든 권력관계는 하나의 투쟁 전략을 내포하고 있기 때문에 도피의 수단을 포함하지 않은 권력관계란 없다."(1982, p. 225) 게다가 통합적인 주권적 권력에서 분산된 규율적 권력으로의 이동은 특정 프로젝트를 다루는 지엽적인 사안에 대해 저항의 가능성을 한층 높여 주었다. 저항은 "권력이 있는 그 장소와 공간에 공존함으로써 권력처럼 다양해지고 종합적 전략을 행사할 수 있게 된다."(p. 225) 국가를 전복시키고 가부장적 전통을 거스르며 인종차별을 종식시키는 것은 권력에 대한 저항일 뿐 아니라 저항을 행동으로 구체화시키는 가능성을 열어 두는 것이다.

안젤라 데이비스(Angela Davis)는 자신의 투옥 경험에 근거해 감옥(사회통제의 도구로 세워진)이 저항에 관한 관점을 만들어 낸다고 분석하고 있다. 많은 교도소 경비들은 수감자들과 같은 사회적 집단 출신들이기 때문에 외부로부터 메시지와 금지 물품을 밀반입하는 데 협조하고 수감자들 간에 금지된 대화를 허용한다. 만약 죄수가 감금의 전행적인 본성을 깨닫는다면, 그들은 "사회 시스템의 더 커다란 억압과 연관된 억압적인 처벌 시스템의 영역을 드러내는 데 지속적인 교육적 노력을 하는"(Davis, 1971a, p. 26) 호전적인 성인교육자로 전환되기도 한다.

이는 권력관계의 효과가 종종 모순적이고 예측할 수 없어서 비의도적으로 저항의 가능성을 생산하고 있는 예다. 푸코는 지배적인 담론과 진리의 체제가 존재하는 곳에서는 항상 "저항의 가능성이 자리 잡고 있으며, 권력관계를 조정하려는 전략은 새로운 영역으로의 이동을 촉발한다."(1980, p. 200)고 주장한다. 이와 유사한 예로, 월드와이드웹을 통해 얼마나 저항집단이 효과적으로 구성될 수 있었는지, 또 해커들이 글로벌 비즈니스를 해킹함으로써 영향력을 행사했는지 생각해 볼 수 있다.

이처럼 규율적 권력의 출현은 저항의 싹을 자르지 못하고 갈등을 완화시키지 못한다. 반대로 규율적 권력의 작용은 "무수히 많은 내림 상황을 야기하고 불안정성을 촉발하였으며, 각각의 규율적 권력은 갈등과 투쟁의 위험성을 내포하고 있을 뿐 아니라 권력관계의 일시적인 전도(inversion) 가능성까지 열어 두게 되었다."

(Foucault, 1977a, p. 26) "규율적 권력이 사람들에게 가하는 압박만큼, 사람들은 그 압력에 저항한다."(p. 26) 이러한 저항의 가능성은 한 사회가 다양한 저항의 행위로부터 완전하게 분리될 수 없음을 시사한다. 항상 사회질서의 초석 안에는 실오라기 같은 균열이 있기 마련이다. 푸코는 이러한 균열의 확장을 위해 상당한 그의 열정과 에너지를 쏟아부었다.

메이시(Macey, 1993), 밀러(Miller, 1993), 에리번(Eribon, 1991)의 전기에서 보여 주듯이, 푸코는 처벌 시스템 안에 존재하는 인간에 대한 통제 메커니즘을 드러내기 위해 지속적으로 노력했다. 그의 삶은 지식인들은 문화와 사회의 방관자, 수동적인 기록자가 아니라는 그의 신념을 보여 주는 예가 되었다. 푸코의 견해에 의하면 지성인들은 권력이 현상 유지를 위해 사용하는 특정 메커니즘과 전략들을 (다른 사람들을 위해) 관찰하고 보고해야 한다. 특히 지식인은 사람들로 하여금 권력이 조합되는 상황에서 강점과 약점을 발견하도록 돕는 분석의 도구를 제공해야 한다. 이론의 역할은 "권력 메커니즘의 특수성을 분석하고, 연관성과 확장성을 찾도록 도우며, 전략적 지식을 구축하는 것이다."(Foucault, 1980, p. 145) 정치는 다른 수단으로 수행되는 전쟁이라는 푸코의 주장—클라우제비츠(Clauzewitz)의 "전쟁이란 다른 수단에 의한 정치의 연속이다."라는 표현을 도치시킨—은 "지식인들이 전쟁터에 대한 지형학적, 지리학적 연구"(p. 62)를 수행하기 바라는 그의 희망을 담고 있다. 여기서 푸코는 권력에 저항하는 투쟁에서 활용될 수 있는 이론의 실천적 활용을 강조한 그람시의 주장을 떠올리게 한다. "이러한 맥락에서 이론은 실천을 묘사하고 해석하거나 적용하는 것을 의미하지 않는다. 이론은 곧 실천이다."(1996, p. 75)

지적인 행위를 묘사할 때, 푸코는 그람시가 언급한 특정 사회운동을 이끌어 내는 활동가, 설득자, 교육자로서의 유기적인 지식인 개념을 떠올리게 만든다. 푸코는 "이론과 실천이 연계된 새로운 양식이 확립되었다. 지식인들은 특정 사회 영역 안에서, 또 그들의 삶과 일에 영향을 미치는 정확한 지점에서 그 새로운 양식을 작동시키고 있다."(1980, p. 126)고 선언하였다. 그는 이론화 작업을 "권력에 저항하는 지역적이고 국부적인 투쟁, 정체를 드러내지 않은 채 교활한 음모를 모의하는 권력을 드러내고 폭로하는 노력"(1977b, p. 208)이라고 재개념화한다. 이론가들이 담당하는 권력 분석은 구체적인 사회, 문화, 정치 개입에 공헌하는 행위, 그리고 권력에 맞서는 연대적 행위로 이해되어야 한다. 권력의 기능과 활동성에 대한 지형학적인 지도를 그리는 것은 "안전한 위치에서 권력을 조명하는 것이 아니라 권력에 대해 투쟁하는 사람들과 함께 수행하는 투쟁 행위"(p. 208) 그 자체다. 권력이 현상을 유지하기 위해 사용하는 애매하고도 비밀스러운 방법을 정확하게 들춰 내는 것은 "권력을 약화시키는 것인 동시에 권력을 획득하는 것이다."(p. 208)

교육자들은 인류, 노동자 계급, 여성, 억압받는 사람들, 광범위한 사회운동과 같은 대상과 개념을 대변하기 위해 일하는 대신 특정한 프로젝트에 자신들의 에너지를 쏟을 필요가 있다. 교육개혁, 교수법 실무, 주택 정책, 정신의학적 원안, 감옥 등은 지식인들이 다양한 방법으로 지배 권력에 개입하고 맞서는 기회를 마련해 준다. 이는 푸코로 하여금 감옥정보그룹(Prison Information Group: PIS)을 통하여 처벌 시스템의 개혁 활동과 수감자의 권익옹호운동에 몸담게 했다. 예컨대, 푸코는 과학 저널리스트인 알랭 조베르(Alain Jaubert)의 체포를 조사하기 위한 조베르 위원회에서 일했고, 수감자 단식투쟁, 북아프리카 이민자단체, 클라우스 크루아상〔Klaus Croissant: 독일의 바더-마인호프(Baader-Meinhof) 테러리스트 집단을 변호했던 독일 변호사〕을 옹호하는 시위에 참여했다가 수감되기도 하였다. 그는 사회주의 신문 리베라시옹(Liberation)의 창간을 도왔다. 또한 프랑스의 마지막 참수형자였던 크리스티앙 라누치(Christian Ranucci)의 재심이 허락되지 않은 이유로 당시의 프랑스 대통령 발레리 지스카르 데스탱(Valéry Giscard d'Estaing)과의 만남을 거절하기도 했다. 그는 또한 프랑스 외부에서 일어나는 일련의 운동을 지지하고 후원했다. 소련 반체제 인사의 투쟁을 다룬 출판 작업을 했고, 베트남 보트피플(boat people, 남베트남의 패망 후 공산정권을 피해 고국을 탈출한 베트남인들을 지칭하는 말. 베트남-캄보디아 전쟁, 중국-베트남 전쟁의 영향과 베트남의 국내 사정으로 난민이 갑자기 불어나 국제적인 문제로 주목받게 되었다. 국제연합하에 난민센터가 설치되고 국제회의(제네바)도 열렸다.-역자 주)에 대한 구조를 제공하기 위해 창립된 베트남보트(Boat of Vietnam) 위원회를 지원했다. 그리고 소련의 영향력 하에 있던 야루젤스키 정부의 정당성에 도전하는 폴란드의 자유노조(Solidarity, 동유럽 최초의 독립노조. 1980년 9월에 창설되었으나, 이듬해 12월 폴란드 정부의 강력한 탄압을 받으면서 세력이 쇠퇴했다. 그러나 1989년 재등장하여 1940년대 이래 동구권 최초의 자유선거에 반정부 세력으로 참가했다. 그 결과 폴란드 통일노동자당(PUWP, 공산당)과 함께 연립정부를 구성하게 되었다.-역자 주) 운동에 동참하기도 하였다. 푸코에게 "이론은 실천을 묘사하고 해석하거나 또는 적용하는 것을 의미하지 않는다. 이론은 곧 실천이다."(1982, p. 208)

푸코와 성인교육 실천

성인학습의 비판이론 수립에서 푸코의 연구를 통해 우리가 얻을 수 있는 것은 무엇인가? 아마도 성인 스스로가 권력의 주체라는 것을 인식하도록 학습하는지를 연구할 수 있는 장을 마련함으로써 규율적 권력의 중요성을 이끌어 냈을 뿐 아니라 지배적 권력관계를 전복시킬 수 있는 능력을 소유하도록 도운 것일 것이다. 많은 성인(성인교육자들을 포함)은 타인에게 권력을 전혀 행사할 수 없다고 생각하거나 반대로 권력 행사의 시기와 여부를 스스로 선택할 수 있다고 믿고 있다. 푸코는 유쾌한 자신감으로 권력을 바라본다. 그는 권력이론을 모든 것을 그 기류에 흡수하는 순환적 흐름으로 간주한다. 그의 관점에서 권력 행사를 선택하느냐 마느냐는 단지 착각일 뿐이다. 실제로 우리는 권력을 행사해야 하는 운명에 처해 있다. 만약 우리가 권력의 행사가 불가피하다는 견해를 받아들인다면 성인학습의 비판이론은 성인학습자들이 어떻게 그 사실을 깨닫는지, 또 그들이 권력을 행사할 때 무슨 일이 일어나는지를 연구하는 것이다. 무엇보다 비판이론은 성인교육 실천을 비판적으로 분석함으로써 권력으로부터 자유로워지든가 혹은 권력을 민주화한다는 기본적인 목적을 갖고 있다.

푸코의 분석적 기술을 사용함으로써 우리는 모든 성인교육의 실천이 궁극적으로는 참여자를 동등하게 참여시키려는 데 있다는 것을 알 수 있다. 우리는 성인교육 분야의 주권적 권력의 행사를 이해하기 위해 푸코를 초대한 것이 아니다. 그러한 권력은 성인학습자들을 마치 열 살된 학생처럼 다루고, 질문을 제한하고, 권위에 도전하는 행동을 거부하고, 지각하는 학생을 감점하고, 결석한 사유를 제출하게 하는 성인교육자들에게서 볼 법한 것이다. 정중한 방법으로 학습자에게 권한을 부여하기 위해 노력하는 성인교육자들이라면 이러한 주권적 권력을 쉽게 감지할 것이고, 또 대개는 그것을 거부할 것이다. 푸코는 무엇보다 포착하기 어려운 규율적 권력—대개 민주적이고 참여적인 성인교육의 실제에서도 흔히 행사되는—을 인식하도록 돕는다.

토론 그룹과 경험적 학습을 학점화하는 것은 규율적 권력을 행사하는 경우로 인정되는 학생 중심적 성인교육의 가장 대표적인 예다. 학습저널(학습일지, 성인학습자들의 경험을 존중하고 성인들이 자신의 목소리를 발전시키도록 돕는), 학습계약(성인학습자들에게 자신의 학습을 선택하고 구성하고 평가하도록 권한을 부여하는), 토론 교수법(성인교육자들이 학습 내용의 전달자가 되지 않도록 도와주는)은 권력으로부터 자유로운 성인교육의 실천적 예다. 이러한 실천들은 푸코가 예측한 대로, 지배 권력의 재생산을 지양하면서 "일시적인 권력관계의 전도"(1977a, p. 26)를 가능하게 하는 성인교육의 실제다. 하지만 이러한 실천들이 자기실현의 정신과 해방적 의시를 알리는 것임에도 불구하고, 우리는 푸코의 사상을 매우 다른 관점에서 활용하기도 한다.

학습저널과 학습계약을 통한 맞춤식 교육은 시스템이 "매 순간 개인의 행위를 통세하고 측정하고 평가하고 그것의 질과 장점을 판단하도록 돕는 하나의 규율적 권력의 실례"(Foucault, 1977a, p. 143)로서 해석될 수 있다. 학습계약을 통해서 성인학습자들은 그들 자신의 감독관이 된다. 성인학습자들은 스스로가 생산하는 학습가치를 판단하는 기준을 만들 뿐 아니라 계약에 명시된 목표를 달성하기 위해 일정표를 만든다. 유능한 성인학생들이란 제때에 명시된 학습의 적당한 모범을 만드는 데 전념하면서 계약의 조건을 충족시키기 위해 최대한의 능력을 발휘하는 학습자들이다. 학습계약은 그것이 담고 있는 진정한 의도와는 별개로 계약의 정체성을 만들어 가고 구체화해 간다. 계약은 학습자 주위를 맴돌면서 학습자들을 통제하고 그들의 수많은 행동을 지시하게 된다.

학습저널 또한 감시의 도구로 작용한다. 결국 학습저널은 사람들의 내적인 반성을 표면화시키려는 분명한 의도를 지니고 있으므로 어쩌면 "사람들의 마음속을 알기 위하여"(Foucault, 1982, p. 214) 고안된 것일 수 있다. '전환성(transformativity)'의 기준과 증거는 대개 학습저널이 어떻게 쓰였느냐로 판가름 난다. 그들의 교사가 경험적 학습의 열렬한 옹호자라고 느끼는 학습자들은 좋은 저널이 전환적 통찰을 가능하게 하는 사적이고도 극적인 에피소드를 담고 있어야 한다고 생각한다. 학습저널에 풀어 나갈 정신적 충격이나 고통, 혹은 흥미로운 경험이 없는 학습자들은 대개 그들의 저널이 전환학습을 증명하기에 부족하다거나 교사들의 요구 수준을 채우지 못한다고 생각할 것이다. 자신의 학습저널이 충분하게 강렬한 인상을 남기지 못할 것으로 생각하는 학습자들은 상상력을 발휘하여 꾸며낼지도 모른다. 또는 매우 일상적인 경험에 과장된 전환적 의미를 부여하려 애쓸지도 모른다. 학습자들은 드라마틱한 경험들이나 그것들과 관련된 통찰력의 부족을 실패의 신호로 받아들이면서 자신의 삶은 불완전하고 지루하며 자기가 자신의 삶을 제대로 자각하지 못하고 있다고 생각할지도 모른다. 이처럼 전환성이라는 개념은 학습저널을 읽고 점수를 매기는 교사들에게 '정상성의 판단 기준'(Foucault, 1977a, p. 304)으로 활용되면서 학습저널을 작성하는 학습자들에게 잘 드러나지는 않지만 강력한 기준으로 작용한다.

이 장의 시작 부분에서 언급한 바와 같이, 학습자들은 토론이라는 학습 방법을 일종의 연극 무대로, 즉 그들의 행위가 정상성이라는 잣대로 판단되는 상황으로 경험한다. 토론을 주도하는 판단자들은 어느 학습자가 지속적으로 대화에 참여하는지를 감시한다. 푸코는 '정상적인 사람들의 보편적 군림'이란 각각의 사람들로

하여금 "그들(정상적인 사람들)의 신체, 몸짓, 행동, 태도, 성과'에 복종하게 하는 것이라고 주장한다(1977a, p. 304). 실제로 수많은 성인학습 토론 그룹은 무엇이 좋은 토론이라는 암묵적이지만 분명한 기준에 영향을 받는다. 이러한 기준은 최고의 토론이란 모든 사람이 지적으로 분명하게 비슷한 시간 분량 동안 자신의 의견을 말하고, 모든 대화는 주제에 초점을 두고 있는 것을 말한다. 그리고 침묵해서는 안 된다. 오직 적절하고 세련된 수준으로 관련된 이슈에 관한 대화를 이어나가는 것이다. 한결같으면서도 번뜩이는 재치로 주제를 주고받는 대화가 이어진다. 토론 참여자들은 타인의 의견과 그들의 공헌을 정중하게 경청한다. 사람들은 사려 깊고 통찰력 있으면서도 예의 바르게 자신의 의견을 덧붙인다. 알공퀸 원형테이블(Algonquin Round Table, 1919년부터 내략 1929년까지 뉴욕 시의 작가, 비평가, 배우 등으로 구성된 모임. 약 10년 동안 그들은 알공퀸 호텔에서 매일 점심을 함께하면서 재치 있는 입담, 풍자를 즐겼는데 그들의 재치와 입담이 신문 칼럼에 담겨 미국 전역에 배포되었다.-역자 주)은 이러한 토론의 기준이 적용되는 예이자 특정 학습자와 주도자들이 어떻게 토론 공연을 스스로 감독할 수 있는지를 보여 주는 예다.

토론 그룹의 리더들은 참여에 대한 기준을 스스로 마련하고 정상과 비정상을 판별하는 기준의 원칙을 작동시킴으로써 권력을 행사한다. 진정한 참여가 무엇인지를 정의하지도 않은 채 '참여'에 대한 점수를 매기기 시작하면서, 정상성의 기준은 참여자들에게 영향력을 행사하기 시작한다. 학습자들은 즉각적으로 그 기준의 좋은 예가 되기 위해서 최선을 다함으로써 참여하기 시작한다. 그들은 코넬 웨스트나 거트루드 스타인(Gertrude Stein, 미국의 시인 및 소설가. 소설이니 시에서 대담한 언어상의 실험을 시도하였고, 제1차 세계대전 후 미국 문학에 크게 영향을 끼쳤다.-역자 주)처럼 보이기 위해 꼼꼼한 리허설을 하기 시작한다. 토론을 지켜보는 교사는 미묘하면서도 비언어적인 행동으로 학습자의 의견에 동의하는지의 여부를 드러냄으로써 이러한 기준을 강화시킨다. 토론 리더들은 고개를 끄덕이거나, 눈썹을 치켜세우거나, 눈을 마주치거나 회피함으로써, 또 가끔은 실망감이 담긴 한숨, 명백하게 어리석은 혹은 뛰어난 특정 언급에 대한 놀랍다는 미묘한 숨소리,

다양한 몸짓을 통하여 토론 그룹 구성원들이 기준을 잘 따르고 있는지 혹은 기준에서 멀어지고 있는지를 은연중에 표현한다. 성인학습자들은 토론 리더들이 토론 참여에 관한 기준을 재정의하기 전까지는 그 참여 기준을 충족시키기 위해 부단히 노력할 것이다.

이 장에서 나는 푸코가 실제로는 비판성의 계몽적 전통에 도전하는 포스트모더니스트라는 몇몇 주장에도 불구하고 그의 권력에 대한 분석이 분명하게 비판적 전통 안에 포함되었다고 주장하였다. 푸코를 읽는 것은 우리가 명백하게 인정하는 해방적 실천이 실제로는 권력관계를 미묘하게 영속시키는 것이라는 것을 이해하도록 돕는다. 성인교육자들이 자부심을 갖는 참여적 실천은 그것이 그들의 의도와는 전혀 다르게 차별을 강화하고 있다는 것을 지적하고 있다. 푸코는 세상에는 좋은 사람(경험적 · 대화적 실천을 통해 지배권력을 무너뜨리려는 민주적인 성인교육자)과 나쁜 사람(성인학습자들의 공동의제를 강화함으로써 지배 이데올로기와 지배권력을 재생산하려는 훈련가)이 있다는 성인교육자들의 확신을 의심하게 만든다. 앞 장에서 설명한 성인교육에 대한 그람시적인 접근 방법이 적을 규명하는 데 초점을 두었다면, 푸코적 접근 방법은 그 적이 바로 우리 자신일 수 있다는 사실을 깨닫게 한다.

제6장

소외 극복하기

- 프롬이 마르크스에게 진 빚
- 자본주의 사회의 성격
- 자본주의의 소외적 성격
- 성인의 삶에서 소외의 형태
- 기계적 순응
- 민주적 참여로서의 성인학습
- 급진적 사랑과 성인교육학

사람들은 비판이론을 접할 때 모종의 거리낌을 느낀다. 이러한 경계심은 비판이론의 내용에서 기인하기도 하지만 부분적으로는 비판이론의 표현 방법에 그 원인이 있다. 1장에서 언급했던 마르크스 공포증을 서서히 극복해 나간다고 하더라도, 여전히 복잡한 헤겔 사상에 기초한 독일 전통철학을 편하게 이해하기란 쉽지 않다. 『성공한 이론가들의 일곱 가지 습관』이라는 책에서라면 몰라도 '접근하기 쉬운(accessible)'이라는 단어는 비판이론과 쉽게 어울리지 않는다. 하지만 실제로 훌륭한 이론으로 대중의 지적 영역을 자극하고 폭넓은 독자층을 확보한 이론가들도 있다. 비판이론에서는 에리히 프롬(Frich Fromm)이 그러한 이론가다. 『사랑의 기술(The art of Loving)』(1956)의 서문에서 "가능한 한 최선을 다해 기술적이고 난해한 언어의 사용을 지양함으로써 불필요한 복잡성을 피했다."(p. vii)고 밝힌 것처럼, 그는 대부분의 저서에 이 원칙을 적용했다. 프롬은 비판적 전통으로부터 아이디어를 도출해 내면서도 일반 독자가 쉽게 접근할 수 있는 용어와 일관성으로 글을 써 오고 있다. 『옥중서고(Selections form the Prison Notebooks)』, 『독일 이데올로기(The German Ideology)』, 『레닌과 철학(Lenin and Philosophy)』 같은 책을 꺼리는 독자들 중에는 프롬의 글을 꾸준히 읽고 사랑하는 두터운 독자층이 있다.

프롬의 사상에 대한 접근 가능성은 그 자신에게 동시대적인 비판이론을 향유하지 못하게 하는 원인이기도 하다. 포스트모더니즘의 해체주의, 본질적 자아의 관점에서 볼 때, 프롬이 모든 개인이 자신만의 독특한 핵심적인 신념을 소유할 수 있다고 본 것은 다소 우스꽝스럽다. 프롬은 "신념이나 감정의 변화와 상관없이 어떤 환경에서도 유지되는 우리의 핵심인 자아의 존재"(1956b, p. 123)를 자신 있게 주장한다. 그 핵심은 "'나'라는 단어의 실재"인 동시에 "자신의 정체성의 신념에 기초한 실재"(p. 123)다. 정체성이란 한 사회의 영향력으로부터 결코 자유로울 수 없다는 전제에 기초한 포스트모더니스트들에게 프롬의 핵심적 자아의 개념은 용납되지 않을 것이다. 배그널(Bagnall, 1999)이 지적한 대로, 포스트모더니즘의 관점에서 정체성은 자신의 의지에 따라 언제든지 구성되고 재구성될 수 있는 가변적인 것이다. 동일한 사람일지라도 상황에 따라 매우 모순적으로 생각하고 행동할 수 있다. 핵심적 자아, 정체성의 안정성에 대한 프롬의 자신감은 포스트모더니스트들에게는 너무 순진한 발상처럼 보인다.

프롬은 또한 최근의 성차별적인 발언으로 곤란을 겪고 있다. 그는 인간의 욕구와 욕망, 희망, 잠재력을 설명할 때 인간보다는 '그(he)' 또는 '그의(his)'라는 표현을 사용한다. 20세기 중반의 글 쓰는 방식을 감안한다 하더라도 여성(women)이라는 언급이 전혀 없었다는 것은 가히 충격적이다. 프롬은 인문학 분야에서 인간(humanity) 대신에 'man'이라는 표현을 사용하는 것이 "인본주의적 사고의 오래된 전통"(1976, p. 10)이라고 주장한다. 하지만 프롬이 이 저서를 모국어(독일어)가 아닌 영어로 저술하면서, "독일어에서는 사람들이 성차별적 요소를 지니지 않은 단어를 사용해야 할 때 Mensch(person)를 사용한다."(p. 10)고 언급했다는 것을 기억하는 것은 매우 중요하다.

프롬은 성에 대한 연구에 많은 시간을 할애하였다. 아마 이 점이 성인교육의 비판이론에서 그가 상대적으로 주목을 덜 받는 이유인지도 모른다. 그는 통합적이고 건강한 성격을 남성성과 여성성이 적절하게 융화된 상태로 보았다. 남성적 성격은 '통찰력, 지도력, 활동성, 단련과 모험심'으로, 여성적 성격은 '생산적 수용력, 보호심, 현실성, 인내, 모성애'(1936b, p. 36)로 묘사한다. '각 개인은 이 두 가지 특징을 공유한다.'(p. 37)는 그의 경고에도 불구하고, 현대 비판이론가들은 성에 대한 본질주의자적인 관점을 채택할 것처럼 보이지 않는다. 프롬은 그의 후기 저서인 『소유냐 존재냐(To Have or To Be)』에서 이러한 관점을 다소 수정하고 있다. 건강한 성격은 "남성성과 여성성의 양극화를 서로 부각시키는 것이 아니라 두 가지 성격의 특징이 반작용을 극복하고 조화롭게 통합된 것"(p. 144)으로 보고 있다. 그러나 퀴어 이론, 게이, 레즈비언, 양성애자, 성전환자 연구의 비약적 발전이 있었던 지난 30년간의 상황을 감안할 때, 프롬의 여성성과 남성성의 이상적인 양성화에 대한 그의 언급—"동성애적 편향은 양성성이 조화롭게 통합되지 못한 실패의 예다. 따라서 동성애자들은 결코 융합될 수 없는 분리감에서 고통받는다."(p. 34)—은 충격 그 자체다.

『소유냐 존재냐』(1976)에서는 성차별적 언어 사용에 관한 그의 의식의 변화를 엿볼 수 있다. 그는 서문에서 "나의 사고 자체보다 나의 언어 사용이 훨씬 중요하다는 것을 일깨워 준" 여성 동료에게 감사를 전하면서 "모든 '남성 지향적' 언어의 사용을 자제했다."(p. 10)고 밝히고 있다. 프롬은 여성의 가부장적 지배로부터의 해방은 남성의 책임이라는 미묘한 함축적 의미로 가부장제를 논하고 있기는 하나 "여성은 가부장적 지배로부터 해방되어야 한다."(p. 186)는 가부장제에 대한 분명한 태도를 취하고 있다. 프롬에게 여성해방운동의 중요한 의미는 "현대사회의 권력(자본주의자와 공산주의자들 모두)에 대한 위협"(p. 188)이라는 점이었다.

이러한 결점을 이해한다면 프롬의 본질적 급진주의는 재이해되어야 한다. 현대사회에 대한 그의 분석과 성인교육이 합리적 사회에서 중요한 역할을 한다는 그의 신념은 분명 마르크스적 자본주의—특히 일과 학습의 소외성의 측면에서—에 기초하고 있다. 『마르크스 프로이트 평전(Beyond the Chains of Illusion)』(1962)에서, 프롬은 공산당 선언(The Communist Manifesto)을 "뛰어나고도 명료한 역사의 분석"(p. 150)이라고 극찬한다. 그는 나아가 "소련 공산주의를 대표하는 천박한 모조"라는 표현이 아니라 "진정한 마르크스, 급진적 휴머니스트"(1976, p. 25)라는 표현으로 이를 찬사하고 있다. 분명히 프롬의 주된 관심은 마르크스주의자 분석에 그 기원을 두고 있었다. 또한 『희망의 혁명(The Revolution of Hope)』(1968)의 서문에서는 "이 책은 나의 기존의 모든 저서처럼 개인적 · 사회적 현실과 현상 유지(status quo)라는 목적을 위해 오용되고 조작되는 귀중한 가치로서의 이데올로기를 구별하는 데 중점을 두고 있다."(p. vii)고 명시하고 있다.

프롬에게는 이데올로기적 혼란을 꿰뚫어 보고 그것이 야기하는 소외를 극복하는 것이 성인기의 학습이다. "허위의식으로서의 이데올로기"가 팽배한 현대사회에서 “교화, 보상, 처벌이라는 복잡한 과정을 통해 이데올로기에 적응해 가는 대부분의 사람은 자신들의 의지가 조장되고 통제된다는 것을 깨닫지 못한 채 의지대로 생각하고 행동한다고 착각한다.”(1976, p. 83) 저항의 원동력으로서의 성인교육은 사람들이 이데올로기적 조작을 깨닫게 하고 참여적 민주주의를 학습시키는 역할을 할 수 있다. 그러한 참여적 민주주의에서 사람들은 “사회적 기준을 충족하는 최대 생산이 아닌 최적의 인간 발전”을 가능하게 하는 “사회적 · 경제적 시스템에 대한 통제력”(1968, p. 101)을 회복할 수 있다. 프롬의 관점에서 민주적 생활의 핵심은 일터를 인간의 창의성을 신장하는 장으로 만드는 것이다.

프랑크푸르트 학파와 관련된 학자 중 프롬은 비판적 전통과 상관없는 비마르크스주의자를 비롯하여 가장 많은 독자를 확보한 학사다. 그 이유는 무엇일까? 아마 그의 저작들이 마르크시즘뿐만 아니라 인본주의—가끔은 급진적 인본주의—라는 사상으로 잘 치장되어 있는 것이 한 가지 이유가 될 것이다. 현대 성인교육자들에게 인본주의는 자기실현이라는 개념과 잘 어울리는 동시에, 로저스(Rogers), 매슬로(Maslow), 알포트(Allport) 등의 사상과도 조화를 잘 이룰 수 있기 때문이다. 인본주의적 성인교육 관점은 대개 성인학습자의 개성을 존중하고 성인학습자 자신의 잠재력을 찾도록 도와주는 것을 기본으로 하고 있다. 성인교육 실제의 기저에 흐르고 있는 정치적 영향력을 간과하는 경향이 있고, 자기실현이 정치 · 경제적 상황에 따라 특정 사회계층의 사치가 될 수 있다는 현실에 크게 주의를 기울이지 않는다. 반면 프롬의 규범적 인본주의(normative hamanism)는 투쟁적이고, 마르크스적 인본주의이며, 개인의 잠재력 실현은 사본주의적 소외를 폐지하고 민주적 사회주의를 건설할 때 가능한 것이다. 그러나 프롬의 사상이 결국은 인본주의로 불리기 때문에 마르크스주의자라는 호칭을 꺼리는 성인교육자들에게는 매우 유혹적이다.

프롬은 자신을 사회적 심리학자로 보면서 사회비평만큼 개인 심리학을 강조한다. 그는 무엇보다 현대적 삶을 이해하기 위해서는 반드시 사회학적 · 심리학적 이해가 선행되어야 한다고 주장한다. 『사랑의 기술』(1956b) 같은 심리학 관련 그의 저서들은 유럽보다는 미국의 학문적 전통에 영향을 받은 성인교육학자들에게 친근하게 읽힐 만한 성향과 용어를 담고 있다. 『건전한 사회(The Sane Society)』에 나타난 삶의 의미와 목적에 관한 다음의 글에서 에머슨주의자(Emersonian)들의 영향력을 생각해 보자. "삶의 목적은 자신의 삶을 열정적으로 살아가고, 자립적인 인간이 되며, 깨어 있는 삶을 살아가는 것이다. 거대성에 압도되는 유아성에서 벗어나 비록 무한하지는 않더라도 자신의 실제적 신념을 쌓아가는 것이고, 우리 모두는 각자 이 우주에서 가장 중요한 존재인 동시에 한 마리의 날벌레나 풀잎 하나보다 중요하지 않다는 역설을 받아들이는 것이다." (1956a, p. 204) 발달심리학 또는 인본주의적 심리학을 연구하는 성인교육자들이나 페리(Perry), 콜버그(Kohlberg), 로저스, 놀스(Knowles)는 정신적으로 건강한 사람들이 "인생에서 직면하는 가장 중요한 의문 중 하나인 불확실성을 받아들이는 능력과 자신의 사고와 감정에 대한 믿음을 지니고 있다." (p. 204)는 프롬의 주장을 행복하게 받아들일 것이다.

나는 이 장에서 개인학습자의 심리학적 관점을 다루고 있는 프롬의 비판적 이론의 목소리가 북미에 있는 청중들에게 가장 친근한 것임을 주장하고 싶다. 프롬은 비정치적 독자들이 가장 잘 받아들일 만한 용어로 그의 글을 써 내려가면서도 자본주의를 비판하는 마르크시즘에 기초하고 있다는 것을 해명할 필요 없이 자연스럽게 북미 성인교육 전통에 매우 중요한 영향을 끼친 인물이다. 이는 특히 프롬이 자본주의적 소외로부터 자유로운 건강한 사회와 성인교육의 직접적 연관성을 지적하였기 때문일 것이다. 대중을 위한 마르크시즘 서적인 『건전한 사회』(1956a)에서, 프롬은 "건전한 사회는 아이들에게 제공되는 교육의 기회처럼 성인을 위한 교육 가능성이 충분히 제공되는 사회다." (p. 207)라고 주장한다. 성인들이 그들이 직면한 소외를 이해하고 그에 저항하기 위해서는 역사와 심리학이 서로 맞물려 파시스트나 전체주의 지도자들에게 유리한 사회를 구축하는 역할을 할 수 있다는 것과 그 맞물림이 기계적 순응을 쉽게 유도한다는 것을 먼저 이해해야 한다. 아동이나 청소년들은 이러한 문제의식을 갖기가 쉽지 않다. 프롬의 의견은

"이 문제를 이해하기 위해서는 대학생 연령대의 사람들이 지니는 그 이상의 상당한 경험이 필요하다. 30대나 40대에 해당하는 많은 사람이 이러한 학습에 훨씬 적절하다."(p. 346)는 것이다.

프롬이 마르크스에게 진 빚

프롬의 현대사회에 대한 비판과 그것의 성인교육에의 적용은 주로 자본주의 사회에서 노동이 개인의 창의성이나 정체성과 완전히 구별되어 대상화된다는 마르크스적 사고에서 비롯된 것이다. 1961년 프롬은 마르크스의 『경제학 및 철학 수고(Economic and Philosophic Manuscripts)』(1844)에 자신의 해석을 덧붙인 『마르크스의 인간 개념(Mark's Concept of Man)』을 출간한다. 그는 '소외된 노동'이라는 이름으로 자본주의 경제에서는 "개인 노동자는 상품 수준—그것도 가장 비참한—으로 전락한다."(Marx, 1961, p. 93)는 마르크스의 기본적인 사상을 설파하고 있다. 이 글에서 마르크스는 독점 자본주의(monopoly capitalism)의 발전이 결국은 소규모 기업을 몰락시킨다고 본다. 마르크스는 자본주의 경제에서는 "경쟁은 소수의 독점적 자본 축적이라는 필연적 결과를 초래한다."고 주장하면서 독점 자본주의의 발전을 "더욱 비참한 형태로 독점 기업이 부활되는 것"(p. 93)으로 보았다.

독점 자본주의의 문제점은 프롬의 저작에서 반복적으로 언급된다. 『사랑의 기술』(1956b) 같은 대중을 겨냥한 책에서도 근대 자본주의 사회에서 "우리는 더 이상 자본을 통제하기 어려운 자본의 집중화 현상을 목격하고 있다."(p. 84)고 말한다. 자본을 소유한 자들은 노동자들에게 자본가들의 이익을 극대화시키는 상품—"노동, 인간, 살아 있는 모든 것보다 우월한 가치를 지닌"(p. 84)—의 생산을 명령한다. 이러한 체제에서의 노동은 육체적인 피로와 정신적인 고갈과 더불어 근본적으로 창의성을 소멸시킨다. 무엇보다 가장 심각한 것은 삶의 의미를 생각할 기회를 박탈당한다는 것이다. 인간의 노동으로 생산된 결과물은 그들 자신의 창의성이나 정체성과는 아무런 상관이 없는 것들이다. "인간 노동의 결과인 생산물은 노동자 자신과는 소외된 대상인 동시에 노동자와 분리된 권력이 된다. 인간의 노동은 객관적인 대상으로 구체화되는 대상화(objectification)의 과정을 거치게 된다."(Marx, 1961, p. 95)

프롬이 즐겨 사용했던 대상화의 개념은 성인학습 과정을 해석하는 데에도 활용될 수 있다. 의무적인 평생교육 프로그램이나 기업의 직원교육 프로그램에서는 에세이, 시험 점수, 보고서 등의 외적 권위가 개인 학습자의 지적 관심이라든가 학습자 자신을 소외시키는 것을 흔히 볼 수 있다. 그러한 시험은 학습자 자신의 창의성이나 정체성을 확장하는 것과는 아무런 상관없는 것들이다. 대신 그것은 학습자가 거의 관여할 수 없는 정형화된 기준으로 학습자의 수행 능력을 향상시키도록 압박한다. 성인교육의 저명한 행동가 마일스 호튼(Myles Horton)은 "시험 점수화되고 통제되는 성인교육은 인간을 예측된 결과를 충족시키는 기계로 취급한다."(Horton, 2003, p. 225)고 신랄하게 비판하였다.

노동이 대상화될 때, 노동자의 감정에는 특별한 현상이 발생한다. 노동자들은 그들의 노동과 점점 분리되고, 자신의 노동에 아무런 영향력을 끼칠 수 없음을 느끼게 된다. '소외된 노동'에서 마르크스는 "노동자들이 자신의 일에 몰입할수록 그들 앞에 놓인 물질세계의 힘은 더욱 강력해지는 반면, 노동자의 내적인 삶은 초라해지고 노동자 자신을 점점 잃어 간다."(Marx, 1961, p. 96)고 말했다. 노동자들이 물건의 생산에 전념할수록 그들이 생산하는 물건의 힘이 강화되면서 노동자 자신의 고유한 정체성은 사라져 간다. 마치 인형에게 생명력을 불어넣어 그것을 통제하려는 정신 나간 복화술자처럼 "상품의 생산에 그들의 삶을 쏟아붓는 노동자들에게 그들의 삶은 더 이상 그들의 것이 아니라 그들 자신을 소외시키는 적대적 권력으로 작용하는 상품의 것이 된다."(p. 96) 현대인의 삶의 비극은 단지 자본가들의 착취와 지배뿐만 아니라 '낯설고 적대적인 세계'(p. 99)로 보이는 물질세계에 압도되어 살아간다는 것이다.

수많은 성인교육자들이 지속적으로 자발적 성인교육의 중요성을 강조하는 이유는 성인학습자들의 실제적 욕구와 내적인 열망과 관련 없는 학습들이 얼마나 대상화될 수 있는지에 대한 의구심 때문이다. 린드만([1926] 1961)에서 호튼(1990)에 이르기까지 성인교육 학자들은 성인학습자들이 자발적으로 학습 프로그램 디자인에 참여할 수 있을 때 진정한 성인학습이 일어난다는 것을 주장한다. 이러한 전통은 의무적 성인학습에 부정적이다. 대신 진정한 성인교육은 그들의 지역사회를 이해하고 변화시키는 데 필요한 기술과 지식을 습득하도록 돕는 것이라는 점을 강조한다. 이런 학습은 교사와 학습자의 역할이 상호 교환되는 학습 과정 중에 성인의 경험을 협동적으로 분석함으로써 가능하다. 이와 같은 전통을 추구하는 성인교육자들은 학습자로 하여금 무엇을 어떻게 학습하기를 원하는지 결정하게 함으로써 참여적 민주주의의 특징을 최대한 끌어내도록 노력한다.

프롬의 저작들에서 반복적으로 출현하는 대상화, 상품화, 소외에 관한 마르크스주의자의 관점은 그의 규범적 인본주의를 표현하는 것들이다. 프롬은 마르크스를 언급하는 중에 마르크시즘을 정치적 신념이라기보다 "세속적 언어로 표현된 영적 실존주의"(1961, p. 5)라고 주장한다. "마르크스는 인간의 영적인 해방, 경제적 결정주의라는 사슬로부터의 자유, 전체적 인간의 재구성, 타인과 자연과의 조화"(p. 3)라는 목적을 품고 있었다. 프롬은 마르크스의 주된 관심이 경제적 소득의 평등이 아니라고 보았다. 마르크스는 주로 인간을 소외시키는 노동의 문제점을 지적했다. 프롬은 『자본론(Capital)』을 인용하면서 마르크스의 "자본주의 생산체제는 노동자라는 인간을 파편화하고, 인간을 기계의 부속물 수준으로 강등시키며, 노동에 남아 있는 최소한의 숭고함마저 처절한 고역으로 전락시킨다."(p. 52)는 관점을 강조한다. 프롬에게 자본주의에 대한 마르크스의 핵심적 비판은 부당한 부의 분배가 아니라 노동을 강압적이고 의미 없는 소외된 활동으로 악용하고 전락시키는 것이었다.

실제로 프롬의 소외에 대한 분석은 마르크스의 초기 개념을 확장하고 강화하였다. 마르크스는 "수많은 사람의 운명이 되고 있는 소외의 강도와 만연"(Fromm,

1961, p. 56)을 경시했다. 현대사회에서 사람들은 "물질을 숭배하고, 기계는 이 물질을 생산한다. 이러한 소외된 사회에서 그들은 스스로를 외로운 이방인으로 간주한다."(p. 57) 『자유로부터의 도피(Escape from Freedom)』(1941), 『자립적 인간(Man for Himself)』(1947), 『건전한 사회』(1956a) 같은 책에서 프롬은 소외의 개념을 노동의 세계에서 정치학, 여가, 친밀한 관계의 영역까지 확장한다. 상품화는 심지어 우리의 언어까지 침투해 "우리가 말하는 방식은 고도의 소외를 표현하고 있다."(1976, p. 31) 프롬은 우리가 흔히 사용하는 구어 표현 "I have a problem"에 나타나는 상품화의 이미지를 떠올려 볼 것을 제안한다. 우리는 "I am troubled"라는 표현 대신 "I 'have' a problem"이라고 말함으로써 주관적 경험을 배제시킨다. '나(I)'라는 경험적 주체는 '그것(it)'이라는 소유의 개념으로 대체된다. 나 자신(myself)을 '문제(a problem)'로 전환시킴으로써 나 자신은 물질(문제)의 소유가 된다."(p. 31) "자신을 상품으로 간주하거나 동시에 팔리는 물건, 팔려야 할 대상"(p. 146)으로 보는 이러한 언어의 상품화는 현대 삶의 모든 측면에서 나타나고 있다.

소외와 대비되는 개념으로, 프롬(1965)은 인본주의적 또는 공동체주의적 사회주의를 제안했다. 이 개념은 소득의 평등이나 부의 분배를 강조하지 않는다. 대신 노동자들이 생산의 속도와 형태를 조절할 수 있는 작업의 장, 공간을 강조한다. 서로 단절되고 자신의 창조적 에너지를 발산할 수 있는 기회가 박탈되는 장이 아니라 노동자들이 인본주의적 또는 공동체주의적 사회주의 체제 안에서 노동을 조화롭고 창의적인 활동으로 경험하는 곳이다. 프롬은 마르크스의 사회주의에 흐르고 있는 인본주의적 요소로부터 이 개념을 도출해 냈다. 그는 "마르크스적 사회주의의 주된 목적은 인간의 진정한 욕구를 인식하고 깨닫는 것이다. 그것은 생산이 인간을 위해 봉사하고, 자본이 인간의 허위 욕구를 창조하고 인간을 이용하는 것을 멈출 때 가능하다."(1961, p. 59) 프롬에게 사회주의는 경제적인 배치를 뛰어넘은 인간의 창의성에 관한 것이다. 그것은 "인간이 생산, 노동, 동료, 자신, 자연으로부터의 소외를 극복하는 생산의 형태와 사회조직"(p. 59)을 의미한다. 사회주의적 인간이란 사람들이 서로 연결되어 있음을 느끼고, 그들 자신의 창의적 원동력을 발견하고 행사하는 동시에 자연환경과의 상호작용을 깨닫는 이를 말한다. 그러한 사회에서 한 인간은 "자신을 알아 가고 세계를 이해하면서 세계와 하나가 될 수 있다."(p. 59)

프롬은 하버마스의 사회주의—사람들이 추구하는 삶에 관한 가장 자유로운 대화를 가능하게 하는 시스템—를 여러 면에서 예견하고 있다. 하버마스는 "사회주의는 단지 그것이 사람들이 이해할 수 있는 삶의 해방을 위한 필요조건의 전형이 될 때 유용하다."(Habermas, 1994, p. 113)고 주장한다. 비슷하게 프롬은 사람들이 자신들의 열망과 제한된 자원으로 어떻게 이를 실현할 수 있는지에 대해 끊임없는 대화가 가능한 시스템으로서의 참여적 · 민주적 사회주의를 강조한다. 프롬의 공동체주의적 사회주의는 참여적 민주주의의 원칙을 실현하기 위해 고군분투하는 오늘날의 성인교육의 교실을 의미하는 것이 아니다. 그러한 교실에서의 목적은 분명 학습자들의 거짓 욕구(false needs)를 충족시키려는 것이 아니라 학습자들의 진정한 욕구를 실현하려는 것이어야 한다. 거짓 욕구란 효과적으로 경쟁에서 살아남는 법을 학습하고, 진정으로 필요하지 않는 것을 더욱 많이 소유하는 방법을 학습하며, 특권층이 향유하는 문화적 유형에 자신의 사고와 행동을 적응시키는 방법을 학습하는 등으로 지배적 문화를 무비판적으로 모방하는 학습 욕구다. 개인 학습자들이 학습과 동료 학습자들로부터 소외되는 것을 극복하기 위해서는 성인교육이 협동적 학습을 강조해야 한다. 진리, 아름다움, 지식의 추구는 협동적 학습 대상의 예외가 될 수 있다. 공동체주의적 사회주의로서 성인교육은 모든 학습자의 목소리가 평등하게 존중되는 학습의 지향점에 관하여 학습자들이 지속적으로 대화할 수 있는 장을 구축하는 것이다.

프롬은 공동체주의적 사회주의와 "노동자를 속박의 상태에 방치하는"(1956, p. 285) 국가사회주의를 구별하는 데 각별한 주의를 기울였다. 그는 스스로 사회주의 국가라고 칭하면서도 실제로는 이상적 사회주의를 왜곡시킨 전체주의 국가를 신랄하게 비판하였다. 이러한 왜곡은 비공산주의자들이 민주주의와 사회주의의 관련성을 탐구할 최소한의 가능성을 박탈해 버렸다. 프롬에게 "사회주의는 관료적 사회, 물질 중심주의 사회, 소비 지향적 사회, 특히 소련의 체제를 특징 짓는 물질주의, 지성주의와 양립할 수 없는 것이다."(1976, p. 157) 사회주의의 중요한 목적은 "거대한 경제적 힘을 휘두르면서 그 영향력에 그들의 운명이 달려 있는 사람들을 고려하지 않는 자들의 비밀 원칙을 제거하는 것이다."(1941, p. 299) 독단적이고 부당한 권력의 행사는 자본주의 사회에서뿐만 아니라 전체주의적 사회주의 국가에서도 빈번히 발생하였다. 프롬은 "인간을 조종하는 대신 적극적인 협력을 가능하게 하는, 그래서 사람들의 삶의 목적을 실현하기 위해 작동하는 합리적 경제 체제"(p. 300)를 추구했다.

사회주의의 필요성에 대한 그의 강력한 주장은 냉전이 한창이던 후기 매카시즘 시대에 주를 이룬다. 프롬은 쿠바 미사일 위기가 발생한 그 이듬해에 출간된 책에서 사회주의적 이상을 "서구 사회에서 가장 중요하고 진정한 영적인 운동"(1961, p. 142)이라 일컫는다. 그는 『건전한 사회』(1956a)에서 소외를 극복하는 "유일한 건설적인 해결책은 우리 경제, 사회 체제를 근본적으로 재조직하는 데 목적을 두고…… 인간적 유대와 이성 및 생산을 발전시키는 사회주의"(p. 277)라고 주장하면서, 사회주의를 "우리 시대의 가장 의미 있고 이상적이며 도덕적인 운동"(1956a, p. 247)이라 부른다. 사회주의자들의 일터는 "모든 노동자가 능동적이고 책임감 있는 참여자이고, 노동은 매력적이고 의미 있는 것이며, 자본이 노동을 고용하는 아니라 노동이 자본을 고용하는 곳이다."(p. 283) 프롬의 분석에 따르면, 일터에서의 학습은 사람들의 거짓 욕구를 충족시키고 소수의 부를 창출하는 재화가 아닌 유익하고 아름다운 무언가를 생산해 내는 인간의 감각을 향상시키는 것임이 틀림없다.

자본주의 사회의 성격

프롬은 분명 마르크스를 비판이론 전통의 중심에 두고 있지만 무엇보다 "마르크시즘에서 적절히 다루지 않은 중요한 문제" (1965, p. 233)들을 제시하였다. 그것은 "한 사회의 구성원이 사회 체제로부터 고통받고 있을 때 사회에 충성하지 않는 것이 가장 좋은 해결책임을 아는데도 그 사회는 구성원으로부터 충성을 이끌어 내는 데 성공하는 이유는 무엇일까?" (p. 233)라는 의문이다. 프롬의 대답은 『건전한 사회』에서 핵심 요소인 '사회적 성격(social character)'에 있다. 그는 사회적 성격이 일정한 사회의 특수한 존재양식에 적응한 결과라고 본다. 사회적 성격은 "동일 문화권의 대부분의 구성원이 소유하는 구조적 특성의 핵심이다." (1956a, p. 78) 분절화된 정체성, 가상현실, 문화적 다양성을 강조하는 21세기에 사회적 성격은 프롬의 개념 중 가장 취약한 부분이다. 실제로 프롬이 주장하는 "행복 추구, 조화로운 사랑, 자유" (p. 81) 같은 선천적인 인간의 욕구에 대한 강조는 다소 현대적 감성에 우스꽝스러워 보인다. 오늘날 프롬이 그랬던 것처럼 "고정 불변하는 인간 본성의 특정 요소가 존재한다." (1941, p. 37)고 주장하는 성인교육학자들은 거의 없다.

그러나 프롬은 사람들이 어떻게 이데올로기적 지배에 저항하고 그들의 경험과 문화를 만들어 가는데 능동적인 역할을 할 것인지에 대해 분명 현대적 감성을 자극하고 있다. 인간은 "문화가 마음대로 글을 써 내려갈 수 있는 백지가 아니라" (1956a, p. 81), 이데올로기적 조작에 맞설 수 있는 주체들이다. 실제로 프롬의 사회적 성격의 발달에 관한 사상은 사람들이 기존의 사회 체체를 유지하기 위한 관습과 성향을 학습함으로써 이데올로기화되는 과정을 설명하는 데 가장 적절하다. 프롬 자신도 이런 맥락으로 그 개념을 설명하곤 하였다. 어떻게 사회적 성격이 이데올로기적 지배를 가능하게 하는지를 분석하는 글에서, 그는 "특정 사회의 지속적인 작동을 가능하게 하는 인간의 에너지를 형성하고 전달하는 것이 바로 사회적 성격의 기능이다." (p. 79)라고 언급한다.

자본주의 사회에서 사회적 성격은 특정한 형태를 취한다. 프롬에 따르면, "근대 자본은 쉽게 타협하고, 더 많이 소비하기를 원하고, 정형화된 기호를 가지고 있고, 쉽게 영향받고 예측할 수 있는 사람들을 원한다." (1956b, p. 85) 그리고 자본주의가 발달할수록 "자신의 일에 최대한의 에너지를 쏟아붓고, 질서와 정확성을 습득한 사람들을 원한다." (1956a, p. 80) 이러한 과정에서 형성되는 사회적 성격은 사람들이 어떠한 종류의 인간 조종이나 조작을 자각하지 못하게 하는 특성을 띤다. 따라서 "일의 필요성, 시간의 정확성, 질서는 내적인 욕구로 자리 잡는다. ……사회는 이러한 욕구가 내면화되는 곳에서 사회적 성격을 형성한다." (p. 80) 프롬의 이러한 분석은 분명히 푸코의 그것과 맞닿아 있다. 자본주의에서 노동자들은 자신들을 기존의 사회적 · 경제적 질서에 순응하도록 단련시킨다. 그러나 이를 의식하는 사람들은 많지 않다. 푸코는 사회 구성원들이 정확한 시간 관념을 갖고 열심히 주어진 규칙을 준수하도록 '내면화' 시킴으로써 이제는 그런 것들이 사람들의 성격 구성 요소가 되었다고 말할 것이다.

프롬의 용어(사회적 성격)를 빌리자면 현대적 자본주의는 몇몇 중요한 '성격 이데올로기적 특징'을 지니고 있다. 첫째, 시장은 극단적 상황에서도 상품의 소비자가 될 수 있는 순응적인 사람들을 필요로 한다. 유순한 소비자일수록 자본주의에 적합하다. 글로벌 자본주의는 삶과 소비를 동일시하고, 특정 브랜드의 상품을 소비함으로써 그들의 정체성을 확립해 나가며, 현대적이지 않은 것을 구매하기를 꺼리는 대다수의 사람들로 번창해 간다. 국경을 초월한 기호와 소비 패턴의 표준화가 진행될수록 생산은 가속화되고 상품의 거래는 증가한다. 따라서 현대의 자본주의는 "더 소비하고 싶어 하고 표준화된 기호를 지닌 예측 가능한 사람들" (1956a, p. 110)을 생산한다. 우리는 비슷한 브랜드의 신발과 옷을 입은 사람들이 최근 출시된 컴퓨터 게임을 구매하고 막 개봉한 디즈니 영화를 보는 현상을 단순히 한 나라에서가 아니라 세계 곳곳에서 쉽게 관찰할 수 있다.

두 번째 자본주의적 '성격 이데올로기적 특징'은 바로 이데올로기적 표준화다.

"대량생산 방식이 상품의 표준화를 요구하였듯이, 사회적 과정도 '균등 · 평등'이라 불리는 인간의 표준화를 요구한다."(Fromm, 1956b, p. 16) 소비자로서 순응적 인간은 그들의 이데올로기적 순응성과 일맥상통한다. 소비자 기호의 표준화는 사회적 행동과 정치적 의견의 표준화를 유도하는 사회적 · 정치적 영역으로까지 확장된다. "명령받기를 선호하고, 요구하는 대로 행동하며, 불협화음을 내지 않는 사회적 기계"(p. 110)를 양산한다. 순응과 복종을 갈망하고 동일한 정도의 자극을 느끼고 동일한 생각을 하면서 다수의 일부가 되기를 희망하는 순응적인 인간이 되어 간다. 그들은 "순응과 복종이라는 익명적 권위에 대한 두려움에 의해 조종된다."(p. 102) 이는 파시스트와 전체주의 체제를 설명하려 했던 『자유로부터의 도피』(1941)의 기본적인 명제다.

이상의 두 가지 자본주의의 성격 이데올로기적 특징을 확인하고 논하는 것은 성인교육에 중요한 영향을 끼친다. 프롬은 미래를 위한 "로봇화(robotism, 자본주의 또는 공산주의)와 인본주의적 · 공동체주의적 사회주의"(1956a, p. 363) 사이에서의 명확한 선택을 제안한다. 공동체주의적 사회주의는 노동, 경험, 이익을 공유하는 것을 기초로 한다. 성인교육은 사람들에게 이 체제를 경험하는 기회를 제공할 수 있을 것이다. 많은 사람이 성인교육을 통하여 일상 경험을 비경쟁적으로 공유한다면, 성인교육은 협력의 동력을 경험하고 광범위한 사회적 재조정을 가능하게 하는 원형이 될 것이다.

자본주의의 소외적 성격

프롬은 자본주의의 주요한 특징이 인간을 경세적으로 대상화시키는 것이라고 보았다. "자본가들은 그들 자신의 이익을 위하여 다인을 이용한다. 사람들은 사립적인 인간이 되지 못하고 경제적 도구, 비인간적 거대 권력, 타인 또는 자신의 경제적 관심을 실현하는 도구로 전락한다."(1956a, p. 93) 경제적 관점으로 인간의 가치를 평가하는 것은 인간성, 기술, 창의성보다 물질적 가치를 우위에 두는 필연적 결과를 초래한다. 따라서 "자본주의적 계급제의 가치를 따르다 보면 노동보다는 자본이, 인간의 삶보다는 축적된 부가, 그리고 인간보다는 상품이 우위를 차지하게 된다."(p. 95) 인간의 에너지, 기술, 인격, 창의성으로 실현되는 인간성은 인간관계의 시장에서 팔려 나가야 하는 자산으로 취급되면서 고갈되기 시작한다. 자본주의에서 "시장은 물질관계에서 비롯된 인간관계의 결과물로서 인간성의 가치"(1941, p. 140)를 결정한다. 모든 인간은 "자신을 팔고 있으며 자신을 상품으로 간주한다."(p. 140)

시장의 법칙이 어떻게 인간관계를 파멸시킬 수 있는지를 묘사하면서, 프롬은 하버마스가 현대 성인교육을 신랄하게 비판했던 주제 중 하나인 생활세계의 식민화 개념을 예견했다(Welton, 1995; Newman, 1999). 프롬은 오늘날 미국 사회에 대해 "우리 문화는 상호 우호적인 교환 의지와 구매욕을 기본으로 하고 있다."(1956b, p. 3)라고 밝혔다. 비용과 편익의 관점으로 인간관계에 접근하는 문화에서 인간적 의사소통이나 인간적 감정은 왜곡된다. 경제적 교환 논리는 우리의 삶 곳곳에 침투해 있다. "시장의 법칙은 모든 사회적 · 개인적 관계에 적용되고 있다."(1941, p. 139) "교환은 자본주의 사회가 추구하는 목적"(1956a, p. 146)이자 얼마나 우리의 삶을 잘 이해하고 있는지를 보여 주는 메타포이기 때문이다. 따라서 "우리의 삶의 모든 과정은 이익을 창출해 낼 수 있는 투자로 간주되며, 나의 삶과 나와 관계 맺고 있는 사람들도 투자되고 있는 자본으로 인식된다."(p. 148) 일상적인 삶에서조차 사람들은 얼마나 열정적으로 자신이 결혼, 자녀, 우정에 '투자'하고 있는지 이야기하는 것을 당연하게 받아들인다.

대부분의 인간관계가 이런 교환의 원리에 영향을 받는다는 것을 인정할 수밖에 없는 프롬은 사랑과 우정에 관하여 비관적이다. 두 사람의 관계는 전형적인 "서로를 이용하는 두 개의 기계(인간) 사이의 인간이다. ……모든 사람은 타인의 상품이다."(1956a, p. 139) 따라서 "소외된 로봇(인간)들 사이에서 누구는 인간적 관계를 말하고, 다른 누구는 가장 비인간적인 관계를 논한다."(p. 182) 사랑에 관한 이야기를 나눌 때도 마찬가지다. 프롬의 관점에서 사람들은 "자신의 교환가치의 한계를 생각하면서 시장에서 최고로 가치 있는 사람이라고 생각되는 그들과 사랑에 빠진다." (1956b, p. 3) 사랑이 교환이라고 인식될 때 진정한 친밀감— "인간의 정직함과 고결함을 보존하는 연합" (p. 20)—은 생성될 수 없다. "사람들이 자신의 성격 패키지를 최대한 공정하게 교환하는 것" (p. 87)이 그들이 기대할 수 있는 최선의 것이다.

소외된 삶의 또 다른 형태는 예술작품에 열정적으로 관심을 쏟을 수 있는 능력을 상실하는 것이다. 프롬에 따르면 현대인들은 예술작품을 대할 때 '돈을 지불할 가치가 있는 것인가' 를 먼저 묻는다. 일, 관계, 정치, 여가 등에 관한 결정을 내릴 때도 사람들은 "이익을 창출해 내야 하는 삶" (1956a, p. 150)에 비용 · 편익 분석을 시도한다. 이러한 관점에서 삶이란 행복과 성취의 손익을 확실하게 적어 내려가는 것이다. 개인은 자신을 잘 팔릴 수 있는 인격을 지닌 사람으로 바꾸어 간다. 마케팅을 염두에 두는 사람들은 "자신의 몸, 정신, 영혼을 그들의 자본으로 보기 때문에 그 자본을 어떻게 투자하여 이익을 창출할 것인지가 그들 인생의 과업이다. 다정함, 예의, 친절과 같은 인간적 성향은 상품과 '성격 패키지' 자산으로 전환된다." (1956a, p. 143) 몇몇 사설 성인교육기관들의 안내서를 읽다 보면 수많은 과목들이 자신의 성격을 효율적으로 판매하는 방법을 가르치고 있다는 것을 발견할 수 있다.

프롬은 시장의 메타포가 우리의 가치관에 깊숙이 침투해 감에 따라 사람들이 자신의 삶에 대한 통제가 불가능하다고 느낀다고 지적한다. 결국 시장은 수많은 사람과 우리가 전혀 알지 못하는 소수의 이방인과의 의사결정이 이루어지는 교차점이다. 시장은 호 · 불황기, 수축기, 침체기, 확장기 등과 같은 우리가 예측하거나 통제할 수 없는 상황들로 둘러싸여 있다. 한 사회의 경제적 건전성 지표(예: 주식시장)는 우리가 전혀 영향력을 끼칠 수 없는 불가사의하고 종잡을 수 없는 힘에 의해 작동되는 변덕스러운 것이다. 이러한 상황에서 개인은 "내가 접근할 수 없는 압도적인 힘의 손 안에 있는 도구" (1941, p. 141)이자 극도의 무기력함을 느끼는 존재가 된다.

시장이 우리의 삶을 바라보는 렌즈가 될 때, 존재의 가치는 일련의 계산에 의해 결정된다. 프롬은 자본주의가 사람들로 하여금 자신과 타인을 표준화되고 추상적인 존재로 생각하게 한다고 주장한다. "사물과 사람을 추상적인 특성을 지닌 존재로만 접근할 때, 인간은 그들의 구체적이고도 독특한 자질을 무시하게 된다." (1956a, p. 114) 개인들은 그들의 가치가 평가되고 계산된 "양적인 교환가치가 구현된 존재"(p. 116)가 된다. 아마 기업, 정부, 노동조합의 관료들은 "사람들을 숫자화 · 사물화시켜 조작하는 데"(p. 126) 아무런 거리낌이 없을 것이다. 프롬의 관점에서 이러한 추상화와 양적화의 숭배는 집단학살 같은 도덕적 유린을 정당화시킬 수 있다는 점에서 매우 위험한 현상이다. 예를 들면, 가해자였던 나치 입장에서 홀로코스트(대량학살)는 구체적이고도 독특한 존재로 간주되지 않은 불특정 다수를 근절하겠다는 계획을 실현하는 하나의 추상적 행위일 뿐이었다. "숫자화되고 추상화되어 버린 사람들을 더 이상 구체적이고 실제적인 존재로 바라보지 않는 사람들이 아무런 도덕적 거리낌 없이 저지른 끔찍한 사건이었다." (p. 120)

성인의 삶에서 소외의 형태

프롬은 현대사회의 소외를 마르크스의 물신숭배 개념에 주로 의존하여 설명하고 있다. 미국에 만연한 마르크스 공포증에 대한 맥라렌과 웨스트(McLaren & West)의 분석에서 나타나듯이, 프랑크푸프트 학파의 이론가들이 그들의 책에서 지속적이면서 분명하게 마르크스주의자들의 개념과 언어를 사용하고 있는데도 폭넓은 대중적인 관심을 끄는 것은 아이러니하다. 마르크스의 초고에서 가져온 소외라는 용어를 프롬은 "인간이 자신을 이방인으로 경험하는 경험양식이다. ……인간은 자신을 행동의 주인으로, 자기 세계의 중심으로 경험하지 못한다." (1956a, p. 120) 이런 소외 개념은 사람들에게 그들의 에너지를 물건을 생산하는 데 쏟아붓기를 요구하는 근대 노동의 개념에 뿌리를 두고 있다. 현대사회의 일터에서 노동자들은 "그들의 삶의 에너지가 자신과는 분리된, 결국은 자신들에게 대항하는 상품을 생산하는 데 흘러 들어가고 있다."(p. 122)는 것을 발견한다.

21세기 초에 등장한 가상현실이라는 개념은 사람들이 세계를 경험하는 한 방법을 설명하는 데 사용되었다. 이 개념이 타당성이 있다면, 프롬은 분명 소외의 분석에서 선견지명을 발휘했다. 소외는 사람들이 세상에 대한 감정과 감각으로부터 멀어지게 함으로써 스스로를 무기력한 물건(대상)으로 느끼게 한다. "우리는 그 본성과 기원을 전혀 알 수 없는 물질로 둘러싸여 있다. ……우리는 물질세계에 살고 있고, 그 물질과의 유일한 연결고리는 우리가 어떻게 그것을 사용하고 소비하는가."(1956a, p. 134) 하는 것이다. 예를 들어, 카메라라는 매개체로 여행을 묘사한다고 가정해 보자. 많은 사람에게 여행의 목적은 그들이 집에 돌아와서 다시 볼 수 있는 사진과 비디오테이프를 가능한 한 많이 만들어 오는 것이다. 여행자는 "카메라라는 매개체를 통하지 않고서는 아무것도 볼 수 없고" 디지털화된 비디오테이프들은 "경험의 대체물"(1956a, p. 136)이다. 일이나 삶을 컴퓨터에 의존해야 하는 사람들은 그 시스템이 중단되었을 때의 비참한 경험을 쉽게 떠올릴 것이다. 프롬이 묘사한 대로, "개인은 엄청난 불안 상태에 휩싸이고 전문가가 와서 그 문제를 해결해 줄 때까지 비참한 시간을 견뎌 내면서 무기력함을 느낀다."(1941, p. 276)

프롬이 상품의 물신화 개념을 소비풍조의 만연에 확장시킨 것은 그것이 등장한 반세기가 지난 지금까지도 유용하다. 자본주의 사회에서 삶의 주된 목적은 우리가 생산한 상품을 소비하는 것이다. 설령, 강압적인 소비의 경험이 우리를 더욱 소외시킨다 하더라도 우리는 지속적으로 소비한다. 현대사회에서 우리는 "더 많은 상품과 더 많은 소비에 대한 끊임없는 욕구를 경험한다. 하지만 소비에 대한 열망은 인간의 실제적인 욕구가 무엇인지를 알아볼 모든 가능성을 단절시킨다."(1956a, p. 134) 우리는 프롬이 제안한 수용적 지향을 "항상 새로운 상품을 원하고 열망하는 삶"(p. 136)에서 발견할 수 있다. 창의성, 예술적 표현, 개인적 성취는 더 많은 상품을 소비하는 것과 동일시된다. 프롬은 어떻게 상품의 물신화가 소비자 윤리로 전환되고 있는지를 힘주어 설명하고 있다. "세계는 우리의 기호, 이를테면 더 큰 사과, 더 큰 가슴을 충족시켜 주는 위대한 대상이다. 우리는 영원히 희망을 품고 기다리는 존재들이자 영원히 실망할 수밖에 없는 존재들이다." (p. 166)

성인교육을 포함한 모든 교육도 상품화 과정의 예외가 아니다. 교육 시스템은 "일반적으로 사람들이 지식을 소유하도록 훈련시킨다. 대개는 그들이 노년에 소유하게 될 재산이나 사회적 지위와 비례하게 될 지식을 의미한다." (1976, p. 48) 교육기관들은 학습자들에게 "그들의 사회적 지위에 걸맞은 수준" (p. 49)의 "학습자들에게 특정 분량의 문화적 재산" (p. 43)이나 "고급 지식 패키지" (p. 49)를 제공한다. 지식은 학생들이 습득하고 저장하는 "고정된 일련의 사고 또는 이론" (p. 37)이라는 내용과 동일해진다. 교사들은 "지식의 관료적 전달자" (1968, p. 120)로 전락한다. 관료적으로 전달되는 이 상품화된 내용은 학습자의 삶과 경험으로부터 소외된다. "학생들이 누군가에 의해 만들어진 진술서의 주인이 되지 않는 이상, 학생들과 교사가 전달하는 내용은 서로에게 낯선 대상일 뿐이다." (1976, p. 37)

프롬은 마르크스의 상품의 물신화 개념을 정치적 담론의 영역으로까지 확장시켰다. "정치적 이데올로기 영역에서 말의 물신주의는 종교 이데올로기의 그것처럼 위험한 것이다." (1962, p. 159) 그는 오늘날 말은 구체적인 정치적 행동의 대체물이 되어서 특정 연설을 한다는 것은 사회적 변화를 위한 의미 있는 행위로 간주된다고 주장한다. 그러나 언어가 정치적 대체물이 될 수 있다는 생각은 정치인들이 실제로 아무것도 하지 않으면서 무엇인가 하는 것처럼 보이게 할 수 있다는 점에서 환상에 불과하다. 행동이 세상을 바꿀 뿐, 말은 세상을 바꾸지 못한다. "생각이 말의 형태를 고수할 때 바뀌는 것은 오직 말뿐이다." (1962, p. 177) 미디어와 정치적 문해 능력이 있는 성인들에게 "말은 오직 행동과 성격이 포함된 전체적 맥락하에서 의미가 있다. 이러한 요소들의 일치성이 없다면 말은 타인과 자신을 기만하는 역할을 한다. 진실을 드러내는 대신 은폐하는 도구로 전락한다." (1962, p. 159) 오웰(Orwell, 1946)의 정치적 언어의 만연이라는 관점에서, 프롬은 "프랑코(Franco, 스페인의 독재자, 1892-1975-역자 주)를 자유세계의 대표자로"(1962, p. 160) 부르는 것처럼 말의 표현이 정확히 그 반대를 의미함을 깨달아야 한다고 주장한다.

프롬의 정치적 소외는 밀(J. S. Mill)의 다수 독재의 개념을 재고하게 할 뿐 아니라 TV 광고가 주도하는 현대사회의 정치적 담론의 곡해를 떠올리게 한다. 프롬은 정치적 참여가 단지 우리와 아무런 관련이 없는 후보들 중 누군가를 선택해야 하거나 보이지 않는 거대한 기업에 의해 후원받는 초거대 정당의 누군가를 선택해야 하는 상황에 놓일 때 정치적으로 소외된다고 보았다. "정치적 지능을 점점 쇠퇴시키는 이러한 상황이 평범한 시민들로 하여금 정치적 무력감을 느끼게 하는 것은 놀랄 만한 일이 아니다."(1956a, p. 191) 정치에 대한 냉소주의가 만연하고 선동적인 정치적 광고가 판을 치는 현 상황은 매우 비관적이지 않을 수 없다. 하지만 "독점자본의 권력 확장"(1941, p. 141)이 정치적 과정과 연대하고 있다는 프롬의 지적을 떠올려야 한다. 기업 로비스트와 정치권의 유착이 당연한 현실이라고 말하기 전에, "거대하고도 비밀스러운 소수집단에 의해 행사되는 권력이 대부분의 사람들의 운명을 좌지우지한다는"(p. 141) 그의 비판을 기억해야 한다.

프롬은 그의 저작에서 성인교육을 위한 정치적 문해 프로젝트의 큰 그림을 그렸다. 성인교육 프로그램은 거대 자본이 의사결정 조직에 막강한 영향력을 행사하고 있다는 사실을 깨우쳐 줄 교과과정을 제공할 사회적 책임이 있다. 그런 프로그램에서는 무료 강연이 종종 매수되거나 특정 의견을 대중에게 전달한다거나 이를 유포하기 위해 거대 자본이 미디어를 매수하고 있다는 주제를 다룰 수 있다. 또한 미디어 산업의 위력과 아울러 주요 방송매체의 뉴스가 거대 기업 후원자에 의해 조종된다는 것도 다뤄 볼 만한 주제다. 방송망을 활용하여 흥미로운 프로그램을 다양하게 제공함으로써 시청자를 끌어들이고, 결국은 광고 수익을 극대화하는 것도 논의할 수 있을 것이다. 특히 프롬이 이렇게 소수집단이 미약하나마 정치적 영역에 영향력을 행사할 것인지를 강조한 것은 뉴먼(Newman, 1994)이 적(enemy)이라 명명한 거대 권력에 대한 연구를 선행하는 것이다. 프롬이 말했듯이

"거대하고도 비밀스러운 소수집단에 의해 행사되는 권력"이 사회의 모든 영역에서 정치적 통제력을 발휘한다면, 성인교육의 중요한 과업은 그 집단을 명명하는 데 적절한 연구와 노력을 기울이는 것이다. 뉴먼(1994)은 우리에게 "그들이 누구인지, 자본주의의 재구성을 촉진시킬 조직은 무엇인지, 그들은 어디서 활동하는지, 우리가 그들을 명명할 수 있는지, 그들의 주소지가 어디인지"(p. 149)를 물으라고 촉구한다.

21세기의 수많은 사람들에게 민주주의가 가장 희망적인 담론의 하나라는 점을 감안할 때, 정치적 소외는 분명 비극적인 현상임이 틀림없다. 프롬은 민주적 과정이 다수의 독재로 변형되고 있음을 주장하면서 민주주의를 독재로부터의 해방이라고 부르기를 거부한다. 순응과 복종의 시대를 살아가는 우리는 "점점 다수의 결정이 필연적으로 옳고, 도덕적으로 소수의 것보다 우월하며, 다수는 소수에게 도덕적 권리를 지닌다는 민주적 방법론"(1956a, p. 340)의 가정을 무비판적으로 받아들인다. 프롬은 "천만 명의 미국인은 그릇된 선택을 할 수 없다."는 광고 카피를 인용하면서 이미 사회에 만연해 있는 다수 의견의 타당성이 수용되는 인식론적 곡해를 경멸했다. 동의와 일치가 고도의 인식론적 권위를 지닌다고 생각하는 것은 "진실이 아니다."(1941, p. 14) 프롬은 "합의적 타당성은 이성 또는 정신적 건전함과 아무런 관계가 없다."(p. 15)고 본다. 실제로 합의에서 비롯된 타당성은 다양한 의견을 배제하면서 비판적 사고를 교묘하게 억압한다.

민주적인 성인교육의 교실을 구축하기 위해 힘들고 모순적인 상황을 극복해 가는 성인교육자들에게 다수 의견의 타당성은 재고의 가치가 있는 개념이다. 민주적 과정을 성인교육에 실현하기 위한 성인교육자들은 흔히 성인학습자의 학습 욕구와 학습 방법을 결정할 때 본능적으로 다수결의 원칙을 선호한다. 그러나 프롬이 지적한 대로, 성인학습 교실에서 다수의 의견은 교사의 권위, 훈시적인 정보의 전달, 박식한 누군가에 의해 결정된 교과과정을 방해하는 것이다. 쇼어(Shor, 1996), 캐일(Cale, 2001)은 얼마나 많은 성인이 인종, 계급, 성별에 대한 관습적 사고에 도전하거나 교실 안팎에서 진행되는 정치적 이슈에 개입하기를 꺼리는지—

풍파를 일으키지 않으려는지—를 연구하였다. 캐일은 작문수업에 참여한 성인학습자들이 보여 준 저항행위—학습자들에게 선택의 기회가 주어졌음에도 불구하고—가 결국은 지배적인 이데올로기를 재생산하는 데 기여하고 있다는 것을 주장한다. 그의 학생들은 논쟁적인 급진적 이슈를 선택하는 대신 친근한 주제 선택으로 일관했다.

비판이론을 실천하는 데 있어 결코 쉽게 해결될 수 없는 문제가 있다. 성인교육자들은 그들의 학습자들이 교과과정에 대한 민주적인 협상을 기대하며 가지고 온 의제들을 근본적으로 다른 각도에서 정치적으로 논쟁적인 대안을 제시하며 함께 검토할 수 있을까? 프롬은 성인교육자들은 대안적인 소수 의견에 주의를 기울여야 한다고 주장한다. 그렇지 않으면 기계적 순응 과정—타인이 사고하고 행동하는 대로 생각하고 행동하기로 선택하는—이 더욱 만연하게 된다. 다수에게 용인되지 않았다는 이유로 교묘하게 억압되는 대안적 관점이 존재한다는 것은 기계화된 순응성이 적절하고 의심할 여지가 없다는 것을 인정하는 지표다.

기계적 순응

프롬은 기계적 순응 현상에서 가장 확연하게 드러나는 소외를 깊이 있게 다룬다. 이는 『자유로부터의 도피』에서 가장 심도 있게 다뤄지고, 아울러 그의 여러 저서에 등장한다. 기계적 순응은 사람들이 자신을 다수의 일부라고 생각하게 하는 사회적 조장의 과정이다. 기계적 순응에 굴복할 때, 우리는 “거대 산업과 그들이 통제하는 대중매체에 의해 조작되는 사고, 감정, 기호를 지닌 관료적 기계의 톱니바퀴가 된다.”(Fromm, 1976, p. 12) 기계적 순응에의 도피는 프롬이 제시한 자유에 대한 두려움(다른 유형은 파시스트와 독재자들에게 굴복함으로써 피난처를 찾는 것이다)의 한 유형이다.

프롬은 『자유로부터의 도피』에서 세속주의의 팽배는 사람들의 사고와 삶의 방식에 대한 폭을 넓혀 주었다고 본다. 하지만 대부분의 사람에게 이러한 인식은 즐거움이라기보다는 두려움으로 다가온다. 『자유로부터의 도피』의 중심 명제는 "인간 자유의 증가는…… 고립, 불안정성, 세계에서 자신의 역할에 대한 의심, 삶의 무의미함, 무엇보다 자신이 얼마나 무기력하고 보잘것없는 존재인지를 느끼게 한다."(1941, p. 51)는 것이다. 자유의 공허함은 사람들에게 두 가지 길로 도피하게 한다. "하나는 전체주의 사회에서 그랬던 것처럼 독재자들에게 복종하는 것이고, 다른 하나는 민주사회에 만연한 기계적 순응이다."(p. 155)

기계적 순응은 가장 미묘하면서도 유혹적이지만 궁극적으로는 가장 소외와 닮아 있다. 개인은 "자신을 잘 먹고 잘 입는, 그러나 기계의 부품이지 자유인이 아닌 기계의 톱니바퀴로 자신을 전환시킴으로써"(1941, p. xii) 자유의 부담감에서 벗어나려 한다. 사람들은 다음과 같이 생각함으로써 자유를 인식하면서 느끼게 되는 걱정에서 벗어나려 한다. "내가 다른 사람과 비슷하다면, 나만의 특별한 생각이나 감정이 없다면…… 나는 안전하다. 나는 고독을 경험하지 않을 것이다."(1956b, p. 13) 기계적 순응의 미묘함은 사람들이 순응에 대한 압박을 외부로부터가 아니라 자기 내부로부터 느끼는 것이다. "사람들은 요구받는 것보다 훨씬 더 순응하기를 원한다. 적어도 서구 민주주의 사회에서는 그렇다."(p. 13) 사람들은 익명적 권위—상식, 여론, 관습적 지혜—에 순응하고 복종한다. 프롬은 푸코의 용어를 빌려 사회적 관습과 정치적 이데올로기에 의해 애매하게 된 여론의 힘을 얻은 "익명적 권위는 보이지 않는 명령이자 명령자."(1941, p. 190)라고 주장한다. 옳은 사고와 행동에 관한 정보는 우리의 문화적 DNA에 새겨진다.

프롬의 기계적 순응은 또한 그람시의 헤게모니 개념을 떠올리게 한다. 익명적 권위의 힘은 그것의 만연성과 불가시적인 특성에서 비롯된다. 물고기가 그들이 살고 있는 물을 깨닫지 못하듯이, 사람들은 익명의 권위라는 대양에서 아무런 의심 없이 살아간다. 우리는 "따라야만 하는 명령 체계가 있다는 사실을 전혀 깨닫지 못한 채 우리의 모든 사회적 삶에 침투해 있는 미묘한 대기에 휩싸여 있다."(1941, p. 190) 익명적 권위의 영향력 아래서 "개인은 자신을 포기하고, 문화적 유형이 제공하는 성격을 전적으로 따르며…… 타인이 바라는 자신이 되어 간다."(p. 208-209) 몇몇 사람들은 자신이 순응 패턴을 부단히 추구하고 있다는 것을 깨닫건 그렇지 않건 이러한 현실에 대해 걱정할지도 모른다. 기계적 순응자들의 신조는 다음과 같이 요약할 수 있다. "나는 두드러지지 않도록, 특별하지 않도록 순응해야 한다. 나는 항상 순응 패턴에 맞게 기꺼이 변할 것이고, 또 변할 준비가 되어 있다. 나는 내가 옳은지 그른지를 고민하는 대신, 내가 특별하지 않고 튀지 않게 적응하고 있는지를 염두에 두어야 한다."(1956a, p. 153)

프롬에게 있어 기계적 순응은 매우 중요한 개념이다. 그것은 허위 현상(pseudo-phenomena)의 만연이다. 보드리야르(Baudrillard, 1983)의 초과실재(hyper-reality) 개념과 경험의 표상이 삼삭석인 세계의 직접적 경험을 대체한다는 주장을 앞선 프롬은 사람들의 사고와 이성이 지배적 이데올로기를 모방할 때 우리의 허위 사고(1941, p. 217), 허위 이성(p. 215), 허위 자아(p. 290)가 진화한다고 주장했다. 허위 사고의 출현은 자신의 독창적인 사고와 자기주도적인 학습을 근절시키는 것이다. 사고, 표현, 행동의 자유가 미국 이데올로기의 초석일지라도, 프롬은 기계적 순응이 이러한 문화적 요소를 근절시키는 역할을 해 왔다고 본다. "독창적인 결단은 개인적 결단이 존재의 초석이 되는 사회에서조차 비교적 보기 드문 현상이다."(1941, p. 225) 우리는 스스로 생각하고 말하고 자신이 원하는 대로 행동할 권리를 외치는 심지 굳은 야만스러운 사람들로 가득 찬 사회를 존경한다. 그러나 현실은 "우리는 자기 멋대로 할 수 있다는 환상 속에 살아가는 로봇들이다. ……모든 사람, 모든 것은 도구화되어 가고 있다."(p. 279) 사고와 결단의 독창성 상실은 개인의 양심뿐 아니라 도덕적으로 고무된 혁명의 가능성을 필연적으로 약화시킨다. 『건전한 사회』(1956a)에서 프롬은 "순응성이 삶의 원칙이 된 상황에서 우리는 어떻게 양심을 키워 나갈 수 있을까?"(p. 173)라는 질문을 던진다. 그에게 양심의 특징은 모든 사람이 '예'라고 대답할 때 '아니요'라고 대답할 수 있는 것을 전제하고 있기 때문에 "양심은 그 본질상 비순응적"(p. 173)이다. 사람들이 순응하려는 욕구에 몰두하게 될 때는 양심의 목소리를 듣거나 양심에 따라 행동할 가능성이 매우 낮아진다. 전쟁이 한창일 때 참전을 거부하는 사람을 비애국자로 낙인 찍는 것처럼 순응에 대한 압박감은 거의 불가항력적이다. 이러한 분위기에서 전쟁 옹호자들은 전쟁에 반대하는 자들을 비합리적이고 사악하다고 정의한다. 애국주의라 불리는 이러한 분별 없는 동의는 우리가 자신을 사물이나 상품으로 생각할 때 더욱 쉽게 확보된다. 결국 양심은 요지부동의 물질사회에서 설 자리가 없다. 우리는 기계적 순응을 통하여 양심을 발달시키고, 정상적인 것으로 받아들이는 것을 반대할 수 있는 책임감조차 기계적 순응을 통하여 습득한다. 개인적 양심의 힘이 무력해질 때, '정상적' 인 사고는 "당신이 적응하고 행복하고 정상이도록 도와줄 방법을 고안하는 정신분석, 정신의학, 심리학 등의 전문가들의 손에 의해 결정된다." (p. 168)

기계적 순응은 필연적으로 비판적 사고를 억압한다. 우리는 익명적 권위에 복종하고 거대한 조직(기업, 정당, 노동조합)과 힘(광고, 정치적 선동) 앞에서 무기력해짐에 따라 비판적으로 사고할 능력을 상실한다. 프롬은 "비판적 사고 능력을 무력화시키는 기계적 순응과 익명적 권위에의 복종은 공개적으로 민주주의를 공격하는 그 무엇보다 위험한 것들" (1941, p. 150)이라고 주장한다. 우리는 전체를 보지 못한 채, 우리 자신이 바로 스스로의 능력을 교묘하게 약화시키면서 비판적 사고를 억압하는 사회 구조의 일부분임을 깨닫지 못한다. 프롬에게는 "세계에 대한 어떤 종류의 전체적 · 구조적 접근도 차단하는 것이야말로 비판적 사고 능력을 마비시키는 가장 효과적인 방법" (p. 276)이었다. 삶은 "작은 부분들의 조합이고, 각각의 부분들은 서로 분리되어 있으며 전체의 일부분으로서의 의미를 갖지 못하는 것으로 전락한다." (p. 277)

이런 맥락에서 성인교육의 중요한 역할은 구조적인 세계관을 가르치는 것이다. 프롬은 성인들이 민주주의를 학습하도록 돕는 것이 성인교육의 전통과 실제에 가장 들어맞는 성인교육의 분명한 목적임을 제안하고 있다. 구조적 세계관은 개인적 결단이 얼마나 광범위한 사회적 구조와 경제적인 힘에 의해 형성되는지를 이해하는 것이다. 그것은 역사, 정치경제학, 사회학 등의 이해를 필요로 한다. 프롬은 구조적 관점의 개발은 오직 성인학습자들이 되어서야 가능한 것으로 본다. 그는 성인이 그러한 관점을 개발시키는 데 관심이 있을 뿐 아니라 청소년이 소유하지 않은 지적인 능력을 지니고 있다고 본다.

구조적 세계관의 개발에 대한 프롬의 요구는 밀의 것과 비슷하다. 프롬처럼 밀은 마르크시즘에 관한 대중적인 글을 썼고, 성인교육의 사회적 목적에 대해서 진지하게 고민했다. 밀(1954)은 『사회학적 상상(The Sociological Imagination)』(1959)에서 성인들이 "개인적 어려움이나 걱정을 사회적 이슈와 개방된 문제로 전환하는 것을 학습할 때"(1954, p. 12) 구조적 세계관을 습득한다고 주장했다. 만약 성인들이 자신의 사적인 상황을 광범위한 사회적 · 정치적 모순의 구체적인 문제로 이해하기 시작한다면 정치적 행동 없이는 개인의 삶이 변화하기 힘들다는 것을 알게 될 것이다. 따라서 "성인교육기관은 정치적일 때, 그 기관의 학생들이 권력에 영향력을 행사하려 할 때 가장 효율적이다."(p. 16)

프롬과 밀은 성인들이 정치적 결정, 사회적 · 경제적 경향, 자본의 힘의 상호작용이 어떻게 그들의 삶의 환경을 형성하는지 이해해야 한다고 주장한다. 이혼, 실업, 불행, 고립은 잔인한 운명의 변덕스러운 조종이 아니라 소수의 경제적 권력의 의사결정 결과로 해석되어야 한다. 공장이 문을 닫고 실업자가 되는 것은 경기가 좋지 않기 때문이 아니다. 단지 노동조합이 존재하지 않고 임금이 저렴한 나라로 그들의 공장을 옮기거나, 거대 기업의 인수합병이 있었거나, 인원 감축 또는 규모 적정화를 통하여 주주들의 배당 수익을 높여 주기 위해서 발생했을 뿐이다.

심지어 이혼 같은 가장 사적이고 가슴 아픈 경험조차도 사회적 · 정치적 현상으로 이해되어야 한다. 이혼의 이면에 존재하는 불만족스럽고 채워지지 않는 욕구들도 일시적 만족이나 더 많은 소비 외에는 그 어떤 것도 관심을 두지 않는 사람들의 소비적 · 수용적 지향—프롬이 항상 새로운 상품을 원하고 열망하는, 그러니 영원히 희망을 품고 기다리는 존재들이자 영원히 실망할 수밖에 없는 존재라고 불렀던—에서 비롯된 것이다. 혹은 이혼, 불행, 고립도 자신들의 상품 소비 욕구를 충족시켜 주고 더 멋진 삶을 영위하게 해 줄 더 나은 직장—급여 수준이 높은

—을 찾아 가정을 떠난 사람들의 결과일 수도 있다.

성인들에게 구조적 세계관을 가르치는 것은 주술적 의식(magical consciousness, 프레이리의 용어)에서 어떻게 이데올로기, 문화, 경제가 그들의 삶을 결정짓는지를 자각하는 의식 수준에 이르게 하는 것이다. 프롬에게 그러한 자각은 사람들이 개인적 의지와 집합적 의지를 통해 사회를 재배열하도록 결단하는 필수 선행 요소다. 성인들이 구조적 세계관을 개발하도록 돕는 것은 성인교육을 사회적 행동의 기초로 보는 프롬의 믿음을 실현하는 한 가지 방법이다. 구조적 세계관 없이는 사람들이 사회적 자기 파괴를 유도하는 "어리석은 합의"(1962, p. 82)에 대항할 가능성이 희박하다. 성인교육의 임무는 사람들이 개별화된 삶의 관점에 머무르게 하는 환영의 사슬을 끊게 함으로써 "자신들의 대부분의 사고가 비현실적임을 인식하고, 이데올로기와 기만이라는 겹겹의 베일을 꿰뚫는 능력을 개발시키는 것이다."(1962, p. 179)

민주적 참여로서의 성인학습

앞서 나는 프롬의 인본주의적이고 공동체주의적인 사회주의가 성인교육의 실제에 적용될 수 있다는 것을 언급한 바 있다. "자본주의 체제에서 인간의 활동이 마비되고 있다면" 사회주의의 목적은 "그 활동을 삶의 모든 측면에서 부활시킴으로써 전인격적 인간이 되게 하는 것이다."(1976, p. 99) 이는 정치적으로 상품화되고 '소유'하려는 존재로 전락한 사람들을 해방시키는 참여적 민주주의를 건설하는 것이다. 프롬은 500명 이하로 이루어진 지역사회 모임을 제안했다. 이 네트워크는 매일 그들이 선출한 의원들을 감시하고 통제하는 하위 모임을 구성할 수 있다.

이 소규모의 지역사회 모임에서 성인들은 참여적 민주주의의 실현을 경험할 것이다. 프롬은 이 민주적 과정에서의 대화학습을 위한 전제조건을 구체적으로 강조한다. 참여적 성인학습 집단에서 구성원은 동료 구성원의 학습이 자신에게도 중요한 학습임을 깨닫고 최대한 자신의 동료들이 학습하도록 돕는다. 타인의 말에 귀를 기울이면서 "그들의 확신 없는 표현을 정당화하도록 강요하는 것이 아니라 그들의 생각을 명료하게 표현하도록 도와야 한다." (1968, p. 115) 이 집단에서 성인들은 학습하는 '존재'가 되고, 자아로부터 벗어나려고(자아의 상실 또는 자기초월) 애쓴다. "그들은 자연스럽게, 그리고 생산적으로 반응한다. 그들은 자기 자신을 버리고, 그들이 지닌 지식과 지위를 모두 내려놓는다. 그들의 자아는 기존의 방식에서 벗어나 타인의 생각에 주의 깊게 반응한다. 그들은 그 어느 것에도 매어 있지 않으므로 새로운 아이디어를 쏟아 낸다." (1976, p. 42)

프롬은 린드만을 인급하지는 않았지만 민주사회의 성인 토론 그룹의 기능과 본질에 관한 린드만의 감성(Lindeman, [1935] 1987a; Smith & Lindeman, 1951)을 재연하면서도 자아의 상실이라는 개념을 강조함으로써 자신의 사상에 심리학적인 색채를 더하고 있다. 프롬과 같은 사회심리학자에게 개인적 자아를 버리고 자본주의적 상품화에 맞서는 것은 동전의 양면과 같다. 토론 그룹의 성인학습자들이 타인의 학습을 돕는 것은, 곧 "자기중심성을 초월하도록" (1976, p. 42) 스스로를 돕는 것이다. "대화는 상품의 교환을 중단시키는 역할을 하고, 누가 옳은지가 중요하지 않은 그곳에서 대화가 지속되게 함으로써" (p. 42) 자아를 초월하는 그 이상의 결과를 기대할 수 있다. 전투적 태세를 취하던 대화의 양식이 사라져 감에 따라 "싸울 준비가 되어 있었던 그들은 함께 춤추기 시작한다. ……즐겁게" (p. 42).

그러나 프롬은 참여적 민주주의의 한 형태로서 성인학습 그룹은 단지 이야기하는 모임이 아니라고 주장한다. 첫째, 구성원들은 모두 관련된 정보를 확보하도록 노력해야 한다. 만약 조직의 절차나 정치적 제한 요소들이 정보에의 접근을 막는다면, 성인들은 의사결정에 중요한 역할을 하는 정보를 찾고 그것을 배포하는 행동가들이 되어야 한다. 둘째, 참가자들은 의사결정에 모두 적극적으로 참여해야 한다. 참여적 민주주의는 힘든 작업이다. 그것은 당신을 구석에 앉혀 놓고 다른 사람들이 당신 대신 생각하고 이야기하고 결정하도록 내버려 두는 것이 아니다.

사람들을 의사결정에 적극적으로 참여하게 하는 가장 큰 자극은 그들이 결정하는 것이 실제로 중요하다는 확신에서 비롯된다.

프롬은 “사람들의 결단에서 비롯된 지식”(1976, p. 179)은 참여적 민주주의의 기능에서 중요한 역할을 할 뿐만 아니라 수많은 피상적인 민주주의의 보완적 요소가 된다고 믿었다. 보다 넓은 사회에서의 민주적 실험에서 중요한 것은 성인학습 교실에서도 똑같이 중요하다. 민주주의의 기본적 척도는 성인학습 교실에서 학습자들이 자신을 알아 가는 상황에서도 발현되어야 한다. 이것은 반드시 다수의 의지가 우선해야 한다는 것을 의미하지 않는다. 실제로 소수의 관점이 더욱 타당할 수도 있다. 그러나 진정한 대화로부터 힘든 의사결정이 도출될 때는 그것이 중요한 영향력을 행사할 수 있음을 알아야 한다. 그렇지 않다면 왜 굳이 힘든 의사결정의 과정을 거치겠는가?

시카고의 국립 루이스 대학교에 있는 성인교육 박사과정 프로그램의 학습자들은 교과과정, 프로그램, 평가에 관한 내용을 토론하고 구성하는 관리위원으로 활동하고 있다. 아빌라와 다른 학자들(Avila & others, 2000), 밥티스트와 브룩필드(Baptiste & Brookfield, 1998)가 언급한 대로, 학생들의 의사결정 과정이 무엇이든지 그 과정에 참여한 학생들은 그들의 관심 영역에 상당한 열정을 가지고 대화에 임하고, 그들의 대화를 이끌어 가기 위해 전혀 다른 가정을 제안하는 위험을 감수한다. 그것은 바로 그들의 의사결정 결과가 무엇이든지 교수들이 그것을 진지하게 검토할 것이고, 실현될 가능성이 매우 높아진다는 확신 때문이다.

급진적 사랑과 성인교육학

프롬이 그의 책에서 성인교육을 자주 언급하지는 않지만 우리는 성인교육의 실제의 지침으로 그의 다양한 아이디어를 해석할 수 있다. 프롬은 작지만 대중적인 책 『사랑의 기술』(1956b)에서 교수(teaching)에 대해 다루고 있다. 사랑의 실천을 다룬 이 체계적이며 면밀한 글에서 프롬은, 자본주의의 영향에서 자유로울 수 없는 제한적이고 모순적인 사회적 상황에서 사랑의 관계를 형성하고 유지하는 것이 얼마나 어려운지를 설명하고 있다. 프롬은 자본주의가 얼마나 친밀한 관계 형성을 어렵게 하는지를 지적하면서 다음과 같이 말하고 있다. "사랑의 본질을 분석하는 것은 오늘날의 만연한 사랑의 부재를 발견하고 그에 책임이 있는 사회적 조건을 비판하는 것이다." (p. 133)

자본주의 사회에서 사랑의 관계를 형성하기 위해 고심하는 대표적인 사람들은 바로 교사들이다. 훌륭한 성인교육자들은 "사람들이 어떠해야 하며…… 어떨 수 있는지를 시현할 수 있는 능력을 갖춘 사람들로서 이미 권위를 획득한 사람들이다." (1976, p. 45) 프롬은 교사들을 "상당한 정신적 · 영적 능력" (1956b, p. 117)을 소유한 자들로 보았다. 그러나 "우리는 가르치는 일이 인간 발달에 가장 중요한 것이고, 가르침은 성숙한 인간 사랑을 보여 주는 것이라는 단순한 사실을 잊어 가고 있다." (p. 117)고 덧붙인다. 사랑의 교육학을 기초로 한 가르침은 상관적이다. 성인교육자들은 자신의 판단과 해석에 도취해 자기애에 빠져 버린 교육학을 극복해야 한다. 학습자들의 개인적 성격과 경험에 전적으로 주의를 기울여야 한다. 교사가 학습자들에게 전적으로 주의를 기울인다는 것은 교사에 대한 관심으로 되돌아오는 많은 것—기쁨, 이해, 관심, 지식, 유머, 슬픔(p. 23)—을 주는 것이다. 이러한 과정 중에 교사들은 '최고의 권위'와 호혜를 경험하고, "교사는 학생들로부터 배우게 된다." (p. 25)

사랑의 교육학은 개인적 과정이라기보다는 사회적 과정이다. 그러나 자본주의에서 사랑의 교육학을 가능하게 하는 사회적 조건을 찾기란 쉽지 않다. 프롬은 "자본주의 사회의 근본적인 원칙과 사랑의 원칙은 양립하지 않는다." (1956b, p. 131)고 본다. 교환경제의 역동적 상황은 자기중심주의와 자기 몰두를 극복하려는 의지와 정면으로 배치된다. 교환경제하에서 우리는 사랑의 관계를 '상호 우호적인 교환'으로 이해한다. 사랑은 우리 자신의 마음이 아니라 저 멀리 존재하고, 공정한 거래를 통해 무엇인가와 교환해야 하는 상품으로 간주된다. 자본주의에서 사랑이란 "자본주의 사회에 특별한 윤리적 공헌을 하고 있는"(p. 129) 공정성의 윤리로 조정된다. "'네가 주는 만큼 나도 준다.'는 자본주의에 만연한 윤리적 기준"(p. 129)이 사랑에도 적용된다. 학생들을 사랑하는 성인교육자들도 교사를 사랑하는 학생들에게 그들이 주는 사랑만큼의 사랑을 인색하게 베풀 뿐이다. 사랑의 사회, 성인교육의 사랑의 실천은 이러한 주고받기식의 관점의 정반대에 위치하는 것이고, 역동적인 자본주의 교환원리가 결정하는 교수–학습의 관계를 벗어나는 것이다. 진정한 사랑의 성인교육은 "오직 자유 안에서 가능한 인간의 힘을 실현하는 것이다."(p. 22)

프롬의 관점에서 사랑의 방법으로 성인들을 가르친다는 것은 훈련, 집중, 그리고 무엇보다 실천을 요구하는 것이다. 성인교육을 포함한 모든 영역에서 실천은 그것의 개념적 배경만큼 중요하다. 실무자들에게는 성인교육의 사랑의 교육학이 그들의 삶에서 가장 중요한 학습 프로젝트가 되어야 한다. 프롬은 "실천을 가능하게 하는 학습 상황은 실무자가 통달의 과정을 통해 최고의 경지에 이르는 것이다."(1956b, p. 110)라고 말했다. 초임 실무자들은 "실천을 가능하게 하는 교육학만큼 중요한 것은 아무것도 없다."(p. 5)고 느껴야 한다. 사랑의 교육학을 실현하고자 하는 성인교육자들은 콜린스(Collins, 1991)와 팔머(Palmer, 2000)가 제안한 것처럼 먼저 직업적 소명의식을 갖고, 그들이 하는 모든 일에 객관성과 신념을 적용해야 한다.

객관성은 성인교육의 실무가 사회적 · 정치적 환경으로부터 자유로울 수 없다고 주장하는 현대 비판이론가들에게 바보 취급당하는 개념이다. 실제로 프롬은 객관성을 상호 주관성(학습자를 중심에 놓고 상황을 이해할 수 있는 공감 능력)과 판단 유보(특정 학습자들에 대한 자신의 선입관, 편견, 예측을 유보하려는 시도)의 혼합으로 설명하고 있다. 객관성은 "자기중심주의의 극복"(Fromm, 1956b, p. 118)인 동시에 성인교육자들에게 "사람과 사물을 있는 그대로 객관적으로 바라보고, 이런 객관적 그림을 성인교육자 자신의 욕망과 두려움으로 그려진 그림과 구분"(p. 118)하는 능력이다. 객관성을 유지하기 위해서는 성인교육자들이 그들 자신의 능력과 학습자들의 능력에 대해 겸손할 수밖에 없다. 따라서 성인교육에서 "겸손과 객관성은 불가분의 관계에 있다." (p. 120)

"평등, 정의, 사랑의 원칙에 의해 운영되는 사회질서" (1956b, p. 125)를 구성할 사람들의 잠재력에 대한 믿음은 겸손에서 비롯된다. 성인교육자들은 그들의 학습자에 대한 경험이 증가할수록 그들의 임무에 대한 확고한 믿음이 선다. 여기서 믿음 또는 신념이란 복잡한 성인교육의 실무에 관한 비판적인 통찰력으로 간주될 수 있다. 우리는 우리가 자기중심성을 극복하기 위해 노력하고 학습자를 있는 그대로 이해하려고 노력할수록 우리의 의지와 재능, 그리고 그것들의 구체적인 실현이 얼마나 중요하고 또 실제로 가능한지를 확인하게 된다. 이것은 의도적인 비판적 사고와 비판적 반성의 과정 중에 얻게 되는 신념이다. 프롬에게는 그러한 비판적 반성이 "자신의 사고와 감정에서 얻게 된 확신" (p. 121)이자 "자신의 생각, 관찰, 판단의 힘에 대한 자신감" (p. 123)이다.

그러나 성인교육자로서 우리의 확신과 실무의 타당성에 대한 믿음은 단순히 비판적 분석의 문제만은 아니다. 그것은 또한 용기를 필요로 한다. 믿음은 "용기, 위험을 감수할 능력, 고통과 실망을 받아들일 준비성" (1956b, p. 126)을 요구한다. 위험, 고통, 실망은 비판적 실천에 필연적으로 수반되는 요소들이다. 비판적 실천—사람들이 이데올로기에 도전하도록 하고, 헤게모니에 맞서게 하고, 권력의 실체를 벗기게 하는 등의—은 성인교육의 가장 예측 불가능한 특징이다. 비판적 성인교육자들이 지배적인 성인교육의 실제와 기대를 우회하기 위해서는 상당한 창의성과 실험적 융통성이 필요하다. 성인 학습자들이 자신의 학습에 대해 책임지려 하고 검증된 표준에서 벗어나는 교육학을 무책임하고 비전문가적인 행동으로 간주할 때, 성인교육자들이 기존의 소위 신뢰받는 교육학과 작별을 고한다는 것은 상당한 노력과 에너지를 요구한다. 성인교육자들은 학습자들의 보수성과 맞서야 하고, 동료, 상사, 사회가 비판적 실천에 퍼붓는 회의주의와 적대감에 직면해야 한다.

상품화된 사회, 상품화된 성인교육에서 어떤 새로운 아이디어나 실천적 시도는 필연적으로 저항을 야기할 것이다. 프롬의 관점에서 이는 대부분의 성인학습자가 이미 상품화된 학습과 교육 유형에 편안하게 정착한 '소유'에 친숙한 사람들이기 때문이다. 이러한 학습자들은 새로운 관점을 "그들이 이미 소유하고 고착화한 지식에 의문을 던지는 것이기 때문에 불편하게 받아들일 것이다."(1976, p. 38) 결국 '고급 지식 패키지'를 소유하는 데 익숙한 성인들은 "쉽고 명확하게 이해할 수 없는 새로운 아이디어에 놀란다."(p. 38) 성인교육자들은 "비록 대중적이지는 않지만 자신의 확신을 고수하는 용기"(1956a, p. 27)로 이러한 저항에 반응해야 한다. 옳은 일을 하고 직업적 소명을 따르는 것(Collins, 1991)은 "특정 가치를 궁극적인 관심사로 간주하는 용기와 그 가치를 붙들어 매고 고수하는 용기"(Fromm, 1956b, p. 126)를 요구한다. 프롬은 성인들이 자본주의 사회에 내재되어 있는 소외를 극복하도록 돕는 것에 모든 것을 쏟고, 근본적 사랑을 성인교육학의 원칙으로 삼을 것을 촉구하면서 새천년의 분기점 저편에서 우리에게 손을 내밀고 있다.

제7장

해방 학습하기

- 마르쿠제의 마르크스 비평
- 일차원적 사고
- 해방으로의 통로
- 부정성이 적극성이 될 때: 비판적 사고를 위한 성인교육
- 관용을 해방시키는 실천으로서의 교육

1960년대 후반과 1970년대 전반—히피족(Hippies)들과 흑표범단(Black Panthers, 미국의 극좌익 흑인 과격파-역자 주), 프랑스의 1960년 5월혁명, 민주당을 옹호하는 학생들, 와츠에서의 인종폭동들, 베트남전 반대 시위들, 시카고 민주당 전당대회에서의 시위자들 탄압, 켄트 주립대학교에서의 총격사건 등이 있었던 시기—에는 말할 것도 없이 단연 헤르베르트 마르쿠제(Herbert Marcuse)가 가장 유명한 대중 지식인이었다. 특히 교육 분야에서 그의 인기는 대단했다. 비록 그가 학생운동을 "잘못된 과녁을 조준한 사춘기적 반항"(1972, p. 51)이라고 비난한 탓에 "당신 자신의 일이나 제대로 하라."는 소리를 듣기도 했지만 교육 분야뿐 아니라 사회 전반 분야의 행동주의자들에게 끼친 그의 영향력은 막대했다.

그 당시 출간된 한 책에서 마르크스(Marks, 1970)는 KKK단의 협박과 프라우다(Pravda, 당시 소련의 후원을 받은 신문)로부터 쏟아지는 모욕, 그를 학계에서 끌어내리기 위한 샌디에이고 미국 재향군인회(American Legion) 지부의 노력에도 불구하고 "마르쿠제는 그 어떤 다른 생존하는 철학자보다 대중의 인기를 한몸에 받고 있었다."(p. 8)라고 특별히 언급하고 있다. 프롬과 마찬가지로 수백만 명이 마르쿠제의 책을 읽었지만, 마르쿠제는 프롬과는 달리 서구 세계에 저항적 사회운동의 선동자이자 촉매자로서 여겨졌다. 성적 억압에 대한 투쟁, 감각의 해방, 새로운 심미적이고 감각적이며 도덕적인 감수성의 추구에 중점을 둔 그의 사상은 성과 관련된 사회적 실험이 한창 진행 중이던 당시의 시대정신과 완벽하게 들어맞았다. 하버마스(1983)가 인정하듯이, 마르쿠제는 "관능(sensuality)과 환상(fantasy) 및 욕망(desire)을 통합하는 새로운 정치적 프락시스(praxis, 실행, 실천)에 대한 놀랄 만한 논쟁들"(p. 170)을 발전시켰다.

나는 비판적인 이론가로서 마르쿠제의 위력을 몇 년 전 내가 가르친 한 수업에서 실감했다. 나는 억압적인 관용(repressive tolerance)에 관한 그의 사상에 대해서 얘기하고 있었고, 어떻게 현대사회에서 다양성을 강조하는 것이 지배적 담론이 전혀 다른 담론에 자신의 입장을 개방하는 예로 해석될 수 있는지(실제로는 지배적 담론이 대중적 담론에 또 다른 통제력을 미묘하게 행사하고 있는지)를 강의하고 있었다. 쉬는 시간이 되었을 때, 반인종주의적 교육에 활발하게 관여하는 민권운동의 베테랑인 한 흑인 여성이 내게 다가왔다. "마르쿠제는 멋진 사람이었죠."라고 그녀는 말했다. "선생님께서 그의 이름을 언급했을 때 바로 전 제가 선생님을 신뢰할 수 있을 거라는 걸 알았어요." 그와 같은 호의를 유발하는 마르쿠제는 도대체 무슨 말을 한 것인가? 아마도 마르쿠제가 흑표범단과 공산주의 행동가인 안젤리 데이비스(Angela Davis)와 연관되어 있기 때문일 것이다. 데이비스(매사추세츠주 브랜다이스 대학교에서 마르쿠제의 학생이었던)는 UC 샌디에이고에서 마르쿠제의 학생일 때 학생들이 그 대학의 교무과를 점거하려 했던 때를 다음과 같이 회상했다. 데이비스와 학생들은 당시 교무과 사무실 점거 시도가 무단침입, 기물파손, 규칙 위반으로 벌금형을 받거나 심지어 체포될 수 있다는 사실을 알고 있었다. 그녀가 마르쿠제에게 사무실에 먼저 들어가 줄 것을 부탁하자, 그는 아무런 망설임 없이 그렇게 해 주었다. "한치의 망설임 없이 마르쿠제는 '물론이지, 내가 먼저 들어갈게.'라고 말했다." 당시 그의 나이는 75세였다. 교무과로 성큼성큼 걸어간 첫 번째 사람이 바로 마르쿠제였다(Davis, 1998a, p. 317).

또한 마르쿠제는 가장 소외받는 사회 구성원들이 국회 밖에서 그들의 목소리를 내고 적극적으로 행동하도록 하는 데 힘을 실어 주었다. 그는 히피운동보다 더욱 "적극적으로 보편적 담론을 파괴하는"(Marcuse, 1969, p. 35) 흑인해방〔Black Power, 블랙내셔널리즘을 목표로 한 미국 흑인해방운동이 내건 슬로건. 1966년 미국 남부 미시시피 주의 학생 비폭력조정위원회(SNCC) 지도자인 스토클리 카마이클(Stokely Carmichael, 1941~1998)이 내세운 이 슬로건은 흑인사회에 만연되어 있던 인종 차별과 억압을 표출하는 동시에 흑인의 인종적 자존감과 집합적 관심을 고취시킬 수 있는 정치적 · 문화적 기관을 설립하고 궁극적으로는 흑인들의 자치를 보장하기 위한 의지를 담고 있다. – 역자 주〕 운동을 지지했다. 특히 영혼을 담고 있는 그들의 언어를 "그 본질에 있어 플라톤 이후 가장 순수한"(p. 36) 것으로 보면서 '흑인은 아름답다.'는 선언을 높이 평가했다. 마르쿠제는 "미학이 정치 영역에 진입하는 것"(p. 36)을 감지했다. 블랙 파워는 "용어가 채택되고 정의되는 이데올로기적 상황을 전복시키는 체계적인 언어적 반항이며, 기존의 언어 체계를 부정하는 정반대의 상황을 창출하고 대표하였다. 그러므로 흑인들은 서구 문명의 가장 숭고하고 승화된 개념 중 몇 가지를 채택하고 그 개념들을 파헤치고 재정의한다."(p. 35) 루셔스 아우트로주니어(Lucius T. Outlaw, Jr, 1996, p. xxvii) 같은 당시 주목할 만한 흑인 학자는 마르쿠제의 업적이 비판이론을 백인우월주의를 비판하는 흑인 민족주의자와 연계시킨 최초의 작업이라고 평가했다.

그렇지만 1979년 마르쿠제 사후에 그의 영향력은 약해졌다. 질적으로 전혀 다른 사회 속에서 투쟁했던 예언자로 그를 바라볼 때, 마르쿠제는 이제 역사 속의 인물이며 포스트모더니즘의 중심 저편에 있는 인물이다. 비록 켈너(Kellner, 1994)가 말한 대로 세계화와 포스트모더니즘의 이슈에 관한 상당한 분량의 자료들이 그곳(프랑크푸르트)에 있고, 이미 그것들 중 6권 분량의 시리즈가 출간되고 있다고 하지만, 프랑크푸르트에 있는 마르쿠제의 공문서(기록문서)로부터 발췌한 자료들의 새로운 출간이 전혀 없었다는 사실을 감안한다면 현재로서 마르쿠제는 역사상의 한 인물일 수밖에 없다(Marcuse, 2002). 어떤 이유에서건, 마르쿠제는 성인학습이론에 거의 영향을 끼치지 못했다. 하버마스와 비교해 볼 때, 마르쿠제(프롬처럼)는 성인교육 담론에서는 중요한 인물이 아니다. 몇 가지 이유에서 볼 때 이것은 참 부끄러운 일이다. 첫째, 마르쿠제는 현대의 성인교육을 주도하는 개념들, 즉 자기주도적인 학습과 비판적인 사고와 같은 개념과 상당히 관련되어 있다. 둘째, 지배와 억압을 정당화하기 위해 다양한 견해를 참을성 있게 수용하고 있는 현실이 결국은 근본적으로 진보적인 성인교육자들의 실천에 도전하고 있다는 마르쿠제의 날카로운 분석을 기억해야 한다. 셋째, 그는 성인학습에서 상대적으로 주목받지 못했던 본질인 사생활, 기억 및 거리감 등의 요소를 강조한다. 넷째, 그는 비판적인 성인교육자들이 삶의 심미적 영역을 진지하게 고려할 것을 요구하는 데, 이는 비판적인 성인교육을 생각할 때 항상 머리에 떠오르는 것들은 아니다.

마르쿠제가 학습에서 개인적 소외를 중요하게 다룬 점과 혁명적 투쟁은 우리 자신의 깊은 본능적 의지를 고찰할 것을 요구한다는 그의 신념은 현대 비판이론의 담론에 다양한 논조를 더하고 있다. 개인 소외를 중요하게 다루면서 사람들이 지배문화로부터 일정한 거리를 유지해야 한다는 것이 그의 미학 이론이다. 마르쿠제는 개인의 예술적 경험이 일상으로부터 혁명적인 소외(estrangement)를 일으키며, 그것이 정치적으로 비판적 성향을 키운다고 주장한다. 그는 예술적 경험이 정치적 질서를 위협할 수 있다고 본다. 특히 예술작품이 상당히 세련되고 '상류층' 문화에 속할 때는 더욱 가속화된다. 예술의 해방적 가능성을 인정하고 '저항적 주체성'의 중요성을 강조하면서(Marcuse, 1978a, p. 7), 마르쿠제는 비판적 이론가들이 개인적 소외를 사회적 참여를 거부하는 반정치적이고 반혁명적인 것으로 치부하는 의견에 반대한다.

마르쿠제의 마르크스 비평

이 책에서 살펴본 모든 사상가처럼 마르쿠제(1941)는 마르크시즘뿐 아니라 마르크스의 선구자인 헤겔 분석을 상당히 비중 있게 다루었다. 마르쿠제는 마르크스를 비판적으로 재평가하면서도 그를 지나칠 정도로 낙관적이고 이상적인 인물로 간주했다. 마르쿠제의 견해에 따르면, "마르크스는 자연의 정복에 대한 한계와 인간의 한계, 자유와 자기실현의 기술적 관리의 한계를 과소평가했다." (1965b, p. 112) 소련은 마르크시즘을 억압의 도구로 사용하면서 그것을 조정하고 왜곡하였다. 공산주의 사회에서 "모든 이데올로기를 파괴하는 한 이론은 개인을 억압하는 정부를 유지하기 위한 새로운 이데올로기의 확립을 위해 사용된다." (1958, p. xiv) 마르크시즘은 서양에서뿐만 아니라 소련과 같은 동구권 사회에서도 소위 기술적으로 발전한 사회에서 드러나는 사고의 전체적 감독을 위한 도구로 활용되고 있었다. 결과적으로 마르쿠제의 관점에서, "마르크스는 여전히 진보의 연속성이라는 개념과 연관되어 있으며" (1970, p. 62) 인간의 욕구 구조의 완전한 질적인 변화를 충분히 다루고 있지 않다. 마르쿠제는 "평온함에 대한 욕구, 혼자 있고 싶은 욕구, 자신이 선택한 사람들과 함께할 욕구, 아름다움에 대한 욕구, 때로는 분에 겨운 행복에 대한 욕구들은 개인적인 탐닉이 아닌 잠재적인 혁명성을 띠는 것이다." (p. 62)라고 주장한다.

마르크스의 사상이 어떻게 왜곡되고 있는가에 대한 마르쿠제의 비평 중 한 요소—지나칠 정도의 좌파주의자적 전문용어의 사용—는 성인교육자와 관련되어 있다. 마르쿠제는 좌파 행동주의자들과 교육자들이 쉽사리 마르크시즘의 개념과 용어를 사용하는 것이 얼마나 맹목적이고 반복적이며 무비판적인지를 지적했다. 그는 "마르크시즘의 의식화(ritualization)를 통한 마르크시즘 이론에 대한 왜곡과 허위"(1972, p. 33)에 대해 불만을 토로했다. 한 예가 바로 프롤레타리아, 착취, 빈곤 등과 같은 기본 어휘들을 기계적으로 반복하는 것이다. 비판적 성향을 가진 행동주의자들은 "마르크스 이론의 고착화가 현실과는 거의 무관한 수사학" (p. 34)임을 확신했다. 이러한 특정 용어들은 마르크시즘을 경직시켰을 뿐 아니라, 결국은 성인교육이나 사회운동에 종사하는 교육자들과 행동주의자들이 실제로 그들이 가르치려는 것을 제대로 가르칠 수 있는 가능성을 잘라 버리는 데 기여했다.

현대의 성인교육자들 사이에서는 성인교육의 비판적인 실천을 지배적인 자본주의 문화에 의해 왜곡되지 않은 용어로 논의해야 하는지에 관해 의견이 분분하다. 예를 들어, 권한 위임(empowerment)이란 단어가 근본적인 민주적 의미를 상실하였을 때 우리는 권한을 부여하는(empower) 성인학습의 실천을 논할 수 있을까? 전환적(transformative)란 단어가 개인의 외모나 행동에서의 작은 변화들을 주로 설명하는 데 사용되고 있을 때, 우리는 어떻게 전환(transformation)을 이끌어 내는 전환적(transformative) 힘들과 움직임에 생기를 불어넣을 수 있을까? 비록 그가 전문화된 급진적인(radical) 언어가 종종 소수의 행동주의자 간부들 사이에서 의사소통을 위해 필요하였다는 것을 인정한다고 해도, 대중과 대화하기 위해 좌파의 전문화된 '비현실적인 언어'를 사용하는 사람들에 대한 그의 비판은 단호했다(Marcuse, 1978b). 행동주의자들이 반주도권(counterhegemony), 해방적 실천(emancipatory praxis), 전환적 대리인(transformative agency)과 같은 용어를 약칭으로 사용하는 것은 허락될 수 있지만, 광범위한 교육에 사용하는 것은 치명적이었다. 마르쿠제는 좋든 싫든 "대중은 그러한 용어를 마르크스 이론에 밀접한 개념과 가정이라고 생각하면서 사용한다."(Marcuse, 1972, p. 37)고 지적하였다.

비록, "낯선 단어들, 호언장담 등"(Marcuse, 1982, p. 37)에 대한 반감이 사람들을 기존의 언어에 묶어 두고 결과적으로는 새로운 언어의 형성을 촉진했다는 것은 인정하지만, 마르쿠제는 비판이론의 언어가 실제로 그러한 역할을 했다고 보지 않았다. 실제로 용어적 부담은 사람들로 하여금 급진적인 사상들을 기부하게 하고 급진적인 언어에 녹아 있는 저항정신을 파멸시킬 가능성이 커 보인다. 그의 표현을 빌리자면, "이런 용어들을 실제 상황에 맞게 전환하지 않은 채 사람들에게 마구 퍼부어 대는 것은 마르크스 이론과의 의사소통을 단절시키는 것이고…… 이러한 말들은 배타적인 소집단(in-group)을 위한 용어가 될 뿐이다. ……그것들은 단지 상투어의 역할을 하면서 제대로 기능하지 못한다. 판에 박힌 어휘들로 전락하여 오직 즉각적인 자극을 주는 그러한 용어들은 그것이 의미하는 진실을 파멸시킨다."(p. 39)

마르쿠제의 주장은 비판적인 성인교육 분야에 반향을 불러일으킨다. 대부분의 학문의 문헌 작업이 그렇듯, 성인교육 연구 분야 역시 특정한 담론 형태로 발전한다. 이러한 담론은 때로 교육적 실천과 거리를 두고 자신만의 분명한 학문 영역을 추구하려는 의지를 의미하기도 한다. 그런 것은 부분적으로 성인교육학(andragogy)이라는 용어에 해당되는 사례였다. 가끔은 일상 용어로는 쉽게 설명될 수 없는 흔치 않은 용어가 과정들의 복잡성과 특징을 이해하는 데 사용되기도 한다. 헤게모니(hegemony, 주도권, 지배권)가 대표적인 예가 될 수 있다. 그렇지만 어떤 경우에는 이념적으로 동질감을 느끼는 이론가들의 '배타적 소집단'에 의해서만 이해되는 용어들이 일종의 암호처럼 공공연하게 사용되기도 한다.

마르크시즘에 대한 마르쿠제의 비판적인 논쟁에서 가장 주요한 기여는 아마도 마르크시즘적 미학의 정통성에 그가 제기한 의문일 것이다. 한 사회의 물질적 기반이 이념적 · 문화적 · 예술적 상부 구조를 결정한다는 이념에 의존하는 그 정통성은 "예술은 특정 사회계층의 세계관과 관심을 대표한다."(1978a, p. ix)는 가정을 전제로 하고 있다. 마르쿠제는 이와 같은 결정론적인 가정을 거부하면서, "마르크스적 미학의 정통성과 반대로, 나는 예술을 미학적 형태를 지닌 정치적 잠재력으로 이해한다. ……예술의 미학적 형식 덕분에 예술은 대개 주어진 사회적 관계 안에서 자유롭다."(p. ix)고 주장했다. 이 장 후반부에서 논의되겠지만, 마르쿠제는 '고급' 예술의 정형화되고, 양식적인 측면이 현실과의 이반을 촉진시키며, 그 현실 이반은 분명 예술의 혁명적 잠재력을 양산한다고 믿었다.

구체적인 정치적 메시지나 의도를 전혀 담고 있지 않은 예술을 만들어 낸 개인의 창의성을 옹호하면서, 마르쿠제는 예술의 내용이 항상 미리 결정된 혁명적 목적을 수행해야만 한다고 생각하는 사람들과의 결별을 서슴지 않았다. 그는 "마르크스적 미학은 주관성을 평가절하하고, 낭만주의를 단순한 복고적인 것으로 무시하며, 퇴폐적인 예술을 공공연하게 비난하는 공통점을 지니고 있다."(1978a, p. 6)고 비판하였다. 마르쿠제는 억압받는 자들의 의식을 깨우고, 변화의 불꽃을 점화하려 했던 고도로 정치적인 예술—이를테면 선전 · 선동극장(agitprop), 사회주의 리얼리즘(socialist realism), 억압받는 자들의 극장〔theatre of the oppressed, 파울로 프레이리(Paulo Freire)의 영향을 받은 브라질 감독, 작가, 정치가였던 아우구스토 보알(Augusto Boal, 1931~2009)이 1960년대 브라질에서 시작한(추후에는 유럽에도) 극단(연극) 형태의 대중교육운동. 그는 연극이라는 수단을 통해 대중, 배우, 감독과 소통하고 그들이 정치적인 목소리를 내도록 하는 대화의 장을 마련하였다. -역자 주〕(Boal, 1985)—은 실제로 자기 반성적 형태로 된 시(poetry)보다 혁명적이지 않았다고 보았다. 그 이유는 "예술작품은 선동적이고 정치적일수록 현실과의 거리감(estrangement, 소외)이 주는 위력을 감소시키고 급진적이고도 초월적인 변화의 목표를 약화시키기 때문이다."(Marcuse, 1978a, p. xii) 마르쿠제 입장에서는 켄

로치(Ken Loach)의 영화들이나 다리오 포(Dario Fo)의 연극들이 혁명적인 예술이 아닐 수도 있다. 현재의 사회 상황에 대한 그 작품들의 직접적인 비평은 현실과의 거리감 경험, 즉 리얼리티의 변화된 감각을 창출해 내지 못하기 때문이다. 마르쿠제가 인정했듯이 자신의 비평 논리는 "브레히트(Brecht)의 변증법적인 연극들보다 보들레르(Baudelaire)와 랭보(Rimbaud)의 시에서 보다 전복적인 정치적 잠재력이 있을 수 있다."(p. xiii)는 것을 의미한다.

보다 넓은 의미에서 마르쿠제는 마르크스의 비판이론이 사이버 공간과 첨단기술 사회에서 그 길을 잃었다고 주장한다. 프롤레타리아와 같은 사회질서를 전복시킬 수 있는 계급의 지침서로 발전한 마르크시즘은 그처럼 강력한 동력이 존재하지 않는 사회에서는 힘을 잃기 마련이다. 마르쿠제는 "비판적인 사회이론들은 저항과 전복이 효과적인 사회적 동력으로 구체화되는 사회에서 발전되었다."(1964, p. xiv)고 보았다. 이것은 해방을 향한 길은 기성사회의 모순 속에서만 감지될 수 있다는 내재적 모순을 의미한다. 한 사회 속에 내재하는 잠재적으로 혁명적인 사회적 세력은 "진보에 방해가 되어 왔던 기존의 세력을 파괴함으로써 보다 합리적이고 보다 자유로운 제도"(1964, p. 254)를 창출할 수 있다는 것이다. 노동계급과 기타 사회적 운동들의 전환적 잠재력은 "이론을 확립하는 경험적 기초가 되었고, 이러한 기초는 내재적 가능성(inherent possibility)—우리는 이를 물질적이고 지적인 생산성, 능력, 욕구의 발전이라고 부를 수 있거나 반대로 제한하고 왜곡시킨 가능성이라고 부를 수 있다—의 해방이라는 이념에서 도출된 것이다."(p. 254)

마르쿠제는 현대사회의 첨단기술과 관료적 발전이 "더 새롭고 효과적이며 편안하게 받아들여지는 사회 통제와 사회 융합을 고착화시키는 데 기여하고 있다."(1964, p. xv)고 보았다. 사람들은 "편안하고 부드럽고 합리적이고 민주적인 무자유(unfreedom) 상태"(p. 1)에서 살고 있으며, 이에 대한 경험은 "노예 상태를 즐기게 만들며, 심지어 그 상태를 감지하지 못하도록 만든다."(p. 24) 이러한 상황에서 비판이론의 약점은 "기성 사회에 존재하는 해방적 동력을 설명하고 증명하지 못하는 무능력함이다."(p. 254) 노동계급인 프롤레타리아는 더 이상 혁명적인 사회변화를 추구하는 활동 세력이 아니다. 사실 그들은 가끔 현상 유지를 가장 원하는 열렬한 지지자들이도 하다. 마르쿠제는 "비판이론을 현실을 개선하는 데 사용하지 않고 남용하고 있는 상황"(p. x)에서 해방운동의 동력과 전략에 대해 전적으로 새로운 분석을 요구했다. 이러한 동력과 전략을 제공하는 것이 분명한 성인교육의 역할이다.

일차원적 사고

마르쿠제 사상의 핵심은 우리는 우리의 노예 근성을 학습하고 그것의 억압적인 상황을 사랑하도록 배우고 있다는 것이다. 진보된 산업사회에서 가장 파괴적인 억압은 바로 풍요가 주는 억압이다. 더 많은 소비재를 소유해 가면서 무감각의 상태에 빠져들어 가는 현대인들은 우리의 욕구가 충족되고 있어 행복하다는 착각 속에서 민주적인 자유를 누리고 있다고 믿는다. 현실에서 불만족은 일상생활에 교묘하게 그 모습을 감추고 있다. 우리는 자신의 소외된 상황을 명확하게 볼 수 있다면 그것으로부터의 해방을 꿈꿀지도 모른다. 그렇지만 우리는 그 실체의 반쪽을 드러낸 불만족의 감정을 신경질적인 비합리적 증상으로 치부하고 간과하도록 배웠다.

마르쿠제는 첨단기술의 발전과 소비자의 풍요, 순조롭게 작동하는 사회 시스템 안에서 인간이 얼마나 현실 순응적인지를 그의 가장 유명한 저서인 『일차원적 인간(One Dimensional Man)』에서 논하고 있다. 마르쿠제는 결코 러다이트〔Luddite, 영국 산업혁명기에 신기술의 등장으로 직업을 잃게 된 사람들이 기계를 부수는 등의 사보타주(sabotage)를 행한 것에서 유래되어 새로운 기술이나 기계 문화에 저항하는 사람들을 일컫는 데 사용된다.–역자 주〕가 아님을 밝히고 싶다. 마르쿠제는 사람들을 불필요한 노동과 육체적 고역으로부터 해방시켜 주는 첨단기술의 힘을 강하게 믿고 있었다. 그는 "자유사회의 실현을 위한 물질적이고 지적인 능력들이 바로 곁에 있다."(Marcuse, 1970, p. 64)고 말한다. 이러한 자원들이 자유사회의 실현을 목적으로 사용되지 않는 이유는 "기존 사회가 해방을 위한 잠재력에 대항하는 데 총력을 기울이고 있기 때문"(p. 64)이다.

그의 핵심적 비평은 현대사회의 첨단기술이 거짓된 욕구—사고를 마비시키는 일에 대한 욕구, 소비재의 소비 욕구, 본질적으로 억압적인 사회질서의 유지 욕구—를 창출하는 데 사용되고 있다는 것이다. 따라서 "사물을 도구화시키겠다는 첨단기술의 해방적 동력은 자유의 억압, 다시 말해 인간의 도구화로 전락한다."(1964, p. 159) 우리는 "기득권에 의해 조작된 비폭력적, 경제-기술적 사회"(p. 3)에 살고 있다. 지배적인 자본주의 질서가 만들어 낸 인간의 욕구(특히 소비 욕구)를 가장 기본적인 인간의 욕구라고 내면화한 다음, 우리는 그 욕구를 기준으로 우리 삶의 질과 우리 자신을 정의 내리게 된다. 마르쿠제에게 "현존하는 사회는 인간의 사고, 의식뿐 아니라 감각 속에서 재생산된다. ……이 물질사회의 억압의 친숙함을 깨뜨리기 전까지는 그 어떤 설득도, 어떤 이성과 이론도 그 감옥을 깨부술 수 없다."(1972, p. 72) 예술작품과의 강렬한 조우는 억압의 친숙함으로부터 거리감을 느끼게 해 주는 촉진제가 될 수 있으며, 이는 정치적 자각의 발전을 이끌어 내는 기반이 된다.

현대사회의 지배 세력은 전체적이고 교활한 방법으로 우리의 신경세포 속으로 침투해 우리가 현실을 이해하는 가장 기본적인 방식을 점거하고 있다. 즉, "소비경제와 기업 자본주의는 본능적이고 적극적으로 인간이 스스로를 상품의 형태로 이해하게 하는 인간의 제2본성을 창조해 냈다."(1969, p. 11) 이러한 사회 체제가 만들어 내는 인간의 욕구들은 "사회의 작동에 유리하지만 너무나 끔찍한 인간의 근본적이고도 유기적인 개조"(p. 17)를 보장해 주는 "안정적이고도 보수적인 것들"(p. 11)이다. 무엇엔가 불만족하다는 것 자체를 부적절한 것으로 간주하고, 심지어 심리적 문제로 치부하는 사회에서 혁명적 세력(힘)을 규명한다는 것은 쉬운 일이 아니다. "통제된 삶을 전체를 위해 좋은 삶이라고 인정하는 사회에서"(1964, p. 255), 조화를 이루기를 거부하는 지적이고 감정적인 대항은 신경질적이고 무기력하게 취급된다(p. 9).

통제된 삶이란 무엇인가? 그것은 기존 질서를 재창출해 내는 데 기여하는 욕구들이 가장 기본적이고 본능적인 욕구로 인식되는 삶이다. 그리고 있는 그대로를 유지하는 것이 인간의 가장 중요한 의무가 되는 삶이다. 통제된 사회에서는 "개인과 사회가 서로 조정 과정을 거치면서 기존의 현실을 이해하도록 디자인된 개념이 사람들의 정신에 자리 잡게 된다."(1964, p. 104) 마르쿠제는 "통제된 삶을 살아가는 현대인들은 자신의 억압을 재생산하고 현실이 주는 아픔을 외면한다." (1978a, p. 71)고 주장한다. 모든 것—욕구, 감각적 경험, 정체성, 감정, 인간 존재의 모든 은밀한 차원들—은 자본의 역할을 하게 된다. 통제된 사회에서는 "인간의 모든 두뇌와 감각들을 단지 사회 체제의 목표와 가치를 실현하고 재생산하는 데 사용되도록 물화한다."(1972, p. 14) 어떻게 그토록 근본적인 차원의 정신적 · 감각적 통제가 가능한 것일까?

일차원적 사고(one-dimensional thought)는 가장 만연해 있는 통제 메커니즘이다. 일차원적 사고는 어떻게 하면 기존 체제가 원활하고 효과적으로 운영될 것인지에 초점을 두는 도구적 사고다. 일차원적인 사고에 익숙한 사람들은 기존 질서가 구성해 놓은 구조 안에서 자신들의 인생에 열려 있는 소위 무한한 가능성을 품기 시작한다. 사람들은 모든 것은 공공선을 추구하고 현재의 체제는 모두의 이익을 위해 작동하고 있다고 믿는다. 이러한 체제에서 "철학적 비평은 사회적 틀 안에서만 가능하고, 부정적 사고는 단순한 또는 허황된 환상으로 낙인 찍힌다."(1964, p. 172) 다른 사람들을 대하고, 윤리적으로 행동하고, 죽음의 의미를 이해하는 것과 같은 의미와 도덕성의 문제들은 형이상학적 차원으로 변화되어 특별히 접근되어야 할 어려운 문제로 변형된다. 따라서 "대개는 '사고의 습관'이 되어 버린 기술적이고 조작적인 관점은 담론, 행동, 욕구, 열망 등 우리의 세계를 이해하는 틀이 된다."(p. 15)

성인들이 친숙한 경계(boundaries) 안에서 자신의 사고방식을 고수할 때는 현상이 쉽게 유지된다. 담론의 세계는 "자기 확인적(self-validating)인 가정—스스로 자기의 정당성을 입증하는—을 고수하고 그것을 끊임없이 독단적으로 반복함으로써 만들어진 자기 최면적 정의와 명령에 의해 창출된다."(1964, p. 14) 일차원적 사고는 새로운 분기점에서 그 궤도를 이탈할 것 같다가도 다시 제자리에서 순환한다. 우리의 모든 질문은 항상 우리가 기존의 체제를 인정하는 그 지점에 우리를 데려다 놓는다. 일차원적 사고는 끊임없이 되풀이돼서, "자기 입증적이고 분석적인 주장은 마치 주술적 의식의 주문처럼 기능한다."(p. 88) 이러한 일차원적인 사고 구조의 내부는 "너무 단단해서 그 폐쇄적인 분석 구조를 뛰어넘는 새로운 담론은 옳지 않은 것 또는 선동으로 간주된다."(p. 88) 기존 질서에 저항하는 사고는 비이성적인 것으로 거부되거나 기존 사고에 부합하게 단순하게 재정의됨으로써 효과적으로 마비된다.

일차원적 사고를 성공적으로 유지하기 위해서는 거짓 욕구를 창출해 내야 한다. 거짓 욕구들은 "특정 사회적 관심사가 개인의 억압 위에 덧붙여 놓은 것들이다. 이는 사악함, 공격성, 비참함, 부당함을 영속시키는 욕구들이다. 이런 거짓 욕구의 충족에서 오는 만족은…… 사회의 병리를 인식하고 그것을 치료할 가능성을 찾아내는 인간의 능력을 억제하는 역할을 한다. 그 결과는 바로 불행한 상태에서 느끼는 병적 쾌감이다."(1964, p. 5) 이러한 거짓 욕구들의 예로는 "광고 문구에 따라 행동하고 소비하려는 욕구, 다른 사람이 좋아하고 싫어하는 것을 그대로 좋아하고 싫어하려는 욕구"(p. 5), "우리의 자각 능력을 마비시키는 일에 대한 욕구"(p. 7), "이러한 무감각을 지속시키는 편안함을 주는 생활양식에 대한 욕구"(p. 7) 등을 들 수 있다. 성인들이 "자율적이지 못하고, 가장 기본적인 욕구까지 세뇌당하고, 조작되는 상황에 있는 한"(p. 6) 그들은 의미 있는 차원의 자신만의 진정한 욕구를 인식할 수 없다. 그들이 경험하는 자유는 환상이다. "가격이 통제되는 상황에서의 자유경쟁, 자체 검열 시스템으로 작동하는 자유언론, 고급 제품이나 중저가 제품 사이에서의 선택의 자유"(p. 7) 같은 기만적인 자유만 존재할 뿐이다.

일차원적인 사고는 사람들을 기존의 의식 구조에 머무르도록 훈련시키면서 그 생명력을 보장받는다. 다양하고 다차원적인 사고를 거부하는 것이 개인적 선택으로 보이지만, 실은 사람들이 세상에 의문을 품지 못하도록 하는 엄청난 교의적인 노력이 실행되고 있다. 이러한 체제 보존적 노력의 목적은 "모든 사람이 암묵적으로 기성사회의 존립을 위한 인간의 욕구와 만족을 함께 공유하도록 하는 것이다." (p. 8) 모든 사람이 기존 사회질서를 유지하기 위해 마음 깊이 간직한 동일한 욕구를 공유하게 되면 통제된 사회는 정점에 도달하게 된다. 하지만 개인들은 통제된 사회가 가장 효과적으로 운영되는 이 지점에서조차 자신만의 고유하고 특별한 욕구를 지니고 있다고 믿는다. 사회 통제는 "사회적 욕구가 개인적 욕구로 자연스럽게 전환됨으로써 그 둘 사이의 차이가 순전히 이론적이고 추상적인 것이라고 사람들이 믿게 되는 지점에서 보장된다." (p. 8)

언어는 일차원적 사고에서 중요한 위치를 차지한다. 실제로 일차원적 사고는 언어를 통해 확연히 드러난다. 통제된 사회는 "의미 체계를 결정하는 사회 구조는…… 매우 모호하고 무의식적이고 감정적으로 담론의 보편적 세계 안에서 그 시스템을 유지시켜 나간다." (1964, p. 197) 우리는 우리가 말하는 언어와 우리가 차용한 생각의 패턴을 통해 기존 체제를 유지하는 데 전념한다. 이 시점에서 마르쿠제의 웅변을 인용하고자 한다.

> 기존의 담론 세계는 특정한 양식으로 사회 구성원을 지배, 조직, 조작하는 과정을 통해 존속하고 성장한다. 사람들은 생계를 위해 그들의 상사나 정치인들에게 의존한다. 아울러 자신들의 생각을 말하고 표현하게 하는 그들의 직장이나 이웃들에게도 의존한다. ……이러한 환경에서 사람들의 일상어는 그것을 말하는 개인들의 생각인 동시에 사람들에게 그렇게 말하게 하는 누군가의 표현이자 그들 사이의 긴장과 모순의 표현이기도 하다. 자신의 언어로 말하는 것은 동시에 그들의 주인이자 후원자, 광고주들의 언어를 말하는 것이다. 따라서 사람들은 자신의 지식, 감정, 열망 등을 말하면서 누군가의 지식과 감정, 열망을 표현하고 있는 것이다 (1964, p. 193).

마르쿠제는 사적인 언어를 사용하는 것이 거의 불가능하다고 분석한다. 언어—가장 사적인 영역에서 현실을 전달하고 현실과 소통하는 근본적인 도구로서의—는 소비사회에 의해 파괴되고 있다. 따라서 "우리는 사랑과 증오, 동정과 분개를 서로에게 설명할 때, 우리가 본 광고, 영화, 정치가들 및 베스트셀러들의 용어를 사용해야만 한다."(1964, p. 194) 만약 이 언어가 단지 모든 것이 최선을 위해 작동하고 있다는 것을 확인하는 용어, 은유, 구절 들로 구성되어 있다면, 우리는 우리의 분노를 표현하고 다른 사람들에게 세상을 바꿀 수 있는 영감을 줄 중요한 도구를 강탈당하고 있는 것이다. 기존의 사회 체제가 보다 원활하게 운영되는 데 열을 올리는 언어 속에서 살아가는 사람들은 "사회변화의 효소이자 촉매제에서 단지 사회 결속을 위한 촉매제로 '승진'했다."(1964, p. 256)

언어는 일차원적 사고를 고착화시키는 데 어떻게 작동하고 있는가? 우선 사회 체제는 다양한 사고의 가능성을 차단하는 특정한 의사소통 습관, 대화 양식을 형성한다. 이는 사람들이 자신의 의견을 표명하고 이를 비판하는 분석을 적발해 내는 데 집착하도록 훈련시키는 "담론의 권위적 의식화"(1964, p. 101)다. 언어는 불가변적인 확실성의 톤으로 고취되고, 자명한 정확성으로 공표된 진술들은 "대안적인 논의를 위한 그 어떤 시간과 여지도 허용하지 않는다."(p. 101) 이러한 종류의 언어는 "기존 체제의 권력을 위해 사실을 표현하고 구축해 가는 자기 확인적 진술이기 때문에 대화 및 토론과는 거리가 먼 결정, 단정, 명령 들을 담고 있는 언어다."(p. 101) 예를 들어, 폭스 뉴스 네트워크(Fox News Network)가 미국의 이라크 침공에 대해 '공정하고 편견 없이' 정확한 보도를 하고 있다고 상상할 수 있겠는가?

보다 구체적으로 접근해 보자. 현대 언어는 사람들을 명확하고 구체적으로, 그리고 경험적 관점에서 사고하도록 독려함으로써 사람들의 추상적이고 개념적인 사고 능력을 말살시키고 있다. 마르쿠제에게 "지나가는 행인이 실제로 말하는 그 언어는 거짓된 구체성의 표상"(1964, p. 174)을 제공한다. 그것은 "사회가 개인들에게 제공한 내용을 표현하기 위한 순화된 언어다."(p. 174) 거짓된 구체적 내용은 모든 상황을 원활하게 돌아가게 하고 기존 체제를 향상시키는 데 전적으로 관련된 것들이다. 예를 들어, 성인교육 분야에서 그것은 성인교육 프로그램이 가능한 한 완벽하게 성인학습자들이 표현하는 필요와 욕구(마르쿠제에게는 거짓 욕구)를 충족하도록 프로그램의 서비스와 질을 향상시키는 데 초점을 두고 있는 언어다.

거짓된 구체성의 중요한 요소는 개념적인 사고의 보편적인 요소를 제거하는 것이다. 개념이란 다양한 세부 사항(particulars)을 담고 있는 추상성을 표현하는 보편적 사고다. 정의, 사랑, 공정함, 연민과 같은 개념들은 개별적인 문맥과 지시 대상을 뛰어넘는 다양한 의미를 내포하고 있다. 이러한 개념들의 추상적인 영역을 무시하게 되면 우리가 어떻게 더 큰 이상을 향해 행동해야 하는지를 판단하는 것이 힘들어진다. 한 사람 혹은 제도가 정당하게 행동한다고 판단하는 것은 우리의 개인적인 영역 안에서 그 행위를 다른 예들과 비교하고 판단하는 상황에서 이루어지는 작업이다. 우리의 사고 과정의 마지막 단계는 정의(justice)라는 넓고도 추상적인 개념을 탐구하고 그것을 우리 자신의 영역에 적용하는 것이다. 이는 "보편적인 것이 조작적인 것으로 전환되는 방법론적 과정을 보여 주는 동시에 사고의 억압적인 환원주의를 나타낸다." (1964, p. 108) 한 예로, 침략 행위에 대한 도덕성 논의가 갑자기 주변 상황적 논의—매주 파송되는 군인 수, 민간인 또는 군인 희생자 수, 전쟁에 지출되고 있는 비용—로 옮겨지면서 그 핵심이 모호해지는 경우를 생각해 볼 수 있다.

추상적이고 개념적인 사고가 일상언어에서 분리될 때는 두 가지 결과를 예상할 수 있다. 첫째, 사람들이 진보적인 대안을 인식하는 것을 어렵게 만든다. 거짓된 구체성에 편협하게 초점을 두는 것은 대안적 가능성을 창출하는 데 필요한 폭넓은 사고를 제한한다. 둘째, 추상적인 개념 없이는 일상사를 판단하는 데 적용할 만한 진보적이고 외적인 기준을 만드는 것이 거의 불가능하게 된다. 추상적인 개념 없이는 "사건의 주어진 상황을 판단하는 기준은 그 사건의 주어진 상황에 의해서만 제공되고…… 부과된 그것들이다. 상황 분석은 '폐쇄적'일 수밖에 없으며, 판단의 폭 역시 사건의 의미, 기능, 진행 상황이 이미 결정된 그 상황 안에서만 확인된다."(1964, p. 115) 그러므로 추상적이고 개념적인 사고를 금지하고 거짓된 구체성을 확산시키는 것은 교육(성인교육 포함)이 기존의 체제를 유지하는 데 기여하게 하는 중요한 수단이 된다. 마르쿠제의 말을 빌리자면, "언어는 반성(reflection), 추상(abstraction), 발전(development), 모순(contradiction)의 언어적 형태와 상징을 감소시킴으로써, 또 개념을 이미지로 대체해 나감으로써 통제력을 강화한다." (1964, p. 103)

마르쿠제가 그의 책 『일차원적 인간(One Dimensional Man)』에서 그려 내고 있는 일차원적 인간—기술, 소비, 제한된 언어, 그리고 기존 질서를 확인하고 유지하는 데 사용되는 거짓된 구체적 사고로 살아가는—은 너무나 음울해 보인다. 그의 관점에서 과학적 경영기법과 합리적 생산방식은 사람들의 생활 수준을 높이는 데는 기여했을지 모르지만 인간 본성의 파괴와 영혼의 황폐화라는 대가를 치르고 있다. 아마 사람들은 그들의 본성과 영혼을 완전히 망각할 만큼의 대가를 지불할 의사가 없을 것이다. 성인교육자인 마일스 호튼은 다음과 같은 생각에서 마르쿠제를 떠오르게 만든다. 호튼은 모든 것을 포괄하려는 기술(technology)의 본성은 "인간이 모든 것을 포함하는 기계로 성장하고 기계적 장치가 되는 것"(Horton, 20003, p. 222)을 의미했다. 호튼과 마찬가지로, 마르쿠제의 분석은 기술적 포위(technological envelopment)의 대가와 비용을 강조한다. 통제된 사회는 인간 정신의 가장 깊숙한 곳까지 그 촉수를 뻗어 "인간 정신과 사실의 완전한 동화, 사회가 원하는 행동과 인간 사고, 현실과 열망의 완전한 동화"(Marcuse, 1964, p. 252)를 창출해 낸다. 그러나 지배 논리가 언어, 사고, 감각을 침투하는 방식을 기록하고 고발한 것은 마르쿠제의 업적 중 일부에 불과하다. 다음에서 우리는 지배 담론, 지배 논리, 지배 실제로부터 사람들을 해방시키는 학습 방법의 가능성을 성인교육자라는 특별한 관점에서 살펴보고자 한다.

해방으로의 통로

마르쿠제가 당대에 끼친 영향은 풍요의 기쁨으로 억압적인 소비주의에 안이하게 머물러 있는 사람들에게 새로운 사회적 전망을 제공한 것이다. 심지어 자신의 이론적 작품을 '다소 빈약한 것'으로 본 하버마스(1983)도 "항상 마르쿠제의 담론은 긍정적임"(p. 171)을 인정했다. 마르쿠제는 지배 세력에 대한 연대기적 기록자일 뿐 아니라 희망의 철학자였다. 그는 "오늘날의 사회에는 억압적인 사회의 지배적 욕구들이 파괴될 것이라고 예고하는 무질서하고 조직화되지 않은 즉흥적인 성향들이 존재한다."(Marcuse, 1970, p. 69)고 믿었다. 그는 억압을 상세히 기록하면서 아울러 해방운동에 대한 사회적이고 교육적이며 문화적인 진로를 탐구했다. 일차원적 사회에서조차도 "이단적인 방법들이 무의미한 희생을 부추기면서 여전히 그 희생을 돕고 있는 불균형과 간격들(interstices)이 존재한다."(p. 76)는 것을 인정했다.

마르쿠제가 탐구한 불균형과 간격 및 통로의 개념들은 지금까지 거의 주목을 받지 못했던 학습의 측면—본질, 고립, 기억, 거리, 주관성—을 강조함으로써 성인학습 비판이론의 새로운 지평을 여는 데 기여하고 있다. 마르쿠제는 통제된 사회의 삶을 지배받는 삶이라 보았다. 보편적인 기대감에 부합해야 한다는 압박 속에서 개인적 사고의 가능성은 사라진다. 사람들이 비판적으로 사고할 수 있는 유일한 방법은 소위 상식적인 방법으로 무감각하게 말하고, 생각하고, 느껴 왔던 자신들의 방식에 거리를 두면서부터 시작된다. 진정한 자율성의 조건인 소외(isolation)와 분리(separation)는 사회 변화를 이끌어 내는 선구자인 동시에 잠재적으로 혁명적이다.

거리감과 사적 자유의 혁명적 중요성

자율적인 학습과 사고라는 주제들은 성인교육 내에서, 특히 자기주도학습에 관한 담론에서 쉽게 찾아볼 수 있다. 자기 진도에 맞춰 학습할 수 있는 온라인 학습의 폭발적 관심은 언제, 어떻게 성인학습자가 학습할지를 자율적으로 통제한다는 개념과 연관되어 있다. 그러나 자기주도성에 대한 정치적 영역과 자율성의 함축적 의미들은 몇몇 경우(Hammond & Collins, 1991; Brookfield, 2000)를 제외하고는 무시되어 왔다. 그렇지만 마르쿠제에게 자율적 사고는 지배 세력에 저항하려는 사회운동 발전을 위해 반드시 필요한 요소다. 그러나 기술사회와 소비사회가 조작해 내는 인간의 욕구 때문에 사람들은 "독립적 사고, 자율성, 정치적으로 반대를 표명할 권리 같은 비판적 기능을 상실해 가고 있다."(1964, p. 1) 기계적 순응(앞장에 나온 프롬의 용어로)의 일상화를 근절시킬 수 있는 방법은 오직 독립적 사고의 발전을 통해서다. "지적 자유는 대중매체로 세뇌당한 개인적 사고가 회복되는 것을 의미한다."(p. 4)

모든 것이 통제되는 사회에서 어떻게 진정한 자율성이 실현될 수 있을까? 여기서 마르쿠제는 예술의 해방적 힘에 주목한다. 억압받는 자들의 극장, 길거리 예술, 길거리 벽화, 지역사회 비디오, 독립영화, 로큰롤, 펑크, 포크, 힙합 및 랩 음악을 통해서 대중교육의 가능성을 찾고 사회 변화를 위한 통로로서의 예술을 강조한다. 그러나 이것은 마르쿠제에게 단지 '정치적인 사람들이' 예술에 관심이 있었다는 것을 의미하지 않는다. 그에게 진정한 자율성—순응과 소비자 중심주의의 부정적 영향들로부터의 분리—은 주변 문화의 일상적 실제로부터 자신을 멀어지게 하는 개인적 경험에서 비롯된다. 의식의 변화를 이끌어 내기 위해서는 성인들이 보편적으로 수용하고 있는 자신의 사고방식, 감정과의 거리감을 경험해야 한다. 예술적인 경험에 몰입하는 것은 이러한 거리감을 유도하는 한 방법이다. 특정한 예술과의 만남을 통해서 사람들은 일상적 삶이 주는 규칙적인 반복으로부터의 분리를 경험할 수 있다. 이러한 본질과 주관성에 대한 몰입은 현대사회의 행동주의자들이 생각하는 예술의 정치적 기능에는 부합하지 않는 것이다. 사적 자유, 고립, 본질과 같은 개념에 집중하는 것은 정치적 참여를 무책임하게 거부하는 태도로 비쳐질 수 있다. 그렇다면 마르쿠제는 어떻게 그러한 개념을 해방적이라고 생각할까?

그 대답은 총제적인 지배가 만연한 이 사회에서는 집단 창의성, 협동적 예술작품, 팀 생산과 기타 공동활동이 결국은 기존의 사회 체제의 효율적 작동을 위한 지배문화의 신념으로 뒤덮여 있다는 마르쿠제의 신념에 들어 있다. 사람들은 함께 일하면서 기존의 체제에 도전하기보다 그 체제를 옹호한다. 사회가 조직된 방식의 효능을 이미 믿고 있는 개인들은 다른 사람들과의 접촉을 통해 자신의 신념을 강화한다. 그러므로 다른 사람들의 영향력에서 벗어나는 것은 혁명적 행위이며, 실제 세계로부터 멀어지는 것이 아니라 오히려 그 안으로 한 걸음 들어가는 것이다.

주관성의 해방이라는 마르쿠제의 분석은 기억(memory), 거리(distance), 사생활(privacy)을 강조한다. 기억은 일상적 현실과의 일시적 단절을 유발시킨다는 점에서 파괴적이다. "기억은 주어진 사실과의 단절을 이끌어 내는 한 양상이며, 짧은 시간 동안 주어진 사실의 전지전능한 힘을 무너뜨리는 중재의 역할을 한다. 기억은 과거의 공포와 희망을 상기시킨다."(1964, p. 98) 세상이 평화롭고 아름답게 보였던 행복한 어린 시절을 떠올릴 때, 혹은 세상이 불공평하다는 것을 경험시켜 준 우리의 첫 번째 잔인한 기억을 떠올릴 때, 우리는 주요한 에너지의 원천을 다시 만나게 된다. 기억은 즐거운 환상이라기보다는 일상을 경험하는 방식에서 벗어나게 하는 통로인 동시에 마르쿠제가 주장하듯 혁명적 의식을 발전시킬 수 있는 분리와 이탈의 원천이 된다. 마르쿠제에 따르면 기억이 불러일으키는 일상과의 거리감은 모든 형태의 독립적이고 비판적인 사고를 발전시킬 수 있는 핵심적 요소가 된다. 우리는 일상에서 멀어질수록 지배에서 벗어날 수 있다. 일반적으로 "사회에 의한 인간 사고의 정복 정도를 가장 선명하게 볼 수 있는 곳은 사회의 구체성에서 가장 멀리 떨어져 있는 영역이다."(1964, p. 104)

사람들과의 관계 속에서 살아가는 우리는 자율적인 사고를 위한 거리감을 확보하는 것이 쉽지 않다. 삶의 모든 영역에서 "공격적이고 착취적인 사회화"(1978a, p. 5)에 복종하고 있는 우리는 모든 것이 잘되어 가고 있다고 믿는 사람들과 끊임없이 교제하고 있다. 예를 들어, 현대사회의 협동과 팀워크에 대한 강조, 그 팀의 일원이 되는 것에 대한 강조, 훌륭한 한 팀을 만드는 두 사람의 팀워크를 보여 주는 성공적 결혼〔프롬의 혐오 대상(bête noire)〕에 대한 강조 등은 "사생활의 내적인 공간을 침범하고 실제로는 혼자서 생각하고 질문하고 답을 찾아보는 소외의 가능성을 제거해 왔다."(1964, p. 244) 마르쿠제에게 사생활이란 "만족스러운 기본적 욕구를 바탕으로 한 자유롭고 독립적인 사고가 가능한 유일한 상태다."(p. 244) 그러므로 대부분의 사람에게 사생활이 "오랫동안 오직 매우 부유한 사람들이 향유해 왔던 가장 비싼 상품이었다."(p. 244)는 것은 우연이 아니다.

사생활의 부재에 대한 마르쿠제의 한탄과 소외 및 거리감의 혁명적인 힘에 대한 강조는 학습(특히 비판적인 학습)이 본질적으로 사회적인 것이라는 수많은 성인교육자들의 신념과 썩 들어맞지는 않는다. 나는 사생활과 소외와 같은 내향적 분석이 우리를 궁지로 내몰고 있다고 주장해 왔다(Brookfield, 1995). 나는 비판적 반성을 우리가 볼 수 없는 우리 자신의 가정을 다른 사람을 통해서 살펴볼 수 있는 사회적 학습 과정으로 이해한다. 또한 나는(수많은 다른 사람들처럼) 진정한 성인교육을 교사와 학생의 역할 경계가 모호해지는 그곳에서 일어나는 협동적이고 집합적인 학습활동으로 생각한다. 실제로 내가 관여하고 있는 세 개의 박사과정 프로그램(티처스 칼리지, 국립 루이스 대학교, 세인트토머스 대학교에서의)은 심지어 박사학위 논문도 협동해서 함께 쓸 것을 격려하는 협동학습을 매우 강조하고 있다. 나는 이러한 지식의 협동적 창출이 프레이리식 문화 서클, 하이랜더 포크 스쿨, 사회운동 및 참여 연구에서 본 것처럼 우리 분야에서 최고의 실천을 보여 주고 있다고 생각한다. 내게는 소외가 대개 한걸음 뒤로 물러서는 것이자 자본주의의 특성인 분열적·경쟁적·개별적 지식이 창출로 후퇴하는 것처럼 보인다. 그렇다면 도대체 어떻게 사생활과 소외가 사회질서에 도전한다는 것인가?

마르쿠제에게 있어 내 질문은 어리석은 것이다. 대신 나는 그로부터 다음과 같은 질문을 받을 것이다. "어떻게 소외와 고립이 주는 분리감을 경험하지 않고 사회질서에 도전할 수 있겠는가?" 예를 들어, 마르쿠제는 우리가 화랑과 극장, 시 낭독이나 콘서트 등에서 사람들과 함께 예술을 접하는 것을 본질적으로 보수적으로 본다. 예술에 대한 우리의 반응은 우리와 함께 앉아 있는 사람들을 의식하고 있기 때문이다. 그러나 우리가 어떤 예술작품에 대해 완전하고 깊이 있는 개인적 경험을 할 때, "인간관계와 가치를 교환해야 하는 상황으로부터 한걸음 벗어날 수 있다. 나아가 부르주아 사회의 현실에서 벗어나 또 다른 존재의 차원에 들어간다."(1978a, p. 4) 이것이 바로 내적인 본질(inwardness)과 해방적 주관성의 영역이다. 이처럼 우리가 주관성의 해방을 경험하는 것은 다수 의견의 지시와 미의 상식적인 기준에 의해서가 아니라 근본적인 심미성과 창의적 요소에 의해 감동받기 때문이다. 사생활, 내적인 본질 및 소외는 "개인 실현의 중심이 성취 원리와 이윤적 동기의 영역에서 인간의 내적 자원인 열정, 상상력, 양심으로 옮기는 역할을 하기 때문에"(1978a, p. 5) 혁명적이다.

이러한 논리에 따르면 성인교육의 진정한 비판적 실천은 기존의 사회운동 안에서 이루어지는 것이 아닐 것이다. 대신 그것은 사람들로 하여금 현재의 경험과의 단절을 이끌어 내는 기억, 자기 반성, 중재를 통한 사생활과 소외의 기회를 만들어 내는 것이다. 현재 경험과의 단절은 일종의 영적인 자각이 아니라 삶이 얼마나 달라질 수 있는지를 자각하게 해 주는 경험적 불협화음이다. 오직 거리감과 사생활만이 "자본주의의 도구적 합리성을 물리칠 수 있는 새로운 감각과 감성을 발전시킬 수 있다."(1972, p. 64)

마르쿠제는 자유를 위한 모든 투쟁의 뿌리에는 그 감각들을 해방시키고자 하는 욕구가 있다고 믿었다. 느끼고 만지고 보고 냄새 맡는 것과 소리 내는 것은 모두 관료주의적 합리성에 대항하는 감각적 자질들이다. 성인들이 진정으로 해방을 경험한다는 것은 "사회적 관계의 뿌리들…… 개인이 가장 직접적이고 심오하게 그들의 세계와 그들 자신을 경험하는 그들의 감각과 본능적 욕구에서 자유로워져야 한다."(1972, p. 62)는 것을 의미한다. 마르쿠제는 모든 인간의 감각과 자질(특성)

의 완전한 해방을 외치는 마르크스의 『교육과 철학적인 원고(Education and Philosophic Manuscripts)』(1961)에 기초하여 감각의 자유를 주장한다. 개인적 변화에 회의적인 현대 비판이론가들과는 반대로, 마르쿠제는 사회 변화가 반드시 개인의 감성의 변화를 통해서 가능하다고 보았다. "사회 변화가 근본적이고도 질적인 변화가 되기 위해서는 개인의 기본적인 경험 자체가 근본적으로 변해야 한다."(1972, p. 62) 새로운 감성은 "새로운 삶의 방식과 근본적인 변화를 위한 도구이자 자유를 향한 정치적 투쟁의 원동력이다."(p. 72)

물론 변화된 개인의 감성이 단지 개별적으로 활동할 때는 사회적 변화를 활성화시키지 못한다. 즉, 변화된 개인의 감성은 새로운 사회를 건설하도록 통합될 필요가 있다. "사회의 해방이 없이는 개인의 해방도 없다."(p. 48) "변화를 갈망하는 개인적 행위는 특정한 저항의 형태로 구체화되어야 한다."(p. 49) 따라서 새로운 감성을 키우는 것은 단지 전환의 시작이다. "사람들의 감각이 해방되는 것은 사회 전체적 자유가 시작되는 기초를 형성하는 것이다. 자유로운 사회는 사람들의 본능적인 욕구 안에 뿌리 내린다."(p. 72) 그러나 개인적 차원의 의식을 무시하고 단지 인간을 집합적 행동의 일원으로만 생각하는 것은 전환을 이끌어 내는 원동력의 반을 간과하는 것이다. 인간의 본능적 감성 수준에서 변화가 일어나지 않는 한, 사회적 변화와 경제적 재배열은 결코 인간을 자유롭게 할 수 없다. 마르쿠제에 따르면, "사람들은 질적으로 전혀 새로운 사회 건설을 원한다면 자신의 본능과 감성 수준에서 변화를 경험해야 한다."(p. 74) 이러한 주장은 성인교육의 공식적인 프로그램—특히 미적 심취를 통해 개인의 감성은 변화시키는 데 중점을 두고 있는—에 중요한 함축적 의미를 제공한다.

예술의 혁명적 잠재력

만약 일상의 경험으로부터 혁명적인 소외를 일으키는 미적 심취에 관한 마르쿠제의 논쟁에 어떤 진실이 있다면, 창의적이고 예술적인 표현을 통해서 감각들을 해방시키려 노력하는 성인교육은 잠재적으로 혁명적인 것이 된다. 이는 수많은 비판적인 성인교육자들이 미적 심취를 단지 엘리트들의 딜레탕티즘(dilettantism)으로 치부해 버리려는 시도를 저지하고 전환시킬 수 있을 것이다. 소위 좌파 성향을 띤 비판이론가들에게는 오락적인 예술이나 음악 감상이 혁명적 의식을 발전시키는 잠재적인 도가니로 보이지 않을 것이다. 하지만 마르쿠제의 분석은 미적 심취와 예술 교육이 단지 중산층의 엉뚱한 탐닉이나 한가한 사람들의 취미라는 생각을 파기하라고 도전하고 있다. 그 핵심은 성인 교양교육이 일상적인 경험과의 단절과 파열을 유발하고, 그러한 프로그램을 통하여 미적 심취를 가능하게 하는 일종의 소외와 고립을 경험하게 한다는 것이다. 음악이나 미술 감상은 사람들을 집단으로 앉혀 놓고 감상법을 몇 주 동안 가르친다고 배울 수 있는 것이 아니다. 오히려 그것은 성인학습자들이 예술적 힘을 판단하는 기준을 학습하는 데 최소한으로 간섭하고, 예술품을 통한 사적인 소외는 최대한 경험하게 도와줌으로써 가능하다.

이것은 여전히 엘리트들을 위한 맞춤식 예술 프로그램이 단지 엘리트들의 즐거움을 위한 것이라는 정치적 합리화에 더 적절해 보인다. 라이츠(Reitz, 2000)는 이러한 마르쿠제의 주장에는 "보수적이고 정치적인 함축적 의미"(p. 43)가 담겨 있다고 비판했다. 예술에 나타난 정치적 의미를 이해하기 위해서는 개인의 예술적 경험이 저항적이고 주관성을 해방시키는 것이라는 마르쿠제의 주장을 이해할 필요가 있다. 마르쿠제는 "내적인 본질으로의 회귀와 사적인 영역의 강조는 인간 존재의 모든 차원을 지배하고 있는 사회의 지배 세력에 저항하는 보루(bulwark)가 된다."(1978a, p. 38)고 반복해서 주장한다. 사람들로 하여금 판에 박힌 듯 생각 없이 살아가는 삶과의 분리를 촉진하기 때문에, "내적인 본질과 주관성은 당연히 일상적 경험을 전복시키고 또 다른 세상을 출현시킬 만한 내외적 공간이 된다." (p. 38) 새로운 형태의 이러한 경험은 본질적으로 혁명적인데, 그 경험을 주도하는 것이 바로 "예술의 비판적이고 부인하는(negating) 기능"(1978a. p. 7)이다. 예술은 "기존 사회관계의 구체화된 객관성을 산산이 부수고 경험의 새로운 차원을 열어 주는, 즉 저항적 주관성의 재탄생을 가능하게 하는 현실 초월"(p. 7)을 야기할 수 있다.

마르쿠제는 예술이 "의식을 바꾸는 데 기여하고 세상을 변화시킬 수 있는 사람들의 원동력이 된다."(1978a, p. 42)고 믿고 있지만, "예술이 이 세상을 바꿀 수 있다."(p. 32)고 인정하는 것에는 조심스럽다. 예술은 그 안에 "해방의 약속"(1978a, p. 42)을 담고 있지 "명확하게 그 자체가 해방을 실현하는 것이 아니다. 그러므로 해방의 성취는 예술 안에 있다고 할 수 없다."(p. 46) 그렇지만 예술은 우리에게 세상을 바라보는 새로운 인식의 기회를 제공함으로써 익숙한 것들과의 결별을 유도한다. 예술은 "기존의 현실에 해방의 가능성을 향한 또 다른 차원을 제공한다."(1972, p. 87) 만약 급진적인 정치적 실천이 "기존의 담론과는 전혀 다른 새로운 세계를 창조하는 데 초점을 맞춘다면"(1969, p. 73), 예술은 그런 변화를 이끌어내는 중요한 촉진제가 된다. 현재 대부분의 사람은 자발적으로 기존의 세계에 봉사하고 있다. 따라서 자유사회를 창조하기 위해서는 "이미 너무 익숙하고 일상화된 우리의 사물을 보고 듣고 느끼고 이해하는 방식을 중단함으로써 새로운 유기체(변화된 개인)가 비공격적이고 비착취적인 잠재력을 수용하는 상태에 이르러야 한다."(1969, p. 6) 예술의 정치적인 중요성은 우리를 일상적인 것(the ordinary)과 결별하도록 돕는 데 있다. 예술은 우리가 "기존 언어의 공격적 관습과 인간의 정신과 신체에 대한 이미지—오랫동안 인간을 지배하고 세뇌하고 기만하였던 언어와 이미지—를 깨뜨리는 새로운 의사소통 방식을 찾도록 돕는다."(1972, p. 79)

그런 다음 예술은 우리에게 새로운 형태의 시각적·구어적 언어와 새로운 방식의 지각력과 감성을 제공한다. 마르쿠제에 따르면 이러한 새로운 형태의 의사소통과 인식 능력을 배우는 것은 사회적 행동을 위한 필수불가결한 전제조건이 된다. 예술적 감수성을 키우는 데 초점을 둔 성인교육은 프레이리식 문화 서클, 억압받는 자들의 극장, 참여 연구, 정당 행동주의를 위한 교육만큼이나 혁명적 잠재력을 내포하고 있다. 마르쿠제가 삶의 미적 차원의 발전을 의사결정의 민주화, 소비문화 거부, 교환경제의 철폐처럼 정치적 투쟁의 한 부분이 될 수 있다고 본 이유는 바로 예술의 혁명적 잠재력 때문이다. 해방된 사회(liberated society)는 다양한 언어, 몸짓, 욕구를 가진 "다양한 인간을 전제조건으로 삼고"(1969, p. 21), "이성적 능력과 감각적 욕구를 중재하는 상상력에 의해 움직이는"(p. 30) 사회다.

그렇다면 마르쿠제에게 미학은 정치이며, 새로운 미학적 감수성을 배우는 성인들은 새로운 형태의 정치적인 인식력을 배우게 된다. 실제로 새로운 감수성을 배운다는 것은 우리가 진행하고 있는 혁명을 정치적 · 경제적 기준만큼 미학적 기준으로 측정할 수 있다는 점에서 인간 해방의 중요한 요소다. 따라서 심미적인 영역은 "자본주의 정신이 생산해 내는 물질적인 쓰레기로부터 지구를 깨끗하게 하는"(p. 28) 평온함과 아름다움으로 "자유사회를 측정하는 일종의 도구가 될 수 있다."(1969, p. 27) 다시 말하지만, 마르쿠제는 이러한 감수성이 오직 심오한 개인적 경험과 현상으로 간주되는 것에 신중한 입장을 취하고 있다. 그는 미적 경험을 개인적 현상으로 보는 것을 꺼리지 않는다. 하지만 미적 영역의 개인적 측면을 강조하는 것이 비정치적이거나 광범위한 사회적 · 경제적 동력을 간과하는 것이 아니라고 주장한다. 새로운 감수성은 오직 개인이 일상적 현실로부터 사적 영역을 보호받고 거리감을 확보할 때 개발될 수 있다. 사람들이 "예술의 강력한 미학적 특성"(p. 102)을 이해하기 위해서는 먼저 "현재 경험으로부터 이탈을 가능하게 하는 '사생활(privacy)'이 전제되어야 한다."(1972, p. 102)

앞서 논의했듯이, 예술의 정치적인 힘은 혁명, 투쟁 및 사회주의 승리의 정치적인 이미지에서 직접적으로 발견할 수 있는 것이 아니다. 마르쿠제는 예술이 "예술 자체의 필요대로 움직이고, 혁명의 자유가 아닌 그 자체의 자유를 지니고 있기 때문에"(p. 105) "예술이 혁명을 재현할 수 없다."(1972, p. 103)고 강조한다. 엄격하게 정형화된 예술의 측면과 일련의 제한적 요소를 고수하는 예술의 특성은 바로 미학적이면서 동시에 해방적이다. 만약 예술이 "모든 일상적 현실을 간파하고 이해한다면 미적 양식화에 예속되고 형식의 노예가 된 것임이 틀림없다."(1978a, p. 122) 그렇다면 도대체 어떻게 양식화된 예술적 관습을 고수하는 것이 우리를 해방시킨다는 것인가? 마르쿠제는 이 입장에 있어 매우 확고하다. 그는 어떻게 "예술의 정치적 잠재력이 오직 예술의 미적 차원에 존재하는지"(1978a, p. xi), 또 어떻게 "예술의 비판적 기능과 그것의 해방을 위한 투쟁에 기여하고 있는지"(1978a, p. 8)를 반복해서 강조하고 있다. 그림, 조각, 음악, 드라마, 시의 미적 형식은 "인식, 상상, 몸짓의 다양한 양식을 불러냄으로써 일상의 경험을 산산이 부수고 다양한 현실의 원칙을 창조하는 감각의 축제"(1978a, p. 19)가 되고 "금기되고 억압되어 온 현실의 차원들을"(p. 9) 드러낸다.

우리는 예술의 미적인 힘에 굴복할 때 다양한 규칙이 존재하는 경험의 세계에 빠져들게 된다. 현실에는 형식과 구조의 폭정이 존재하며, "어떤 선(line)이나 소리도 대체될 수 없는 강력한 필연성이 지배하고 있나."(1978a, p. 42) 창의적·예술적 필요의 원칙은 사회적·경제적 필요와는 근본적으로 다르기 때문에 미적 규칙을 고수하는 예술작품은 현실로부터의 소외(estrangement)를 불러일으킨다. 이런 식으로 "예술은 접근할 수 없었던 영역을 부수고 또 다른 경험의 세계, 즉 인간, 자연, 사물들이 더 이상 기존의 현실 법칙에 지배당하지 않는 새로운 차원을 열어 준다."(1978a, p. 72) 효과적인 예술을 촉진하는 원칙(여기서 효과성이란 의식의 변화를 불러일으키는 능력으로 정의됨)이란 효과적인 성인교육의 실천을 위한 원칙과는 구별되는 것이다. 예술은 "그 자체의 언어를 가지고 있으며 그 언어(기존의 언어와 다른)를 통해서만 현실을 반영한다."(p. 22)

비록 명확하게 마르쿠제에 대해서 언급하지 않았지만, 성인학습의 이미지에 대한 뉴먼(Newman, 1999)의 자극적인 심사숙고는 어떻게 예술적 경험의 다양한 언어에 몰두하는 것이 본질적으로 해방적인가를 설명하는 예들을 포함하고 있다. 호주의 파도타기(surfing) 활동을 묘사하면서, 뉴먼은 파도타기에 대한 다양한 표현— "조류를 감지하고, 바위와의 거리에 주의를 기울이고, 미세한 파도 입자 위에서 그들의 균형을 유지하면서, 그림자를 예측하기 위해 물을 주의해 살펴보는 것"(p. 92) 등—이 현실에서 흔히 볼 수 없는 다양한 감각을 자극한다는 것을 알게 된다. 뉴먼은 파도타기 같은 밀도 있는 감각적 경험이 사람들로 하여금 "심오한 개인적이며 정치적인 변화"(p. 92)를 이끌어 낼 수 있다고 주장한다. 이후 뉴먼은 패트릭 스튜어트(Patrick Stewart: 〈스타트랙: 넥스트 제네레이션〉이라는 TV 프로그램에서 선장 장 뤽 피카드로 더 유명함)가 셰익스피어의 『폭풍(The Tempest)』의 연극에서 프로스페로의 역을 맡았던 것에 대해 다룬다. 뉴먼에 따르면, "프로스페로는 학습을 촉진하고 변화를 일으키기 위해 갈등을 활용한다."(p. 175) 프로스페로는 세상이 더 좋은 곳이 될 수 있다는 신념을 갖고 사람들에게 그의 세계관을 심어 주기 위해 조치를 취하고 기회를 활용할 줄 알았다. 뉴먼은 그를 "부당함에 대한 분노에 이끌린 기괴하고 열정적인 학습자이자 교육자"(p. 175)로 묘사하고 있다. 마르쿠제의 말을 빌리자면, 프로스페로는 다른 연극의 주인공처럼 "기존의 사실을 재배열하는 본질에 대한 집중, 과장, 강조를 통해"(Marcuse, 1978a, p. 45) 우리의 세계관을 재구조화하였다. 셰익스피어의 손을 통해 프로스페로는 "미적 전환(transformation)을 고발할 뿐 아니라 불의와 공포에 저항하는 그 고발을 찬양한다."(p. 45)

예술의 형식에 대해 고심하던 중, 마르쿠제는 만약 첨단 기술적 · 사회적 · 경제적 지배 세력이 제거된다면 우리는 또 다른 현실세계의 희미한 단상을 그릴 수 있을 것이라고 믿는다. 그러나 우리는 의도적으로 묘사된 비현실적인 예술을 통해서 또 다른 현실세계를 이해할 수 있다. 현실적(실제적, real)이기를 명령하는 세계는 우리가 일상의 야만적 현실에 스스로 적응하기를 원한다. 그러므로 비현실적(비실제적, unreal)이라는 것은 사람들의 전혀 다른 세계에 대한 열망을 표현하고 있다. 마르쿠제에게 "예술작품의 세계는 이 단어의 일반적인 의미에서 볼 때 '비실제적'이다. 즉, 그것은 허구적인 현실이다."(1978a, p. 54) 그렇지만 허구적 · 환상적 형식에 담겨 있는 예술은 "일상적 현실보다 훨씬 더 진실을 담고 있으며…… 오직 그 환상의 세계에서만 사물의 실제와 어떻게 사물이 실제적일 수 있는지를 드러낸다."(p. 54)

이것은 우리가 현실이라고 명명하는 것이 실제로 노예 상태(servitude)이고, 우리의 욕구와 만족을 표현하는 삶의 방식이 본질적으로 거짓이기 때문이다. 자본주의가 기만과 허영 및 신비화를 만들어 낸다면, "예술은 그것을 숨기지 않고 폭로한다."(1978a, p. 56) 우리가 그림, 연극, 시 같은 예술적 형식에 몰두함으로써 소외를 경험할 때, "기존의 현실과는 질적으로 전혀 다른 세계를 점점 인식하게 된다."(p. 56) 이러한 관점에서 예술은 이제 경험적 진실을 담고 있으며, "주어진 현실, 일상적 현실이 허구적이고 기만적이라는 것을 드러내게 된다."(p. 56) 연극, 노래 혹은 영화가 새로운 형식을 지닌 '다른' 세계로 우리를 이끌 때, 우리는 일상의 현실로부터 해방되는 소외와 이탈을 경험하게 된다. "인식의 강화가 기존의 사물을 왜곡시키는 단계에 이르게 되면 말할 수 없는 것들이 표현되고, 볼 수 없는 것들이 보이기 시작하며, 참을 수 없는 것들이 폭발하게 된다."(1978a, p. 45)

그처럼 양식화된 예술의 강렬함은 누가 만들어 내는가? 자신의 삶을 사회 전환에 헌신하는 사람들인가? 마르쿠제는 그렇게 생각하지 않는다. 정치적 의식이 없는 사람들도 평생을 혁명에 헌신하는 그들처럼 강렬한 혁명의 이미지를 창조해 낼 수 있다. 우리는 노동자 계급이나 비주류 예술가들이 백인 부르주아 예술가들보다 새로운 세상의 염원을 담은 더욱 혁명적인 예술작품을 만들어 낸다고 생각하려 하지 않는다. 마르쿠제에 따르면, "예술의 진보적 특성, 자유를 쟁취하기 위한 그 진보적 예술의 기여는 예술가의 출생이나 계층이 갖는 이데올로기를 바탕으로 하지 않는다."(1978a, p. 19) 예술이 진보적이냐 그렇지 않냐는 예술작품 고유의 기준에 의한 것이지 예술가의 출생에 의한 것이 아니다. "마르크스 이론은 출생과 계보를 연구하는 가족학이 아니다."(p. 19)라는 마르쿠제의 유명한 글귀가 있다. 예술의 혁명적 의미는 예술의 초월적 힘에 있는 것이다. "예술의 급진적 특성들은…… 예술이 사회적 설정을 초월하고, 주어진 세계의 담론으로부터 해방을 야기하고, 예술의 압도적인 현존을 관찰하는 중에 행동을 불러일으키는 차원에 정확히 기초하고 있다."(1978a, p. 6)

부정성이 적극성이 될 때: 비판적 사고를 위한 성인교육

기존 질서를 정당화하는 사고로 가득한 사회에서 우리가 살고 있다면, 비판적 사고는 반드시 그러한 사회의 외부에 존재하거나 그 제한된 사고와 상반되어야 한다. 이것이 바로 마르쿠제가 생각하는 비판적 사고와 그 소유자들의 입지다. 이는 비판적 사고를 생산적인 활동으로 간주하고 연구해 온 나의 입장과는 꽤 거리가 있어 보인다(Brookfield, 1987a). 저항적 주관성이 일상의 경험과 일정한 거리를 유지하는 그 지점에서 개발되는 것처럼 비판적인 사고는 우리의 일상적 추론이 주는 허구적 구체성으로부터 거리를 유지하고 있다. 마르쿠제는 "일상적 사고와 언어의 세계와 다른 한편에 존재하는 철학적 사고와 언어에서 오는 환원 불가능한 차이점"(1964, p. 178)에 대해 설명한다. 후자는 그 본질에 있어 개념적이고, 일반 개념을 다룬다. 따라서 "비판적인 철학적 사고는 일상적 삶에서 오는 물질적 행위와의 분리를 기초로 하며, 필연적으로 초월적이고 추상적이다."(p. 134) 이러한 시각에서 비판적 사고는 본질적으로 철학적이고 개념적이다.

마르쿠제가 비판적 사고의 보편적이고 개념적인 요소들을 강조하고 있다는 점에서, 비판성은 학습자들의 특정한 경험을 주의 깊게 관찰하고 분석하는 데서 비롯된다는 나의 입장과 논쟁의 여지가 있다. 마르쿠제는 개념적 분석을 단지 혁명적 투쟁과는 거리가 있는 상아탑의 학문적 영역으로 간주하는 태도를 재고하라고 촉구한다. 그는 반주지주의적(anti-intellectual) 불신은 "권력자들의 이익을 위해 봉사할 뿐이다."(Marcuse, 1978b, p. 63)라고 언급하고 있다. 그는 성인교육자들이 학습자들과 인간적 관계를 형성하기 위해 일상적 언어로 의사소통하는 것이 전략적 실수라고 지적한다. 지배되고 관리되는 사회에서 거리 언어—은유, 속어 및 일상생활의 표현들—는 허구적인 구체성을 지니고 있다. 일상 언어는 우리의 사고가 항상 기존의 체제를 원활하게 작동시키도록 움직여야 한다는 믿음을 주입시킨다. 그것은 사람들이 근본적으로 다르게 생각하고 살아가는 방법을 생각해 볼 여지를 차단한다. 이러한 논리라면 추상적이고 개념적인 사고는 본질적으로 비판적이며, 비판적 사고는 본질적으로 추상적이다.

비판적인 사고는 추상성의 특정 수준에서 작동할 뿐 아니라 부정적이다. 마르쿠제의 세 제자들이 주장했듯이, "부정적인 사고는 무엇보다도 먼저 비판적 사고다."(Leiss, Ober, & Sherover, 1967, p. 424) "부정적 사고는 기존의 체제와 사실을 수용할 준비를 하고 있는 일반 상식적 자기 만족과 대립하기 때문이다."(p. 424) 비판적인 사고는 현재의 사고에 누락되고 왜곡되고 거짓된 것들을 조명함으로써 현재 무엇이 문제인가를 강조한다. 뉴먼(1994)의 용어를 빌리자면, 비판적 사고는 책임을 지우는 것이다. '일반 상식적' 추론(다른 나라들을 침범하는 것에 대한 정당성을 알려 주는 추론과 같은)을 부정적으로 평가하는 것은 기존의 사고를 대체할 수 있는 사고의 구조를 발전시키기 위한 첫 단계다. 따라서 단기적으로 부정적인 것처럼 보이는 것이 장기적으로는 긍정적이다. 마르쿠제는 우리가 위대한 해방을 이루어 내고 그것을 유지하기 전에 먼저 위대한 거절, 즉 현재의 거부를 할 수 있어야 한다고 주장한다. 이 위대한 거절에 참여하는 사람들은 "인내와 설득의 케케묵은 전략, 기성세대의 선한 의지에 대한 의존, 그것의 허구적인 비도덕적 위안과 잔인한 번영과 같은 게임의 법칙—결국은 사람들을 조작하는—을 거부하는 것이다."(1969, p. 6) 지배적 문화에 대해서 '아니요'라고 말하는 것은 긍정적인 행위다.

어떤 종류의 성인교육이 이러한 부정적인 사고를 유도해 성인들을 비판적으로 사고하도록 준비시킬 수 있을까? 무엇보다 그 개념적인 토대는 성인교육일 것이다. 마르쿠제는 분명 직접적인 정치적 행동에 관한 모든 종류의 전략적 충고를 제공할 준비가 되어 있다. 또한 그의 근본적 신념은 개념적 사고를 학습하는 것이 새로운 정치적 · 경제적 구조를 창조해 내는 혁명의 상당한 부분임을 인정하고 있다. 기존의 지배적 사고 체계로 움직이는 사회에서는 그 어떠한 개념적 · 추상적 사고도 분명 비판적이다. 따라서 성인교육의 근본적 임무는 "학생들에게 물질적이고 지적인 문화를 철저하게 비판할 수 있는 개념적 도구를 제공하는 것이다."

(1969, p. 61)

마르쿠제가 저항적 주관성의 발전에서 소외와 사생활의 중요성을 강조한 것과 관련해 성인학습이 개념적으로 사고하는 것에 집중해야 한다는 그의 주장은 융숭한 대접을 받고 있는 성인교육의 실천 분야에 시사하는 바가 크다. 특히 그의 입장은 경험적 학습을 높이 평가하고 있는 현실과 배치되는 측면이 있다. 만약 대부분의 사람의 경험이 허구적인 구체성을 지니고 있다는 것을 인정하다면, 그 경험을 숭상하고 존중하는 것은(심지어 성인학습자의 경험을 교육과정에 반영하는 것도) 단지 기존 사회를 정당화하는 역할을 하고 있는 것이다. 마르쿠제에게 경험적 학습은 단지 그 경험이 경험을 해체하고 경험의 일차원성을 고발하는 데 활용되거나 사람들의 무비판적 이야기를 숭상하지 않는다는 차원에서만 의미를 지닐 것이다. 마르쿠제의 관점에서 경험적 학습은 아마 우리가 경험을 인식하고 축적하는 방법이 얼마나 소비자 중심주의의 지배적 언어에 의해 식민화되었지를 인식하는 학습일 것이다. 마르쿠제는 또한 '학생들을 있는 그대로 존중하라.'는 지혜에 의문을 제기하는 것처럼 보인다.

마르쿠제 역시 오랫동안 높게 평가되어 온 진보적인 주의(tenet)— '학생들의 현 수준에서 시작하라(학생들을 있는 그대로 존중하라)' — 에 대해 의문을 갖는 듯하다. 만약 현재 학생들이 허구적으로 구체화된 실존을 살아가고 있다면, 우리는 개념적 분석을 통해 그들이 머물고 있는 곳에서 가능한 한 멀리 떨어지게 할 필요가 있다. 개념적으로 사고하기 위한 노력은 항상 마르쿠제에게는 단지 지적 발달의 문제가 아닌 정치적 투쟁이다. 여기에서 정치와 인지 운동은 혁명적 의식의 발달 속에 공존하는 동반자다.

마르쿠제에게 새로운 언어의 발전은 개념적 학습의 중요한 부분이 된다. 그는 마르크시즘 전문용어를 관습적으로 사용하는 것을 거부하나 여전히 "기성사회(the Establishment)의 철저한 언어 의미의 왜곡으로부터 말과 언어를 해방시키는 것"(1969, p. 8)을 중요한 교육적 과업으로 보고 있다. 사람들이 그들의 노예 상태를 인식하고 그들을 그런 상태로 만든 편안한 소비자 중심주의를 고발하는 법을 배우는 데 있어 새로운 언어의 발전은 결정적인 역할을 한다. 언어는 성인들이 그들의 경험을 명명하고 해석하는 개념을 만드는 사고의 가장 깊은 수준에서 움직이는 반면, 지배적 사회의 관리자들에 의한 언어의 통제는 어떤 혁명적 인식의 출현도 효과적으로 차단한다. 저항운동들은 "그들의 주인들과 관리자들의 욕구와 가치관을 무의식적으로 자기 것으로 만들고, 자신의 마음, 의식, 감각, 심지어 본능에서도 기존의 체제를 재생산하는 데 여념이 없었던 사람들에게 다가가는 언어"(1972, p. 80)를 필요로 한다. 결과적으로 예술 양식에의 몰두뿐 아니라 언어학 연구는 정치적인 성인교육의 중요한 부분으로 이해될 수 있다. 성인들이 어떻게 언어가 사회적으로 구성되고 학습되는가를 이해하기 시작할 때, 그들은 정치적 문해 능력을 획득하는 첫 단계를 통과한 셈이다(이것은 파울로 프레이리가 평생 동안 연구한 주제이며 작업이다). 또한 새로운 언어의 창조는 정치적인 운동으로의 중요한 전환점이기도 하다. "만약 급진적인 저항이 고유의 언어를 발전시킨다면, 그것은 동시에 잠재의식적으로 지배권의 가장 효과적인 '비밀 무기들' 중 하나인 언어에 저항하는 것이다."(1969, p. 74)

부정적인 비판적 사고에 대한 능력을 개발하고 해방의 언어를 재구성하도록 고무시키는 성인교육의 실천(practice)의 양상을 마르쿠제는 어떻게 생각할까? 그는 성인교육자들이 성인학습자들과 구별되어야 하며, 성인들이 공식적인 성인교육 프로그램에 참여하지 않고서 스스로를 해방시킬 수 없다는 점을 강조하는 성인교육학적(andragogical)이고 협동적인 관점과 다소 거리가 있어 보인다. 마르쿠제에게 "자기 해방(self-liberation)은 자기 학습(self-education)을 통해 얻어지는 것이지만 동시에 다른 사람들에 의한 교육을 전제하고 있다."(1972, p. 47) 왜냐하면 사회는 사람들을 교란시키는 개념과 가능한 한 멀리 떨어져 있게 하면서 모두가 행복한 마비 상태에 머물러 있게 하기 때문이다. 혁명적인 지식과 정보에 충분히 접근할 수 있을 정도로 운이 좋은 사람들은 "자신의 지식을 사용하여 남성과 여성 모두가 그들의 진정한 인간적 능력을 깨닫고 슬기도록 도와주는 사명을 갖고 있다."(p. 47)

마비된 채 살아온 세월들을 거스르기 위해 고안된 성인교육의 프로그램들은 잘 조직되어야 하고 아주 잘 훈련받은 행동가들을 고용할 필요가 있다. 개념적 사고를 위한 능력이 부족하고 지배권의 은유와 함축에 물들지 않은 언어를 접할 기회가 거의 없이 성인기에 도달한 사람들은 몇 번의 워크숍이나 강좌로 그들의 감수성을 바꾸고 상상력을 일깨우기에는 역부족이다. 한 번의 수업으로 평생에 이뤄진 이데올로기적 문화 변용(acculturation)을 원상태로 돌릴 수 없다. 대신 "밀도 있는 대응교육과 조직이 갖춰진 상태에서 강렬한 교화와 인적 관리가 이루어져야 한다."(1972, p. 47) 반교화(counterindoctrination) 프로그램을 책임지고 있는 사람들은 "급진적 저항의 이론과 실천에서 교육받고 검증받은"(p. 47) 지도력을 행사하게 될 것이다. 이러한 종류의 지도력은 형식적인 교실에서라기보다 현존하는 사회운동에서 가능할 것이다. 여기에서 우리는 지역사회와 사회운동 분야에서 일하는 성인교육자의 역할이 능숙한 조직력, 지지력, 기획력을 성인들이 배울 수 있도록 돕는 것이라고 보았던 호튼과 프레이리와 같은 성인 활동가들과 나란히 마르쿠제를 바라보게 된다. 마르쿠제에게 "이러한 지도력의 기능은 임의적인 저항을 조직화된 행동으로 '바꾸는' 것이다."(1972, p. 47)

성인교육자에게는 의식의 개발자라는 또 다른 역할이 있다. 마르쿠제는 노동계급 출신이 아닌 지식인들이 타협적이라고 생각하지 않는다. 그는 좌파적 중산층 지식인들이 그들의 교육과 훈련의 특권 때문에 지식, 이론을 발전시키고 물질적 생산 과정과 동떨어진 '촉매제 그룹(catalyst groups)'을 형성할 수 있다고 믿는다(Marcuse, 1978b, p. 72). 다시 한 번 좌파적 중산층 지식인들이 경험하는 소외, 분리 및 거리는 혁명적인 사생활의 한 형태가 된다. 비록 노동계급 행동주의를 대체할 수 없다고 해도, 좌파적 중산층 지식인들은 "기존의 권력 구조가 자행하는 의식의 통제와 관리에 저항하려는 '의식의 발전'"(p. 72)을 그들의 주요 과업으로 삼고 있다.

관용을 해방시키는 실천으로서의 교육

실천적 교육자였던 마르쿠제는 민주주의라는 이름하에 다양한 관점을 수용한 교과과정에서 가르치는 것과 배우는 것의 역학관계를 설명한다. 성인교육에 가장 불편함을 드러냈던 그의 에세이에서, 마르쿠제는 다양한 관점을 수용하는 포괄적 관용(comprehensive tolerance)이 결국은 불공정한 현상 유지를 정당화하는 것으로 끝난다고 주장한다. 마르쿠제의 제자들은 그를 관찰하면서 "마르쿠제의 가르침의 본질적 요소는 바로 지식의 열렬한 지지자(partisan)" (Leiss, Ober, & Sherover, 1967, p. 425)가 되라는 것임을 알게 되었다. 그들의 평가에서 그는 "반복적으로 일상생활의 신념과 가설에 도전하고 또한 기존 존재의 완전한 구조를 파괴하는 철학자의 역할" (p. 425)을 강조했다. 이것은 진지하지만 엄숙하지 않은 방식으로 이루어졌다. 즉, "비공식 강의들과 비공식 토론에서 그의 가르침은 신성시되어 비판해서는 안 되는(sacred cow) 기성사회에 일침을 가하는 특유의 아이러니와 유머로 덧입혀져 있었다." (p. 425) 마르쿠제의 분명한 당파심(partisanship)은 촉진자—일련의 관점을 학생들에게 제시하고 학생들 스스로 결단을 내리도록 하는—로서 성인교육자의 역할을 강조하고 있는 현대의 인본주의적 성인교육의 감성들과 맞지 않는다. 마르쿠제의 카리스마적 현존 역시 특정 성격의 숭배를 선호하지 않는 성인교육과도 어울리지 않는다. 안젤라 데이비스에 따르면, "마르쿠제가 단상으로 들어가 가장 구석진 곳에 자리 잡았음에도 불구하고 그의 출현이 모든 것을 얼마나 압도했는지를 묘사하였다. 단 한마디의 말도 없이 나타난 마르쿠제는 완전한 침묵과 관심을 불러일으키는 당당한 무엇인가를 지니고 있었다. 학생들은 그에 대한 대단한 존경심을 갖고 있었다." (Davis, 1974, p. 134) 진지함, 심지어 그에 대한 엄숙함은 린드만, 프레이리, 호튼과 같은 선각자들이 성인교육자들에게 촉구했던 일종의 대화를 통한 상호작용과는 너무나 동떨어져 보인다.

마르쿠제는 확실히 교육을 중요한 활동으로 생각했다. 그에게 "자유롭고 비판적인 교육을 위한 투쟁은 사회 변화를 위한 보다 큰 투쟁에서 중요한 일부를 차지한다." (1969, p. 61) 그는 독일의 행동가인 루디 두취케(Rudi Dutschke)가 제도를 통한 긴 행진의 일환으로 제시한 "제도 안에서 일하면서 기존 제도에 저항하는 행동가" (1972, p. 55)라는 생각을 인용하고 있다. 학습에서 변화를 주도하는 사람들이 컴퓨터 프로그램을 배우고, 학습자의 다양한 수준을 연계시킬 수 있는 비판적 교육자료를 개발하고, 대중매체를 교육도구로 활용하는 것처럼 제도를 통한 변화는 중요한 역할을 한다. 종종 이러한 변화를 주도하는 요원들은 개방학교, 자유대학 같은 대안적 교육 체계를 만들 수 있다. 현존하는 학교와 대학 내에서 일하면서 학생들이 첨단기술을 통한 지배와 그 재생산을 인식하는 것을 도울 수 있다.

다양한 관점을 다루는 교과과정을 개발하고 토론을 이끌어 가려는 교사들의 의지는 학생들이 이러한 인식을 발전시키는 데 방해가 되기도 한다. 급진적인 사상을 담고 있는 교과과정의 확장은 성인교육의 비판적인 실천을 확립하는 데 명백한 일부인 양 보인다. 하지만 마르쿠제(1965a)는 그의 가장 유명한 에세이들 중 하나에서 이와 같은 관용(tolerance)이 해방적이기보다는 억압적이라고 주장한다. 즉, 그의 에세이의 명제는 "오늘날 관용으로 선포되고 실천되는 것들은 억압의 동기를 부여하는 또 따른 효과를 발현하고 있다." (p. 81)는 것이다. 이는 헤게모니의 개념을 확장하면서 성인교육의 실천에 관한 중요한 메시지를 전하고 있다. 성인들은 억압적인 관용을 경험할 때 자신들이 표현의 자유가 보장되는 개방사회(open society)에서 살고 있다고 착각하게 된다. 이와 같은 사회에서 성인학습자들은 자신들의 내적 욕망과 욕구에서 비롯된 학습 프로젝트를 계획하고 수행하는 것을 자유롭게 선택할 수 있다고 생각한다.

억압적 관용은 공명정대, 공평함 혹은 공정함이라는 이름하에 참을 수 없는 이데올로기들과 그것의 관행 및 민주적인 사회 변화를 위한 노력을 사회적으로 무시하는 것에 관용을 베푸는 것이다. 또한 사회의 구조적인 불평등에도 불구하고 사람들이 진정으로 개방사회에서 살고 있다고 납득시키는 수준의 도전을 관용하여 주는 것이다. 이러한 도전과 다양성을 관용하는 것은 마치 압력솥이 끓어 넘쳐

폭발하는 것을 막기 위해 미리미리 스팀을 빼내 주는 것과 유사한 원리다. 억압적 관용이 제 역할을 하고 있는 상황에서 모든 관점을 분명하게 수용하는 것은 단지 불공평한 현상을 유지하는 것일 뿐이다. 이는 "관용이 참을 수 없는 정책, 행동의 조건과 양식에까지 확장됨으로써 두려움과 고통 없이 새로운 세계를 만들 수 있는 가능성을 차단하기(만약 파괴하지 않는다면) 때문이다." (p. 82)

소수가 불균형적인 부와 권력을 쥐고 있고 이데올로기적 혼란이 기존 체제의 재생산을 보장해 주는 사회에서는 관용이 단지 현상 유지를 강화하는 수단일 뿐이다. 마르쿠제의 말을 빌리자면, "관용의 조건은 제도화된 불공평이 결정하고 정의하고 부과한다. ……한 예로 사회의 계층 구조를 들 수 있다." (p. 85) "허구적 의식이 보편적 의식이 될 때" (p. 110), 관용은 대안적인 반대 견해들이 무익한 것들이라는 확신을 준다. 우리가 "난공불락의 요새처럼 보이는 태도와 사고의 소극적인 관용을 지니고 있을 때 비록 그 관용이 인간과 자연에게 끼치는 파괴성이 명백하다 할지라도……" (p. 85), 실제로 "분명하게 인자한 관용의 이데올로기는 불공정과 차별이 만연한 기존 사회의 보존을 옹호하고 강화하는 것이다." (p. 123)

억압적 관용은 어떻게 작용하는가? 본질적으로 그것은 민주주의의 이데올로기에 깊이 뿌리박힌 개념을 당연하게 받아들이게 한다는 점에서 헤게모니적이다. 기업과 대중매체는 관용이라는 개념을 민주적 공정함으로 영속화시킴으로써 사물들이 선을 추구하도록 조직되고 운영된다고 믿는 사회적 정신 상태(mentality)를 창조한다. 사회적 제도가 만들어 내는 진리는 저항적 · 대안적 아이디어를 교묘하게 차단하는 역할을 한다. 마르쿠제에 따르면, "독점적 대중매체 — 단지 경제적 · 정치적 권력의 도구인 — 의 지배하에서는 무엇이 옳고 그른지, 진실되고 거짓인지는 주요한 사회 관심사와 관련이 있을 때에만 논의되는 사회적 정신 구조가 형성되게 된다." (p. 95) 언어 — 현대적 용어로는 추론적인 실천들과 관계들 — 는 압세를 유지하도록 통제된다. "단어들의 의미는 견고하게 안정된다. ……기존의 것이 아니면 단어의 의미와 개념은 그 입구에서 차단된다." (p. 96)

억압적 관용은 개방된 공평함이라는 가면 뒤에 억압을 숨기고 있다. 대안적인 사상들은 금지되지 않는다. 비판적인 텍스트들이 출간되고 비판적인 메시지들이 유포된다. 현상을 유지하려는 자들은 마르쿠제 같은 다양한 의견의 목소리를 우리가 살고 있는 사회가 개방사회라는 점과 광범위한 이데올로기 영역이 제공하는 적극적 관용의 증거로 제시할 수 있다. 그렇지만 중요한 점은 헤게모니가 모든 의미의 구조를 만들어 낸다는 것이다. 종종 급진적인 사상을 담은 도서들은 텍스트 자체가 이해하기 어렵거나 믿을 수 없을 정도로 비싸다는 사실 때문에 그 의미가 희석되어 버린다. 무엇보다 급진적인 의미들은 이상한 소수의 의견을 표출한 것이라는 이유로 중화된다. 마르쿠제의 말대로, "수많은 보수적 다수 사이에서 다른(새로운) 언어를 말할 수 있고, 다른 사상을 표현할 수 있지만…… 그것들은 즉각적으로 대중 언어—사고 과정이 움직이는 '선험적인(a priori)' 방향을 결정하는—의 관점에서 '평가'(즉, 자동으로 이해되는 것처럼)된다. 따라서 반성의 과정은 주어진 조건과 관계들 속에서 그 반성이 시작된 지점에서 끝나게 된다."(p. 96) 프롬과 마찬가지로, 마르쿠제는 오웰(Orwell)의 언어 분석을 인용하면서 말과 언어가 반대 의미로 사용되고 있는 현상을 지적하고 있다. 예를 들어, 평화라는 단어의 의미는 "전쟁 준비는 평화를 위한 것"(p. 96)이라는 식으로 재정의된다. 2003년 이라크에 대한 미국의 일방적 침략에 대한 옹호자들은 이 표현을 자주 사용했다.

억압적 관용의 중요한 구성 요소는 민주적인 관용의 메타내러티브(metanarrative)다. 이 내러티브(narrative) 화법은 성인교육자들이 개인 학습자의 목소리를 존경할 의도로 민주적 토론에 활용하는 방법이다. 그러나 토론에 대한 기여가 모두 동일한 비중을 차지한다는 가정은 대화를 무미건조하게 만들 수 있다. 각 성인의 인간성(personhood)을 존중하려는 토론 리더의 관심은 특정 의견이 이념적으로 왜곡되었음에도 불구하고 그것을 거절하거나 지적하지 못하는 결과를 초래한다. 마르쿠제의 견해에서 성인 토론 그룹에서의 민주적 관용에 대한 이데올로기는 "어리석은 의견이 지적인 것과 동일한 존경을 받도록 취급되며, 오보를 전달하는 사람들이 정보를 제공하는 사람들만큼이나 오랫동안 얘기할 수 있고, 선동은 거짓에 편승한다는 것을 의미한다. 이러한 순수한 관용은 어떤 집단이나 개인도 진리를 소유하지 않았고, 무엇이 옳고 그른지 혹은 선하고 악한지를 정의 내릴 수 없다는 것을 민주적 논쟁을 통해 정당화해 간다."(p. 94) 앞서 살펴보았듯이, 마르쿠제는 우리가 추상적이고 개념적인 사고에 익숙하지 않다는 설명으로 이 문제를 접근한다. 허구적 구체성은 토론 참여자들이 보편적 · 도덕적 당위라는 관점에서 사고할 수 없고, 어떤 사상이나 실천도 상황에 따라 옳을 수도 그를 수도 있다는 입장으로 되돌아가게 만든다.

억압적 관용하에서는 한 상황에 대한 수많은 가능성 있는 견해 중 급진적 견해를 표현하는 것이 항상 손해가 된다. 자신들의 기존의 이념적 조건 때문에 참여자들은 새로운 아이디어를 회의적이거나 적대적으로 접근하려 하기 때문이다. 그러므로 "토론을 통한 설득과 반대 의견의 동일한 제시는 이해하고 학습하는 요소로서의 해방 동력을 약화시킨다. 그것들은 기존의 명제를 강화시키고 대안을 쫓아버린다."(p. 97) 현대적인 다문화적 담론 분석에서 샌 후안(San Juan, 2002)은 그러한 담론(그리고 다양성을 찬양하는 실천들)이 자본주의 현상 유지의 정당성을 뒷받침하고 있다고 주장하면서 마르쿠제의 입장을 채택한다. 마르쿠제는 이단자처럼(최소한 수많은 성인교육자들에게는), 심지어 어떤 사람들에게는 토론이 시간 낭비라고 주장한다. 그의 관점에서 "실제로 많은 사람에게 토론은 희망적이지 않다."(1970, p. 102) 따라서 마르쿠제의 견해에 따르면 그들과의 대화를 피하는 것이 최선이다.

마르쿠제의 관점에 따르면 민주주의를 살아 있게 하는 가장 유일한 방법은 참여자들이 모든 관련 정보를 완전히 소유하도록 하는 것이다. 그는 "민주적인 논쟁이란 사람들이 지식에 근거해 숙고하고 선택할 수 있어야 하고, 믿을 만한 정보에 접근할 수 있어야 하며, 그 지식과 정보를 기반으로 한 그들의 평가가 자율적 사고의 결과가 되어야 한다는 필요조건을 지닌다."(p. 95)고 주장한다. 마르쿠제는 성인의 자율적인 사고의 필요성을 강조하면서 우리로 하여금 자기주도(self-direction)의 개념이 친숙한 개념들을 자의적으로 반복하는 상태로 몰락시키는 것을 방지할 수 있는 정치적 해석의 개념이 되어야 한다고 본다. 마르쿠제에게 자기주도란 개인이 "지배 세력의 관심과 이익을 위해 존재하는 억압적 요구 사항으로부터 자유로워질 때, 또 그의 창의성을 행사하기 위한 가장 좋은 곳을 선택할 수 있을 때 존재할 수 있다고 본다."(p. 105) 사람들은 자율적 사고 능력을 보여 줄 때 그들의 성숙함을 증명하는 것이다. 마르쿠제는 밀의 논점을 인용하면서, 사람들이 "성숙한 자질을 습득하고…… 자유롭고 평등한 토론으로 향상되어 갈 때"(p. 86) 민주주의가 제대로 작동하는 것이라고 언급한다.

자율적 사고를 향한 중요한 단계는 거짓된 의식이 주류가 되도록 허락하는 객관성과 공평성의 신화를 부숴 버리는 것이다. 마르쿠제에 따르면 우리가 "기존의 의미세계를(아울러 그러한 세계 내에 갇혀 있는 실천들도) 부숴 버려야만"(p. 98) 사람들이 "지배적인 교화와 주의(indoctrination)로부터 자유로워진다(아울러 더 이상 지배적 주의로 인정받지도 못한다)."(p. 99)고 믿는다. 허구적 의식이 만연한 사회 속에서 살아가는 사람들은 "그들이 살고 생각하는 그곳에서 또한 그들이 결코 초월할 수 없는 상태에서 세뇌당한다."(p. 98) 사람들이 그로부터 벗어나기 위해서 진리가 조작되고 있고, '사실들'을 만들어 내는 그들이 "사실을 제조하고 중재하고 고착화시킨다는 것을 깨달아야 한다."(p. 99) 사람들은 각각의 진리는 고유의 진정성과 내적 타당성을 지니고 있다고 보는 다양한 진리에 대한 관용(억압적 관용)을 버려야 한다. 대신 "사람들은 객관적 진리가 있다는 것을 믿어야 한다. 이러한 진리는 인류의 발전을 위한 목적으로 행해지고, 행해질 수 있고 또 행해져야만 한다는 것을 배우고 이해할 때만 발견되고 규명될 수 있는 진리다."(p. 88) 이러한 객관적 진리는 일차원적 사회를 폐기할 욕구를 담고 있는 해방적 진리다. 그 진리는 존경스럽지만 궁극적으로 억압적인 모든 종류의 관용에 우선해야 한다. 마르쿠제에게 "관용은 무차별적이고 공정할 수 없다. ……그것이 해방의 가능성을 반박하고 부인하는 거짓된 말들과 잘못된 행동을 보호해서는 안 된다."(p. 88)

마르쿠제의 핵심은 일차원적 사고를 깨뜨리는 작업이 기존의 사실과 진리의 표면을 파열시키는 것이라는 점이다. 이러한 파열은 "추상적인 관용과 비허구적인

(spurious) 객관성의 기존 구조 안에서 발생할 수 없다. 왜냐하면 추상적 관용과 허구적 객관성은 파열과 단절에 대항하는 정신을 전제조건으로 요구하기 때문이다." (p. 99) 다양성을 존중하는 다원론적 관용이라는 미명하에 대안적인 관점, 전통 및 시각들의 잡동사니(smorgasbord)를 제공하는 것은 오직 지배적 의식이 급진적 의식을 주변부로 밀어냈다는 것을 증명해 줄 뿐이다. 허구적 공평과 대면하고 그것을 파괴하는 유일한 방법은 성인들을 완전하게 전적으로 다른 급진적 관점에 몰두하게 하는 것이다. 여기에서 말하는 관점은 주류 이데올로기에 도전하고 학습자들에게 "특정 성향을 띤 정보" (p. 99)와 맞서게 한다. 결국 "학생들은 반대 방향에서 생각하는 것을 배우지 못한다면 지배적 가치관의 구조 안에서 사실을 이해하는 경향을 갖게 될 것이다." (p. 113)

주류적 실재와의 강요된 단절(분열)은 비민주적인 검열이라는 피할 수 없는 혹독한 비판에 직면할 것이다. 마르쿠제는 이러한 비판을 조직화된 억압과 교화의 예측 가능한 반응으로 보았다. 그러나 그는 "다수가 발전시키는 전복적 힘을 막아서는 안 된다. 만약 조직화된 억압과 교화(교조)가 이를 막는다면 그 전복적 힘의 재개(reopening)는 분명 비민주적인 수단을 필요로 할 것이다." (p. 100)라고 확언한다. 학생들이 자율적인 사고를 발전시킬 수 있다면 특정 실천 방법(마르쿠제가 이에 대해 명확히 말하고 있지는 않지만)들이 요구될 수도 있다. 그에 따르면, "사고의 자유에 대한 회복은 교육제도 안에서 행해지는 가르침과 교육 실천에 새롭고 엄격한 제한을 필요로 한다. 왜냐하면 교육제도는 그 방법과 개념에 있어 기존의 담론과 행동에 머물러 있도록 인간의 사고를 제한함으로써 새로운 대안에 대한 선험적이고도 이성적인 평가를 차단했기 때문이다." (pp. 100-101)

억압적 관용에 의해 규명된 사회에서 지배적 소수—특히 기업과 대중매체—는 사람들이 표현하는 모든 사상이 유포되는 개방 시장이 존재한다고 주장하지만, 실제로 그들은 이데올로기적 독점을 행사하고 있다. 마르쿠제에게서 매체의 통제력을 확보할 수 있는 구매력은 오직 우익에 있기 때문에 실제로 사상의 자유로운 교환은 신화일 뿐이다. 이와 같은 상황에서 가장 공평한 것은 좌파 혹은 급진적인 토대를 가진 관점들을 옹호하는 차별을 자행하고, 흑인중심주의(Africentrism), 페미니즘(feminism), 동성애 이론(queer theory) 및 후기식민주의(postcolonialism)와 같은 미묘하게 평판이 좋지 않은 담론에 대한 우위의 여지를 주는 것이다. 대중매체를 소유한 거대 주류 매체의 포효가 저항의 목소리를 압도하기 때문에, 우리는 "허구적 의식과 그 수익자에 대항하여 투쟁하는 작고 힘없는 소수들"(Marcuse, 1965a, p. 110)을 옹호하는 적극적인 차별을 필요로 한다. "소수를 억압하는 자들에게 제도적 권력과 자유를 보존하게 하는 것보다 이러한 소수의 지속적인 현존이 더욱 중요하기"(p. 110) 때문이다. "권리를 소유하지 못한 사람들이 시민권을 행사한다는 것은 그 행사를 막는 자들로부터 시민권을 철회하는 것을 전제로 한다."(p. 110) 이것은 일종의 지역사회를 기반으로 좌익 견해를 옹호하는 지적이고도 확언적인 행동이다. 즉, "억압적 운동에 대한 관용을 중단하고 진보적 운동을 옹호하는 차별은 '공식적인' 전복(subversion)운동의 홍보 전략이다."(p. 107)

그러므로 마르쿠제에게 객관적 진리에 대한 민주적 접근방식은 불법적인(outlawed) 지식을 옹호하기 위해 지배적인 주류 사상을 검열하고 차별하는 수단을 정당화는 것이다. 관용의 객관성을 인식하는 것은 "지배적인 정책, 태도, 견해에 참을 수 없음을 표출하고 불법적이고 억압된 정책과 태도 및 견해에 대한 관용의 확장을 요구하는 것"(p. 81)이다. 비록 마르쿠제는 그의 에세이 서두에서 "예술과 문학의 검열은 어떤 상황에서도 억압적이라고"(p. 89) 언급하고 있지만, 허구적 의식의 발전을 저지하기 위한 필요 단계를 대략적으로 설명한 이후의 21페이지에서는 "허구적 의식에 영양을 공급하는 언어와 이미지를 차단해야 한다고 주장했다. 이것은 심지어 사전검열이라고 불릴 수도 있지만, 분명한 것은 자유로운 매체에 만연해 있는 은폐된 검열에 직접적으로 대항하는 개방적 검열이다."(p. 111) 말들과 이미지들(문학과 예술)도 검열해야 하는 것은 물론이고, 연설과 집회의 권리도 검열해야 한다. 앞서 언급한 현대의 '혐오 연설, 편파적 발언'과 관련된 주장에서, 마르쿠제는 특권층이 다양성이라는 이름으로 혐오스러운 편협에 대해서 설교할 수 있는 특권을 중지시켜야 한다고 역설한다. 인정받지 못한 사상들의 적절하고도 충분한 고려는 "인종과 종교를 활용해 공격적인 정책, 군비, 맹목적 애국주의, 차별을 증가시키는 집단과 공공 서비스, 사회보장, 의료보험의 확장을 반대하는 단체들의 연설과 집회에 대한 관용을 철회" (p. 100) 하는 것이다.

보수적 관점을 검열하자는 마르쿠제의 열렬한 주장은 매우 논쟁적으로 보일 뿐 아니라 이 장 초반에 언급되었던 그의 악명성의 원인이 된다는 것을 충분히 상상할 수 있다. 그러나 그는 자신의 삶이 억압적인 관용의 결과 때문에 고통받았다고 주장한다. 마르쿠제는 "나치가 초반에 그 특성을 드러냈을 때, 나치운동을 관대하게 다루지 않았다면(관용을 베풀지 않았다면), 다시말해, 나치운동이 민주주의 혜택을 누리지 못했다면, 우리는 아마도 제2차 세계대전의 공포뿐 아니라 다른 끔찍함을 경험하지 않았을지도 모른다." (Marcuse, 1970, p. 99)고 언급했다. "다음과 같이 우리가 말할 수 있는 명백한 이유를 예시하고 있다. 인간 생활의 진보와 조정에서 결코 관대하게 다루어지지 않았어야 할 순간들이 바로 여기에 있다." (p. 99) 마르쿠제에게 그것은 바로 나치 독일의 예다.

비판이론이 항상 자체 가정에 대해 비판적이라는 견해를 지지하는 한 사람으로서, 마르쿠제의 주장이 성인학습의 비판이론이 주장하는 익숙한 실천에 도전적이라는 것은 놀랄 일이 아니다. 비판이론의 입장을 취하는 성인교육자들은 다양한 관점과 경험을 수용하면서 교사와 학습자 간의 협동적 지식 창출을 마음속에 그린다. 마르쿠제는 몇 가지 유용한 불일치와 대위법을 관용과 다양성 및 협동의 진보적인 심포니에 주기하고 있다. 그는 교육자와 학습자 간의 정당한 차이를 재정립하고 있다. 아울러 우리가 살아가고 학습하는 한 가지 방식이지만 너무 쉽게 간과되는 주관성의 요소들—소외, 거리감, 사생활, 기억—에 주의를 기울이라고 촉구한다. 그는 성인들이 지배문화로부터의 소외와 이탈을 경험하는 촉진제로서, 그리고 해방된 사회를 건설하는 기준으로서 미학의 중요성을 강조하고 있다. 그는 다양한 견해를 관대하게 수용하는 것이 본질적으로 인간적이고 민주적이라는 자기 증명적(self-evident) 진리에 도전하면서, 만약 다양성이 반민주적 권력의 지배가 만연해지는 것을 보장한다면 우리가 다양성에 더 이상 관대하지 않는 불편한 입장을 취해야 한다고 촉구한다. 만약 다양한 관점이 하나의 지배적 관점을 선명하게 부각시키는 배경으로 작용한다면 평등한 다양성이 될 수 없다. 진정한 다양성은, 가령 성인교육 박사 프로그램이 의식적으로 흑인 중심적 시각에 학생들을 몰두하게 하는 것처럼 광범위하게 받아들여지지 않는, 전적으로 다른 관점에 몰입하는 것이다.

끝으로 마르쿠제는 대중문화의 주도적인 영향력에 초점을 두고 비판이론과 문화적 연구 사이에 다리를 놓았다. 마르쿠제에게 대중적인 미적 양식—건축, 노래, 광고, 영화, 잡지 등—을 연구하는 것은 부의 분배를 연구하는 것만큼이나 중요하다. 성인교육적 실천을 너무 쉽게 전환적이거나 해방적인 것으로 이름 지우는 요즘, 우리는 해방이 단지 우리가 새로운 관점을 수용한다거나 경제적 · 정치적 구조를 바꾸는 문제가 아니라고 말하는 마르쿠제에게 귀를 기울일 필요가 있다. 성인기에 해방을 배운다는 것은 본능적이고 감각적인 수준에서 일어나는 새로운 세계를 깊이 있게 경험하는 변화를 필요로 한다.

제8장

이성 회복하기

- 하버마스와 성인교육
- 비판이론 전통에서 하버마스의 위치
- 비판이론이 제기한 문제점 1: 공론 영역의 쇠퇴
- 비판이론이 제기한 문제점 2: 시민사회에 대한 위협
- 비판이론이 제기한 문제점 3: 생활세계에 대한 침해

이 장과 다음 장에서는 현재 성인교육에 있어 가장 영향력 있는 비판이론가인 위르겐 하버마스(Jürgen Habermas)에 대하여 살펴볼 것이다. 성인교육 분야에서 그의 이론은 전환학습이론(transformative learning theory)의 개발에 지대한 영향을 끼쳐 왔다. 그의 영향이 큰 이유 중 하나는 성인교육 분야의 핵심이라 할 수 있는 토론과 대화 학습법을 강조하는 린드만 계열과 직접적으로 연관이 있기 때문이다. 근래 프레이리와 하버마스의 비교 분석에 의하면 둘 다 민주적 과정의 기초로서 대화, 의사소통 학습에 헌신했다는 점이 강조되고 있다. 모로우(Morrow)와 토레스(Torres), 프레이리와 마찬가지로, 하버마스는 혁명적 마르크시즘과 개혁적 자유주의의 다리를 놓은 사회 비판이론가로 간주된다.

이 장에서 나는 비판이론 분야에서 하버마스의 위치를 확인하고, 호르크하이머와 아도르노의 『계몽의 변증법(Dialectic of Enlightenment)』(1972)에서 말하고 있는 도구화된 세계로부터 이성을 되찾기 위한 하버마스의 노력을 살펴볼 것이다. 여기에서는 전반적으로 하버마스의 신념을 세 가지로 구분하여 살펴볼 것이다. 그것은 공론 영역(사람들이 만나 사회적 위기 사항과 문제를 이야기하는 비정형 장소)의 쇠퇴(decline of the public sphere), 시민사회(정부나 기업으로부터 직접적으로 통제 받지 않는 우리가 속한 조직이나 모임)의 위기(threat to civil society), 생활세계(세계를 보는 우리의 시각 구조와 우리가 알고 있는 지식을 타인에게 전달하는 전의식적인 이해의 총합)의 침해(invasion of the lifeworld) 등이다. 이와 같은 위기는 일상 사회 문제를 논의하고 해결하려는 이성적 생각을 상실하게 하는 문제점을 드러내고 있다. 이와 같은 위기를 의사소통 행위를 통해 어떻게 해결할 것인지를 먼저 다루고, 다음 장에서는 심의민주주의(deliberative democracy)에 대해 살펴보겠다.

하버마스와 성인교육

논의의 시작은 잭 메지로우(Jack Mezirow)의 『성인 학습과 교육의 비판적 이론(A Critical Theory of Adult Learning and Education)』(1981)이라는 저서에서 하버마스의 이론이 전환이론의 이론적 배경으로 언급되면서부터다. 나는 영국인 성인교육자로서 런던과 레스터에서 영국 및 웨일즈 전국성인·평생교육자문위원회(Advisory Council for Adult and Continuing Education: ACACE)에서 연구자로 일할 때 처음으로 메지로우의 글을 읽고 놀라움을 금치 못했다. 자민족 우월주의의 오만으로 인해, 나는 이론과 관련된 일은 절대적으로 유럽 성인교육자의 관심사이고 미국 성인교육자들은 실천을 다루는 경험적 주제에만 희망 없이 집착하고 있다고 생각하였다. 하지만 이후 우연하게도 뉴욕에 있는 터처스 칼리지에서 메지로우의 동료로 근무하게 되었다. 그는 나의 절친한 친구가 되었으며(나는 그의 아파트에 머물렀다), 자신의 이론적 입장에 끊임없는 비판적 질문으로 접근하는 그는 나의 중요한 역할 모델이 되기에 충분했다.

1981년 메지로우의 성인학습이론은 전반적으로 독일 학자 하버마스의 사고를 많이 보여 주고 있다. 메지로우는 거의 전적으로 성인교육학과 자기주도적 학습에 중점을 둔 매우 새로운 이념적 입장을 제공했다. 결과적으로 그것이 메지로우의 이념적 통찰력을 확장하고 다듬는 확증적인 후속 연구들(Taylor, 1997, 2000a, 2000b)을 이미 잉태하고 있었던 것이다. 또한 그것은 메지로우의 그를 해석하는 학자들과 비평가들 사이의 열렬한 논쟁을 촉발시켰다(예: Collard & Law, 1989; Clark & Wilson, 1991; Tennant, 1993; Mezirow, 1989, 1991b, 1992, 1994b, 1997 참조). 결과적으로 메지로우는 엄청난 영향력을 끼친 성인 전환학습이라는 성숙한 이론으로 그의 사고를 확장시켰다. 잭 메지로우 덕에 성인교육 분야는 훨씬 이론적 영역을 시사하고 발전시키는 분야로 성장하였다.

무엇보다 메지로우의 1981년 논문이 놀라운 것은 그의 성인학습이론이 당시

영문으로 번역된 지 얼마 되지 않은 독일 지성인 하버마스의 사상을 전개하고 있다는 것이다. 하버마스는 1970년대 출간된 일련의 책들(Habermas, 1970, 1971, 1973, 1975, 1979)에서 의사소통이론에 근거한 민주주의 개념을 발전시켰다. 그는 일상생활에 기술 관료적인 사고가 확상된다는 것을 수용했지만 인간 해방을 다루는 마르크시즘—어떻게 사람들이 생산의 형태를 조직하고 행동하는가에 초점을 둔—이 사람들의 의사소통 형태와 조직, 행위에 초점을 두는 것으로 대체되어야 한다고 주장하였다. 만약에 우리가 사람들이 전적으로, 자유롭게 그리고 동등한 입장에서 담론에 참여할 수 있는 필요조건을 이해할 수 있다면 우리는 민주주의를 운영할 수 있는 이론(의사소통 행위이론)을 갖게 되는 것이다.

메지로우의 1981년 논문은 하버마스의 의사소통 행위의 해방적인 면을 참조한 것인데, 이는 하버마스의 해방행위론(emancipatory action)을 메지로우의 관점 전환(perspective transformation)으로 재해석할 수 있으며, 현대의 자기주도학습이나 성인교육학과도 연결된다. 이러한 개념들을 하버마스의 관점으로 이해하면서, 메지로우는 인본주의적 심리학 전통에 익숙한 성인교육자들에게 좀 더 논쟁적이고 좀 더 마르크시즘에 가까운 이론으로 성인교육 과정을 설명할 수 있다는 것을 보여 주었다. 1981년 이후 메지로우는 하버마스의 연구를 뛰어넘어 하버마스의 지적인 절충주의를 반영하는 방법으로 언어학, 정보처리, 인공지능, 인지 발달과 같은 다양한 이념적 전통을 아우르고 있다. 메지로우가 그의 전환학습이론을 확장해 감에 따라 다른 학자들 역시 성인교육과 관련된 하버마스의 연구와 전환학습이론의 관련성을 연구하게 된다. 이러한 연구자들 중에는 단연 마이클 웰튼(Michael Welton)이 가장 저명하다.

웰튼(1991, 1993, 1995, 2000, 2001, 2003)은 일련의 책과 논문에서 체제(국가와 기업)와 생활세계(시민사회)의 비대칭적 관계를 좀 더 제한적이고 정확한 방법으로 표현하기 위해 하버마스의 복잡하고 난해하며 하이픈으로 연결된 수많은 문구들을 이용하여, 사회적 전환의 중요성에 대한 단순한 선언 이상으로 움직이고자 하는 성인교육자들의 요구에 대하여 열정적이고 명백한 정당성을 제공하였다

(Welton, 2001, p. 32). 하버마스의 관점에서는 특정 사회상황에서 실제적이고 특정한 변화를 이끌어 내고 싶다면 우리가 "전체적 변화를 꿈꾸는 낡은 마르크스적 사고"(p. 32)를 포기해야 할 필요가 있다고 본다. 하버마스와 웰튼은 산업 노동자 계급은 더 이상 혁명적 변화의 주요한 동력이 아니기 때문에 우리의 저항은 광범위한 사회 문제를 다루는 사회운동과 풀뿌리 행동주의로 대체되어야 한다고 주장한다. 그들은 시민사회 안에 민주적 과정을 보존하고 스스로 확장하도록 두는 것이 유일한 실제적인 가능성이라고 보고 있다. 체제로부터 생활세계를 방어하고, 공론 영역에서 증가하는 통제기구의 영향력을 제한하는 방법(이 장의 후반부에 다룰)을 배우는 것이 21세기 민주주의에서 핵심이 되는 성인학습 과제라고 주장하고 있다.

비판이론 전통에서 하버마스의 위치

성인교육자들이 비판이론을 언급할 때 그 서두를 장식하는 현대적 인물은 바로 하버마스다. 그의 이론이 비판이론의 영향을 받았다는 것은 의심의 여지가 없다. 그러나 하버마스는 자신이 공식 교육을 받은 사람이 아니라서〔사실 그는 청소년 시절에 히틀러 유스(Hitler Youth)에서 공부한 적이 있다〕 자신의 지식은 주로 자기 학습에서 비롯된 것이라고 여러 차례 밝히고 있다. 하버마스는 프랑크푸르트 학파가 프랑크프루트에 있을 때는 분명한 지적 과업을 추구하는 학자들의 결속력 있는 집단이 아니었다고 회고한다. 학파 구성원들이 뉴욕으로 망명을 왔던 1930년대에서야 진정으로 활기를 띠게 되었다(Habermas, 1985b, p. 68). 하버마스의 지적 여정과 그의 자서전이 비판이론과 연계되어 있다는 점은 부인할 수 없다. 그는 아도르노의 연구 조교였고, 호르크하이머 밑에서 철학과 사회학을 공부했으며, 마르쿠제가 세상을 떠나기 직전에 그와 개인적인 대화를 나눴던 인물이다(Habermas, 1992a).

하버마스를 비판이론의 반열에 올리는 것은 다소 복잡한 문제다. 하버마스 자신을 마르크스주의자라고 지칭하는 것을 전해 들을 때, 그는 한편으로 "내가 마르크스주의자로 불리는 것은 의미 있지만" 다른 한편으로 "마르크시즘을 완벽한 이론으로 이해하는 입장에서 본다면 나는 마르크스주의자가 아니다."(1992a, p. 82)라고 말하고 있다. 하버마스는 마르크시즘을 "민주주의와 자본주의의 관계 발전을 조사하는 분석적 수단과 동력을 제공하는"(p. 82), 즉 자본주의 발전의 논리를 이해하는 유용한 발견적 도구가 된다고 생각한다. 하버마스의 관점에서 "마르크스가 제시한 근본적인 질문"은 "자본가의 확장이 어떻게 생활세계에 영향을 끼치느냐"(1992a, p. 91) 하는 것이다. 이 장 후반부에서 살펴볼 이 질문은 또한 하버마스 자신에게도 매우 중요한 질문이다.

하버마스는 마르크스와 동일한 선상에서 이론화 작업을 분명하게 해방적 의도를 지닌 활동으로 이해한다. 사회에 대한 이론화의 목적은 메커니즘과 관계를 이해함으로써 사람들로 하여금 그들의 창의적인 능력을 깨닫게 하는 훌륭한 기회를 제공할 것이기 때문이다. 마르크스의 역사적 유물론—생산력의 발전이 생산관계를 변화시키고, 생산관계의 변화를 통해 사회적 진화를 이끌어 냈다는—은 우리가 생산관계의 메커니즘과 관계를 이해하는 데 도움이 된다. 하버마스는 역사적 유물론을 인간이 스스로를 이해하려는 노력이자 "인간이 그들의 역사를 반추하는 것이 객관적으로 가능하다는"(Habermas, 1973, p. 1) 시도를 담고 있다고 본다. 그 이론의 목적은 혁명적 변화 과정에 통찰력을 제공함으로써 프롤레타리아와 혁명을 보조하고 싶어 하는 부르주아에게 활력을 주는 것이다. 아울러 그것은 "적용되는 사람들을 명명하고, 그들의 협동이 역사 과정에서 해방적 역할을 하게 될 것이라는 깨달음을 줄 수 있다."(p. 2) 하버마스는 『의사소통과 사회 진화(Communication and Evolution of Society)』(1979)에서 역사적 유물론을 "여러 측면에서 개정을 요하는 이론이지만 여전히 그 이론의 촉발적 잠재력은 소진되지 않았다."(p. 94)고 언급하고 있다. 그는 자신을 "설정된 목적이 완전하게 달성되도록 도와주는 작업에 종사하는"(p. 94) 자로 묘사하면서 민주적 사회주의의 창출을 위한 지침을 제공하고 있다.

어떻게 하버마스는 마르크시즘을 20세기, 아니 21세기를 위하여 재건하게 되었을까? 바로 학습의 중심에 성인교육이 부각되었다는 점이다. 인간의 분명한 특성이 바로 학습 능력을 지닌 것이라면 사회과학과 교육이론가들은 성인이 더욱 도덕적이고 민주적인 것을 학습하게 하는 데 중점을 두어야 한다. 하버마스가 볼 때 마르크스의 실수는 인간의 진화에 중요한 역할을 하는 학습 과정을 기술적이고 조직적인 지식의 차원, 도구적이고 전략적인 행위의 차원, 생산적 능력의 차원과 동일한 객관적 사고의 차원에 국한시켰다는 점이다. 학습 능력이 성인의 삶의 모든 영역에 영향을 끼치는 점을 감안할 때, 사람들의 효율적인 생산력 조직 방법을 연구하는 것은 성인교육 이론가들에게는 지나치게 지엽적인 것이다. 하버마스는 학습 과정이 "도덕적 성찰 차원, 실용 지식 차원, 의사소통 행위 차원, 행위 갈등에서의 합의 규정 차원에서 발생할 수 있다."(p. 98)고 보았다. 민주적 과정을 보존하고 확장하기를 원한다면 우리는 성인들이 민주주의의 피할 수 없는 모순과 긴장 관계를 학습하도록 도와야 한다. 그래서 하버마스에 따르면 역사적 유물론은 "학습 과정이 더 성숙한 사회 통합의 형식으로, 즉 새로운 생산적 관계로, 그래서 새로운 생산적 유형을 소개하는 곳으로 그 영역을 확장해야 한다."(p. 98)

하버마스에게는 "사회 비판이론이 더 이상 정치적 · 경제적 비평의 절대적인 형식이 될 수 없다."(1970, p. 120) 그는 사회 비판이론이 그 영역을 도덕성과 의사소통의 문제로 확장하는 동시에 어떻게 민주사회가 그 사회 구성원 사이의 충만하고 자유로운 소통을 촉진시킬 수 있는지를 연구해야 한다고 본다. 하버마스는 "마르크시즘에는 적절한 민주주의 이론이 없다는 것이 내 생각이다."(1992a, p. 188), 또 "프랑크푸르트 학파는 부르주아 민주주의를 진지하게 다룬 적이 없다."(p. 99)고 언급하고 있다. 그래서 하버마스의 마르크시즘 재건의 요지는 혁명적 변화의 목적은 진정한 민주주의를 창출하는 것이다. 이런 그의 생각은 그가 미국적 실용주의와 특히 찰스 피어스(Charles Pierce)의 "급진적-민주적 인본주의" 또는 "논리적 사회주의"(p. 189) 개념을 수용하도록 만들었다. 하버마스는 자신이 "민주주의 이론과 관련된 특정 문제를 다룰 때 마르크시즘의 취약함을 상쇄하기 위해 이러한 미국 철학의 실천적 관점에 의존했다."(p. 149)는 것을 인정한다. "훌륭한 실용주의자"(Habermas 1985a, p. 198)라 불리는 자신을 발견했을 때, 하버마스는 분명 듀이, 피어스, 기타 미국 실용주의자들에게 신세를 지고 있었음이 틀림없다.

하버마스는 수많은 좌파 앞에서 마르크시즘을 배신하면서 자유주의 이념을 그의 사상에 접목시켰다. 그는 "나의 마르크스주의자 친구들이 나를 급진적 자유주의자라고 책망하는 것은 전적으로 부당하지 않다."(1992a, p. 171)고 밝히면서, 인간의 자유라는 자유주의자적 이상을 민주주의의 존재 여부를 판단하는 중요한 기준으로 삼았다. 그에게 자유는 보이지는 않아도 범우주적이고 보편적이어서, 만약 그 누구라도 자유롭지 않다면 그 사회에 자유가 존재한다고 말할 수 없다. 그의 말을 빌리자면, "모든 사람이 자유롭지 않다면 한 사람도 자유로울 수 없다. 모든 사람이 자유로울 수 없다면 그 사회의 모든 사람이 자유롭지 않다."(p. 146) 그는 자유와 타인을 고려하지 않고 자신의 일을 해대는 무정부적 이기심을 구별하는 데 진지하다. 따라서 "선택의 자유란 결국 인간 사이의 관계망 속에 존재하는 내적인 교류에서만 생각해 볼 수 있다."(p. 146) 자유는 단지 "누군가의 자유가 타인의 자유를 희생하는 대가로 획득할 수 없음이 보장되는 사회의 소통적 구조 안에서만 존재한다."(p. 146)

자유의 당위성은 자유주의와 사회주의에 모두 동등하게 적용된다. 그에게 "사회주의와 자유는 동일하며"(1992a, p. 75), 사회주의 이론은 "해방된 삶을 출현시키기 위한 필요조건을 제시하려는 시도다."(p. 145) 사회주의는 우리가 평등하게 사회를 구성하기 위하여 노력할 때 그 기준을 제공해 주는 유익한 조직이론이다. 사회주의는 "사회 구성원들이 이해해야 하는 해방적 삶의 필요조건에 대한 개략적인 개념을 제공해 준다."(Habermas, 1994, p. 113) 이러한 사회주의 해석은 마르쿠제나 프롬처럼 그것의 민주적 당위성을 강조하는 것이지 생산 수단의 통제와 집합적 소유 원칙을 강조하는 것이 아니다. 사회주의가 사기업의 국유화를 강조하는 것처럼, 하버마스에게 있어 사회주의는 포괄적인 대화 양식의 구축을 강조하는 것이다.

하버마스는 비판이론이 지나치게 생산적인 수단을 강조하고 있을 뿐 아니라 이성을 강조함으로써 왜곡되었다고 본다. 하버마스에게 『이성의 상실(Eclipse of Reason)』(Horkheimer, [1947], 1974), 『계몽의 변증법(Dialectic of Enlightenment)』(Horkheimer & Adorno, 1972) 같은 책들은 "도구적 이성에 대한 추상적 비판으로 피신할 길을 열어 주었고, 매우 복잡한 우리 사회를 경험적으로 분석하는 데 극히 제한적으로 기여했다."(Habermas, 1992a, p. 56) 하버마스는 이성이 완전히 도구화되어 우리의 모든 도덕적 힘을 없애 버렸다는 호르크하이머와 아도르노의 주장에 동의하지 않는다. 그는 『계몽의 변증법』(Horkheimer & Adorno, 1972)이 "이성의 타당성의 실체를 폭로하고 이성이 순전한 권력과 동화되어 가는 것을 증명할 목적"(p. 112)으로 "근대성의 이미지를 극도로 단순화"(Habermas, 1987b, p. 112)한 것에 놀라고 있다. 그는 호르크하이머와 아도르노가 비판적 이성의 사용이 불가능하다는 것을 증명하기 위해 비판적 이성을 사용했다고 지적한다. 『계몽의 변증법』에서 "비판력이 죽었다는 것을 선언하면서조차 비판적 능력을 활용하고 있기 때문에 비판적 능력이 자기 파괴성을 설명하는 것은 매우 역설적이다."(Habermas, 1987b, p. 119)

하버마스는 "이론은 실천적 이성의 프로젝트이고, 이성의 이름으로 행동할 수 있다는…… 마르쿠제의 실용적인 태도"(Habermas, 1992a, p. 190)로 이성을 이해하려고 한다. 하버마스는 자신이 "인간적 민주주의의 형성에 봉사하는 이성을 재개하자고 주장하는 또 다른 형태의 비판이론가(예: 마르쿠제), 즉 실존주의자들과 특별한 공감을 느낀다."(p. 150)고 선언한 바 있다. 마르쿠제는 "내안적 미래에 호소하고"(Habermas, 1985b, p. 67), "이해하기 쉬운 직접적 · 단언적 언어로 말하고"(p. 69), "그의 가장 존경할 만한 특징인 패배주의에 굴복하지 않는"(p. 76) 태도로 일관하면서 하버마스에게 손짓하고 있다.

마르쿠제의 언어가 이해하기 쉽다는 것은 차치하더라도, 하버마스의 마르쿠제에 관한 언급은 그 자신에게도 동시에 적용될 수 있는 사상을 담고 있다. 『계몽의 변증법』이 “도구적 이성—부정적인 폭력으로 전환되어 버리는—의 신화로부터 벗어날 수 있는 그 어떤 전망도 거의 제공하고 있지 않다면”(Habermas, 1987b, p. 114), 하버마스의 책들은 이성의 회복을 요구하고 있고 이성을 의사소통이론의 중심에 두고 있다. 하버마스는 『형이상학적 사유(Postmetaphysical Thinking)』(1992b)에서 “생활세계의 현상을 다루는 이성의 개념을 옹호하였다. 아울러 상호주관성의 이론을 기초로 형성되는 ‘보편적 사회의식’을 허용하는 이성의 개념을 확장시키려는 목적이 엿보인다.”(p. 141) 그는 “이성을 억압과 동일시하는, 그래서 숙명적으로 또 열렬하게 전혀 다른 무언가에서 도피하려는”(p. 8) 급진적 비판이론을 부인한다. 이성을 단지 무기력하게 타협적이고 자본주의나 기술주의의 무비판적인 하수인으로 치부해 버리는 것은 너무 단순한 접근이라고 지적한다. 민주주의의 동력이 될 수 있는 비판적 이성을 착취의 동력으로 활동하는 타협적 이성에 넘겨 줘서는 안 된다. 하버마스의 비판이론에 대한 관점은 “과학적 훼손과 실존주의적 평가절하에 대항하고, 나아가 스스로 비판적인 이성의 개념을 포함하고 있다.”(1992a, p. 55)는 것이다.

이성의 회복(reclamation of reason)은 비판이론의 핵심으로 하버마스 연구의 중심에 위치해 있다. 하버마스의 의사소통 행위이론은 이성을 강조하고 있으며, 이는 모든 대화 행위에 내포되어 있는 타당성 요구와 증명(우리가 말하는 것이 이해할 수 있는 것인지, 진실인지, 혹은 솔직한 것인지)으로 표현되고 있다. 그는 이상적인 대화 상황을 인간의 의사소통 안에 위치한 이성을 이해하는 데 결정적인 “진실과 정의가 지속적으로 회복되는 상태”(Habermas, 1992a, p. 171)로 본다. 이상적인 대화는 사안에 대한 이해와 합의를 전적으로, 자유롭게, 동등한 입장에서 담론할 수 있는 상황에서 이루어질 수 있다. 그는 이상적인 대화 상황을 “아도르노와 호르크하이머의 『계몽의 변증법』에 대항하여 사용될 수 있는 이성 개념, 즉 소통적 이성 개념의 재구조화(Habermas, 1992a, p. 93)로 보고 있다.

이성에 대한 하버마스의 생각은 또한 합의를 이루기 위하여 이성적인 방법으로 의사 결정에 도달하는 심의민주주의에도 잘 드러나 있다. 하버마스에 따르면,

"이성은 종(species)의 생존과 직결되어 있으며, 종의 생존은 이성을 기반으로 한 언어적 의사소통의 구조와 상호 협조, 목적적 이성 행위에 의존한다." (p. 58)

이성은 인간 해방에 기여한다. 해방을 다루는 비판이론은 하버마스의 연구에서 재확인된다. "어떠한 비판적 사회이론도 해방적인 관심 사항과 내적으로 연결되어 있다는 것을 부정할 수 없다." (1992a, p. 193) 이성이 인간의 생존 욕구인 것처럼, 해방을 향한 욕구는 "의문을 제기하고 억압적 관계를 던져 버리고 싶은 마음 깊은 곳의 욕구" (p. 194)로 표현된다. 자유를 향한 해방적 동력은 "인간이라는 종의 구조에 깊이 심어져 있다." (p. 194) 이것은 인지적 흥미이론의 기본 구조를 설명하는 부분이 되기에 충분하다. 하버마스 계열의 성인교육에 대한 비판이론은 사람들이 어떻게 대인관계에서, 그리고 진정으로 민주적인 정치 형태를 만드는 곳에서 자유를 향한 열망을 깨닫는지 학습하는 데 연구의 중점을 두고 있다. 아울러 그들은 이러한 자유가 현실화되는 데 방해가 되는 힘과 구조도 함께 연구하고 있다.

하버마스는 자유를 위한 인간의 투쟁을 특별히 의사소통의 형태와 구조에 중점을 두는 이데올로기적 비판과 연결하고 있다. 이데올로기 비판은 우리가 진실로 받아들이는 사고와 이론이 어떻게 현실세계에서 권력의 관심사를 지원하는가를 밝히는 것이다. 하버마스에게 "이데올로기 비판은 타당성 요구(validity claims)가 어떻게 권력관계에 의해 결정되는가를 보여 주는 것" (1987b, p. 116)이다. 소통행위를 다루는 비판이론에서 이데올로기 비평은 "권력관계가 얼마나 은밀하게 대화와 행동의 상징적 구조 안에 구체화되는지를 폭로하는 것이다." (Habermas, 1973, p. 12) 언어적 관습에 녹아 있는 권력관계를 깨닫는 것은 그 관계를 바꾸는 방법을 학습하기 위한 전제조건이다. 하버마스는 "우리가 인식하지 못하는 의존성으로부터의 해방을 이끌어 내는 통찰력으로 무장된 비판의 과정을 통해서만" "체계적으로 왜곡된 의사소통 행위 안에 깊이 자리 잡은 권력관계를 파헤칠 수 있다." (p. 9)고 주장한다. 이성은 자유에 이르는 결정적 요소다.

비판이론의 핵심 과제 중 하나는 자유의 회복이다. 프롬, 마르쿠제, 하버마스는 모두 사람을 허구적 욕구에서 해방시키고, 그들이 원하는 대로 생각하고 살아가도록, 즉 자유로운 선택을 하도록 돕는 것에 관심을 가졌다. 하지만 비판이론의 비평가들은 경제적인 문제에만 관심을 두는 물질적 담론으로 이를 구조화하는 데 상당히 성공한 것으로 보인다. 비판이론은 노동자협동조합이나 부의 재분배보다는 자본주의의 교환경제를 파기하고 자신의 노동력을 사용하면서 자유로운 선택을 하게 하여 사람들이 그들의 창의성을 깨닫게 하는 것에 그 뿌리를 두고 있다. 하버마스는 사람들이 이성을 사용하는 이유는 그들이 진정으로 중요하다고 생각하는 사회 문제에 대해 자유로운 선택을 할 수 있도록 시민사회와 공론 영역의 재건을 돕는 것이라고 주장한다. 미국 문화에서 자유가 안정되어 있다는 것을 고려해 보면 비판이론을 자유의 동력으로 간주하는 하버마스적 접근은 수많은 학생에게 유용한 출발점이 된다.

비판이론 전통과 하버마스의 관계를 마무리 하기 전에 하버마스가 비판성의 핵심으로 '비판이론의 자기비판적 본성'을 언급했다는 것을 짚고 넘어가고 싶다. 그의 입장에서 비판이론은 스스로를 항상 잠정적인 것으로 간주하고 자체 주장에 비판적 이성을 적용해야 한다. 비판이론은 "오직 명제적 진리(propositional truth, 참/거짓 여부가 검증될 수 있는 진리-역자 주)를 선언할 때만 의미가 있다."(Habermas, 1992a, p. 101) 우리는 "거리낌없는 자기 수정과 자기비판 안에서 비판적 사회이론을 연구해야 한다."(p. 212) 비판이론의 심각한 결함이 경험적 증명에 관심을 기울이지 않는 것이라고 본 하버마스는 언어학, 인류학, 사회학, 인지발달심리학, 경제학에 걸친 엄청난 경험적 연구를 그의 저작들에서 보여 주고 있다. 그는 비판이론이 한편으로는 비판에 집중하면서도 다른 한편으로는 경험적 확증과 제안에 대한 반증에 집중해야 한다고 보았다.

비판이론이 제기한 문제점 1: 공론 영역의 쇠퇴

자신의 삶에 영향을 미치는 문제를 민주적 절차에 따라 결정하는 사회를 건설하기 원하는 민주주의 이론가가 하버마스다. 사회가 더욱 민주적일수록 시민은 더 많은 정보를 얻을 수 있고 그들의 의사소통이 왜곡될 가능성은 줄어들게 된다. 하버마스에게 민주주의는 의사소통에 관한 모든 것—최대한 자유롭고 최소한으로 제한된 의사소통이 가능한—이다. 그의 관점에서는 의사소통의 자유가 커질수록 사람들이 진정한 비판적 이성(정의를 실현하고 인간적 민주주의를 잉태하는 이성)을 발현할 수 있는 기회를 갖게 된다.

그러나 현대 산업자본주의에서 특정한 사회 발전은 민주적 삶의 방식을 제한한다. 사회는 사람들이 자신이 원하는 방식을 논의하고 테이블에 둘러앉아 대화할 수 없을 만큼 거대해지고 복잡해졌다. 하버마스의 연구에서 사용된 용어로 표현한다면, 공론 영역은 무너졌고 시민사회와 생활세계도 돈과 권력의 메커니즘에 의해 압도당하고 있다. 공론 영역(공론장, public sphere), 생활세계(lifeworld) 같은 용어는 수많은 미국 성인교육자들에게 매우 익숙해서 오히려 하버마스의 연구에 충분히 몰입할 기회를 제한한다. 하지만 이러한 개념은 어떻게 민주주의가 정착될 수 있는지를 보여 주기 위한 하버마스에게는 매우 중요한 것들이다. 이러한 개념에 이미 친숙한 독자들은 이 장의 나머지 부분에서 그 의미를 설명하려는 나의 의도를 이해해 주기 바란다.

현대 삶에 있어 하버마스의 이성 상실에 대한 염려의 중심에는 공론 영역의 붕괴가 있다. 공론 영역은 시민 공간 또는 성인들이 함께 그들의 문제에 대하여 서로 의논하고 의사 결정을 내리는 공동의 장을 말한다. 간단히 말하면, 많은 사람이 모여 자신의 이야기를 나누는 대중 카페, 로그인하여 어떤 주제에 대해 자신의 의견을 나누는 채팅 공간과 같은 것이다. 하버마스는 공론 영역을 "정보와 관점을 나누는 네트워크, 예를 들면 특정 문제에 대한 긍정적 · 부정적 의견을 표출할 수 있는 공간"(Habermas, 1996, p. 360)으로 보았다. 이러한 네트워크를 통하여 나누는 "일련의 대화는 과정상 걸러지고 통합되어 대중의 여론으로 통합된다."(p. 360)

사람들이 자신과 연관된 문제에 대해 정보를 다양하게 교류하다 보면 그들의 의견을 대표하는 관점이 형성되고, 이것은 정치가, 정부 관료, 여론조사원, 미디어 종사원 등에게 알려지게 된다. 결과적으로 공론 영역에서 형성된 여론은 정치와 입법 활동에 상당한 영향을 끼치게 된다. 이런 점에서 공론 영역은 "정치 시스템과 생활세계, 기능적 조직과 사적 영역 간의 중재자 역할을 한다." (p. 373) 이러한 중재 메커니즘(공론 영역)은 정식 체계나 구조에 흡수되지 않는다. 본질적으로 공론 영역은 유동적이며, 고착화되는 것에 저항한다. 하버마스는 공론 영역의 경계는 "기본적으로 쉽게 넘나들 수 있는 것이어서 조직이나 시스템으로 전환될 수 없다." (p. 374)고 말한다.

공론의 장은 소수의 몇몇 사람이 나누는 짧은 대화의 장이 되기도 하고, 가끔은 더 많은 사람이 지속적으로 특정 문제를 논하는 장이 되기도 하다. 사람들은 지하철역, 선술집, 길거리에서, 또는 좀 더 관심이 비슷한 사람끼리 모일 가능성이 있는 대중적 모임—극장 앞, 운동경기 쉬는 시간, 컨퍼런스 쉬는 시간의 복도, 정치적 모임의 커피 타임 등—에서 대화를 나눈다. 더욱이 기술적 매체를 통해 전 세계에 흩어진 독자, 시청자, 청취자, 인터넷 사용자들이 함께 대화를 나누기도 한다. 이러한 다양한 수준의 공론 영역은 서로를 연결시킴으로써 "일상적 언어로 구성되는 부분적 공론의 장이 누구에게나 개방되어 있도록 만들어 준다." (1996, p. 374) 뉴먼(1999)이 설명했듯이, 성인교육자는 비공식적 대화를 통해 특정 상황에 관한 행동의 욕구와 집합적 의견—하버마스가 정치적 의지의 형성(political will-formation)이라고 부르는—을 이끌어 낼 수 있다.

『공론 영역의 구조적 전환(The Structural Transformation of the Public Sphere)』([1962] 1989b)에서, 하버마스는 사회가 더 거대해지고 복잡한 하부 구조로 변화해 감에 따라 "일반 시민이 이성적으로 대화하는 공공의 의사소통 네트워크가 어떻게 무너져 가고 있는가" (p. 247)를 고통스럽게 기술하고 있다. 지역 회의, 마을 광장 모임, 부족 모임 등은 더 이상 민주주의의 중심적 역할을 하는 지역사회 관심사에 대한 대중 토론으로서의 효과적인 포럼을 제공할 수 없다. 사람들이 자신의 감정과 의견을 말할 수 있고 특별한 변화를 위하여 그들의 정치적 에너지를 모을 수 있게끔 하는 공론 영역이 없다면 민주주의는 존재할 수 없다. 하버마스에게는 "민주적으로 형성된 여론과 의지는 정치적 공론 영역의 조직을 개발하는 비형식적 공론 공급에 달려 있다." (Habermas, 1996, p. 308)

성인이 함께 모여 토론하고 정치적 의지를 형성해 갈 장(arena)이 없는 상황에서는 정확하게 여론에 대해서 이야기할 수 없다. 공론 영역의 부족은 정부 입장에서는 사람들이 당연하게 받아들일 수 있는 세상의 꿈을 제압할 수 있는 절호의 기회인 것이다. 반대로 가시적인 위협이 없음에도 불구하고 타국을 침략한 행위에 대한 도덕성을 오랫동안 강도 높게 논박하는 공론 영역이라든가 지지율이 낮은 대통령의 정책 정당성을 비판하는 공론 영역은 통치자를 극도로 불편하게 만들 수 있다.

하버마스는 여론이 어떤 논제에 대하여 시민이 관련 자료를 충분히 감안하여 내리는 유식한 관점이라고 정의한다. 그의 관점에서 진정한 여론은 쉽게 개발되고 발전하는 것이 아니다. 현대사회에는 진정한 여론을 의미하는 완전한 대화와 정치적인 의식이 형성되는 대신, 언론기관에 의해 통제되는 제한된 정치적 담론이 있을 뿐이다. 하버마스에 의하면 여론은 "대중이 배제된 개별 시민의 비형식적 의견으로 변질되었고, 여론의 일부조차 대중적으로 영향력 있는 기관(회사, 정부기관, 노동조합, 전문가 협회 등)의 형식적인 의견에 묻혀 버렸다." (1962, 1989b, p. 247) 대중매체는 이러한 기관의 대변인 역할을 하거나 기존 시스템을 지지하기 위해 대중의 의견을 재구성한다. 하버마스는 대중매체와 대중문화에 대한 초기 프랑크푸르트 학파의 비판과 맥을 같이하여, "오늘날의 전파 대중매체는 비정치적인 대중의 충성심을 조종하기 위하여 조직되었다." (Habermas, 1973, p. 4)고 믿는다. 이처럼 오늘날 공론 영역은 심각하게 줄어들고 있다. 자신의 삶에 영향을 줄 수는 정치적 · 경제적 힘에 대항하여 자신의 대응 방안을 함께 토론하고 결정할 수 있는 의사소통 도구의 부재로 인해, 성인은 사적으로만 큰소리치고 공적으로는 침묵하는 자들이 되었다.

공론 영역의 감소는 하버마스의 연구 전역에 걸쳐 계속 다루어지는 주제다. 그의 후기 저서인 『사실과 타당성(Between Facts and Norms)』(1996), 『의사소통의 화용론(On the Pragmatics of Communication)』(1998), 『탈민족적 정황(The Postnational Constellation)』(2001a)과 그의 초기 저작 『공론 영역의 구조적 전환』에서 주로 나타나고 있다. 자본주의 성장과 산업사회에서 정보사회로의 이동으로 인해 교육제도와 수업 구조는 사람들에게 더욱더 특화된 역할과 기능을 요구하게 되고, 결과적으로 사람들이 공공 담론에 참여할 준비를 할 수 없게 만든다. 자본주의 경제 발전의 논리에서는 "피할 수 없는 노동의 분화가 불평등한 정보와 지식의 분배를 가져온다."(Habermas, 1996, p. 325) 일부 사회 구성원들은 그들의 사회적 지위, 인종, 교육에 의해 다른 사람보다 더 많은 정보를 소유하게 된다. 계층과 인종의 불평등은 "의사소통 기관이 사회적 지식을 선별적으로 분배하므로"(p. 325) 더욱 심각해진다. 예를 들면, 정보에 접근할 수 있는 기술적 지식은 사람들의 교육, 소득, 직업, 지위에 따라 부분적으로 결정된다. 이러한 결정적 요소들은 특정 집단의 혜택을 위해 사회의 더 큰 조직에까지 영향력을 확대한다. 의사소통 기술과 그에 대한 접근 가능성이 낮은 대부분의 사람은 의사소통의 대중적 흐름에서 배제되고 있다. 영향력 있는 조직이나 언론 집단의 회원이 아닌 사람들에게는 의견을 개진할 통로가 없어진 것이다. 이러한 상황에서 "공론 영역의 구조는 정보 이용 가능성에 있어 불가피한 불균형—메시지(의견)의 발생, 형성, 평가, 표현 등에서—을 초래하고 있다."(Habermas, 1996, p. 225)

공론 영역 쇠퇴의 결과는 무엇인가? 하나는 파괴적인 이기주의의 성장이다. 사람들은 사회에서 토론과 의사 결정에 영향력을 미칠 수 없을 경우 타인을 고려하지 않고 자신의 목적만을 추구하게 될 것이다. 『정당성의 위기(Legitimation Crisis)』(1975)에서 하버마스는 행정적 의사 결정이 대중의 관심에 상관없이 진행되고 있는 "구조적으로 비정치화된 공론 영역"(p. 37)을 묘사한다. "민주적 제도와 절차를 적용할 수 있음에도 불구하고, 시민은 정치적인 사회 한가운데서 오직 표현을 억제하는 수동적 시민의 역할을 즐길 뿐이다."(p. 37) 직업, 여가, 소비와 맞물린 시민적 개인주의(civic privatism)와 정치적 무관심은 번창할 수밖에 없다. 하버마스는 사람들이 "소비, 여가의 관심과 맞물린 가족 지향성, 사회적 지위 향상과 맞물린 커리어 지향"을 추구하게 되면서 "가족-직업적 개인주의(familial-vocational privatisem)가 시민적 개인주의를 양성한다." (Habermas, 1975, p. 75)고 지적한다. 이러한 개인주의 형태는 성과주의를 찬양하는 대중이론과 민주주의적 엘리트의 출현, 기술 관료적 체제의 효과적인 작동에 의해 강화되고 있다.

삶에 대한 개인주의적 태도의 확장을 독려하는 것과 함께, 공론 영역의 축소는 지배적 질서에 대한 지적 도전을 중화시킨다. 지식인들이 사회적 불평등을 드러내는 사회적 비판자로서 활동하기 위해서는 그들의 비판을 들어주고 고려해 주고, 때로는 그러한 비판과 함께 행동해 줄 대중이 필요하다. 그들이 제공한 증거와 주장에 대하여 논쟁해 줄 대중이 없다면, 그들의 분석을 들어줄 동료들이 없다면, 지식인들은 무능해질 것이고 죽어 가는 시민사회에서 일종의 간단한 메모나 죽어 있는 메시지(messages in bottles)만을 제공하게 될 것이다.

본질적으로 지적인 작업(특히 비판이론)은 그것을 받아들일 공론 영역을 전제로 하고 있다. 하버마스에 따르면, "지식인들은 정제된 언어의 논쟁을 통해 침해된 권리, 감춰진 진실, 미뤄진 개혁, 연착된 진보에 개입할 때 이해하고 반응하고 변화하고, 행동할 수 있는 능력을 갖춘 공론의 영역으로 들어서는 것이다." (Habermas, 1989a, p. 73) 이러한 영역은 비판 의견을 자유롭게 표현하는 것을 보장하고 독려하는 제도적 안전장치(입헌주의 국가)의 지원을 받을 때 존재할 수 있다. 지식인들이 적절한 비판적 기능을 수행하기 위해서는 "반은 입헌국가에 의존하고, 나머지 반은 의심이 많은 시민의 참여로 생명력을 이어 가는 민주주의에 의존해야 한다." (p. 73)

비판이론이 제기한 문제점 2: 시민사회에 대한 위협

하버마스의 분석에서 공론 영역의 쇠퇴는 사회 발전과 시민사회의 불안정함의 증가가 동시에 발생하고 있기 때문이다. 시민사회는 근본적으로 국가나 기업이 통제하지 않는 모든 인간의 집합적 형태로 구성되어 있다. 카풀에서부터 대안적 정치운동 전문가 집단에 이르기까지 모두가 시민사회의 일부가 될 수 있다. 하지만 비정형적이고 개방적인 공론 영역과는 달리, 시민사회는 종종 명백하게 의사소통 위계질서와 회원권을 갖춘 그룹으로 조직되기도 한다. 성인교육학술대회(Adult Education Research Conference: AERC)와 성인교육교수위원회(Commission of Professors of Adult Education: CPAE)는 서로 다른 방식이지만 시민사회의 다양성을 보여 준다. AERC는 북미에서 유목민적 성격이 강한 조직으로, 정식 회원제를 요구하지 않고 그들의 활동을 전적으로 구전에 의존하는 시민사회의 느슨한 조직의 한 형태다. 이와는 달리 CPAE는 좀 더 강한 조직 형태를 보이고 있다. 이 조직의 회원이 되기 위해서는 일정한 조건을 만족시켜야 한다. 예를 들면, 교수의 직위를 보유하고 있거나 성인교육에서 대학원 과정을 가르치고 있거나 좀 더 큰 규모의 전문적 조직(미국성인계속교육협회)의 회원 자격을 가지고 있어야 한다.

하버마스는 시민사회를 "사회적인 문제 상황이 사적인 생활 영역에 반향을 불러일으키고, 그것을 정제하고, 공론 영역에 증폭시킬 수 있는 자발적으로 생겨난 연합체, 조직, 운동으로 구성된 사회"(Habermas, 1996, p. 367)라고 정의하고 있다. 다시 말하면, 자신에게 영향을 미치는 특별한 문제에 대하여 시민사회의 조직 내에서 이루어진 토론을 구체화하여 더 넓은 공론 영역에서 논의하는 사회다. 성인교육 분야에서 몇몇 성인교육자들은 인적 자본 개념을 담고 있는 프로그램이 만들어지고 평가되는 것을 개탄하고 있다. 또 일부는 성인 문해(literacy) 프로그램이 사회 변화를 위한 동력이기보다 오히려 기존의 불평등한 체제를 보존하는 변명에 불과하고, 실제로 문해 교육자들이 노예처럼 대우받고 있는 현실을 우려하고 있다. 자원봉사의 축소, 온라인 교육에 의한 면대면 교육의 감소, 자격·증명제도의 확산, 급진적이고 대안적인 성인교육에 대한 재정 재원 부재, 성인교육에 대한 지원의 심각성(가장 늦게 지원하고 가장 먼저 삭감하는)과 같은 것들은 모두 우리가 성인교육이라고 부르는 시민사회의 영역에서 일어나는 것들이고, 그중 몇몇은 공론 영역에서 토론되어야 할 주제로 전환하려고 애쓰고 있는 것들이다.

시민사회에서 소외된 집단들이라고 해서 전부가 무기력하고 영향력이 없는 것은 아니다. 때로는 시민사회의 모서리로 내몰린 것을 알게 된 그들은 "새로운 문제 상황을 발견하고 규명할 수 있는 엄청난 감각을 지니는 장점을 얻는다."(Habermas, 1996, p. 381) 하버마스는 몇몇 이슈들(환경 위협, 제3세계 위기, 여권신장운동, 다문화주의)은 "지식인, 관심 있는 시민, 급진적 전문가, 자발적 지지자들"(p. 381)이 쇠퇴된 공론 영역의 자리를 대신하고 있다고 본다. 또한 비정부기구(NGO)와 환경단체, 전 세계적인 활동 단체들은 글로벌 자본주의에 대항하면서 세계적 시민사회 구상을 위한 대화를 늘려 가고 있다. 국내 시민사회와 함께 국제사회의 기구들도 국제적인 공론 영역에 문제를 제기하고 있는 지금, WTO와 같은 정식 국제기구는 국제적 시민사회의 관심을 고려해야 한다. 국내외 시민사회의 조직이 공론 영역의 관심을 필요로 하는 문제를 제기하는 상황에서는 "일부 의욕적인 시민사회 활동이 공론 영역의 의사소통 구조를 손상하지 않도록 주의를 기울여야 한다."(1996, p. 369)

불행히도 시민사회는 국가 권력의 정치 체제와 이윤을 추구하는 자본주의 경제 체제가 더욱 우세해지면서 점차 위축되고 있다. 뉴먼의 말처럼 "시민사회는 실제 문제가 발생하였을 때나 우리 삶에 침투할 여지가 있다."(p. 150) 정치와 경제 체제가 시민사회와 분리되어 전적으로 독립적으로 운영될 때, 우리 삶에 영향을 끼치는 주요한 의사 결정은 이러한 시스템에 의하여 결정된다. 그런데 그 과정에서 이슈의 이점에 이의를 제기하거나 대안을 제안하고 토론할 기회는 부여되지 않는다. 만약 정치 · 경제 체제의 이익을 반영하고 대변하는 의견 사이에서 선택을 강요당하는 상황이라면, 모임에 나가서 자신의 의견을 피력할 사람들은 거의 없을 것이다. 시민 민주주의는 우리가 의사 결정을 할 수 있는 문제들이 상대적으로 사소한 것이라면 살아남기 힘들다. 예를 들면, 산업화된 공장이 공해를 내뿜는 동안 마을 주민들이 새로운 버스 정류장 설치에 대부분의 논의 시간을 보내는 것은 민주적 사회가 요구하는 건강한 시민 대화가 그 힘을 잃어 버린 한 단면이다.

시민사회가 방어적일 때, 정치 · 경제 체제의 운영을 결정하는 힘은 도전받지 않는다. 이를 하버마스는 '조정 메커니즘(steering mechanism)'이라 부른다. 돈의 조정 메커니즘(교환경제를 통한 이익 추구)과 권력의 조정 메커니즘(이념적이고 기술 관료적인 체제의 지배집단 유지)은 시민사회를 잠식하기 시작한다. 예를 들면, 시장 경제 교환의 그물망, 가격 통제 기구, 카르텔 협정, 소비 유형은 우리의 통제 범위를 벗어나 있지만 우리 삶에 막대한 영향을 끼친다. 경제의 호황과 불황 및 성장과 침체, 구인광고, 길게 늘어진 실업수당 줄은 마치 우연히 발생한 것처럼 보인다. 하버마스는 "경제 위기는 자기반성의 능력을 상실하고, 설명할 수 없고 우연적이며 자연스러운 사건으로 스스로를 객관화하는 능력을 습득했다."(1975, p. 30)고 지적한다. 우리는 시민사회와 공론 영역에서 대화하면서, 이를테면 자유시장 개념 같은 시장의 개념을 즐겨 사용한다. 이러한 시장의 유추는 시장이 결코 자유롭게 운영되지 않는다는 오류를 포함하고 있다. '자유'시장에 가장 막강한 영향력을 행사하고 있는 사람들은 이미 강력한 권력을 지키고 있는 사람들이다. 대화의 장에서도 마찬가지다. 대화를 주도하는 사람들은 주로 그들이 정확한 악센트와 지배적 언어를 유창하게 구사하고 있기 때문에, 혹은 그들의 교육 정도, 경제력, 피부색, 성별, 사회적 지위가 그들의 의견이 경청될 것이라는 확신을 주기 때문에 불균형적인 영향력을 마음껏 행사할 수 있다.

비판이론이 제기한 문제점 3: 생활세계에 대한 침해

돈과 권력의 조정 메커니즘은 시민사회뿐 아니라 생활세계를 침해하기도 한다. "공론 영역에서의 의사소통은 사적인 영역을 그대로 유지하는 생활세계의 우연한 투입에 의존하기 때문에"(Habermas, 1996, p. 417) 매우 위험하다. 만약 생활세계가 돈과 권력에 의해 조종되면 모든 공론 영역에서의 토론과 시민사회의 조직 안에서 의제로 논의된 주제들은 심각하게 오염될 수 있고, 우리는 진실을 모르는 채 타협할 수 있다.

최소한의 대화, 모임, 조합, 조직 활동 형태를 갖춘 공론 영역이나 시민사회와는 달리, 생활세계는 순전히 정신적이고 심리적인 현상이다. 생활세계는 우리의 의식 안에 존재한다. 생활세계의 단면은 우리가 반응해야만 하는 상황적 요소가 선명하게 부각될 때, 그래서 조정 메커니즘의 침범을 명확히 관찰할 수 있을 때만 어렴풋하게나마 알아차릴 수 있는 것이다. 그러나 "의문의 여지 없이 공유된 신념의 지평에"(Habermas, 1996, p. 22) 그림자가 드리워질 때 생활세계는 드러날 수 없다. 생활세계는 우리의 개념과 의사소통 구조에 녹아 있기에 그것의 밖에 위치할 수도 없고 그것을 직접적으로 반영할 수도 없다. 그것은 "항상 이미 거기에 있는 것"이자, 하버마스의 용어로 "원칙적으로 숨길 수도 없고 소진될 수도 없는 상황"(1987a, p. 133)이다.

생활세계란 정확히 무엇인가? 『의사소통 행위이론(The Theory of Communicative Action)』(1987a)에서 하버마스는 생활세계를 "직관적으로 존재하고 친숙하며, 동시에 실제적 언급의 타당성 여부와 상관없이 만족스러운 가정들(presuppositions)의 거대하고도 셀 수 없는 망(web)"(p. 131)이라고 설명한다. 내가 이 정의를 소개했을 때 한 대학원생이 "그렇다면 생활세계는 유용하지 않네요?"라고 무미건조하게 물었던 기억이 난다. 하버마스는 더 간단하게 "생활세계는 특정 상황에서 말하고 논의하는 비간접적 맥락"(p. 131)이라고 정의한다. 이것은 우리가 우리 삶의 경험을 어떻게 이해하는지, 그리고 우리의 경험을 다른 사람에게 어떻게 전달하는지를 구조화하는 것이다. 따라서 "생활세계는 우리의 사고와 지식의 한계를 형성하면서 동시에 의사소통의 참여자들이 공감하는 해석 유형에서 비롯된 지식의 저장소를 제공한다."(Habermas, 1987b, p. 298) 생활세계는 우리가 세계를 어떻게 인지하고 의사소통하는지에 대한 토대, 가정, 상식이 된다. 이러한 근본적이고 선반성적인(prereflective) 지식은 인간이 생각하고 행동하는 모든 것의 흐릿한 영역인 의식의 주변을 맴돌고 있다.

생활세계는 도처에 침투해 있고 산소처럼 우리 삶을 지탱해 주는 중요한 요소이지만 실제로는 인지하기 어려운 세계다. "생활세계는 분명 우리의 가정과 수용,

관계의 배경이 되지만 우리가 그 부분부분을 이해하기 전에는 눈앞에서 용해되고 사라져 버린다." (Habermas, 1992a, p. 109) 생활세계는 "의사소통 행위가 '항상 이미' 움직이고 있는 영역과 한계를 형성하면서" (Habermas, 1987a, p. 119) 우리의 대화에 침투한다. 생활세계에 구체화되어 있는 문화적 지식은 "모두가 동의하는 해석의 형태로부터 기인해서 의문의 여지가 없는" 것들이므로 "항상 이미 친숙하다." (p. 132) 따라서 사람들과 의사소통할 때—마치 나의 의견을 지금 여기에 적어 감으로써 독자와 소통하는 것처럼—마다 우리는 무의식적으로 공유된 이해의 집합, 망 안에서 대화하고 있는 것이다. "생활세계는 우리가 소통행위를 할수록 우리가 살고 말하고 있는 현재의 근접함과 상관없는 소통되지 않은 확실성으로 우리를 에워싼다." (Habermas,1996, p. 22)

하버마스의 생활세계에 대한 핵심 생각은 "생활세계가 언제나 배경으로, 실체를 관통할 수 없는 알 수 없는 형태로 남아 있다는 것" (Habermas, 1987a, p. 131)이다. 우리는 아무리 열심히 그 실체를 벗기고 파헤치려 한다 해도 영원히 실망할 수밖에 없다. "생활세계는 심각하게 문제 삼을 수 없기 때문에 우리가 의식적으로 그것을 인식할 수 없다." (Habermas, 1992a, p. 110) 생활세계가 담고 있는 문화적 지식을 규명하려 한다면 그 실체를 막 보기 시작한 바로 그때 사라질 것이다. "문화적 지식은 주제별로 분류되고 가능성 있는 질문의 소용돌이에 들어가자마자 분해된다." (Habermas, 1996, p. 23) 생활세계의 윤곽을 연구하는 것은 불가능해 보인다.

하버마스는 그의 저작 전체를 통해 울타리로 둘러싸인 전체성(enclosing totality)이 생활세계라고 강조했다. 하버마스는 『의사소통 행위이론』(1987a)에서 생활세계는 "우리가 뛰어넘을 수 없는 한계이고…… 그 이면이 존재하지 않는 전체성이다." (p. 149)라고, 기술한다. 『신보수주의(The New Conservatism)』(1989a)에서는 "배경 전체" "전체적 소용돌이" (p. 120)로, 『탈형이상학적 사유(Psotmeta-physical Thinking)』(1992b)에서는 "선반성적으로 존재하는 개방적 친숙함" (p. 16), 즉 "직관적으로 알 수 있고, 문제 삼을 수 없으며, 분석할 수 없는 전체적인 배경이 되는 것" (p. 298)으로 설명한다. 더불어 『사실과 타당성』(1996)에서는 "침투할 수 있지만 보이지 않는 실재다. ……넓게 퍼져 있고 깊이 자리 잡고 있으며, 그래서 흔들리지 않는 우리의 가정(assumptions), 충성심, 기술의 배경이다." (p. 22)라고 표현한다. 비록 생활세계의 경계가 완전하게 보호되는 것 같지만, 우리는 가끔 그 벽에 있는 작은 틈을 통해 우리의 울타리를 확장할 수 있다. 하버마스는 우리가 행위를 요하는 특정 상황에 직면할 때 생활세계가 담고 있는 허구적 지식, 왜곡된 가정, 자기 파괴적 추측을 자각할 가능성이 있다고 본다.

실제 상황—특정 사건이 우리의 반응을 촉구하는 상황—에서 생활세계의 한계는 어느 정도 선명하게 "시야에 들어온다." (Habermas, 1987a, p. 132) 성인들이 "일상생활에서 실망과 역설, 우연한 사건, 비판 등을 지속적으로 수반하는 한" (1996, p. 22), 우리가 생활세계의 새로운 단면과 직면할 기회는 많다. 직장을 잃거나, 관계가 깨지거나, 이사를 가거나, 친구가 우리를 배신하는(혹은 그 반대) 것과 같은 상황들은 항상 일어나며 우리의 반응을 요한다. 이러한 문제를 해결해 가면서 우리는 상상했던 생활세계 지식과 가정들이 그렇게 정확하지 않다는 것을 깨닫는다. 비록 우리가 생활세계 전체를 선반성적으로 알고 있고 생활세계가 "의심할 필요 없는 문제를 경험하는 곳" (1987a, p. 130)이라 하더라도, 실제적인 생활세계의 단면은 성취해야 할 목적과 행동의 요구에 따라 선명한 차이를 드러낸다. 하버마스는 "실제 상황에서 바라본 생활세계의 단면은 또 다른 방법으로 해석될 수 있는 현실 상황을 반영한다." (p. 131)고 언급한다.

성인은 뭔가 반응을 보여야 하는 상황에 처할 경우 생활세계를 언뜻 볼 수 있다. 생활세계의 일부분은 하버마스의 표현대로 상징적 재생산(symbolic reproduction) 과정에서 감지되기도 한다. 생활세계는 우리가 의사소통 행위에 참여함에 따라 갱신되고 재창조된다. 한편으로는 "정확하게 해석할 수 없는 상황" (Habermas, 1996, p. 324)에서 소통 행위자들(즉, 특정 상황에서 무슨 일이 일어나고 있는지 이해하고 합의를 이끌어 가려고 노력하는 성인들)은 "자신의 통제 아래 있지 않은 생활세계로부터 출원한 자료에 의존한다." (p. 324) 다른 한편으로 "행위자들은 단순히 생활세계에 좌우되지 않는다. 생활세계는 결과적으로 오직 의사소통적 행위를 통해 재생될 수 있기 때문이다."(p. 324) 생활세계의 가정들은 우리의 의사 결정과 행동을 설명하려고 노력하는 과정 중에 확인되고 강화되는 것이다.

의사소통 행위에서 우리의 가정과 직관적인 사전 이해는 항상 명백한 사실로 우리에게 제시되는 제안, 정당화, 사회적 배치 등을 받아들일 것을 요구한다. 하버마스에 따르면, "옳고 진실된 가정에 기초하여 '예/아니요'라고 말해야 하는 소통적 행위에서 생활세계의 배경 지식은 모든 영역에 걸쳐 진행되는 일종의 테스트가 되기 마련이다(Habermas, 1987b, p. 321). 항상 우리는 다른 사람이 말하는 것과 특정 상황에 고개를 끄덕여야 하는데, 이때 생활세계는 간단한 테스트를 실시하고 있는 것이다.

심지어 전체주의 지도자도 사고를 차단하는 폐쇄적 체제를 형성하고 유지하는 것이 거의 불가능하다는 것을 알고 있다. 가시적이지 않았던 사건들은 결국 지도자의 통제 범위를 벗어나 재생산 절차에 관여한다. 재생산되는 것들이 이해, 가정, 직감과 같이 물질적인 것이 아닌 상징적인 것들이기에 더욱 문제가 된다. 조직 관습, 제도적 행동, 경제적 · 사회적 관습 같은 물질적 현상들은 훨씬 쉽게 재생된다. 오히려 이러한 물질적 현상들을 통제하고 그 안에 공감적 의미를 만들어 내는 것이 쉽지 않다. 물론 "생활세계의 상징적 재생산과 물질적 재생산은 본질적으로 상호 의존적이다."(Habermas, 1987b, p. 322) 결국 사회적 제도가 원활하게 돌아가는 것은 사람들이 그것의 정당성에 대하여 암묵적으로 동의하고 있다는 것에 의존한다. 생활세계는 "문화적으로 깊이 뿌리 내린 가정들"(1987b, p. 298)의 전달을 통해 사회적 연대를 지속시키려 노력한다.

생활세계의 상징적 재생산은 세 가지 중요한 기능, 즉 "문화적 전통의 보급, 규범과 가치를 통한 집단 통합, 후속 세대의 사회화"(Habermas, 1987b, p. 299)를 포함한다. 이와 같은 재생산의 결과로 사람들은 생활세계로부터 "일치된 해석, 규범적으로 신뢰할 만한 사회관계의 유형, 사회화 과정에서 습득한 역량"(p. 314)을 이끌어 낼 수 있다. 첫째로 문화적 재생산은 "모든 삶의 영역에서 일치된 욕구를 실현하기에 충분한 전통 계승과 지식의 일치를 보장한다."(p. 343) 우리가 유지하고 있는 문화적 틀은 "새로운 상황을 기존의 상황과 연관 짓도록 작동하고"(p. 343) 상황에 가장 적절하게 반응할 수 있도록 돕는다. 둘째, 사회 통합의 기능은 "우리의 행위가 사람들의 관계 속에서 정당화되도록 조정하고, 동일 집단에게 항상성을 제공한다."(p. 344) 이 기능은 자신이 속한 집단이 문제를 해결하고 목표를 세우고 논쟁을 해소하는 법을 학습하도록 보장해 준다. 셋째, 사회화 기능은 "미래 세대가 보편적인 행위를 습득하고, 개인의 삶을 집합적 삶의 형태와 조화를 이루도록"(p. 344) 보장해 준다. 사회화를 통하여 개인은 집단, 지역사회, 국가에 헌신하는 데 열중하게 된다.

이와 같은 문화적 재생산, 사회 통합 및 사회화는 우리가 서로 의사소통할 때만 일어난다. 생활세계는 "지속적인 의사소통 행위에 의해서만 자신을 재생산한다."(Habermas, 1996, p. 32) 우리의 모든 소통적 행위와 언어적 발언은 상대방의 행동을 이해하고, 생활세계의 재생산을 돕는 소통적 합의에 도달하려는 것이다. 그렇기에 생활세계의 재생산과 의사소통 행위는 동시적이라고 할 수 있다. "소통적 행위의 그물망은 생활세계의 자원으로 풍성해지고, 동시에 구체적인 삶의 형태를 창출해 내는 수단이 된다."(Habermas, 1987b, p. 316)

앞서 살펴보았듯이, 생활세계를 관찰할 수 있는 여러 가지 통로는 분명 존재한다. 성인들은 행동을 요하는 특정 상황을 분석할 수 있고, 그들이 재생산하는 생활세계의 일상적 합의도 연구할 수 있다. 하버마스는 철학이 언제 생활세계가 돈과 권력의 조정 메커니즘에 의해 침해당하는지를 분별할 수 있는 진입구를 관찰하도록 도울 수 있다고 보았다. 따라서 철학의 중요한 역할은 "우리가 생활세계의 변형을 인식하도록 돕는 것"(Habermas, 1992b, p. 50)이다. 경쟁을 자연스러운 생존 전략으로 받아들이고 있는 가정에 도전하는 것이 한 예가 될 수 있다. 하버마스는 "국제적 경쟁에서 살아남을 수 있는 능력(경제 분야와 관련된 것이든 아니든)이 우리의 생존에 있어서 필수불가결한 요소로 보인다."(Habermas, 1987b, p. 367)는 이 개념을 이데올로기적 지배의 한 예로 인용한다. 이러한 생각은 "체제적 제한이 가득 찬 사회에서 유일하게 변치 않는 확실성"(p. 367)이다. 철학은 우리가 성인교육의 용어집에 개조(retooling)라는 단어의 개념이 침투하는 것을 경계하라고 외치고 있는지도 모른다. 성인교육을 통해 노동 인력을 개조한다는 것은 기업이 근로자들이 좀 더 효율적으로 일하기를 원하는 상황에서 결국은 체제 유지를 위해 봉사하는 것이 되고 만다. 개조는 또한 사물을 재측정(recalibration)하는 것처럼 인간을 비인간화시킨다.

행정과 경제 시스템에 의해 생활세계가 침해되는 것은 하버마스에게 가장 큰 관심사다. "생활 영역에 자본주의가 스며드는 것을 인식하는 것은 지금까지 자본주의 사회적 가치(지위 상승을 위한 경쟁, 이익 추구, 존재의 도구화)와 전통에 의해 보호되었다."(Habermas, 1992a, p. 66) 우리 삶의 위기 상황을 연구하면 얼마나 많이 우리의 직관적인 이해방식이 자본주의적 · 관료적 사고에 의해 왜곡되었는지를 볼 수 있다. 친밀한 관계가 깨지고, 파트너들은 대가 없이 감정을 투자하고 있다고 불평한다. 아이들과 관계가 좋지 않는 부모는 아이들의 의무, 임무, 기대 사항 등을 담은 계약을 맺으라는 소리를 듣는다. 우리는 일과를 업무 시간, 휴식 시간, 가족 시간 등으로 나누고, 심지어 우리의 결혼관계를 자녀를 양육하거나 주택을 구입하는 업무 팀으로 간주하기도 한다. 이러한 예들은 합리적이라고 받아들이는 생활세계의 기반이 공격받고 있음을 보여 주는 것이며, 생활세계 자체의 상징적 재생산이 위험에 처해 있음을 보여 준다.

현대사회가 직면한 위기를 하버마스는 우울하게 기술하고 있다. 공론 영역의 쇠퇴, 시민사회의 위협, 생활세계의 침해 등은 사회적 결속이 폭넓게 상실되고 있음을 명백히 보여 주는 것이며 모두가 위험에 처해 있다는 것을 의미한다(Habermas, 1996, p. xii). 1960년대에 출판된 에세이를 모아 출간한 『이론과 실제(Theory and Practice)』(1973)에서 하버마스는 마치 마르쿠제처럼 얼마나 허구적 욕구와 허구적 자유가 사람들을 서로 떼어놓는지를 경고하고 있다. 현대사회에서 "간접적 조종에 해당되는 익명의 강제"는 "사회생활의 전 영역에 걸쳐"(p. 196) 점점 확산되고 있다. 오늘날 사람들은 사회적 강요를 내적 욕구로 받아들인다. "직접적 명령은 사람들이 마치 자유의지대로 행동하고 있는 것처럼 느끼도록 사회 기술적 조정 수단이 되었다."(p. 196)

기업과 행정에 의한 지배가 인간의 내적 욕구의 연대와 결속을 방해하여, 우리는 이성이 좀 더 나은 세상을 만들 것이라는 믿음을 포기해 가고 있다. 하버마스는 『사실과 타당성』(1996)에서 20세기는 "이성의 부재에 대한 공포를 가르쳐 주었으며, 이성 안에 마지막으로 남아 있는 기본적인 신뢰마저도 파괴했다."(p. xli) 고 주장한다. 이성의 배제로 인해 "정치 또한 무서운 경험 앞에서 방향과 자신감을 잃고 있다."(p. xli) 환경 위기, 남북 문제, 인종분쟁, 사회주의 붕괴는 모두 인간 세계를 건설하는 이성의 능력을 의심하게 만들고 있다. 그러나 이것은 단지 문제의 표면에 불과하다. 하버마스는 "완벽하게 세속화된 정치시대를 살아가는 우리에게 사회적 불안은 급진적 민주주의 없이는 법에 의한 지배가 불가능하거나 유지될 수 없다는 의미심장한 메시지를 담고 있다."(p. xlii) 사실 이 장에서 논의된 새로운 민주주의에 대한 논의가 제기되지 않는 이상 그 미래는 불투명하다.

하지만 하버마스의 관점에서 모든 것을 잃은 것은 아니다. 특별히 이성의 상실을 비이성으로 몰아가는 것은 큰 실수다. 만약 돈과 권력에 의해 흡수되었던 이성을 회복시킬 수만 있다면 이성은 참여적인 민주주의를 구축하기 위해 사용될 수 있다. 하버마스는 진정으로 그의 성인교육에 대한 관심과 의사소통 행위이론을 참여적 민주주의와 깊게 연결시키고 있다. 이러한 민주주의는 "대중의 비정치화에 맞서도록 도울 뿐 아니라 현재 특별한 문제의 취호에만 제한된 공론 영역을 회생시키는 방법이 될 것이다."(Habermas, 1970, p. 75) 마르쿠제처럼, 하버마스는 "과학 기술적 진보의 논리에 의해 사회 체제의 발전이 결정되는 것으로 보는 관점"(p. 105)인 기술지배주의(technocracy)를 무비판적으로 수용하는 것이 지배 세력의 핵심을 유지시키는 것이라고 본다.

기술지배주의는 삶은 기본적으로 기술적인 조정의 문제라는 신념을 주장함으로써 지배의 동력으로 작용한다. 모든 문제(감정적, 정신적, 사회적)는 기술의 적용을 통해 해결할 수 있다고 본다. 이러한 기술지배주의는 "그 출현 배경이 다소 모호한 이데올로기이지만 이미 지배 이데올로기—과학을 숭배하는—로 자리 잡았다. 그것은 삶의 범주가 되는 윤리를 억압할 수 있는 능력을 지니고 있어서 저항할 수 없으며, 오히려 막강한 영향력을 행사하고 있다."(1970, p. 111) 따라서 기술 지배적 의식은 모든 의문을 윤리적 · 도덕적 질문이 아닌 도구적 질문으로 전환시킨다. 사람들은 순전히 기술적 관점에서 목표를 세우고 결정을 내린다. 결과적으로 "과학의 구체적 모델은 사회문화적인 생활세계로 침투하여 자기 이해를 뛰어넘는 객관적 권력(힘)을 획득한다."(p. 113)

하버마스는 분화되고 확장되는 사회를 보면서 "추진력을 필요로 하는 시스템이 더 복잡해질수록 기능적 장애가 발생할 가능성이 더 커진다."(Habermas, 1989a, p. 51)는 가설을 제시하였다. 예를 들면, 생산적인 힘은 파괴적인 목적을 위해 사용되고, 평화를 건설하기 위한 침략은 테러 역공을 받는다. 그리고 새로운 사회(투명한 사회, 건강한 사회, 교육사회, 복지사회)를 건설하려는 시도는 기존의 사회보다 심각한 분열을 야기하고 실패한다. 삶의 상업화와 관료화가 증가하면서 생활세계에는 "소란과 병리적 부작용"(Habermas, 1992a, p. 112)이 발생하고 "생활세계의 상징적 재생산이 방해받는다."(p. 246) 사람들은 비록 피상적으로 기술지배주의적 논리로 자신감을 얻었다 하더라도 더욱 불편함을 느낄 수밖에 없다. 하버마스는 "사회 갈등이…… 정신적 · 신체적 영역으로 옮겨져 내재화되는 상황"(1989a, p. 59)에 대하여 기술하고 있다. 경제적 · 인종적 또는 환경적 재앙이 언제 터질지 모른다는 잠정적 동의 속에서 사람들은 고통받고 있다.

병리적 장애가 존재의 표면 아래에 놓여 있다는 전의식적 자각은 절망감을 유발한다. 하버마스는 이런 절망감을 "시간이 얼마 남지 않았다는 세기말적(fin-de-siecle) 감정"(Habermas, 1989a, p. 189)으로 간주한다. 그는 포스트모더니즘의 유행이 삶의 표면에 잠복하고 있어서 어렴풋이 느껴지는 이 두려움을 반영하고 있다고 본다. 하버마스에게 오늘날 영향력을 갖게 된 이론들은 "근대성이 만들어 낸 유토피아적 자신감이 실제로는 자율성을 의존성으로, 해방을 억압으로, 이성을 합리성으로 바꾸고 있다는 것을 설명하는 이론들이다."(p. 51) 이러한 이론들이 자칫 대안적 이론을 허무주의로 빠지게 할 수 있는 지금, 하버마스는 소통을 원하는 인간 고유의 욕구에 근거를 둔 새로운 민주주의 모델을 제안하기 위해 성인학습의 힘, 의사소통 행위이론, 민주주의의 꿈을 재확인하는 그의 믿음으로 우리를 이끌고 있다.

제9장

민주주의 학습하기

- 성인학습의 중요성
- 반성적 성인학습과 사회 진화
- 의사소통 행위로서의 성인학습
- 성인학습과 도덕적 의식의 발달
- 의사소통 행위이론
- 민주주의 담론이론

앞 장에서 당신은 성인학습과 성인교육에 정확히 어떠한 변화가 생겼는지 궁금해했을 것이다. 앞 장에서는 하버마스가 바라본 서구 사회의 위기에 대해 자세하게 다루었고 성인 학습과 교육의 역할에 대해서는 간략히 확인하고 넘어갔다. 하지만 이 장에서는 그 내용을 집중적으로 조명하도록 하겠다. 여기에서 나는 하버마스가 주장한 사회 진화(social evolution)의 관점에 입각하여 성인학습의 중심성에 대해 윤곽을 그려 보고, 담론과 성인학습을 수반하는 의사소통 행위를 살펴본다. 또한 그가 가장 중요한 성인학습 프로젝트로 꼽은 민주주의 학습이 어떻게 공론 영역, 시민사회 및 생활세계의 파괴를 막을 수 있는지 알아본다.

성인학습의 중요성

앞 장에서 나는 하버마스가 마르쿠제로 대표되는 비판적인 이론의 긍정적인 면을 선호한다는 사실을 알게 되었다. 마르쿠제는 "민주주의의 진정한 조건들이 아직도 더 제정되어야 한다."고 말하면서 "나보다 더 민주적인 사람은 없다." (Marcuse, 1970, p. 80)고 선언했다. 마르쿠제처럼 하버마스도 민주주의를 위한 조건을 창출하고 이해하는 것을 그의 핵심 과업으로 삼는다. 민주주의를 혁신하기 위한 하버마스의 바람은 성인의 학습 능력을 신장시키는 것이었다. 그것은 무엇보다 인간의 의사소통 안에 내재되어 있는 민주적 과정을 어떻게 인식하고 확장하는지 배우는 학습 능력을 의미했다. 하버마스에게 성인학습은 의사소통에 중요할 뿐 아니라 그와 동시에 존재한다. 우리는 모두 의사소통을 하기 때문에, 학습은 외부의 강압적인 힘이 저지하지 않는 한 자연스럽게 발생하는 현상이다. 하버마스에게 흥미를 자아냈던 점은 사람들이 정기적으로 의사소통하는 세계에서 성인학습이 어떻게 이루어지느냐가 아니라 성인학습이 어떻게 이루어지지 않느냐는 것이었다. 성인기의 학습이 언제 어디서나 관찰된다면 왜 학습이 어디에서나 일어나지 않는지에 대한 설명이 필요하다. 하버마스의 말을 빌리자면, "학습하는 것이 아니라 학습하지 않는 것이 설명되어야 할 현상이다."(Habermas, 1975, p. 15)

왜 성인들이 지속적으로 학습하지 않는지에 대한 하버마스의 설명은 정치적·경제적 체제, 다양한 미디어, 도전적으로 학습하고자 하는 가능성을 일찌감치 내몰아 버리는 상황에서 확인할 수 있다. 학습은 항상 '왜?'라는 물음과 함께 수반된다. 그것은 잠재적으로 체제에 대해 매우 위협적이기 때문에 반드시 조정되어야 한다. 만약 '왜'라고 묻는 학습을 시초부터 막을 수 없다면 체제는 학습이 만들어 낸 에너지를 기존 질서의 정당성을 확인하는 방향으로 전환하려 할 것이다. 하지만 하버마스는 그들의 학습을 적극적으로 방해하는 무엇인가만 없다면 성인들은 언제나 학습을 한다고 단언한다. 한편으로 "성인들은 배우지 않으려는 무능함을 자동적으로 지니고 있다."(1975, p. 15)는 말은 성인의 또 다른 특징을 설명한다. 비록, 하버마스가 자발적 학습을 추구하는 다른 성인교육자들에 비해 다른 지적인 면을 가지고 있지만, 그는 성인들이 지속적으로 다양한 환경에서 배워야 한다는 논쟁에 대해서는 동의한다. 이와 같은 지속적인 학습은 성인이 공식적으로 미리 준비된 교육 프로그램에 참여하든 그렇지 않든 이루어진다.

반성적 성인학습과 사회 진화

『정당성의 위기(Legitimation Crisis)』(1975)에서 하버마스는 학습의 두 가지 형태를 간단히 설명했다. 비반성적인(nonreflexive) 학습과 반성적인(reflexivc) 학습이 그것이다. 비반성적인 학습은 비판적 요소를 결여한 학습이다. 이것은 지배문화가 선호하는 토론 규칙, 논쟁 평가, 의사 결정 과정에 어떠한 반대 없이 학습하는 것이다. 비반성적 학습은 의사 결정과 도덕적 질문의 관련성을 배제함으로써 지배문화에 도전할 그 어떤 가능성도 차단하기 때문이다. 그러므로 하버마스에 따르면, "비반성적 학습은 간접적으로 제기된 이론적·실천적 타당성 요구를 자연스럽게 추론적인 고려 없이 수용하거나 거절하는 상황에서 발생한다."(Habermas, 1975, p. 15)

반면 반성적 학습은 비평과 더불어 빛을 발하게 된다. 반성적 학습에서 우리는 일상적 행위나 사회적 합의에 대해 다른 사람들과 정당성을 확보하는 수준까지 토론함으로써 질문하는 법과 도전하는 법에 대해 배운다. 그러므로 반성적 학습은 본질적으로 소통적(communicative)이다. 이것은 우리의 경험과 의견을 다른 사람들과 비교하고, 다양한 신념이나 행동을 정당화하기 위해 제시된 증거를 심사숙고하는 과정을 수반한다. 하버마스는 직설적으로 "반성적 학습은 문제시되는 사안들의 실제적인 타당성을 요구할 수 있는 대화를 통해서 이루어진다. 우리는 사안의 타당성을 논쟁에 기초하여 인정하거나 버린다."(1975, p. 15)라고 기술한다. 조금 더 간단히 살펴보면, 반성적 학습은 우리가 다른 사람들과 상충하는 논거를 가지고 토론하는 과정에서 발생한다. 그 논거는 현 상황이 최적의 상태로 움직이고 있는지, 또 기업, 관료, 정부가 사람들의 이익을 위하여 일하고 있는지에 관한 논거들이다.

성인이 반성적 학습에 관여하는 정도는 단순히 기회를 얻고 못 얻고의 문제가 아니라 사회적 결정에 달려 있다. 이것은 "사회 조직의 원칙이 이론적/실제적 질문의 차이를 인정하는지, 비반성적 학습에서 반성적 학습으로의 전환을 허용하는지에 달려 있다."(1975, p. 15)고 하버마스는 기술한다. 예를 들면, 생활세계가 반성적 학습이 정상이 아니고 부도덕적이며 비애국적이라고 이해한다면, 자원의 분배나 특정 집단의 권리에 관한 질문은 제한되거나 금지될 수밖에 없다. 자기주도적 학습으로 보이는 것들은 개인적 차원에서 결정되는 것이 아니라 전적으로 사회적 차원에서 만들어진다. 실제로 개인의 반성적 능력은 항상 문화적으로 제한되어 왔다. "개인의 인지 발달은 사회적 조건하에서 발생하기 때문에 사회적 학습

과 개인의 학습 사이에 순환 과정이 있기 마련이다." (Habermas, 1979, p. 121)

성인학습 문헌에서 그다지 다뤄지지 않는 반성적 학습의 한 가지 차원은 하버마스에게는 매우 중요한 바로 진화적 학습(evolutionary learning)이다. 하버마스는 진화적 학습을 "사회 진화에 필요한 근본적인 메커니즘" (Habermas, 1975, p. 75)이라고 하면서 사회 발전에 필요한 총체적인 힘으로 보고 있다. 학습에의 적극적인 참여를 용납하지 않으면 그 사회는 정체될 수밖에 없다. 역사적 · 인류학적으로 되돌아볼 때, "고대사회 초기에는 사회화된 개인이 건설적인 학습을 통해 그 사회를 변화시킬 수 있었다." (Habermas, 1979, p. 121) 따라서 진화적인 학습 과정을 조직하고자 하는 노력이 사회의 최고 관심사였다.

진화적인 학습을 하기 위해서는 두 가지 조건이 선행되어야 한다. "하나는 도전으로 표출되는 미결된 체제 문제이고, 다른 하나는 이미 세계적 관점에서 성취되고 잠재적으로 사용 가능하나 아직 행위 체계에 포함되지 않아서 당분간은 효력이 없는 학습의 새로운 수준을 정립하는 것이다." (Habermas, 1975, p. 122) 지구 온난화 문제는 진화적 학습이 일어나야 할 대표적인 현대적 사례 중 하나다. 다음으로 인종 문제, 그다음이 아프리카 대륙의 전염병 문제다. 이러한 미완의 체제 문제는 인류에게 커다란 도전으로 다가온다. 이러한 문제들은 한 체제에서 살아가는 사람들이 경제적 이익을 추구하는 데 몰입하고, 타인의 이익을 배제하려는 욕망에 의해 더욱 악화되었기 때문에 모두 체제 문제들이다. 시민사회에서 전문적이고 지성을 필요로 하는 성인 행동주의자들은 위기에 처한 공론 영역에 새로운 방법을 모색해야 한다는 것을 강하게 인식해 왔다. 부시 대통령의 교토협약 탈퇴와 영국 신시내티와 올드햄에서의 인종폭동들, 그리고 제3세계를 위한 에이즈 치료제 판매의 터무니없는 가격 정책을 고민하는 제약회사들의 핑계가 내가 지금 이 단락을 써 내려가고 있는 기간 동안 미디어를 장식하고 있다.

이와 같은 미해결된 체제 문제가 발발할 때, 행동주의자들은 그에 대해 다양한 대응책을 내놓았다. 지구 온난화를 예로 들면, 미국에서는 대체 에너지 정책, 하이브리드 자동차 이용, 대중교통 활성화를 위한 투자 확대, 석유를 원료로 하는 제품에 대한 엄격한 규제, 휘발유를 많이 소비하는 사람들에 대한 벌금, 사막 기후인 캘리포니아와 애리조나에서 에어컨은 필수가 아닌 값비싼 사치품이라는 인식을 가지자는 운동 등이 일어났다. 이러한 모든 대응책은 기름, 가스, 핵, 자동화 회사와 예전 공직자들 중에서 이와 같은 사업을 기획한 사람들이 현 정부에서 일하고 있기에 모두 뒷전으로 밀려났다. 하지만 하버마스는 학습과 역사를 되살펴보는 것에 대한 가능성을 믿음으로써 자신의 믿음을 확고히 했다. 특히 생산적인 체제를 구성하고 진화적인 학습에 대한 일반적인 이론의 증거를 제공하는 산업화 이전 사회에 관심을 두었다.

하버마스는 사회적인 진보가 학습 과정의 구성과 제도화에 달려 있다고 믿었다. 사회가 공유된 사회적 정체성을 가지고 하나의 단일체로 결합해 가기 때문에, "학습 과정은 그 결과를 후세에 계속 전수하기 위해 시작부터 사회적으로 조직된다."(Habermas, 1979 p. 171) 이런 학습 과정은 교육제도의 설립, 도제제도의 모델, 교회와 가족, 친구들 사이에서 일어나는 지식의 전달 등을 포함한다. 이와 같은 학습 과정은 "언어적 발달 초기 단계부터 진행되는 것이므로 개인적 경험의 객관성이 개인 사이의 주관적인 이해와 함께 구조적으로 얽혀 있다."(p. 173) 우리는 사회적 존재로서 사회 안에서 학습하고, 우리의 지식 발달은 타인이 말하고 드러내는 것을 이해하는 능력에 의존한다. 그러므로 성인교육자로서 나의 경험을 설명하는 유일한 방법은 특이한 것이 아니라 단지 다른 성인교육자와의 의사소통을 통해 익힌 개념과 구조를 그리는 것이다.

학습 체제는 비판적 회의주의의 규범을 제도화하면서 정립될 수 있다. 예를 들면, 전문적인 실천을 위한 비판적인 반성적 교육의 개념이 그것이다. 하버마스는 이러한 교육적 실천을 위해서 실용적인 경험과 정치적인 자각의 결합이 필요하다고 하고 있다. 정치적인 자각은 나에게는 비판적인 반성적 성인교육에 관한 글들이 담고 있어야 할 요소로 들린다. 그러므로 비판적인 실천을 위한 성인교육은 "잠정적인 기술적 지식을 철저하게 다루면서도 지식을 통제하는 정치적 기능에 저항할 수 있는 상황 분석적 · 전문적인 지식을 가르치는 능력을 지니고 있어야 한다." (Habermas, 1970, p. 47) 특정 분야에서의 전문적인 실천이 한편으로는 체제를 위해 봉사하고 힘없는 사회 구성원의 이익에 반할 수도 있다는 것을 우리는 인식할 수 있어야 한다.

의사소통 행위로서의 성인학습

하버마스의 의사소통 행위이론은 아마도 생활세계의 침입과 더불어 성인교육 분야에 가장 잘 알려진 이론일 것이다. 종종 성인학습이 의사소통 행위이론에서 얼마나 중추적인 역할을 하는지 간과되는 경향이 있다. 하버마스의 의사소통 행위이론은 "대화와 행동으로 표현될 수 있는 주제는 학습을 유발할 수밖에 없다는 소소한 가정에서 시작한다." (Habermas, 1992a, p. 165) 하버마스는 가장 최소한의 왜곡과 조작의 가능성을 가지는 합의를 도출하는 데 사용되는 의사소통 행위에 관한 규범적인 관점과 대부분 성인의 의사와는 관계없이 실존하는 불가피한 경험적 의사소통 행위 사이에서 이따금 혼란스러운 주장을 하고 있다. 하버마스는 "매일 의사소통을 실천하는 개인은 서로 간의 이해를 이끌어 내기 위한 방법으로 언어를 사용할 수밖에 없다." (Habermas, 1994, p. 101)는 것으로 후자를 요약한다. 그러므로 "우리는 말하면서 우리가 말하는 것이 과연 사실인지, 바른지, 진실인지를 생각한다." (p. 102)는 의견이 제시된다. 하지만 이것은 "사람들이 소통적 행위를 원한다는 것이 아니라 그렇게 해야 한다." (p. 111)는 것을 의미한다. 하버마스는 육아, 교육, 우정, 업무관계, 지역사회 활동에 대해 "사회의 기본적인 기능이지만 오직 의사소통 행위에 의해서만 충족될 수 있다." (p. 111)고 말하고 있다.

다시 말하지만, 흥미로운 점은 성인들이 학습하는 상황이 아니라 이 자연스럽고 예측 가능한 학습 과정을 제한하려 한다는 것이다. 성인들이 의사소통을 통해 학습하지 못한다면 아마 무엇인가 그것을 막고 있다는 뜻일 것이다. 우리가 보다

시피, 학습이라 불리는 사회적 과정은 상호 주관적인 이해를 추구하는 우리의 언어 공동체 구성원에 의해서 이루어진다. 그렇기에 언어 공동체의 부재는 곧 문제를 야기한다. 하버마스는 "상호 이해에 도달하는 것은 문화적 · 개인적 차원에서의 학습 능력에 달려 있다."(Habermas, 1996, p. 324)고 주장한다. 이는 "추론적인 사회 양식"이 존재하는 사회적 상황에서 "독단적인 세계관과 경직된 사회화 양식"(p. 324)의 출현을 제한할 수 있는 사회 상황을 의미한다. 의사소통 행위를 허용할 뿐 아니라 실제로 학습 능력이 있는 사람들이 최고로 학습할 수 있는 상황이다. 덧붙여 설명하면, 하버마스에게 "실제 또는 잠재적으로 상호 간의 이해를 도출하는 일련의 과정에서 어느 쪽을 먼저 배워야 하는지 우선순위를 정하는 것은 불가능하다."(Habermas, 1990, p. 26) 이것은 일반적으로 교사와 학생은 그 역할의 경계를 자유롭게 넘나들 수 있다고 보는 성인교육 개념과 일치하는 것이다.

이제 의사소통 행위가 정확히 무엇인지에 대해 알아보자. 하버마스의 『의사소통 행위이론(The Theory of Communicative Action)』(1984) 제1권을 살펴보면, "의사소통 행위는 사람들이 성공을 위한 이기적인 행위가 아닌 이해를 도출하는 행위로 소통하려 할 때 발생한다."(p. 286) 소통적 행위를 한다는 것은 다른 사람의 관점에서 세계를 이해하려고 노력하는 것이다. 우리는 서로 다른 문화, 의제, 이데올로기로 가득 찬 세계에 살고 있기 때문에 이런 노력을 하는 것이다. 한편으로 우리는 다른 사람들과 계속 살아가기 때문에 그들과 더불어 총제적인 대화를 계속 나눌 수밖에 없다. 우리는 살아가면서 지속적으로 자신이 처한 상황을 표출하고 이를 통해 공동의 합의를 이루어 낸다.

합의를 필요로 하는 의사소통 행위는 다른 사람들의 관점을 듣고 이해하려는 습관을 전제로 한다. 하버마스에 따르면, "의사소통 행위에 참여하는 사람들은 그들 자신의 성공을 최우선 순위에 두지 않는다. 그들은 공동의 목표에 입각해 세운 계획에 조화를 이루는 조건하에서만 자신의 목표를 추구한다."(1984, p. 286) 돈과 권력에 의해 움직이는 사회에서 자신의 성공을 위해 이기적인 행동을 지양하는 능력은 후천적으로 습득해야 하는 것이다. 하버마스의 관점에서는 이러한 능력을 배우는 것이야말로 성인학습에서 다루어야 하는 것이지만, 그것은 경쟁적 윤리로 운영되는 학교교육 체제와 이 장 마지막 부분에서 다루게 될 사회 전반에 만연된 도시 또는 가족 개인주의로 인해 훨씬 힘들어지고 있다.

하버마스가 기술한 의사소통 행위를 위한 대화적 조건들을 살피다 보면 그것들이 다양한 토론 방법으로 가르치고 배우는 성인교육의 전통적 관심과 직접적으로 연관이 있다는 것을 발견하게 된다. 하버마스는 소통적 상호작용을 "참가자들이 각자의 소통적 행위를 합의하에 조정하고, 그 합의가 정당한 의견에 대한 주관적 합의에 이르는 것"(Habermas, 1990, p. 58)으로 본다. 우리가 합의해야 하는 것 또는 대화로 결정해야 하는 것은 다른 사람의 의견에도 장점이 있다는 것을 인정하는 것에 근거한다. 하버마스는 "사람들이 이슈에 대해 이야기하고 공통된 이해에 이르게 될 때는 그들의 소통적 행위에 사실성, 진실성, 정당성이라는 세 가지 타당성을 검증하려고 시도한다."(1990, p. 58)고 보았다. 실제로 "모든 대화적 행위는 상호 주관적 인식에 입각한 비판적 타당성 주장을 수반한다."(1996, p. 18)

하버마스의 의사소통 행위이론은 기능주의적 관점을 담고 있을 뿐 아니라 성인교육자들에게 반감을 불러일으킬 수도 있는 법률적 어조도 담고 있다. 의사소통 행위, 타당성 요구, 상호 주관적 인식, 상호 주관적 이해 같은 용어들은 우리의 일상적 삶을 묘사할 때 거의 사용되지 않는 것들이다. 대체로 일상적인 대화는 하루 우유 섭취량이 얼마인지, 월드컵 경기가 열리는 포르투갈까지(미국에서) 가는 가장 빠른 경로는 무엇인지, 오늘 오후에 스쿨버스에서 누구를 만날지 등과 같은 소소한 것들이다. 나는 이러한 일상적 대화에서 소위 타당성을 요구하라고 주장하지는 않는다. 다만, 내가 바라는 것은 개인 스스로가 자신이 말한 것을 잠시 되새겨 본 후 상대방이 의사소통하려고 노력하는 것을 인정하고, 진정한 대화자라고 서로를 인식하는 것이다. 아울러 타인의 입장을 이해하고 공동의 합의를 이끌어 내는 것이다. 하지만 어떻게 타당성을 요구(validity claim) 한 것인가? 오늘 마셔야 할 우유 이야기와 타당성 요구 간에 무슨 관련이 있다는 것인가?

하버마스는 타당성 요구가 모든 인간의 대화에 내재되어 있다고 주장한다. "의사소통 행위를 하는 사람은 누구나 보편적인 타당성을 요구하고 그것이 입증될 수 있다는 것을 가정해야 한다."(Habermas, 1979, p. 2) 타당성 요구는 사람들의 정직한 상호 대화에서 기본 조건이다. 내가 당신이 말하는 의견을 이해하려고 노력하고, 또 가능한 한 쉽게 이해할 만한 논평을 제시하려고 한다면, 나는 정직하고 성실하게 소통하고 있는 것이다. 그런 다음 당신의 반응에 주의를 기울이고, 나의 반응을 당신이 말한 것에 연관 지으려 노력한다면, 나는 진심으로 공통된 이해를 발전시키려 노력하고 있는 것이다. 하버마스가 말하는 둘 또는 그 이상의 사람들이 이해와 합의를 도출하는 의사소통 행위라는 것은 서로 간에 진정한 신뢰를 바탕으로 정직하게 대화하며 최상의 정보를 나누는 것을 전제로 한다. 그러므로 "우리는 언어를 사용할 때마다 그것이 사실인지, 바른지, 진실인지를 되짚어 보아야 한다."(p. 102) 또한 하버마스는 의사소통 행위에서 "화자와 청자는 이해와 합의에 이르기 위해 타당성을 요구해야 한다는 것을 서로 알고 있다."(Habermas, 1979, p. 4)고 주장한다.

여기서 두 가지 의문이 제기될 수 있다. 첫째, 모든 대화적 상호작용이 의사소통의 예들은 아니라는 점이다. 실제로 돈과 권력에 의해 지배되는 사회에서 대부분의 대화는 하버마스가 말하는 의사소통과는 완전히 배치된다. 사람들은 다른 사람들을 부당하게 이용하거나 지배하거나 그 지배를 합법화하기 위해 대화를 나눈다. 진정한 의사소통 행위는 의도적으로 고안된 특정 상황에서 가능한 것이라서 일상생활에서는 매우 진기한 현상이 된다. 이는 성인교육의 역할과 성인교육자의 행위가 서로 연관될 때 발생한다. 성인교육의 대화적 전통은 하버마스가 말한 대로 성인들이 진정한 의사소통을 배울 수 있다고 이해하고 있다. 무엇보다 성인교육자가 의사소통을 가르칠 수 있고, 대화가 존중받고 촉진되는 학습 기회를 만들어 낼 수 있고, 이러한 대화 양식을 교육적 행위 안에 담도록 최선을 다할 수 있다고 가정한다. 내가 스티븐 프레스킬(Stephen Preskill)과 함께 저술한 『토론 교수법(Discussion as a Way of Teaching)』(Brookfield & Preskill, 1999)은 민주주의적 토론—하버마스의 타당성 요구 개념과 일치하는 상호작용과 상호주의의 일종인—을 가르치고 배울 수 있다는 전제에서 나온 것이다.

둘째, 의사소통 행위가 둘 또는 그 이상의 사람들이 서로의 관점을 이해한 후 공동 행위에 도달한다는 하버마스의 희망은 포스트모더니즘에 명확하게 배치된다. 포스트모더니즘의 관점으로 보면 하버마스는 쓸데없는 일에 종사하고 있다. 포스트모더니즘이 우리에게 뭔가를 가르쳐 준다면 그 언어는 신뢰를 잃게 된다. 중요하고, 명확하고 발견할 수 있는 의미가 말과 글의 중심에 있다는 로고센트리즘〔logocentrism, 비판이론과 해체주의에서 문제의 사실을 간과 · 배제하고 지나치게 말과 언어를 강조하는 것을 비판하는 의미로 사용된다. 국내에서는 음성중심주의, 이성중심주의, 언어중심주의 등으로 해석되고 있지만 실제로 글에 대한 말의 우위를 강조하는 용어로 phonocentrism(음성중심주의)이 있다.-역자 주〕의 가정은 완전히 거절된다. 말은 종잡을 수 없고 모호하고 상황적이나. 포스트모더니즘의 관점에서는 내 생각은 결코 정확히 말로 표현될 수 없다. 더욱이 내 정확한 의도에도 불구하고 당신이 내 의견을 들었을 때에는 정확하게 이해하지 못한다. 당신은 당신의 경험과 배경 지식을 사용하여 내가 의도하지도 않은 함축적인 의미와 뜻을 만들어 왜곡할 수 있다.

의사소통 행위이론에 관한 포스트모더니즘의 비평에도 불구하고, 하버마스는 인간의 이성을 사용하여 인간적 사회를 만들고자 했던 근대성의 꿈을 저버리기를 거부한다. 그의 꿈의 일부분은 공론 영역에서 중요한 논점에 대해 민주적이고 진실한 대화를 하는 성인학습의 가능성과 관련이 있다. 하버마스에게는 민주적이고 진실한 대화를 배우는 것이 우리가 공정한 사회를 만들기 위한 가장 중요한 바람이기에 아마도 사회생활에서 성인학습보다 더 중요한 것은 없을 것이다. 사람들이 정당한 주장에 입각한 대화를 나누도록 가르쳐 줄 수 있는 능력을 지닌 성인교육자는 하버마스에게는 둘도 없는 보배다. 더 이상 성인교육이 사회를 구하는 데 중요한 역할을 한다는 사실에 넋을 잃기 전에, 특히 타당성 요구의 본성에 빠져들기 전에 하버마스의 의사소통 행위이론에서 잠시 벗어나 하버마스 연구에 들어 있는 성인학습의 중요성—성인학습 과정을 자아 발달 과정으로 해석하는—을 살펴보겠다.

성인학습과 도덕적 의식의 발달

반성적인 성인학습을 사회적 진화의 조건으로 보고 의사소통을 통하여 성인학습이 공론 영역을 재건할 수 있다고 보는 하버마스는 도덕적 의식 발달을 성인기에 일어나는 학습 과정으로 이해한다. 하버마스는 『지식과 인간의 관심(Knowledge and Human Interests)』(1971)에서 기술적 · 의사소통적 · 해방적 지식을 분류하면서, 해방적 지식—"구체화된 권력에 대한 의존으로부터 자유로워진 의식의 분석"(1971, p. 313)—이 사람들이 반성적으로 사고할 수 있는 능력에 달려 있다고 본다. 하버마스에게 "해방의 인지적인 관심은 반성(reflection)을 추구하는 것을 목표로 삼는"(p. 314) 것이었다.

비판적으로 반성할 수 있는 능력이 없으면 우리의 삶에 깊숙이 들어와 있는 돈과 권력으로 조종되는 메커니즘에서 우리의 정체성을 분리할 수 없다. 우리의 정체성은 얼마나 우리의 행동이 체제의 당위성을 성공적으로 보여 주느냐로 드러난다. 예를 들면, 우리는 감정적 투자에 대한 배당금이 증가하고 있는지에 대해 비용-편익 분석을 실시함으로써 사람과의 관계를 이익 추구 관점에서 접근한다. 이러한 방법으로 생각할 때, 사람들은 감정적 투자의 이자나 배당이 높으면 그들의 관계가 성공적이라고 생각한다.

자아 발달이 일생에 걸쳐 일어나는 학습 과정이라면, 성숙한 도덕의식의 발달은 성인 단계에서 일어난다. 하버마스는 『도덕적 의식과 의사소통 행위(Moral Consciousness and Communicative Action)』(1990)에서 "도덕적으로 변한다는 것은 규범적으로 규정된 행동에서 실용적 담론으로 전환해 가는"(p. 170) 것이라는 그의 의견을 뒷받침하는 콜버그의 의견을 인용한다. 다시 말하면, 도덕성의 발달은 스스로를 일상적 사고에서 분리시키는 능력의 발달이자 아직 이념적으로 확정되지 않은 상황에서 어떻게 대처할지를 결정할 수 있는 능력의 발달이다. 이러한 결정 능력에서 상황에 대한 여러 접근법은 타인과 도덕적 타당성을 토론하는 과정에서 습득된다. 도덕적 의식은 사람들이 "탈인습적인(post-conventional) 도덕적 수준에 들어갈 때 나타난다. 탈인습적 도덕 단계는 신념 체계의 상황성을 인식하고 사고가 이념적으로 형성되었다는 것을 이해함으로써 삶의 우발성을 깨닫는 성인들에게 나타난다. 하버마스는 "오직 탈인습적 도덕성 단계에서 주어진 문화적 여건과의 연결을 끊을 수 있다."(p. 162)고 기술한다.

성인들이 기존의 문화적 흐름에서 벗어난다는 것은 무엇을 의미하는 것인가? 여기서 하버마스는 마르쿠제가 주장한 대로 비판적인 의식을 발달시키는 데 필수적인 거리감, 사생활, 소외의 개념을 되새긴다. 사람들은 도덕적으로 행동하고자 한다면 당위적 상황이나 상식이라 불리는 외부의 힘에 의해서가 아니라 자신의 현재 관심에 따라 반응하는 방법을 배워야 한다. 자신의 관심에 다양한 경험을 제공할 수 있거나 동일한 관심을 전혀 다르게 해석할 수 있는 사람들과 대화하는 것이 한 가지 방법이 될 것이다. 성인들은 "담론에 참여함에 따라 그들의 경험적 관련성이 희석되고"(1990, p. 161) 상황의 본질적 요소를 알아 가게 된다. '경험적 상황의 연관성'은 성인교육 분야의 순수한 장점으로 종종 평가된다(경험은 항상 학습에 긍정적인 영향을 준다). 그래서 지배 체제를 옹호할 수 있는 그 잠재성을 비판하는 것은 항상 흥미롭다. 하버마스가 경험의 단점에 관하여 지적한 것이 있는데, 경험의 친밀함과 현재성이 새로운 이해를 미리 차단해 버릴 수 있다는 점이다. 경험에 관한 다양한 관점을 토론하는 것은 사람들이 사회적 배경, 정치적 관계, 문화유산, 전통적 삶의 방식 등에 대해 독립적으로 생각하는 것을 도와준다. 이로 인해 "사람들은 도덕적인 관점과 논쟁 저편의 다른 관점을 가질 수 있다."(p. 162)

하버마스는 『자율성과 연대(Autonomy and Solidarity)』(1992a)에서 도덕적 관점을 개인의 신념과 가치관의 정황성(contextuality)을 자각하는 것으로 보고 있다. 따라서 "도덕적 관점으로 어떠한 사물을 바라본다는 것은 세계를 바라보는 자신의 세계를 보편적 행위 양식에 맞는 기준으로 바라보지 않는다는 것이다."(Habermas, 1992a, p. 269) 우리는 우리의 확신에 따라 행동하더라도 그 확신이 임시적이라는 사실을 알고 있다. 도덕적 관점을 유지하는 사람들은 "특별한 상황에 관한 타인의 견해로부터 자신의 보편성을 시험하는 것"(p. 269)에 관대하다. 다시 말하면, 도덕적으로 행동하는 것은 개인 자신의 행위가 옳은지 세심하게 살피고, 자신의 행위가 조사받는 것을 개의치 않는다는 것이다.

하버마스는 성인의 도덕적 의식 발달의 가능성에 대해서 설명하고 있지만 그것이 상대적으로 보기 드물다는 것을 인정하는 데 신중하다. 그는 "경험적 연구들은 모든 성인이 형식조작적 사고(피아제의 용어)의 단계에 이른다거나 탈인습적 도덕단계(콜버그의 도덕발달이론)에 이른다는 주장을 강하게 뒷받침하지 못한다."(1992a, p. 165)는 것을 인정한다. 하지만 하버마스는 생활세계의 점유에 맞서는 독자적이고 도덕적인 사고의 한 경계를 세울 수 있다는 가능성은 포기하지 않는다. 이렇게 하버마스는 마르쿠제의 긍정적인 비판적 이론에 호소력이 있다는 사실을 발견했다. 하버마스는 그의 저서에서 "사람들은…… 이미 사회제도에 포함되어 버린 사람들보다 더 높은 의식 구조에 도달할 수 있다."(p. 165)고 믿는다.

탈인습적 도덕 수준에 이를 수 있는 성인들의 가능성을 논하는 하버마스의 주장은 강한 비판을 불러일으켰다. 그는 "항상 모든 사회에 핵심적인 도덕적 직관과 가치가 있다고 주장하는 것이 현대 철학적 토론에 어울리지 않다는 것을 인정하면서"(1992a, p. 201) 자신의 입장이 지적으로 세련되지 못했다는 것을 알고 있다. 그러나 이러한 핵심이 모든 정황에 적용된다고 주장하지는 않는다. 그는 도덕적인 직관이 모두 같은 근원에서 유래했다고 본다. 다시 말하면, 서로 간의 깊은 신뢰 속에서 의사소통하는 것은 특정한 가정에 근거한 고유한 도덕적 행위다. 행위에 대한 근거를 제시하는 것은 그런 종류의 한 가정이고, 타인에게도 동일한 소통적 권리를 주려는 준비성이다.

우리는 하버마스의 도덕적 보편주의가 역설적으로 문화적 보편주의에 반대하고 있다는 것을 항상 기억해야 한다. 그는 보편적 가치 지향을 자신의 고유의 신념 체계의 보편적 타당성을 거절하는 것으로 정의한다. 도덕적인 보편화의 개괄적 의미를 설명하면서, 하버마스는 "개인은 자신의 고유한 보편적 정체성을 주장하지 않는다." 그리고 "개인은 자신이 보편적 정체성에서 벗어나는 것을 막을 수 없다."(1992a, p. 240)고 언급한다. 외국인 혐오증이 아니라 "사람들은 다른 형태의 삶의 타당성 관점에서 자신의 삶의 방식을 상대화할 수 있어야 한다."(p. 240) 사람들은 외국인이나 타인에게 "자신이 가진 동일한 권리인 비동시성과 불가해성을 부여한다."(p. 240) 하버마스는 "이러한 관용의 관점을 수용하는 노력이 지금보다 훨씬 넓게 무한정으로 확장되어야 한다."고 주장하고 있다.

의사소통 행위이론

우리가 앞서 살펴본 대로, 의사소통 행위는 성인들이 이해와 합의를 도출하는 행위다. 실제로 내가 쓴 '성인들에 의한 행위'라는 표현은 하버마스가 의도한 것보다 조금 더 의도적인 것이다. 의사소통 행위는 사회생활에서 반드시 필요하다. 하버마스는 1994년 인터뷰에서 "나는 사람들이 의사소통하고 싶어해야 한다가 아니라 반드시 의사소통해야 한다고 말한다."(Habermas, 1994, p. 111)라고 밝혔다. 하버마스 의견에 따르면, "일상의 의사소통 실례 속에서 사회화된 개인은 이해를 추구하는 방향으로 대화를 할 수밖에 없다."(p. 101) 우리가 다른 사람들과 관계를 맺고 사는 동안, 그리고 서로 간의 갈등과 분쟁이 없으면 더 좋아질 것이라고 생각하는 동안에도 의사소통 행위는 반드시 필요하다. 그 이유는 "의사소통 행위를 통해서만 만족할 수 있는 기본적인 사회 기능이 있기 때문이다. 우리가 상호 주관적으로 공유하고 있고 중복되는 생활세계는 간단하게 작동하는 것이 아니라서 수많은 합의를 필요로 한다."(p. 111) "폭력에 값비싼 대가를 지불하지 않는"(p. 111) 아이들 양육, 협동적 행위, 문제 해결은 모두 이러한 사회 기능에 속한다.

인간의 의사소통은 상호 간의 이해를 추구한다. "이해를 도출하는 것은 자연스러운 인간 언어의 목적이다. 말의 개념과 이해는 상호 간에 해석된다."(1984, p. 287) 말의 요점은 실제로 삶의 문제에 관하여 타인과 함께 이해하려는 의지를 담고 있다. 이러한 이해는 관계와 동맹을 쌓도록 해 주고 우리의 삶에 의미를 부여해 준다. 사람들이 무언가에 합의할 때는 "서로를 이해하는 주관적인 상호관계, 서로 공유하는 지식, 상호 신뢰, 다른 사람들과의 조화"(1979, p. 3)를 즐긴다. 이런 종류의 합의는 하버마스가 일찍이 지구에서 가장 위험한 자원으로 설명했던 일종의 연대와 결속을 의미한다. 합의에서 도출한 결속은 사회적 행위의 기초가 된다. 합의가 없다면 공동의 목표를 위한 집합적인 행위를 추진하는 주관적인 에너지가 발생하지 못한다. 그 에너지는 민주주의에 필요한 정치적 결의를 형성하는 데 필수적인 요소다.

하버마스의 관점에 따르면 합의를 도출하는 것은 본질적으로 민주적이다. 왜냐하면 진정한 합의는 각 단체에서 주장하는 바를 자유롭게 토론하는 과정에서 나오기 때문이다. 그러므로 "의사소통을 통해 이루어진 합의는 어느 한 집단에서 강요할 수 없다."(1984, p. 287) 진정한 인간의 의사소통은 특히 하나의 공동체로서 살아가는 방법과 관련된 경우에 더욱 민주주의적인 규범이 된다. 첫째, "이해를 도출할 때 참여자에게 강요해서는 안 된다."(1984, p. 392) 토론 참여자들은 그들의 이해가 자유로운 의지와 결단에 의한 것이라는 것을 느껴야 한다. 둘째, 이해를 도출하는 것은 다양한 자유로운 행위가 보장되는 환경에 기초해야 한다. 그것은 "타인의 행위가 이성에 근거하여 나온 행위라고 확신하는 상호 과정"(1984, p. 287)이다. 셋째, "이해의 도출은 의사소통 참여자가 자신의 발언에 대한 타당성 요구에 응할 것이라는 합의를 전제로 한다. 이는 발언자가 제기한 타당성 요구를 상호주관적으로 인식하고 있다는 것을 의미한다."(1987a, p. 121) 우리는 무언가에 합의할 때 합의에 참여한 사람들의 관점이 어느 정도의 타당성을 가지고 있다는 것을 간접적으로 인정한다.

타당성 요구 개념은 하버마스의 『의사소통과 사회 진화(Communication and the Evolution of Society)』(1979), 『이론과 실제(Theory and Practice)』(1973)에서 주로 나타나 있다. 말의 타당성을 평가하는 방법을 학습하는 것은 중대한 성인학습과제다. 이미 거론한 바 있지만, 하버마스는 성인학습이 대화를 통해 이루어진다고 주장한다. 사회 체제에서 "주관적인 학습 과정은 일상적 의사소통 안에서 발생하고 조직된다."(1973, p. 12) 우리는 평범한 대화를 나누면서 지속적으로 다른 사람들의 단어 속에 포함된 타당성을 평가하는 방법을 학습한다. 타당성 요구는 다른 사람의 논평이 진실되고 정당하고 정직하다는 것을 알아가기 위한 무언의 가정이다. 자신의 의견을 가능한 한 명료하게 설명한다고 해서 우리가 그 사람이 의도하는 바를 정확하게 이해할 수 있을까? 혹은 자신의 의도하는 바를 알리고 자기 편으로 만들기 위해 자신이 개방적이고 정직한 사람이라는 것을 드러내야 할까? 하버마스는 두 경우 모두 우리가 상대편이 말하는 것을 믿을 수 있는지 계속적으로 판단한다고 본다. 실제로 우리는 우리에게 말하려는 다른 사람들의 타당성을 평가하고 있다. 그는 "이해를 도출하는 것을 목표로 하는 행위 안에서 타당성 요구는 항상 존재한다."(1979, p. 97)고 주장한다. 더욱이 "이러한 보편적인 타당성 요구는 일반적인 의사소통의 구조로 이루어져 있다."(p. 97) 따라서 사람들은 시간과 장소에 관계없이 이해를 도출하려고 할 때마다 이런 말의 타당성 요구를 전제한다(p. 118).

하버마스가 말하는 타당성 요구라는 것은 무엇인가? 첫째는 "말의 이해 가능성"(1973, p. 18)이다. 우리는 다른 사람들이 사용하는 단어가 얼마나 명료하고 이해하기 쉬운지 이해 가능성에 대한 요구(claim of comprehensibility)를 한다. 이해 가능성의 주장은 화자로 하여금 청자가 가장 잘 이해할 수 있는 언어를 사용할 것을 요구한다. 우리는 어떤 문장을 들었을 때 "그것의 명제적 구성 요소의 사실성"(p. 18)을 평가한다. 이것은 우리가 단어를 정확하게 사용하든 그렇지 않든 중요한 문제로 간주된다. 둘째는 진리성에 대한 요구(claim of truth)다. 화자는 최선을 다해 현 사안에 대한 완전한 정보를 우리에게 제공하고 있는가? 화자가 우리 사회에 만연한 대화의 규칙에 집착하는 정도에 따라 우리가 주목해야 할 세 번째 문제가 있다. 문장은 "구성 요소의 정확성과 적절성"(1973, p. 18)에 따라서 부분적으로 판단된다. 즉, 그것이 친숙한 형태로 기술되었는지, 그것이 의도한 바대로 이해될 수 있는지에 따라서 판단된다고 할 수 있다. 의사소통은 사람들이 직관적으로 이해할 수 있는 기준과 규칙이 없다면 불가능하다. 하버마스는 "모든 의사소통 행위는 일반적인 기대와 관습을 만족시키거나 위반한다." (1979, p. 35)고 말하고 있다. 우리는 타인과 대화하면서 지속적으로 일반적 관습에 대한 타인의 지지 정도를 평가하는데, 이것이 바로 정당성에 대한 요구(claim of rightness)다. 마지막으로 우리는 우리에게 말하는 사람들이 진정으로 이해를 도출하는 데에 관심이 있는지 알 필요가 있다. 이것은 진정성에 대한 요구(claim of authenticity)로, 특히 "화제의 진정성" (1973, p. 18)에 관한 것이다. 우리는 반드시 대화에 참가하는 사람들이 자신을 이해하고 우리를 이해시킬 수 있다는 점을 신뢰해야 한다.

의미 있는 대화를 하려면 이 네 가지 개념의 타당성이 반드시 충족되어야 한다. 하버마스는 "의사소통 행위는 참가자들이 서로 타당성을 평가받으려고 할 때만 지속적으로 진행된다." (1979, p. 3)고 주장한다. 발언자가 스스로 의사소통 행위에 관여하고 이해를 도출할 목적으로 대화할 때, 사람들은 화자에게 네 가지 주장 중 어떤 것을 요청하더라도 그것이 증명될 수 있다는 사실을 믿는다. 의사소통 행위자들은 자신의 주장을 충족시키기 위해서 스스로 얼마나 노력하고 있는지를 언제든 보여 줄 수 있다고 생각한다. 그래서 진실한 대화에서는 "문장, 제안, 표현된 의도, 발언 등이 현재의 조건을 충족시킬 수 있기 때문에 그 어떤 타당성 요구도…… 입증될 수 있다." (1979, p. 4)

언제, 얼마나 이러한 타당성 요구가 충족될 수 있는지 배우는 것은 민주적 삶에 너무 중요한 미완의 학습과제다. 만약 우리가 심오한 관점을 담고 있는 진실된 문장을 구별하는 법이나 정직함이 강압적인 의지를 감추는 시점을 식별하는 법을 배우지 않는다면, 우리의 공론 영역 안의 미묘한 악선전을 막는 능력은 극도로 약화될 것이다. 일상생활의 의사소통 행위 속에서 살아가는 성인들은 언어의 궤변과 교묘한 조종과 같은 공론 영역의 평판을 떨어뜨리는 것들을 인지하는 방법을 학습한다. 공동체를 소집하고 여론을 결정하는 의장은 선호하는 관점을 부각시키기 위한 그의 요지를 조심스럽게 표출해야 한다. 예를 들면, 토론의 요점을 정리하고 그것을 사람들이 잘 인식하지 못하게 강조하려는 성인교육자, 또 개방적인 대화 같지만 기술적으로 그 방향을 조정해서 결국은 자녀 양육에서 오는 스트레스나 대인관계의 문제를 언제나 타인의 탓으로 돌리려 하는 배우자나 애인처럼, 그들의 의사소통 행위는 다른 사람의 타당성 요구—하버마스가 소통행위의 본질적 요소로 보고 있는—를 방해한다. 성인들은 이러한 방해가 언제 발생하는지 포착하는 방법을 배우고 또 사람들의 관심을 끄는 방법을 배움으로써 스스로 공론 영역에서의 대화를 준비한다. 이것이 바로 성인들이 의사소통 행위를 학습하고 있다는 점을 말해 준다.

하버마스가 비판을 받고 있는 것 중 하나는 바로 이성을 대화의 보편적 요소로 강조하고 있다는 점이다. 하버마스는 "스쳐 지나가는 대화나 '예/아니요' 로 대답할 수 있는 대화도 잠재된 이성"(1996, p. 19)에 의존한다고 주장한다. 우리는 질문을 받을 때, 무엇인가를 제안하고 타인의 제안에 반응할 때 자연스럽게 이성을 사용한다. 따라서 "이성은 타당성 요구를 가능하게 하는 추론적 교환(discursive exchange)에 사용되는 주된 통화(primary currency)다."(p. 35) 물론 다양한 제안과 주장을 위해 사용하는 이성은 틀릴 수도 있고 착취적이고 부도덕적일 수도 있다. 하지만 이성을 사용하는 것은 보편적 현상이다. 우리는 아마도 권위나 초자연적 힘에 끌릴 수도 있지만 항상 우리의 신념과 행위를 정당화하기 위해 이성을 활용한다. 의사소통 행위에서 화자는 다른 사람이 뭐라고 하든지 타당성 요구에 부응할 수 있는 책임감을 가져야 한다. 하버마스는 의사소통 행위에 수반된 책임감을 다음과 같이 설명한다. "화자는 인식적 수준에서 검증할 수 있는 진리성, 특정한 근거를 제공해야 하는 정당성, 진실함을 제안해야 하는 진정성 등의 의무를 지니고 있다."(1979, p. 65)

이성은 민주적인 공론 영역의 심의 과정에서 가장 중요한 위치를 차지한다. 우리가 살펴본 대로, 하버마스는 언어 공동체가 하나의 민주주의 공동체이며 의사소통 행위에 적용되는 규칙은 민주적 과정의 규칙과 같다고 믿는다. 의사소통 행위에 참여하는 방법을 학습해야 하는 것이 보편적인 성인학습 과정이라면, 민주적 과정을 학습하는 것 역시 정치적으로 필요한 영역이다. 우리가 이해할 수 있고, 믿을 수 있으며 적당하고 진정한 방법으로 다른 사람들과 대화하는 법을 배울 때, 우리는 민주주의의 과정을 학습하고 있는 것이다. 이것은 의사소통 행위의 정당성을 평가하는 기준과 규칙이 민주적 의사결정 과정의 정당성을 평가하는 것과 매우 유사하기 때문이다. 의사소통에 참여하는 사람은 "공동의 상황적 해석(분명하게 중복되는)에 기초하여 합의에 이르기 위해 노력하고 협력해야 한다(공유된 생활세계의 범위 안에서)." (1992b, p. 79) 시민으로서 또는 일상적 발언자로서 합의를 추구하는 성인들은 "이해를 도출하기 위해 합리적으로 동기를 부여하는 힘" (p. 80)인 의사소통적 합리성을 사용한다. 의사소통적 합리성은 타당성 요구를 완수하는 중심에 위치해 있어서 한 사람의 가정이나 제안이 얼마나 이해할 수 있는지, 거짓이 없는지, 진실한지, 적절하게 표현되었는지, 설명할 수 있는지를 담보한다. 따라서 의사소통적 합리성은 "체계적으로 왜곡된 의사소통과 삶의 형식을 평가하는 기준을 제공한다." (p. 50)

우리의 의사소통적 노력의 효과를 평가하는 타당성 기준은 사회적 · 정치적 · 경제적 제도를 평가하는 것에도 응용될 수 있다. 결국 이러한 제도들은 우리의 의사소통 노력으로 만들어진 것들이다. 참가자들은 그 제도 안에서 이해할 수 있고 진실되고 적절하게 행동하지 않으면 쉽게 이데올로기적 조작의 도구로 전락할 수 있다. "타당성의 이러한 측면은 의사소통 행위로 재생산되는 삶의 형식에도 적용될 수 있다." (1964, p. 4) 삶의 가장 중요한 형태는 바로 민주적 생활 양식이다.

민주주의 담론이론

의사소통적 합리성의 한계를 걱정하는 보기 드문(그렇지만 환영받는) 감정적 폭발을 보면서, 하버마스는 "의사소통적 이성은 물론 흔들리는 선체다. 하지만 무시무시한 파도가 치더라도 그 이성은 우발성이라는 바다 밑으로 가라앉지 않는다. 단지 그 우발성에 대처하는 양식으로 존재할 뿐" (1992b, p. 144)이라고 반응한다. 아마도 가장 거친 쓰나미(의사소통 행위의 쓰나미)는 사람들이 본질적으로 모순적이거나 통제할 수 없는 정치적 협정(우리가 민주주의라 부르는)을 이뤄 내려 힘쓸 때 휘몰아친다. 그럼에도 불구하고 『이론과 실제(Theory and Practice)』(1973), 『탈민족적 정황(The Postnational Constellation)』(2001a)에 이르기까지 하버마스는 의사소통적 이성으로 표현되는 담론의 규칙이 민주주의 과정의 근본이라는 주장을 견고히 유지한다.

성인교육자들은 많은 성인 토론 집단을 지도할 때 사용하는 이러한 담론 규칙을 인정할 것이다. 하버마스가 구체화한 규칙은 "① 모든 관련된 의견을 경청한다. ② 우리의 현 지식으로 수용 가능한 모든 논쟁을 받아들인다. ③ 더 나은 논쟁을 할 것인지에 대한 비강제적인 강세는 오직 참가자들이 결정한다."(Habermas, 1992a, p. 260)이다. 다른 표현을 빌리면, 좋은 토론과 민주적 과정은 모든 사람의 공헌과 모든 사람의 다양한 지식, 또 좋은 의견이 제시되었을 때 모두가 자신의 주장을 포기할 줄 아는 것에 달려 있다. 이는 시민들이 정치적 심의의 효율성을 평가할 때, 또 성인교육자들이 성인교육 프로그램과 성인교육 행위에 대한 타당성을 판단할 때 사용할 수 있는 이상적인 규칙이다.

물론 이러한 이상적인 규칙에 제기되는 문제들은 누구의 목소리가 중요하고, 어떻게 그 관련성을 결정했는지, 어떤 것이 최고의 논쟁으로 결정됐는지, 우리의 현재 지식이 정확히 무엇인지에 관한 논쟁적인 것들이다. 우리가 이 문제에 주의를 기울이지 않는다면 결국은 하버마스가 원치 않는 방식, 즉 이미 특권을 누리고 있는 그 분야의 전문가나 권위자들에게 물어야 하는 결과를 초래할 것이다. 놀릴 것도 없이, 하버마스는 이러한 위험성을 재빠르게 인시한다. 그는 『정당성과 적합성(Justifications and Applications)』(1993)에서 "이상적인 대화 상황"을 "구체적인 의미를 오도하는 용어"(p. 164)로 사용한 것에 대해 유감을 표시하였다. 하버마스는 언어가 민주주의를 배울 수 있는 수단일 뿐만 아니라 "기존 권력의 정당성에 봉사하는 지배적 · 사회적 권력"(Habermas, 1988, p. 172)이라고 부른다. 하버마스는 이데올로기가 "불공평한 기회의 분배—특히 다양한 사람이 심의적 대화

공동체에 참여할 수 있는 가능성—를 은폐하는"(Habermas, 1975, p. 27) 방법을 지속적으로 지적하고 있다. 만약 사회가 특정 의견을 의심하거나 무시한다면, "대화에 참여한 사람들 간의 의사소통은 조직적으로 왜곡되거나 차단될 것이다." (p. 27) 하지만 하버마스는 이러한 결점이 반드시 담론의 규칙을 쓸모 없게 한다고 주장하지 않는다. 이미 규칙들이 기득권층에 의해 흡수되거나 조종당할 수 있기 때문에, 그 규칙을 거절하는 것은 마치 이미 잠재적으로 왜곡되어 있는 의사소통으로부터 의사소통적 이성을 보호하는 것과 같다.

하버마스에게 이상적인 담론의 규칙은 사람들이 보편적인 언어 과정 속에서 살게 하고, 민주주의의 영향력이 계속 지속되게 하는 최상의 희망을 제공한다. 우리는 이러한 규칙을 선출직 대표자들로 구성된 공동체가 그들의 결정을 공평하고 도덕적인 방법으로 도출하는 데 사용할 수 있다. 우리는 공동체 심의 과정에서 "진실을 규명하려는 동기를 제외한 다른 모든 동기가 차단되는지"(1975, p. 108)를 평가할 수 있다. 심의 과정에서는 "어떠한 제한 요소 없이 동의에 이를 수 있는" 상황에서 "공동의 확인된 관심사"(p. 108)만 다룬다고 볼 수는 없다. 하지만 그것의 희소성이 이런 규칙들을 무의미하게 만들지는 않는다.

사람들이 규칙에 미달할 것이라는 사실을 인지하고 이러한 규칙에 충실하려는 성실한 시도는 성인교육 과정과 민주주의의 광범위한 활동 영역의 정당성을 확보하는 한 가지 방법이 된다. 예를 들어, 성인교육 박사과정의 교육과정, 사회 구성원 간 부의 분배를 다루는 주제, 타국을 침략한 정부의 권위를 인정해야 하는 것과 같은 문제에 대한 민주적 의사결정은 담론의 규칙에 부합하려고 노력할 때만 그 정당성을 갖는다.

담론이론의 관점에는 다수의 의사를 대표한 결정 자체가 그 결정의 정당성을 보장하지는 않는다. 하버마스는 프롬의 기계적 순응과 마르쿠제의 억압적 관용에 공감한다. 다수 결정의 정당성을 결정하는 데 있어 가장 중요한 것은 그 결정이 도출된 과정이다. 특히 그 결정이 "진실을 쟁취하기 위한 경쟁들과 내적인 관련성이 있느냐가 중요하다."(Habermas, 1992a, p. 256) 하버마스는 사람들이 의사결정을 할 때 심의 과정을 통해 규정된 기준을 적용한다면, "비록 그 결정이 결점이 있고 덜 성숙하다 해도 이성적으로 동기 부여된 토론의 결과물"(p. 256)을 대표하기에 정당하다고 본다.

『이성적인 사회를 향하여(Toward a Rational Society)』(1970)에서도 다루고 있지만 『사실과 타당성(Between Facts and Norms)』(1996)에서 하버마스는 심의민주주의 담론이론을 자세히 설명하고 있다. 하버마스는 "담론이론에 따르면 심의민주주의의 성공 여부는 비공식적으로 형성된 여론을 수반하는 제도화된 심의 과정의 상호작용뿐만 아니라 의사소통의 절차와 조건에 상응하는 제도화에 달려 있다."(Habermas, 1996, p. 298)고 주장한다. 가장 간단한 언어 행위 안에서 함축된 담론의 규칙은 민주주의적인 과정의 형식적인 조건과 공론 영역에서의 규칙에 내한 논쟁을 위한 모델을 제공한다.

가장 기본적인 수준의 민주적 결정은 "지배권으로부터 완전히 자유로운 토론 과정을 거친 합의다."(Habermas, 1970, p. 7) 하지만 사회의 규모가 점점 방대해지고 복잡해짐에 따라 마을 회담이나 다른 포괄적인 공동체에서 대화로 자유로운 합의를 이끌어 내는 것이 점점 불가능해지고 있다. 21세기의 서구 사회는 "포괄적 세계관과 집합적 윤리가 해체되어 가는 다원적 사회다."(Habermas, 1996, p. 448) 입법 절차는 점점 최고 엘리트들의 몫이 되어 가고, 평범한 사람들은 그 절차로부터 멀어지고 있다. 현재의 법률뿐만 아니라 법률을 제정하는 방법 또한 입법자들이 언제든 바꿀 수 있다.

대중이 법률 제정 과정에서 배제되는 곳에서 과연 법률이 진정한 정당성을 가지고 있다고 말할 수 있을까? "법률 제정을 위한 민주적 절차는 분명 정당성의 탈형이상학적 원천을 형성해야 한다."(Habermas, 1996, p. 448)는 것이 하버마스의 주장이다. 다시 말하면, 사람들이 동의하지 않는 합법적인 결정을 받아들일 것이라는 소망은 오직 사람들이 그 결정을 진정으로 민주적 심의 과정의 결과로 받아들이냐가 문제다. 우리가 이미 보아 온 것처럼, 이러한 민주주의적 절차는 의사소통 행위에서 발생한다. 그러므로 담론이론의 관점에서 "담론 원칙은 정당한 민주주의적 원칙의 형태를 요구한다."(p. 458) 왜냐하면 담론 원칙은 "합법적으로 정치적 의견과 의지 형성의 의사소통적 제안과 절차를 제도화할 수 있기 때문"(p. 458)이다. 대중이 법률을 합법적이고 정당한 것으로 인식하기 위해 필요한 조건은 단지 그 법률이 민주적 과정을 거쳤느냐는 것이다. 하버마스가 인간 행위에 내재된 것으로 보는 타당성 요구를 정치가들이 인정한다면, 시민들은 정치가들의 결정이 이성적이라고 여길 것이다. 따라서 담론이론에 따르면, "의사소통적 절차와 가정에 의해 형성된 법률의 정당성은 그것이 법적으로 제도화되기만 하면 그 법률을 적용하여 도출된 결정들이 이성적인 결과라는 확신을 주게 된다."(p. 414)

이것들은 담론과 민주주의에 있어서 매우 중요한 역할을 한다. 하버마스는 "민주주의적 과정은 법률이 사용되는 모든 곳에서 법률에 대한 정당성의 모든 책임을 부담한다."(1996, p. 450)고 말하고 있다. 시민들은 "법률을 제정하는 민주적 과정이 규정된 규범의 정당성을 보장할 때"(Habermas, 1996, p. 33) 행동한다. 사람들은 민주적으로 제정된 법률이 공평하고 조건적이고 개정 가능할 것이라는 기대감을 갖고 있다. 법률적 정당성을 보장하는 민주적 과정은 성인교육을 위한 의미 있는 의문을 제시한다. 사람들이 "법률을 제정하는 민주적 과정이 규범의 정당성을 만족시킨다는 것을 알고 있다면"(p. 33), 그들은 민주적 과정의 진행 상태를 세심하게 인식하는 법을 배워야 한다. 이것은 단순히 민주주의 이론을 배우는 문제가 아니다. 사람들은 민주주의의 모순과 긴장에 대해 경험해야 할 뿐 아니라 불편한 존재론적 진실을 배우는 중에도 민주주의의 모순과 긴장을 극복하고 운용하는 법을 배워야 한다. 민주주의를 학습하는 것은 민주적 심의 과정을 적용하는 법을 배우는 것만큼 모호성 및 우발성과 함께 살아가는 법을 배우는 것이다. 이는 하버마스가 『도덕적 의식과 의사소통 행위(Moral Consciousness and Communicative Action)』(1990)에서 탈인습적인 도덕적 판단을 성인학습 과제로 본 것과 직접적으로 연관된다.

성인의 정치적 학습에 관한 하버마스의 연구는 성인이 민주주의의 절차와 가정을 배울 수 있는 세 가지의 방법을 제시한다. 첫째, 사회는 민주주의의 지식이 후세에 전달되는 것을 확보해 주는 진화적 학습 과정을 제도화할 수 있다. 『의사소통과 사회 진화』(1979)에서, 하버마스는 "조직화된 학습 과정이 기술적으로, 그리고 실용적으로 유용한 지식의 생산으로 이어진다면 성공적"(p. 173)이라고 언급한다. 민주적으로 말해서, 이는 성인교육이 사람들에게 민주적 절차의 기술적 측면과 전형적이고 예측 가능한 방해물을 학습할 수 있는 기회를 제공해야 한다는 것이다. 웰튼(Welton, 2000)은 1940, 1950년대의 캐나다 시민 포럼을 "시민으로 살아가고 행동할 수 있는 제도적 기회"(p. 214)의 대표적 예로 제시했다.

형식적인 성인교육 차원에서 민주주의를 학습한다는 것은 학습 공동체 구성원들이 교과과정과 수업 진행에 관한 규범을 만들어 갈 수 있음을 시사한다. 성인교육 프로그램에서는 이러한 교육 목표와 교육 활동에 대한 협상을 흔히 볼 수 있다. 이것이 실제로 왕성하게 일어난다면, 시민사회의 한 부분이 되는 성인교육은 사람들이 민주적 성향을 학습하고 그것을 공론 영역으로 전달할 수 있는 연구실이 되는 것이다. 이러한 의식과 성향은 웰튼(2003)이 묘사한 시민사회의 교육학을 담고 있다. 그것은 시민들의 요구를 충족시키는 공동 세계를 창조하기 위한 시민들 간의 개방적 · 비강제적 · 정중한 의사소통을 가능하게 하는 최적의 학습 공간이다(p. 198).

일상생활의 대화는 민주적 과정을 학습하는 두 번째 방법이다. 타인의 관점에서 사물을 바라보고, 다양한 관점을 취하고, 누군가 그것을 말해야 하는 사람이 입을 열 때까지 우리의 판단을 보류하는 것이다. 이것들은 분명 비정치적 문제에 관한 의사소통 행위다. 일상적 의사소통 행위자들은 진보적이고 급진적인 성인교육 토론 집단을 구성하는 장본인들이다. 예를 들면, 브리지스(Bridges, 1988)는 토론 참여자들에게 토론에 관한 도덕적 문화를 형성하는 법을 배우라고 촉구한다. 버뷸스(Burbules, 1993)는 성인들이 다양한 주제를 토론하고 싶다면 필수적인 의사소통의 덕목을 배워야 한다고 설명한다. 그리고 브룩필드와 프레스킬(Brookfield & Preskill, 1999)은 민주적 토론을 위해 반드시 학습해야 하는 상호작용과 상호관계가 가지는 특징을 묘사한 바 있다.

린드만은 민주적 토론을 성인교육 방법론의 핵심적 방법으로 보았던 성인교육자다. '학습 과정에서 토론의 위치'(Brookfield, 1987b), '토론과 민주주의'(Brookfield, 1987b), '민주적 토론과 대중의 목소리'(Brookfield, 1987b)와 같은 글들과 『성인교육의 의미(The Meaning of Adult Education)』(Lindeman, [1926] 1961), 『삶의 민주적 방법(The Democratic Way of Life)』(Smith & Lindeman, 1951)과 같은 저서들에는 민주주의에 대한 린드만의 사상뿐 아니라 성인이 민주적 토론에 참석해서 민주주의를 학습해야 한다는 주장이 제시되어 있다. 분명 그의 주장은 하버마스와 같은 맥락에 있다. 비록 린드만이 비판이론 담론의 중심에 있지는 않았지만, 민주주의가 작동하는 데 결정적인 대화적 과정을 배우라는 그의 주장은 하버마스의 연구를 앞서 있다. 웰튼(2003)이 지적한 대로 "의사소통적 능력을 지닌 시민에 대한 강조는 성인교육에 그 뿌리를 두고 있고"(p. 207), 이와 가장 깊이 연관된 것이 바로 린드만의 대화와 토론에 관한 연구다. 웰튼이 제시한 담론의 규칙과 특징—포괄성, 개방성, 비강제성, 관용, 기지, 정중함, 연대—은 린드만이 주장한 민주주주의 학습법과 많은 부분에서 유사한다.

도덕적 의식의 발달에 관한 하버마스의 연구는 다소 모순되지만 민주적 학습 과정 프로젝트에 세 번째 방법을 제시한다. 이 장에서 논의된 것처럼 하버마스는 사람들이 탈인습적 도덕 발달과 그것이 수반하는 다양성과 정황성의 관용을 역설적이게도 자신의 경험적 상황에서 벗어날 때 학습한다고 본다(Habermas, 1990, pp. 161-162 참조). 현재의 경험으로부터의 분리는 보통 타인과의 대화에서 자신의 경험을 반성하고 날카롭게 비판하는 가운데 경험되는 것이다. 이것이 성인의 비판적 반성의 진수다.

하버마스는 비판적 반성을 성인기에 나타나는 현상으로 이해한다. 그는 무비판적이고 비반성적인 학습이 일어날 때까지는 우리가 비판적인 반성적 학습에 대해 이야기할 수 없다고 주장한다. 하버마스의 의견으로는 "우리는 아무것도 없는 상태로부터 강요된 권력을 통해 맹목적으로 그것들을 따라 하는 것을 배우기 전까지는 내면화된 규범을 반성할 수 없다."(Habermas, 1988, p. 170) 그래서 성인기의 비판적인 반성은 아동기나 청소년기의 무비판적 동화에 의존한다. 아무것도 없는 진공 상태에서는 반성할 대상이 없기 때문에 아무도 반성할 수 없다. 예를 들면, 이데올로기적 억압과 지배를 배우는 것은 단순히 이론적 문제가 아니다. 그것은 사람들이 지배 체제가 만들어 낸 결과 속에서 살아갈 때만 진정한 의미를 지닌다. 성인의 삶이 우리에게 비판적 반성을 위한 비교 자료를 제공할 때까지, 우리는 아동기에 배운 규칙과 관점의 정확성과 자비심을 판단하지 못한다. 따라서 "반성은 사실의 뒤를 쫓아다닌다는 비난을 받는다."(Habermas, 1988, p. 170) 하지만 "회상 속에서 작동하는 반성이 반동적 힘을 움직이게 하기 때문에"(p. 170) 그 반성은 무관하게 머물러 있는 것이 아니다. "인식과 소외가 초래한 결과를 비판적으로 깨닫는 능력"(p. 183), 즉 비판성의 반성적 힘은 우리 삶의 역사를 구성한다.

일상생활에서 스스로를 분리시키고 민주적으로 산다는 것이 무엇인지를 함께 토론하려는 성인들의 비전은 기숙(residential) 성인교육의 핵심에 위치한다. 함께 생활하는 교육 프로그램은 참가자들이 거리감을 경험하는 기회이자 안성맞춤식 대화 공동체를 제공한다. 타인의 경험을 통해 민주주의를 배우는 활동인 테네시의 하이랜더 센터의 기숙 워크숍(적절한 대화적 접근법을 사용하는)은 하버마스의 생각과 매우 흡사한 민주적 참여를 비판적으로 반성해 보려는 시도다.

수많은 북미 성인교육자를 위해 하버마스는 비판이론이 다뤄지는 영역에 아직 머물러 있다. 이 장과 8장에서는 하버마스가 우리 분야에서 두각을 드러내는 이유를 조명하려고 시도했다. 하버마스의 연구 분야는 매우 넓으나 성인학습과 관련된 특정 주제를 반복적으로 다루고 있다. 하버마스는 성인학습이 사회적 변화의 중추적인 역할을 하며 성인학습의 역학을 이해하는 것이 생산과 착취의 메커니즘을 이해하는 것만큼 중요하다고 보고 있다. 또한 성인기가 되어서야 사람들이 아동기에 무비판적으로 내면화해 버린 이념적 규범과 행위를 반성할 수 있다고 지적하면서 비판적 반성을 성인기에서 관찰되는 학습 과정이라고 강조한다. 아울러 의사소통 행위에서 파생된 대화의 규범을 강조함으로써 대화적 학습을 중시하는 성인교육자들에게 방법론적 이상을 제공하였다. 마지막으로 의사소통 행위와 민주적 과정의 연관성을 지속적으로 탐구한다. 마르크시즘과 실용주의적 전통에 의존하는 하버마스의 연구는 민주주의 학습에 관하여 린드만과 동일한 결론을 내리고 있다. 그는 우연성 및 모순과 함께 살아가는 법을 배우는 것만큼 중요한 민주주의 학습을 평생학습 과정으로 이해하라고 힘주어 말하고 있다.

제10장

비판적으로 가르치기

- 비판적 교수법의 실천
- 방법론적 접근
- 비판이론 교육에 대한 반성
- 이 글을 마치며

비판적 전통에서 가장 빈번하게 나타나는 주장 중의 하나는 이론과 실천의 분리—두 개가 전혀 다른 영역으로 존재하는 것처럼 간주하는—를 지지할 수 없다는 것이다. 이 전통에서는 두 과정을 결합된 것으로 본다. 모든 실천은 이론적인 근거가 있어야 하고, 이론은 항상 실천적 함의를 지니고 있어야 한다. 이 책은 '공식적으로는' 비판이론에 관한 책이기도 하지만 내재적으로는 비판적 실천에 관한 책이기도 하다. 이 마지막 장에서는 앞에서 다룬 이론가들의 교육적 제안에 대해 세 가지 측면에서 검토하고 종합하는 것이 타당할 것 같다. 첫째, 비판적으로 가르친다는 것이 방법뿐 아니라 어디에 초점을 맞춰야 하는지에 대한 부분에서 무엇을 의미하는지 고찰해 볼 것이다. 비판적으로 가르친다는 것은 어떻게 가르치는가에 대한 문제일 뿐 아니라 무엇을 가르치는가에 대한 문제이기도 하다. 둘째, 비판이론의 분석에 나타난 몇 가지 방법론적 접근에 대해서도 살펴볼 것이다. 이것은 결코 단일한 입장을 형성하지는 않는다. 비판이론의 방법론적 지령에는 상당한 절충주의가 있다. 실제로 그 지령들은 종종 상충하기도 한다. 그 예로 마르쿠제는 사생활, 소외, 문화적 분리를 강조하였는데, 프롬이나 하버마스는 반대로 대화식 교수법, 협동학습, 지식의 공동 창조를 주장하였다. 마지막으로는 대학원 수업에서 비판이론을 가르치면서 경험했던 교육적 교훈에 대해 생각해 보겠다.

비판적 교수법의 실천

비판적 교수법의 실천은 비판이론의 형성에 있어서 본질적인 문제다. 마르크스의 이론은 포이어바흐(Feuerbach)에 대한 열한 번째 명제 이후부터 행동적 의도로 가득 차 있다. 호르크하이머(Horkheimer, 1995)는 비판이론에 대해 정의한 에세이(1936년에 처음 출간됨)에서 이론이 혁명적 변화를 수반할 때에만 성공적이라고 주장하였다. 이론은 사람들에게 정치적·경제적·인종적·문화적 억압의 역학을 이해시킬 수 있어야 한다. 이런 이해를 바탕으로 그 역학을 비판하고 새로운 사회 형태, 특히 창의성을 표현할 수 있는 새로운 노동조건을 만들어 나갈 수 있게 된다. 그래서 비판이론을 가르친다는 것은 특정한 사회적·정치적 의도를 가지고 가르친다는 것을 의미한다. 비판이론가들은 그들이 만든 개념과 분석을 통하여 사람들이 민주적 사회주의와는 크게 구별되는 사회적·경제적 형태를 창출하는 데 도움이 되기를 원했다.

비판적으로 가르친다는 것은 전환적인 추진력을 가지고 있지만 이론가들마다 추구하는 방법이 다르다. 하지만 한 가지 주제—불가피한 교육의 지시적 속성—는 모든 이론가에게 공통적이다. 비판적 교수법은 현대사회에 내재된 억압적 체제를 비판할 수 있도록 비판적 사고의 힘을 개발시켜 주는 것에서 시작한다. 비판이론의 관점에서는 자본주의, 관료적 합리주의, 규율적 권력, 기계적 순응, 일차원적 사고, 억압적 관용이 모두 결합하여 현 체제를 그대로 유지시키는 강력한 이데올로기적인 지배력을 행사한다는 것을 알게 된다. 이러한 맥락에서 비판적 사고는 사회적 불평등을 자연적 질서로 받아들이는 이데올로기를 간파하려는 이데올로기 비평의 교육적 실천이다. 이러한 비평을 하는 성인은 진정한 이성 작용을 하고 있다. 즉, 어떻게 살아야 할 것인가에 대한 보편적 질문을 하는 데 이성을 사용한다. 이러한 질문의 두 가지 형태는 다음과 같을 것이다. 즉, 어떠한 사회 조직에서 서로를 공정하고 자비롭게 대하는가? 인간의 창의성을 진작시킬 수 있는 일은 어떻게 재설계할 것인가?

그러나 이러한 형태의 비판적 사고는 비판이론의 교육적 과제의 시작일 뿐이다. 비판적 사고의 요점은 미시적·거시적 차원 모두에 해당되는 진정한 민주주의—프롬, 마르쿠제, 웨스트가 사회주의의 토대로 간수한—의 수립에 있다. 이러한 관점에서 성인은 비판적으로 사고할 때 노동자협동조합, 사교육 폐지, 소득상한의 요구, 전 국민의 의료보장, 공기업화를 요구하게 될 것이다. 비판이론에서 말하는 비판적 사고는 단순히 인지적 과정만을 의미하는 것이 아니다. 그것은 공공의 이익을 강조하고 실현하며, 자본주의의 개인주의적이고 경쟁적인 윤리를 거부하고, 특권이 상속되는 것을 막는 것과 필연적으로 관련이 있다.

그래서 비판이론에서 말하는 방식으로 가르친다는 것은 본질적으로 정치적인 것을 가르친다는 것이다. 그것은 우리가 자본주의의 교환경세를 진정한 민주적 사회주의로 바꿀 수 있도록 도와준다는 의미에서 정치적이다. 자기비판을 하고 있으면서도 중립적인 태도를 취하지 않기 때문에 정치적이다. 매우 지시적이고 실천적이며, 밥티스트(Baptiste, 2000)의 용어로 윤리적 강요의 교수법이기 때문에 정치적이다. 정치화된 강요는 비판이론의 역사에 나타난다. 이것은 철학의 요점은 세계를 변혁시키는 것이라는 마르크스의 신념에서 나타난다. 또한 성인교육자가 혁명적 당 조직자로서 대중을 조직하고 선동하여 지배계급의 헤게모니를 프롤레타리아 헤게모니로 바꿔야 한다는 그람시의 관점에도 나타난다. 의견이 다른 관점에 대해서도 관용을 베풀어야 하며 교수자와 학습자 간에 엄연한 차이가 존재한다는 마르쿠제의 주장에서도 나타난다. 정치적으로 가르친다는 개념은 성인교육자가 민중운동에서 운동가의 활기를 북돋우는 비판적인 조직적 기폭제가 되어야 한다고 했던 웨스트(West)의 주장에서도 명백하게 나타난다. 교사는 지배 이데올로기의 실체와 침해를 학생들에게 보여 줄 필요가 있다고 했던 훅스(Hooks)의 인식에도 이러한 지시적인 성격이 나타난다. 강간, 낙태, 의료보험 이용, 가정폭력, 성적 학대 같은 여성의 문제는 자본주의의 파괴적인 영향에 대한 광범위한 분석에서 분리할 수 없다고 주장하는 데이비스(Davis)의 경우도 마찬가지다. 푸코가 특정한 지식인이 특정한 장소에서 억압적인 힘에 대해 어떻게 싸우는지를 분석한 것, 프롬이 학습자는 개인의 문제가 구조적 힘에 의해 어떻게 발생하는지를 자각하도록 학습해야 한다고 믿었던 것, 그리고 하버마스가 교육자는 생활세계가 자본주의와 관료적 합리주의에 의해 어떻게 침해받는지를 설명하여야 한다고 주장했던 것의 모든 것은 불가피하게 비판적 교육의 정치적 성격을 보여 준다.

방법론적 접근

비판이론가들이 교육의 정치적으로 지시적인 속성에 대해 공통적으로 인식하고 있지만 그러한 교육이 어떻게 발생하는지를 설명하는 방법론적 정설을 내놓고 있지는 않다. 그러나 검토한 연구를 보면 네 가지 대조적인 방법론적 강조로 구별할 수 있다. 첫째, 라이트 밀스(C. Wright Mills)의 『사회학적 상상력(The Sociological Imagination)』(1959)이라는 저서의 제목에 잘 나타나 있듯이 구조화된 세계관을 가르치는 것의 중요성이다. 『일차원적 인간(One Dimensional Man)』(1964) 서문에서 마르쿠제는 개인의 경험을 사회적이고 경제적인 힘의 관점에서 훌륭하게 해석했던 "밀스 연구의 중요성"(p. xvii)에 대해 언급하였다. 구조화된 세계관에서는 항상 사적인 문제나 개인적인 딜레마가 구조적으로 발생한다고 분석한다. 본질적으로 이러한 관념은 세계를 직관적으로 이해하는 것—윌리엄스(Williams, 1977)의 용어로는 감정의 구조—처럼 보이는 것도 실제로는 사회의 물질적 토대를 반영한다고 주장하는 마르크스의 의식화 이론에 근거를 두고 있다. 이러한 관념은 생활세계의 식민화, 일차원적 사고, 규율적 권력 같은 비판이론의 개념에서 반복해서 나타난다.

비판이론가들이 구조화된 세계관을 교육할 것을 어느 정도는 주장하였지만, 가장 강력하게 주장했던 이론가는 에리히 프롬과 안젤라 데이비스다. 심리치료사이자 사회심리학자로서 프롬의 관점은 성인이 아이들보다 자신의 성향이나 충동과는 무관한 힘에 의해 자신의 인생이 결정된다는 것을 더 잘 자각한다는 것이다. 그는 성인들이 축적된 삶의 경험을 통하여 사회적 힘의 영향을 자각한다고 생각하였다. 데이비스는 여성 문제를 교육하려면 개인의 삶이 어떻게 자본주의에 의해 형성되고 침해받는지를 항상 설명해야 한다고 시종일관 주장하였다. 그녀는 이것이 정치적 의식의 발달이나 여성의 심리학적 안정에 있어서 중요하다고 생각하였다. 두 이론가는 자의적인 운명이나 개인적인 결함 때문에 생겼다고 생각한 문제가 실제로는 자본주의나 가부장제의 예측할 수 있는 결과라는 것을 알았다. 이것은 생명을 구할 만큼 중요한 자각이다.

둘째, 비판이론의 교육적 강조에서는 추상적이고 관념적인 이성—어떻게 공정한 사회를 만들 것인가, 윤리적으로 서로를 대하는 것이 무엇을 의미하는가와 같은 광범위한 문제를 고려할 때 적용되는—에 대한 요구를 탐구하고 있다. 특히 마르쿠제나 하버마스 같은 비판이론가들은 성인들이 삶의 즉각적 특징이나 특수한 것에만 관심을 갖는다면 비판적 사고가 불가능하다고 주장한다. 예를 들면, 사람들은 역사, 인종, 문화, 종교 등에 따라 다르게 다루어야 할 다양한 집단의 요구를 비교할 근거가 필요하다. 다른 사람과 관련을 갖고 사는 한, 우리는 타인에게 피해를 주는 사람의 자유를 제한할 필요가 있다. 우리가 이러한 제한에 대해 어떻게 결정하는가 하는 것은 공정함이나 사회적 안녕의 광범위한 개념에 근거를 두고 있다. 암을 유발하는 흡연에 대한 권리는 천식, 폐암, 폐기종 환자가 있는 작은 방에서는 여하튼 행사될 수 없다.

사회적으로 살기 위해서 개인적인 충동을 넘어서는 보편적인 행동 규칙의 발달이 필요하다면 우리는 광범위한 추상적 용어로 사고하는 것에 익숙해질 필요가 있다. 어떤 규칙을 따를지 결정하는 것과 그것을 보편적으로 받아들이려면 어떻게 해야 하는가 하는 것은 "내 인생에 도움이 되기 때문에 나는 이것을 원한다."고 말하는 것 이상의 사고 수준을 요구하는 문제다. 자유, 공정함, 평등, 해방, 권력의 윤리적인 사용 같은 '중대한' 관념은 비판적 전통에 중요하며, 추상적이고 관념적인 사고를 수반하는 보편성을 갖추고 있다.

비판이론의 몇몇 변형에서 강조되는 세 번째 요소는 하버마스의 표현대로 성인이 "문화적 기정사실의 추세에서 벗어날"(Habermas, 1990, p. 162) 필요가 있다는 것이다. 일상생활의 방식과 요구에서 일시적으로 벗어나게 되면 사회를 새롭게 비판적인 방식으로 볼 수 있게 된다. 그람시와 마르쿠제는 모두 사회생활에서의 일시적인 분리는 비판적 사고에 필수적인 자극이라고 주장하였으며, 마르쿠제는 어떻게 사람들이 분리, 사생활, 소외를 통하여 일차원적 사고에서 탈피할 수 있는지를 분석하였다. 비판이론의 이런 경향은 성인교육자들이 자기주도적 학습과 실천에 관심을 갖는 것과 직접적으로 관련이 있다.

마르쿠제도 인정했듯이, 사생활은 지금 부자들에게나 주로 허용되기 때문에 현재의 비판이론은 이러한 요소에 대한 관심이 덜하다. 또한 마르쿠제가 강력한 소외를 경험하게 하는 예술작품에 대한 사적인 참여가 저항적 주체성을 발달시킨다고 강조했던 것에서는 엘리트주의의 냄새가 난다. 이것은 또한 거리낌 없는 개인주의의 망령과 비판이론가들에게 깊은 회의주의를 불러일으켰던 지배 이데올로기의 요소를 조장한다. 예를 들면, 콜린스(Collins, 1991)는 자기주도적 학습의 소통을 위해 용납되었던 개인주의적이고 기술주의적인 속성에 대해 논리적인 비평을 한 바 있다.

부정적인 평가에도 불구하고, 내 경험상으로는 사생활, 소외, 분리에 대한 여지가 있다고 믿고 있다. 학생들을 교육하면서 사용했던 방법 중의 하나로 소집단 토론 전에 비판이론의 교재를 사적이고 분리적이며 고립적인 방식으로 읽도록 강조하였는데, 이것은 관념의 변형이라고 할 수 있다. 자기주도적 학습은 비평의 소중한 언어와 실천을 제공해 주며 성인교육의 급진적 전통에 충분히 잘 맞아 들어간다고 해석할 수 있다(Brookfield, 2000). 나는 필수적인 분리의 원천이 자본주의적 성인교육의 최고점으로 간주되는 단기 속성학습 프로그램 같은 바람직하지 않은 환경에 존재할 수 있다고 주장하였다(Brookfield, 2003). 더불어 성인교육의 최고의 대안적 실천으로서 환영받고 있는 동류집단 프로그램(cohort program)에서 개인적으로 탈피하는 것에 대해서도 논의할 수 있다. 동류집단은 기계적 순응을 나타내고 다수의 횡포를 초래하며 지배 이데올로기를 무비판적으로 재생산할 수 있다.

동류집단은 그 자체로 비판이론의 네 번째 교육적 강조인 대화식 토론의 배경이 된다. 프롬과 하버마스는 문답식 방법을 사용하는 광범위한 시설이 민주주의를 보장한다고 생각하면서 이러한 접근 방법을 가장 강조한 이론가였다. 프롬은 다른 사람이 제시한 의견을 이해하려는 사심 없는 시도 속에서 이기심을 버리게 되는 대화의 춤을 강조하였는데, 이것은 하버마스가 이상적 담론의 선구자적 역할을 하게 하였다. 두 사람은 충분히 참여적이고 포괄적인 대화를 통하여 도달하게 되는 결정이 민주주의의 초석이 된다고 믿었으며, 그런 대화를 하는 데 필수적인 기질을 성인에게 가르치는 데 교육이 중요한 역할을 한다고 생각하였다.

시간의 흐름에 따라 많이 변했지만, 나 역시 교사로서 문답식 방법, 대화식 토론을 강조했던 경험을 갖고 있다. 가르치기 시작했을 때, 나는 토론의 리더십을 창의적이고 끊임없는 즉흥적인 예술적 과정으로 생각하였다. 지금도 이러한 요소들이 토론에 중요하다고 믿고 있지만 그것이 전부는 아니다. 교사가 토론을 지배하지 않으려고 자유방임적 접근을 한다고 정당화하는 것은 실제로 집단에 내재해 있는 사회적 불평등을 더 강화하게 된다. 학급에서 가장 큰 목소리를 내고 오래 얘기한 사람은 바깥세상에서 가장 주목을 받는 사회적 위치를 차지하게 된다. 교사의 개입이 자동적으로 부당한 지배를 표현한다는 잘못된 신념으로 인해, 나는 가장 좋은 토론의 리더는 보이지 않는 것이라고 생각하였다. 나는 토론의 리더가 토론 중에 교사로서 자신의 역할을 나타내는 말과 행동을 하지 않는다면 상징적인 성인교육자라고 주장하곤 했다. 지금은 그렇게 확신하지 않는다. 조용히 있는 것이 어떤 상황에서는 정당한 태도일 수 있지만 교사가 적극적으로 개입해야 할 상황도 있는 것이다. 이것은 말을 많이 하는 것을 의미하는 것은 아니다. 예를 들면, 조용히 있지만 대화를 지배하는 포괄적인 기본 원칙을 결정하는 데 중요한 역할을 해야 할 사람이 있다.

나는 스티븐 프레스킬(Stephen Preskill)과 함께 쓴 책(Brookfield & Preskill, 1999)에서 대부분의 토론이 모든 참여자에게 필연적으로 호의적인 것은 아니라고 주장하였다. 결국 대부분의 사람은 바람직한 토론에서 요구되는 민주적인 기질을 실천할 기회가 없다. 실제로는 이상적인 담론이 우리 모두에게 단절되어 있는 것이다. 성인교육 수업 장소는 안전한 피난처나 권력의 영향력에서 벗어난 지대가 아니라는 것을 알아야 한다. 학습자나 교수자는 학급에서 그들의 인종, 성, 계급적인 정체성에서 벗어날 수가 없으며, 이로 인해 야기되었던 굴욕과 속임수를 가지고 토론에 참여했던 이전의 경험을 잊을 수도 없다. 성인교육 집단이 프롬이 공표했던 이기심 없는 대화의 춤이나 하버마스가 설명했던 이상적인 담론을 펼칠 수 있는 장소가 되려면, 그 참여자는 이러한 특징을 귀감으로 삼은 담론의 규칙을 신봉하고 발전시킬 필요가 있다. 이러한 규칙을 실행하기 위해서는 운에 맡겨서는 안 되고, 규칙이 준수되는지 관리할 수 있는 방법을 집단에서 찾아야 한다.

토론집단에서는 학급에 유입된 권력 역학과 계급제도를 인정하고 그에 대항하려 하지 않기 때문에 교사가 이를 설명하도록 도울 수 있다. 토론의 리더는 발언권의 순환, 순환적인 답변, 눈덩이 굴리기(snowballing) 효과, 신문 대화(newsprint dialogue) 같은 대화의 통합적인 모델의 필요성에 대해 끊임없이 이목을 끌 수 있다(Brookfield & Preskill, 1999). 그들은 특권을 가지고 큰 소리로 외치는 사람들이 대화를 주도하지 못하도록 지금까지 대화에 참여할 기회를 갖지 못했던 사람에게 시간을 할당해 주는 기본 원칙을 선포함으로써 토론에 개입할 수 있다. 그들은 또한 3인 규칙을 주장함으로써 토론을 민주화할 수도 있다. 이 규칙은 일단 발언을 한 사람은 적어도 세 사람이 말하기 전까지는 말할 수 없다는 것이다. 집단의 다른 누군가가 자신이 한 발언에 대해 더 말해 줄 것을 직접적으로 요청할 때에만 예외가 인정된다. 교사는 학생들이 자신의 의견이 무시되거나 말을 못하게 된다고 느낄 경우에 집단 구성원에게 학생들의 익명 평가의 결과를 알려 줄 수 있다. 그들은 자신의 권력의 존재에 대해 끊임없이 인정할 수 있으며, 공평하게 참여할 수 있고, 비공식적인 토론의 서열이 생기는 것을 막는 토론의 구조를 만들기 위해 권력이 어떻게 행사되어야 하는지에 대해 인정할 수 있다.

비판이론에 명백하게 나타나는 방법론적 절충주의에서는 일련의 접근 방법이 성인 학생집단에 채택되어야 한다고 제안하고 있다. 성인교육 학급에서 명백하게 존재하는 문화적 배경, 학습 선호도, 지적 능력, 인종, 성, 계급적인 정체성의 범위를 고려해 볼 때 다양한 접근 방법과 방법론은 필요하며 불가피한 것으로 여긴다. 사람들에게 비판이론의 관점을 소개하면서 교실의 역학, 문화적 전통, 학습 주기의 현실에 교육학을 접목하는 것은 일종의 비판적 실용주의라고 할 수 있다. 실천에 대한 접근 방법으로서 비판적 실용주의에서는 비판이론 이해의 관련성과 응용성에 대해 강조하면서도 비판이론에 대한 자기비판적 관점을 취하고 있다. 코넬 웨스트의 표현에 의하면 "얼마만큼 자기비판적이고 자기 성찰적인가" 하는 정도는 비판적 실천에 대한 "참여의 표시"(West, 1999b, p. 295)로서 간주될 수 있다.

비판적 실용주의는 성인교육 실천에 대한 실험적인 태도를 지지하면서 비판적 교육의 핵심을 표현하는 유일한 접근법은 거부한다. 이 관점에서는 앞서 논의한 네 가지 강조점이 타당하다고 간주한다. 성인교육에 고유한 것이거나 핵심적인 것이 있다면 성인을 성인으로 다루는 윤리적이고 정치적인 논조를 만들어 내는 것이라고 생각한다. 그리고 비판적 교육에 핵심적인 것이 있다면 2장에서 다루었던 학습과제—이데올로기 비판하기, 헤게모니 논쟁, 권력의 실체 폭로하기 등—에 초점을 맞추는 것이다. 이러한 과제를 어떻게 추구하는가 하는 문제는 개별 성인 학급의 독특하고 복잡한 형태와 교사 자신의 태도, 능력, 경험에 달려 있다.

비판이론 교육에 대한 반성

여기서 나는 성인에게 비판이론을 가르쳤던 개인적인 경험에 대해 서술하고 싶다. 나는 대학 교수이기 때문에 나의 경험은 대개 대학원 수업에 한정되므로 이 부분에 초점을 맞추고자 한다. 바라건대, 내가 설명하는 교육과 학습의 해결하기 어려운 역학과 그에 대한 나의 반응은 어떤 상황에 있든지 당신이 하는 일에 대해서 설명해 줄 수 있을 것이다.

네 가지 특정한 장소에서의 일은 이 장에 활기를 불어넣어 줄 것이다. 첫째는 나의 전임 직업의 근거지인 미네소타 주 미니애폴리스 세인트폴에 있는 세인트토머스 대학교다. 나는 1992년부터 세인트토머스 대학교에서 비판이론을 주 교재로 하는 수업을 가르쳐 왔다. 예를 들면, 교육적인 리더십 프로그램—비판적 반성으로서의 리더십에 관한 강좌—을 가르칠 때 비판적 반성을 교육에서 권력의 합법적 행사에 관한 가정에 대해 연구하고 밝히려는 신중한 시도로 정의하였다. 비판적 반성은 헤게모니의 가정을 폭로하는 것으로 정의되었다. 즉, 상식적이고 도덕적으로 바람직한 것으로 여겨지는 교육적 리더십의 실천이 실제로는 실천가들의 이익에 반대되며 불공평한 제도를 유지하는 데 도움이 되고 있다는 가정을 한 것이다. 따라서 비판적 반성으로서의 리더십에서는 강의를 시작할 때 학생들에게 푸코와 그람시에게 관심을 갖도록 요구한다. 또한 나는 세인트토머스 대학교에서 비판적 교육학(내가 아는 한 유일한 박사과정 개설 강좌임)에 관한 몇 가지 박사과정 수업을 가르쳐 왔다. 이 프로그램의 초점은 당당하게 비판적 전통에 관한 것이었으며, 이 책에서 검토한 관념들은 프로그램의 이론적 기초의 핵심이 되었다.

내가 비판이론을 가르쳤던 두 번째 장소는 국립 루이스 대학교(시카고)의 성인교육 박사과정이다. 1992년부터는 박사과정의 시간제 컨설턴트로서, 방문교수로서 재직했다. 국립 루이스 대학교 박사과정에서는 성인교육을 사회적 · 문화적 배경과의 관련 속에서 명쾌하게 연구하고 있다. 흑인중심주의, 페미니즘, 포스트모더니즘과 함께, 비판이론은 중요한 이론적 패러다임으로서 연구되었다. 컬럼비아 대학교의 티처스 칼리지는 비판이론의 관념을 가지고 일했던 세 번째 장소다. 나는 1982년부터 1992년까지 성인교육 박사과정에서 교수로 재직했고, 1992년부터는 Center for Educational Outreach and Innovation에서 비판이론과 성인학습이라는 제목으로 이따금 워크숍을 개최하였다. 마지막으로 2002년에는 하버드 대학교 교육대학원에서 방문교수로서 강의하였는데, 그중의 하나가 비판이론과 성인교육의 실천이라는 강좌였다. 이 책의 대부분의 내용은 그 강좌의 교재에 포함되었을 뿐 아니라 수강했던 학생들이 읽고 비평한 것이다.

저 항

언뜻 보기에는 이상의 상황들이 약간이라도 온화한 것처럼 보인다. 학생들은 교육 리더십, 비판교육학, 성인교육을 공부하기 위해 등록했고, 종종 명칭에 비판이론이라고 표시되는 강좌에 참석했다. 그래서 '저항(resistance)'이라고 제목을 단 이 부분을 보면 놀랄 것이다. 그러나 내가 이러한 경험을 통해 알게 된 사실 하나는 학생들은 이러한 전통에 대해 학습하는 것에 때로는 꽤 강하게 저항할 것이라는 것이다. 비판이론의 다섯 가지 요소는 저항을 불러일으킨다는 측면에서 그들에게 특별한 문제를 제시하는 것처럼 보인다. 마르크스에 대한 강조, 자본주의에 대한 비판, 민주주의에 대한 이의 제기(특히 다수의 횡포에 대한 확인), 비판이론가들이 사용하는 어려운 용어, 지배 이데올로기의 힘과 그것이 체제를 비판하는 것을 효과적으로 막는 것에 대해 강조하는 글을 계속 읽고 분석하게 될 경우 야기되는 급진적 비관주의가 다섯 가지 요소에 해당된다. 먼저 '마르크스 공포증'에 대해 언급하고 이러한 문제에 대해 차례로 다루어 보겠다.

비판이론을 가르칠 때 내가 처음 하는 것은 그것을 마르크스에 대한 반응으로서 자리 매김하는 것(1장에서 비판이론을 자리 매김하던 것과 같이)이다. 나는 학자적 양심의 차원에서 이 문제를 다룰 것이다. 나는 마르크스의 연구가 비판이론의 이론적 출발점이고 기초이며 지주가 된다고 믿기 때문에 이 문제를 명확히 하고 싶다. "비판이론을 공부하려면 내가 마르크스주의자가 되어야 하나요?" 하고 묻는 학생들은 마르크스에 대해 받아들이는 것이 어렵다. 1장에서 맥라렌(McLaren)과 웨스트가 언급했던 과격한 마르크스 공포증은 마르크시즘과 관련 있는 연구는 아무리 비판적으로 검토한다 하더라도 곧바로 의심스러운 것으로 간주된다는 것을 의미한다. 개인주의, 해방, 창의성의 가치—(프롬이 지적했듯이) 노동의 소외에 관한 마르크스의 원고에서 똑같이 강조된 가치—에 매우 헌신적인 학생들은 마르크스를 읽는 것을 거의 비애국적인 행위로 본다. 『독일 이데올로기(The German Ideology)』(Marx & Engels, 1970)나 『마르크스의 인간 개념(Marx's Concept of Man)』(Fromm, 1961)를 읽게 되면 민주주의, 언론의 자유, 심지어는 미국 자체를 부정하게 되는 것과 같다.

이러한 어려움을 겪는 것은 제3, 4세대 미국 학생들만이 아니라는 사실이 중요하다. 참전해서 가족과 생계를 잃고 망명해야 했던 구 공산정권 출신의 학생들도 비판이론이 마르크스와 연관되는 것에 대해 노골적으로 반응한다. 비판이론가들이 전체주의적 공산주의에서 발견한 기계적 순응, 감시, 일차원적 사고에 대해 명백하게 비난한다는 사실과 진정한 민주주의의 우월함에 대해 주장하고 있다는 사실에 대해 내가 얼마나 많이 지적했는지는 중요하지 않은 것 같다. 일단 마르크스에 대해 언급하면(그와 관련된 모든 것을 비난하지 않는다면) 몇몇 학생들의 마음에 즉시 문제를 불러일으키게 될 것이다.

그렇다면 이러한 상황에 어떻게 대처할 것인가? 강의를 하면서 초반에 내가 시도했던 것은 비판이론 자체의 자기비판적 태도에 대해 강조하고 이러한 비판적 관점이 자본주의 이데올로기뿐 아니라 마르크스의 연구에 어떻게 적용되는지에 대해 밝히는 것이있다. 나는 그람시가 마르크스 숭배에 대해 경고했던 것, 마르쿠제가 비판이론에 대해 비판적 접근을 할 필요가 있다고 주장했던 것, 마르크시즘의 필요성과 부족한 점에 대해 쓴 웨스트의 글, 훅스, 데이비스, 카렝가(Karenga) 등이 규명한 마르크스 연구에 드러난 성과 인종에 대한 무지 등에 대해 인용하였다. 여기서 유용한 자료는 노암 촘스키(Noam Chomsky)의 『The Leninist/Capitalist Intelligentsia』(2002)와 『Marxist 'Theory' and Intellectual Fakery』(2002)다.

미국에서 유명한 좌파 실천적 지식인 중의 한 사람인 촘스키는 대중적인 이데올로기 비평의 오랜 이력을 가지고 있어서 신용도가 높다. 그는 마르크스주의-레닌주의가 드러내는 권위주의와 은혜를 베푸는 듯한 오만적 태도를 혹평하였다. "결코 이해할 수도 없는 미래로 무지한 대중을 이끌 권리를 '전위 정당'이 가지고 있으며, 또 가질 수 있다고 한 생각"(Chomsky, 2000, p. 226)이라고 일침을 가하고 있다. 촘스키는 마르크스를 자본주의가 어떻게 기능하는지에 대해 홍미로운 추상적 모델을 제시한 자본주의에 대한 이론가로 보았으며, 그 모델이 개선되고 확대될 수 있다고 생각하였다. 그는 '변증법'이 무엇을 의미하는지 "전혀 모른다."(p. 228)고 말하였으며, "내가 마르크시즘 철학이나 문학 이론에 대해 읽고 있으면 평생 들여다봐도 결코 이해할 수 없을 것 같은 생각이 든다."(p. 228)고 인정하였다. 많은 학생에게 이것은 매우 위안이 된다! 나는 또한 마르크스의 비판적 평가에 관한 과제를 내 주었다. 과제를 통하여 학생들이 마르크스의 관념과 그들의 경험이나 실천 간의 연관이나 공명(共鳴)에 대해 고려할 뿐 아니라 마르크스 연구의 윤리적 맹점, 실수, 모순에 대해 규명하도록 하였다.

하지만 마르크스를 너무 진지하게 소개함으로써 그의 사상으로부터 힘을 빼앗아서는 안 된다고 강조하는 것이 중요하다. 마르크스나 다른 이론가에 대해 건강한 회의를 불러일으키는 것과 그를 완전히 떨쳐 버리는 것 사이에는 차이가 있다. 핵심은 그를 타파해야 한다고 주장할 것이 아니라 그의 저작을 진지하게 읽는다고 해서 학생들이 마르크스주의자로 '전향'해야겠다고 생각하지는 않는다는 것을 증명해 보이는 것이다. 그리하여 학생들이 마르크스에 동의하지 않고 비난할 권리를 주장하듯, 나도 교사로서 그들이 의례적으로 마르크스를 떨쳐 버리기 전에 관심을 가지도록 요구할 권리가 있다.

나는 학생들이 마르크스에 대해 비판적이기를 요구한다. 그러나 그 비판은 구체적이어야 한다. 학생들은 이의를 제기하는 부분에서는 직접적으로 인용하거나 페이지를 언급해야 한다. 마르크스는 반민주적이며, 인간의 자연스러운 경쟁에 대해 오해하고 있으며, 사이버 공간이나 탈공업화 일터의 복잡성을 인식하지 못했다고 하는 식의 일반적 비판은 받아들일 수 없다. 이러한 비판을 하려면 그의 연구에서 적어도 세 개의 구체적인 인용문을 각각의 비판에 달아야 한다. 논문에 나온 인용과 관련된 구절을 찾을 수 있도록 어디에 나와 있는지 명확하게 밝혀야 한다.

비판이론에서 비롯된 저항의 두 번째 요소는 자본주의 비판과 관련이 있다. 비판이론의 주요 과제는 어떻게 자본주의의 교환경제를 폐지할 것인가에 대해 연구하는 것이라고 했던 호르크하이머(1995)의 '순수한 실존주의적 판단'을 상기해 보라. 자본주의에 대한 비판—창의성과 노동을 상품화하고, 이성을 도구화하며, 우정과 친밀한 인간관계를 성격 패키지의 교환으로 격하시키고, 영적인 영양실조 상태로 만들어 버리는 것—은 비판이론 전체에 스며들어 흐르고 있다. 이것이 학생들을 혼란스럽게 만드는 이유는 그들이 이러한 비판 속에서 자신의 삶의 특징을 인식하기 때문이다. 그러나 나는 이러한 비판의 더 깊은 영향력은 직업적 위치, 암시적으로는 학생 자신의 개인적 정체성과 직업적 실천에 대해 의문을 제기하는 것이라고 본다.

나의 학생들의 대부분은 자본주의의 최고점인 미국에서 일하고 있다. 그들은 자본주의가 자유, 해방, 개인주의의 찬양할 만한 가치를 지지하는 확실히 '좋은 것'으로서, 그리고 지배 이데올로기로서 내세워진 나라에 살고 있다. 자본주의로 인해 번영과 기술적 진보, 기업의 혁신이 가능했다고 받아들인다. 자본주의의 중심부에서 일하고 있는 사람들이 자본주의를 비판하고 훼손하는 것에 대해 계속 듣는 것은 매우 위협적인 일이다.

그래서 학생들이 일씨감치 이데올로기의 기능을 그 체제 속 자신의 역할과 구분하도록 하는 것이 중요한 것이다. 미국에서 일하는 많은 사람은 일터가 인간의 창의성을 실현하는 장소가 되어야 할 필요가 있으며 비인간적인 제도를 인간화하기 위해 일하고 있다고 생각한다. 내 강의를 듣는 학생들이 소외된 노동에 관한 글을 읽을 때는 그것이 그들의 일터에 대한 불안을 표현하는 것이라는 것을 안다. 그들은 자신의 현실을 표현하기 위해 마르크스의 용어를 쓰지는 않지만 기업 이익을 위해서 끊임없이 자신의 영적이고 창조적인 영역이 줄어들고 있다는 것을 인식하고 있다.

학생들이 자본주의에 대한 비판을 고려할 수 있도록 하는 한 가지 방법은 프롬의 소외에 대한 분석을 통해서다. 프롬은 미국 생활에 대한 마르크스적 분석을 미국 주류 사회에 소개하는 데 크게 성공을 거둔 비판이론가다. 시간 엄수, 질서 정연함, 단체에 봉사하는 것을 강조하는 자본주의의 사회적 성격에 대한 개요, 인간관계의 시장에서 교환을 위해 매력적인 성격 패키지를 생산하는 것을 강조하는 시장적인 성향에 대한 분석, 기계적 순응의 매력에 대한 경고 등은 그의 글에 잘 표현되어 있다. 마르크스를 이해하는 출발점으로서, 프롬은 그람시나 알튀세보다 의심 많은 학생에게 매력적이다. 마르쿠제나 하버마스처럼 프롬도 전체주의적 공산정권에 만연하는 기계적 순응이나 소외에 대해 지적하면서 통제적이고 전체주의적인 공산주의에 대해 비판하였다.

저항의 세 번째 요소가 비판이론에서 민주주의가 자본주의의 이익을 위해 왜곡되는 것을 비난하였던 것에 존재한다. 비판이론에 분명하게 나타나는 진정한 민주주의 실현은 다수결의 원칙이 행동의 바른 방침을 보장한다는 단순한 가정에 의해 방해받고 있다. 다수결의 원칙이 정의상으로는 옳다는 가정은 다수의 선택으로 자유롭게 진정한 요구를 실현할 수 있다는 믿음에 근거를 두고 있다. 비판이론에서는 실제로는 기계적 순응, 일차원적 사고, 자기 감시, 권력과 돈의 조종 메커니즘으로 인해 다수가 '진정한' 욕구라고 생각하는 것이 단순히 지배 이데올로기를 모방하는 수준에 머무르게 된다. 급진적인 민주적 비평에서는 마르쿠제의 표현을 사용하여, 다수의 선택은 "편안하고 순조로우며 합리적이고 민주적인 부자유"(1964, p. 1) 속에서 실제로는 자본주의와 관료적 합리주의가 만들어 낸 조작되고 무비판적으로 타협된 요구의 표현이라고 주장한다. 현대 민주주의는 포괄적이고 자유로운 토론으로서가 아니라 다수의 무의식적인 횡포로서 대표된다고 할 수 있다.

민주주의에 대해 이러한 비판을 듣는 것은 많은 학생에게 힘들 것이다. 그들은 자본주의에 대해 비판하는 것을 견딜 수 있지만 민주주의에 대해서도 그럴 수 있을까? 어떻게 그것이 나쁠 수 있을까? 비판이론을 공부하는 데 상대적으로 편안함을 느끼는 사람조차도 민주주의에 이의를 제기하면 매우 놀랄 것이다. 이로 인해 민주주의의 관념은 시기상조의 결론을 내리는 좋은 예가 된다. 즉, 매우 숭상되고 있어서 민주주의라는 말만 꺼내도 더 이상의 토론이나 비판적 분석을 할 수 없게 되는 것이다. 성인교육자들은 민주적으로 행동하려고 노력했다고 말하면서 자신들의 실천을 정당화함으로써 교육적 비난을 면할 수 있다.

민주주의의 다수결 원칙에 대한 비평에 저항하는 한 가지 반응은 학생들에게 비판이론과 민주주의는 서로 사이가 나쁘지 않다는 것을 상기시켜 주는 것이다. 비판이론에는 진정한 참여 민주주의를 눈에 보이는 정치제도로 보며 헤게모니가 현재의 불평등한 제도를 재생산하기 위해 이러한 관념을 마음대로 사용하여 왜곡하였다고 믿는 급진적인 민주적 요소가 있다. 이러한 요소는 특히 프롬, 마르쿠제(민주주의가 결코 존재하지 않는다는 사실은 우리가 그 꿈을 포기해야 한다는 것을 의미하지 않는다고 말함), 하버마스, 웨스트의 연구에 명백하게 나타난다. 사실 웨스트는 마르크스와 엥겔스가 공산주의를 민주주의를 위한 투쟁으로 정의했다고 주장하면서 마르크스를 급진적 민주주의자로 자리 매김하였다. 웨스트의 관점에서는 "평범한 민중, 노동자는 자신들의 존재의 조건에 대해, 특히 일터에서의 조건에 대해 통제력을 가져야 한다."(West, 1999b, p. 223)고 하였던 마르크스의 주장에서 이러한 민주적 강조가 명백하게 나타난 것이다. 웨스트에게 이것은 "심오한 민주적 사상"(p. 223)이며, 미국 이데올로기의 주류와 연결될 수 있는 것이다. 마르크스 사상을 급진적 민주주의라고 주장하는 것은 그를 민주적인 것과는 정반대로 생각했던 학습자들에게 인지적인 불일치를 야기하였다.

어떻게 민주주의가 다수의 횡포로 인해 지배 이데올로기를 재생산하게 하는가에 대한 토론을 개최하도록 하는 또 다른 유용한 방법은 상대적으로 단순한 방법적 문제에 대해 학급에서 투표하도록 요청하는 것이다. 아이라 쇼어(Ira Shor)는 『교육의 권한 부여(Empowering Education)』(1992)와 『학생이 파워를 가질 때(When Students Have Power)』(1996) 같은 책에서 '다수결의 원칙으로서의 민주주의'라는 입장의 모순에 대해 구체적으로 설명하고 있다. 그러나 학생들에게 다수의 횡포를 자각하도록 하기 위해 쇼어가 했던 방식으로 민주적 절차에 대해 실험할 필요는 없다. 단지 언제 쉬고 어떤 교재에 초점을 맞출 것인지에 대해 투표하도록 하고, 투표 수에 밀린 소수가 다수결 원칙의 불공평한 속성에 대해 불평할 수 있게 해 주면 된다.

교수자로서 나는 몇 년간 세인트토머스 대학교와 국립 루이스 대학교에서 교과과정과 프로그램에 관한 협상이 프로그램에 포함된 박사과정 프로그램에서 강의를 하였다(Baptiste & Brookfield, 1997). 이 협상에 참여한 학생들은 이 프로그램의 '공식적인' 교과과정(그람시, 하버마스, 푸코의 독해를 포함하였음에도 불구하고)

에 관한 협상은 학생기구에서 민주적인 합의를 도출하는 것에 비하면 식은 죽 먹기였다고 여러 차례 말하였다.

다수결 원칙의 모델을 가진 집단은 곧 다수의 횡포라는 사실에 마주치게 된다. 이것은 특히 소수의 학생이 중심에서 벗어난 주제나 공식적 교과과정이 아닌 부분을 탐구하려 하는 경우에 발생하게 된다. 이러한 것을 제안하게 되면 토론에서는 그에 대한 비용에 초점을 맞추게 된다. 이러한 것들은 거의 항상 제때에 졸업하지 못하고 교수를 화나게 하고 취직 시에 유리한 학점을 받지 못하는 것으로 표현된다. 이러한 상황에서 학생들은 어떻게 좋은 학점을 얻고, 제때에 졸업을 하려는 것이 다른 사항보다 중요하다는 것을 자각하게 되기에 학습의 상품화에 대해 쉽게 가르칠 수 있다. 어떻게 학점과 졸업장이 시장에서 교환할 수 있는 상품으로 간주되는지가 아주 명확해지는 것이다.

비판이론에서 생소한 부분이지만, 마지막으로 이 점에 관해 교사가 학생들에게 강조할 수 있는 것은 이론의 주요 관심사가 자유—미국 이데올로기에서 높이 평가하는 자유주의적 관념—라는 것이다. 예를 들면, 하버마스는 많은 학생이 모순적이라고 생각할 "사회주의와 자유는 같다."(Habermas, 1992a, p. 75)는 주장을 하였다. 그러나 프롬, 마르쿠제, 하버마스는 사회주의를 "해방적인 삶의 형태에 필수적인 조건을 표현하려는 시도"(p. 145), 다시 말해 자유로워지려는 시도라고 생각하였다.

비판이론은 사람들을 허위 욕구로부터 해방시켜 주고 그들이 어떻게 생각하고 살고 싶은지에 관해 그들 자신의 자유로운 선택을 하도록 도와주는 데 주로 관심이 있다. 이렇게 보면 비판이론은 사람들이 생각하는 것보다 훨씬 민주적인 이상에 가깝다. 많은 학생은 비판이론이 오로지 경제제도에만 관심을 가진 본질적으로는 사회주의적 담론이라고 생각한다. 하지만 비판이론은 공유(共有)뿐 아니라 자유에도 특권을 부여한다. 마르크스 공포증을 가진 것으로 의심되며 사회주의적인 것을 경계하는 북미 성인교육자들의 관심을 가장 끌 만한 것은 비판이론이 자유를 주장한다는 점이다.

비판이론을 공부하는 데 저항에 부딪히게 되는 네 번째 요소는 이해할 수 없는 용어다. 당신이 이 책을 띄엄띄엄 읽지 않고 끝까지 읽었다면 이를 알아챘을 것이다. 나는 이 책을 쓰면서 저자로부터의 직접 인용을 가능한 한 많이 하려고 노력하였다. 이것은 그들의 학문을 존경하기도 하였고 가능한 한 정확하게 그들의 사상의 본질을 전하려고 하였기 때문이다. 당신은 아마 직접 인용의 의미를 이해하려고 머리를 짜내느라 상당한 시간을 들였을 것이다. 원문에서 인용을 한 뒤에는 '바꿔 말하면'과 같은 표현을 쓰면서 다음 문장을 시작했다는 것을 아마 독자 대부분이 알아챘을 것이다. 그것은 비판이론 원전에서 직접 인용한, 특히 복잡한 문장과 구절을 설명하기 위해 나 자신의 말로 풀어서 쓴 것이다.

'바꿔 말하면'이라는 표현에는 큰 위험이 내재해 있다. 때로는 알아볼 수 없을 만큼 왜곡하여 이론가의 원래 의미에 대해 자기가 해석한 의미를 소개하기 위해 이러한 표현을 쓴다. 그래서 내가 이러한 표현을 쓸 때마다 당신은 의심해야 한다. 확실히 '바꿔 말하면'이라는 표현을 쓸 때마다 나는 복잡하고 위협적인 전통에 접근할 수 있는 중계점을 만들고 있다고 주장함으로써 나 자신을 정당화할 수 있다고 생각한다. 그렇다면 내가 왜 그렇게 말하지 않겠는가? 나 자신을 변호하기 위해 나는 이 분야의 책을 읽는 데 익숙하지 않은 사람들에게는 비판이론이 통역이 필요한 외국어처럼 보일 것이라는 나의 심정을 밝히고 싶다. 마르쿠제는 비판이론의 용어로 인해 어떻게 잠재적인 독자와 동맹자들이 멀어지게 되는지를 인식한 사람이었다. 그는 특히 "배타적인 소집단을 위한 인식표인 진부한 표현"(Marcuse, 1972, p. 39)의 용어(프롤레타리아, 변증법 등)를 이례적으로 쓰는 사람들 때문에 불안해하였다. 해방적 실천, 프롤레타리아, 헤게모니 같은 용어를 기계적으로 쓰게 되면 좌익집단에 속하지 않은 사람들은 비판이론의 독자들이 일종의 상상의 세계에 살고 있다고 한층 더 확신하게 된다.

노암 촘스키는 좌익주의의 특수한 용어에 가장 비판적인 또 하나의 좌익이있다. 그는 "나는 4음절 단어를 들을 때마다 의심하게 된다. 당신이 그것을 단음절로 말할 수 없다는 것을 확인하고 싶기 때문이다."(Chomsky, 2000, p. 229)라고 말했다. 그리고 "지적인 생활이 투명하지 않은 구조를 구성할 때 매우 의심해야" (p. 229) 한다고 하였다. 비슷한 맥락에서 훅스와 데이비스는 비평을 할 때 이해하기 쉬운 용어를 사용할 것을 강력하게 주장하였다. 그들은 일상생활의 용어가 자본주의 이데올로기에 의해 왜곡된다고 인정하였으며 비판적 전통에 근거를 둔 용어를 쓰려고 하였다. 그들은 학자가 아닌 독자와 관련 있는 상황에 비평의 기초를 세우는 방법으로서 자전적 의견을 사용하였다. 데이비스의 자서전(Davis, 1974), 『Talking Back』(1989)과 『우리의 입장(Where We Stand)』(2000b) 같은 책에 나타난 훅스의 개인적 견해에서는 개인적 일화를 이론적인 분석과 뒤섞어 설명하고 있다. 많은 일화가 그들의 삶에서 어떤 것을 설명하는 새로운 사고방식—바꿔 말하면 이론적인 분석—을 발견하는 기쁨과 연관이 있다.

데이비스와 훅스는 지나치게 복잡한 용어 때문에 비판이론의 혁명적 힘이 대부분 약화된다고 믿었다. 용어로 인해 "우리의 조건이 명확해지기보다 애매해진다면"(Christian, 1990, p. 572), 어떻게 성인교육자들이 사람들의 활기를 북돋워 그들이 세상에 의문을 갖고 행동하도록 할 수 있겠는가? 이것은 그람시의 유기적 지식인의 개념과 특별히 공명하는 부분이다. 복잡하지만 강력한 비평의 용어를 이해할 수 있도록 하는 것과 그것을 알기 쉽고 의미 있게 담론 밖에 있는 사람들에게도 표현할 수 있도록 하는 것은 교육의 중요한 역할이다. 에리히 프롬은 아이라 쇼어(1992, 1996), 리사 델핏(Lisa Delpit, 1996), 허브 콜(Herb Kohl, 1994, 2000), 마이크 로스(Mike Rose, 1990, 1999) 같은 현대 비평가들처럼 이러한 역할을 실현하기 위해 노력하였다. 마일스 호튼(Myles Horton, 1990)이 일화, 유추, 은유를 사용한 것은 전문용어를 일체 사용하지 않은 최선의 성인교육 방법이었다.

학급 교사로서 나는 얼마만큼 통역자의 역할을 해야 하는가에 대해서 오락가락하였다. 비판이론에 완전히 익숙하지 않은 학생들을 가르칠 때는 항상 예비 설명을 하며 수업을 시작하였다. 이 분야에 대해 전혀 읽지 않거나 거의 읽지 않은 사람들과 이 장의 앞부분에서 설명했던 이유로 비판이론에 저항적인 사람들과는 일찌감치 이 문제와 관련하여 입장을 정하기 위해 노력했다. 이데올로기, 헤게모니,

소외, 권력 같은 '중대한' 개념의 윤곽을 그릴 때, 실례를 제시하면서 내 인생에서 그것들의 의미에 대해 얘기하려고 하였다. 나는 교사로서 나의 결정이 어떻게 지배 이데올로기에 의해 형성되는지, 어떻게 나의 실천이 상품화되는지, 어떻게 내가 자기 감시를 하는지, 내가 교과과정을 확대하려 할 때 어떻게 억압적 관용이 드러나게 되는지, 어떻게 기계적 순응이 새로운 실천이나 관념에 대해 내가 반응하는 것을 결정하는지를 보여 주었다.

나는 비판이론이 세계가 구성된 방식과 관련하여 (희망적이게도) 세 가지 이해할 수 있는 주요한 가정에 근거를 두고 있다고 생각한다. 즉, ① 공정한 것처럼 보이는 서구 민주주의 사회가 실제로는 경제적 불평등, 인종주의, 계급 차별이 경험적 실재로서 존재하는 아주 불공평한 사회다, ② 이러한 상태는 정상적이고 당연하고 불가피한 것(그럼으로써 제도에 대한 잠재적 비판을 잠재울 수 있는)처럼 보이는 지배 이데올로기(상식적인 진리로 받아들인 관념, 가치, 신념 체계로 정의되는)의 전파를 통해서 재생산된다, ③ 비판이론은 이러한 상태를 바꾸기 위해서 먼저 그것에 대해 이해하려고 한다.

이러한 예비 설명을 한 후 비판이론 문헌에서 발췌한 것을 학생들에게 나눠 주고 각자 그것들을 수업 시간에 읽도록 하였다. 너무 일찍 비판이론과 관련된 광범위한 토론이나 해석에 익숙해지는 것보다는 몇몇 중추적인 부분을 정성 들여 읽는 것이 더 낫다고 생각해서 발췌문의 분량—여기서 몇 단락, 저기서 한두 페이지 정도—은 많게 하지 않았다. 예를 들면, 소외에 대한 토론에서 학생들은 자신의 선택에 따라 마르크스의 소외된 노동에 관한 글(Marx, 1961)이나 프롬의 그에 대한 토론(Fromm, 1961)에서 몇 페이지를 읽을 수 있었다. 개인적인 독해가 끝나면 학생들은 소집단으로 나뉘어 독해 감상에 관한 토론을 하였다. 소집단에서 그들이 고려해야 할 몇 가지 질문은 다음과 같다.

〔이데올로기〕

이데올로기에 관한 글을 (개인적으로) 읽은 다음 4~6개 그룹으로 나누어 글에 대한 생각을 토론하라. 추천할 만한 질문은 다음과 같다.

① 이데올로기에 관한 글의 어떤 측면에 가장 공감하는가? 또 가장 내 생각과 맞지 않는 부분은 무엇인가?
② 오늘날 미국의 지배 이데올로기의 요소는 무엇인가?
③ 당신은 어떤 헤게모니적 신념과 실천을 받아들였나?
④ 대학에서의 학습은 어느 정도로 상품화되었는가? 교육자로서 다른 사람을 가르칠 때 어느 정도로 학습을 상품화하였나?
⑤ 대학과 직장을 이데올로기적 국가기구(ISA)로 보는가? 그렇다면 그것이 어떻게 작용하는가?
⑥ 그 표현에 대해 어떻게 느꼈는가? 적합한가? 위협적인가? 당혹스러운가? 계몽적인가?

대집단에서 다루고 싶은 한두 가지 질문과 이슈를 작성해 제출하라.

〔소외〕

소외에 관한 워크숍 교재를 (개인적으로) 읽은 다음 4~6개 그룹으로 나누어 글에 대한 생각을 토론하라. 추천할 만한 질문은 다음과 같다.

① 소외에 관한 글의 어떤 측면에 가장 공감하는가? 또 가장 내 생각과 맞지 않는 부분은 무엇인가?
② 당신 자신의 노동—또는 당신 삶의 다른 측면—이 소외된다고 할 수 있는가? 그렇다면 어떻게 소외되는가?
③ 당신의 삶, 학습, 교육적 실천에서 기계적 순응에 대한 압박을 느끼는가?

④ 당신의 삶, 학습, 실천에서 시장적(사고 파는) 성향이 어떻게 드러나는가?
⑤ 그 표현에 대해 어떻게 느꼈는가? 적합한가? 위협적인가? 당혹스러운가? 계몽적인가?

대집단에서 다루고 싶은 한두 가지 질문과 이슈를 작성해 제출하라.

〔권력〕

권력에 관한 워크숍 교재를 (개인적으로) 읽은 다음 4~6개 그룹으로 나누어 글에 대한 생각을 토론하라. 추천할 만한 질문은 다음과 같다.

① 권력에 관한 글의 어떤 측면에 가장 공감하는가? 또 가장 내 생각과 맞지 않는 부분은 무엇인가?
② 당신의 삶, 학습, 일, 교육적 실천에서 어떤 진리적 측면을 발견할 수 있는가?
③ 당신은 익명의 감시를 어떤 방식으로 느끼는가?
④ 권력에 대한 당신의 경험이 푸코가 권력을 사슬, 흐름, 망—억압적이면서 동시에 해방적인—으로 보았던 것과 일치하는가? 아니면 그 반대인가?
⑤ 당신은 지배 권력을 타도하기 위해 어떤 노력을 하였는가?
⑥ 그 표현에 대해 어떻게 느꼈는가? 적합한가? 위협적인가? 당혹스러운가? 계몽적인가?

대집단에서 다루고 싶은 한두 가지 질문과 이슈를 작성해 제출하라.

하지만 학급에서 통역자로서의 나의 임무는 모순을 내포하고 있다. 이미 주장하였듯이 통역을 하게 되면 불가피하게 왜곡하게 되고 단순화하게 된다. 이러한 역할을 하는 데 있어서 생색내는 듯한 태도를 풍기게 된다. 솔직하게 말하면, 당신은 실제로는 학생들이 저자가 원문에서 표현한 대로의 사상을 이해할 만큼 똑똑하지 못하다고 말하고 있는 것이다. 하버드 대학교에서 비판이론과 성인교육의 실천이라는 과목을 가르칠 때 이러한 결과로 야기될 수 있는 분노에 대해 절실하게 느낄 수 있었다. 우리는 하버마스의 연구를 검토해야 할 시점에 이르렀다. 나는 학생들에게 그의 저서를 읽기 전에 내가 요약해 놓은 20개의 글을 먼저 읽게 하였다. 하버마스에 대해 공부한 몇 주 동안 제출된 익명의 학생 평가에서, 학생들에게 도움이 될 것이라고 생각했던 나의 제안은 성인 학생들의 이해력에 대한 모욕으로 평가되고 있었다.

학생들이 비판이론의 위협적인 용어를 이해하려고 할 때 발생하는 결과는 무력감(impostorship)이다. 무력감은 많은 성인학습자가 자신은 '진정한' 또는 '적합한' 학생이 될 만큼 똑똑하지 않다고 생각할 때 갖게 되는 감정을 말한다. 그들은 18~22세에 가지는 지적 민첩성이 부족하여 조만간 지적인 한계가 드러나게 되며 수치와 모욕에 휩싸여 수업에서 쫓겨나게 될 것이라고 생각한다. 무력감은 지역주민 성인문해센터에서만큼이나 하버드나 컬럼비아의 박사과정에서도 많이 나타난다(잘 은폐되고 있긴 하지만). 복잡한 용어 때문에 비판이론은 특히 무력감을 유발하기에 알맞다. 학생들은 비판이론의 담론을 이해할 수 없기 때문에 결코 비판이론을 '얻을 수' 없다고 생각하게 된다.

무력감을 다룰 수 있는 방법은 있는 그대로 그 감정을 얘기하는 것이다. 교사들 스스로가 그렇게 할 수도 있고, 예전 수강생들을 초청하여 그들이 처음 비판이론의 용어를 접하였을 때 어떻게 느꼈는지를 얘기하게 할 수도 있다. 그러면 분명 그들은 그것이 얼마나 괴로웠는지 실례를 들어 자신들이 느꼈던 무력감에 대해 얘기할 것이다. 그렇게 할 때 학급의 모든 학생은 그렇게 느꼈던 사람이 자신만이 아니었다는 것을 알고 안도의 한숨을 쉬게 될 것이다. 나의 경우에는 비판이론의 전통에 관심을 가지면서 고심하였던 경험에 대해 자주 얘기한다. 원전을 읽는 데 얼마나 많은 시간을 들였는지, 어떻게 같은 문장을 반복해서 읽는데도 무슨 의미인지 몰랐는지, 또 알튀세, 푸코, 마르쿠제를 편하게 이해하고 느끼는 동료와 비교하면서 얼마나 자주 내가 바보 같다고 느꼈는지에 대해 얘기한다. 몇 년 동안을 그렇게 하였는데도 학생들이 내가 비판이론의 핵심을 파악하고 있는 교수로 생각하는 것을 볼 때마다 놀란다. 흥미롭게도 이러한 인정이 나에 대한 신용을 약화시키지는 못한 것 같으며, 설령 그렇다 하더라도 주마다 실시되는 학생들의 익명의 평가에는 그러한 견해가 나타나지 않는다. 대신 학생들은 이 분야에 대해 오랫동안 연구한 사람이 아직도 초심자처럼 느낀다는 사실에 안도감을 느끼는 것 같다.

마지막으로 비판이론에 대해 저항을 느끼게 되는 부분은 비판이론에서 야기되는 급진적 비관주의에 의해 발생하게 된다. 비판이론의 전통에 익숙하지 않은 사람이 이데올로기적 조작, 헤게모니의 무한한 유연성, 기계적 순응과 소외의 침투성, 생활세계의 침해 등에 관한 분석을 읽게 되면 솜방망이로 계속 머리를 얻어맞는 듯한 느낌이 들 것이다. 침울함이 사라질 것 같지 않고 억압의 기운이 없어질 것처럼 보이지 않는다. 많은 학생에게 최악의 상황은 감시와 규율적 권력의 속성에 대한 푸코의 글과 억압적 관용에 관한 마르쿠제의 글을 읽을 때다. 그것들은 절대적으로 희망적이고 해방적인 것처럼 보이는 행동에 관해 경계해야 한다는 메시지를 담고 있다. 푸코와 마르쿠제는 교사가 진지한 해방적인 의도를 가지고 있으면 그의 행동이 어떻게든 해방적인 것이 된다고 쉽게 가정하는 것에 대해 경고하였다. 이것은 실천적인 성인교육자들이 듣기 편한 소리는 아니다.

비판이론에 관심을 가진 교육자들은 그에 반대되는 입장에 관심을 갖게 된다. 비판이론은 우리가 소외를 극복하고 권력을 폭로하며 해방을 배울 수 있도록 도와준다는 약속을 지키지 못하는 것처럼 보인다. 성인교육자들은 억압적 관용과 같은 개념을 마주치게 되면 힘이 빠지는 것처럼 보인다. 한편으로는 비판이론에 대한 연구가 다양한 사상에 대해 교과과정을 확대할 가능성을 열어 놓았고 학생들이 실천하도록 격려하고 비판적 사고를 발전시킬 수 있게 하였다. 그러나 그들은 마르쿠제가 교과과정의 확대로 인해 오히려 기존 기관의 지배를 강조하게 되는 결과를 낳게 되어 희망을 빼앗기게 되는 느낌을 갖게 된다고 경고한 것을 읽게 된다. 그들은 "마르쿠제가 문제를 시작하고 확대하려는 것이 폐쇄되는 결과를 낳게 된다고 말하거나 푸코가 교육을 민주화하려는 노력이 우리가 도와주려는 사람들에게는 억압적인 것으로 받아들인다면 우리가 무엇을 할 수 있겠습니까?" 라고 묻는다.

이러한 질문에 대해 답할 수 있는 것은 별로 없다. 단지 어깨를 으쓱하는 것도 선택이 될 수 없다. 나는 당신이 가진 에너지를 가장 효과적으로 사용하는 것이 중요하다고 생각한다. 특히 당신은 자신이 통제할 수 없는 부분에 대해 안달하고 집착하면서 에너지를 낭비할 필요가 없다. 성인이 비판적으로 생각하고 행동하려면 성인교육자들은 그들의 실천 앞에 기다리고 있는 함정에 대해 인식할 수 있도록 해 줄 필요가 있는 것 같다. 이러한 것 중의 하나는 혹시 발생할지 모르는 부정적인 결과를 의식하지 말고 명백하게 긍정적이라고 생각하는 실천을 활성화시키기 위해 노력하는 것이다. 더 나은 결과를 위해 세상을 변혁하고 있다고 확신하면서 행동했는데 반대의 결과가 나온다면 지독하게 혼란스러울 것이다. 그렇게 되면 변혁의 추진력은 사라지고 심각하게 허약한 비관주의가 유발될 것이다.

당신이 비판적으로 교육하는 것의 모순과 복잡함을 인식하고 있다면 문제가 발생할 때 자신 때문이라는 생각을 덜할 것이다. 『실천이 실천을 만든다(Practice Makes Practice)』라는 책에서 브리츠먼(Britzman, 1991)은 '모든 것이 교사에게 달려 있다.'는 믿음이 교사가 일찌감치 갖게 되는 가장 지속적인 오류 중 하나라는 것을 규명하였다. 성공도 당신의 탁월함에 달렸고 실패도 당신의 무능함에 달렸다고 주장하는 것이 바로 이러한 잘못된 통념이다. 우리는 교사를 우주의 중심에 두는 코페르니쿠스적 신화를 던져 버려야 한다. 비판적으로 교육한다는 것이 온통 구멍 뚫린 고속도로와 같다고 한다면, 차가 예측할 수 없이 위험하게 쿵쾅거리는 이유는 아스팔트에 이미 나 있는 구멍 때문이지 운전을 못해서 그런 것이 아니라는 것을 알 필요가 있다.

비판이론을 가르칠 때 학생들의 저항에 부딪히게 되는 마지막 요소에 대해 살펴보자. 이 점에 관하여 도움이 될 것이라고 생각되는 것이 팀 교수법(team teaching)을 활용하는 것이다. 여기서 나는 팀의 모든 구성원이 수업을 계획하고 그에 대해 보고하며 수업에 모두 참여함으로써 팀 교수법이 제대로 행해지는 것에 대해 말하고 있다. 웨스트와 데이비스가 비판적 실천에서의 다문화적인 협력의 필요성에 대해 강조하는 것을 고려해 보면 팀 교수법의 영향력은 놀랄 만한 것이 아니다. 다인종 팀에서, 특히 유색인종의 여성 수가 백인 남성 수보다 많은 경우에 비판이론이 어떻게 인종과 성에 의해 영향을 받는지를 규명할 가능성이 높아진다. 하지만 중요한 것은 유색인종의 교수나 여 교사가 없다는 사실이 인종과 성에 대한 분석이 없다는 것을 의미하지 않는다는 것이다.

팀 교수법이 좋은 결과를 가져오게 되는 이유는 앞에서 언급한 통역자의 왜곡의 문제와 관계가 있다. 두세 명의 교수가 한 교실에 있게 되면 비판이론가의 사상의 왜곡이나 지나친 단순화가 간과될 가능성은 현저하게 줄어 든다. 학생들이 왜곡을 알아차리게 되더라도 교사의 권위 때문에 학생들에게 그것을 알리려고 하지 않는다. 교수들이 팀을 이루어 수업하게 되면 특정한 교사의 지나친 단순한 설명을 지적하기가 훨씬 쉬워진다. 팀 교수법은 학급의 어려운 문제에 쉽게 의견 일치를 보려는 것을 막기 위해 의도적으로 악마의 대변인(devil's advocacy, 논쟁을 위해 의도적으로 반대편 의견을 옹호하는 토론 방법-역자 주) 활동을 첨가시킬 수도 있다.

이 글을 마치며

비판이론에 내재된 비평의 전통은 개방적인 미완의 과제이기 때문에 결론이 있을 수 없다. 그렇다면 이 책 『성인학습을 위한 비판이론: 성인의 삶과 학습에 대한 희망의 담론』에 나타난 복잡하고 긴 여정을 어떻게 마칠 것인가? 아마도 가장 간단한 방법은 이 책을 쓸 때 정했던 목표를 되돌아보는 것이다. 나는 비판이론에 관심을 가질 필요가 없다고 생각하며 그러한 관심을 가진다고 해서 성인교육자로서의 실천에 도움이 된다고 생각하지 않던 학생들에게 답변을 주고 싶었다. 바라건대, 이 책은 비판이론이 현대 성인교육 실천의 수많은 모순과 딜레마를 설명하는 데 도움이 될 수 있다는 설득력 있는 논거를 제시하였다. 그렇게 된다면 독자들은 문제 상황을 자신의 무능이나 예측할 수 없는 운명의 장난 탓으로 돌리지 않게 될 것이다.

나는 또한 비판이론적 담론을 특징 짓는 주요한 지적 전통을 상세히 설명함으로써 비판적 힘을 비판적 사고에 주입하기를 원했다. 나는 이 책이 명백한 사회적·정치적 비평과 행동주의를 가지고 비판적 사고와 비판적 반성을 비판이론의 전통에 다시 자리 매김할 수 있기를 바란다. 나의 희망은 비판적 전통을 탐구하면서 비판이론이 시대에 뒤떨어진 관점이 아니라 세계적 규모의 자본에 의해 지배되는 현실에 무엇보다도 적절한 이론이라는 것을 설득력 있게 주장하는 것이다. 나는 현대 성인교육 실천을 이해하고 비판적 대안을 만드는 데 비판이론의 통찰력이 직접적 연관성을 가지고 있다는 것을 밝히고 싶다.

이러한 일을 하는 데 있어서 왜곡되거나 지나치게 단순화되는 것을 최소화하기 위해 이론가들의 말을 가능한 한 있는 그대로 사용하려고 노력하였다. 이러한 이유 때문에 이 책에 이론가들의 원전에서 직접 인용한 구절이 많다. 동시에 나는 이 책이 독자들이 이해할 수 있는 용어나 예를 사용하여 비판적 전통에 쉽게 다가갈 수 있는 가교 역할을 하기를 원했다. 그리하여 비판이론에 익숙하지 않은 사람도 쉽게 이해할 수 있도록 비판이론의 교의(敎義)를 해석하려고 하였다. 나는 애매하기보다는 명확하게 설명하려고 애썼다. 그래서 가장 의심스러운 문구인 '바꿔 말하면'이 계속해서 불쑥 나타나는 것이다.

독자로서 당신은 내가 이러한 목적을 이루는 데 얼마만큼 성공하였는지 판단할 수 있을 것이다. 나로서는 매우 간단한 하나만 이루어졌어도 이 책이 가치가 있다고 말할 수 있다. 이 책을 읽고 나서 원본을 이해하고 성인교육자로서 당신의 실천에 대한 의미와 유용성을 당신 스스로(스티븐 브룩필드의 판단이 아닌) 판단하고 싶다는 생각이 든다면 『성인학습을 위한 비판이론: 성인의 삶과 학습에 대한 희망의 담론』이 어느 정도 성공하였다고 말할 수 있을 것이다.

참고 문헌

Adorno, T. W. *Negative Dialectics.* New York: Seabury Press, 1973.

Alcoff, L., & Potter, E. (Eds.). *Feminist Epistemologies.* New York: Routledge, 1993.

Allman, P. *Revolutionary Social Transformation: Democratic Hopes, Political Possibilities and Critical Education.* Westport, CT: Bergin & Garvey, 2000.

Allman, P. *Critical Education. Against Global Capitalism: Karl Marx and Revolutionary Critical Education.* Westport, CT: Bergin & Garvey, 2001.

Althusser, L. *Lenin and Philosophy.* New York: Monthly Review Press, 1971.

Appiah, K. A. "African-American Philosophy?" In J. P. Pittman (Ed.), *African-American Perspectives and Philosophical Traditions.* New York: Routledge, 1997.

Appiah, K. A. "African Identities." In B. Boxhill (Ed.), *Race and Racism.* New York: Oxford University Press, 2001.

Apple, M. W. *Official Knowledge: Democratic Education in a Conservative Age.* (2nd ed.) New York: Routledge, 2000.

Aptheker, B. *The Morning Breaks: The Trial of Angela Davis,* Ithaca, NY: Cornell University Press, 1999.

Arygris, C. *Reasoning, Learning, and Action: Individual and Organizational.* San Francisco: Jossey-Bass, 1982.

Asante, M. K. *Afrocentricity: A Theory of Social Change.* Trenton, NJ: Africa World Press, 1998a.(Revised edition).

Asante, M. K. *The Afrocentric Idea.* Philadelphia: Temple University Press, 1998b.

Avila, E. B. and others. "Learning Democracy/Democratizing Learning: Participatory

Graduate Education." In P. Campbell & B. Burnaby (Eds.), *Participatory Practices in Adult Education.* Toronto: Erlbaum, 2000.

Bagnall, R. G. *Discovering Radical Contingency: Building a Postmodern Agenda in Adult Education.* New York: Peter Lang, 1999.

Baptiste, I. "Beyond Reason and Personal Integrity: Toward a Pedagogy of Coercive Restraint." *Canadian Journal for the Study of Adult Education, 2000, 14*(1), 27-50.

Baptiste, I., & Brookfield, S. D. "Your So-Called Democracy Is Hypocritical Because You Can Always Fail Us: Learning and Living Democratic Contradictions in Graduate Adult Education." In P. Armstrong (Ed.), *Crossing Borders, Breaking Boundaries: Research in the Education of Adults.* London: University of London, 1997.

Basseches, M. *Dialectical Thinking and Adult Development.* Norwood, NJ: Ablex, 1984.

Baudrillard, J. *The Mirror of Production.* New York: Telos Press, 1975.

Baudrillard, J. *Simulations.* New York: Semiotext Publications, 1983.

Belenky, M. F., Clinchy, B. M. Goldberger, N. R., & Tarule, J. M. *Women's Ways of Knowing: The Development of Self, Voice, and Mind.* New York: Basic Books, 1986.

Benhabib, S. *Critique, Norm, and Utopia: A Study of the Foundations of Critical Theory.* New York: Columbia University Press, 1986.

Benhabib, S., & Cornell, D. *Feminism as Critique: On the Politics of Gender.* Minneapolis: University of Minnesota Press, 1988.

Billig, M., Condor, S., Edwards, D., Gane, M., Middleton, D., & Radley, A. *Ideological Dilemmas: A Social Psychology of Everyday Thinking.* Thousand Oaks, CA: Sage, 1988.

Boal, A. *Theater of the Oppressed.* New York: Theater Communications Group, 1985.

Borg, C., Buttigieg, J., & Mayo, P. (Eds.). *Gramsci and Education.* Lanham, MD: Rowman and Littlefield, 2002.

Borradori, G., Habermas, J., & Derrida, J. *Philosophy in a Time of Terror: Dialogues with Jurgen Habermas and Jacques Derrida.* Chicago: University of Chicago

Press, 2003.

Boshier, R., & Wilson, M. "Panoptic Variations: Surveillance and Discipline in Web Courses." *Proceedings of the Adult Education Research Conference,* No. 39. San Antonio: University of the Incarnate Word, 1998, pp. 43-48.

Boxhill, B. "The Race-Class Question." In L. Harris (Ed.), *Philosophy Born of Struggle: Anthology of African-American Philosophy from 1917.* Dubuque, IA: Kendall/Hunt, 1983.

Boxhill, B. (Ed.). *Race and Racism.* New York: Oxford University Press, 2001.

Braaten, J. "From Communicative Rationality to Communicative Thinking: A Basis for Feminist Theory and Practice." In J. Meehan (Ed.), *Feminists Read Habermas: Gendering the Subject of Discourse.* New York: Routledge, 1995.

Bridges, D. *Education, Democracy, and Discussion.* Lanham, MD: University Press of America, 1988.

Britzman, D. P. *Practice Makes Practice: A Critical Study of Learning to Teach.* Albany: State University of NewYork Press, 1991.

Brockett, R. G., & Hiemstra, R. *Self-Direction in Adult Learning: Perspectives on Theory, Research, and Practice.* New York: Routledge, 1991.

Bronner, S. E., & Kellner, D. M. (Eds.). *Critical Theory and Society: A Reader.* New York: Routledge, 1989.

Brookfield, S. D. *Developing Critical Thinkers: Challenging Adults to Explore Alternative Ways of Thinking and Acting.* San Francisco: Jossey-Bass, 1987a.

Brookfield, S. D. (Ed.). *Learning Democracy: Eduard Lindeman on Adult Education and Social Change.* London: Croom Helm, 1987b.

Brookfield, S. D. "Self-Directed Learning, Political Clarity, and the Critical Practice of Adult Education." *Adult Education Quarterly, 1993, 43*(4), 227-242.

Brookfield, S. D. *Becoming a Critically Reflective Teacher.* San Francisco: Jossey-Bass, 1995.

Brookfield, S. D. "Self-Directed Learning as a Political Idea." In G. A. Straka (Ed.), *Conceptions of Self-Directed Learning: Theoretical and Conceptual Considerations.* Berlin/New York: Waxmann, 2000.

Brookfield, S. D. "Critical Perspectives on Accelerated Learning." In R. Wlodkowski & C. A. Kasworm (Eds.), *Accelerated Learning for Adults: The Promise and Practice of Intensive Educational Formats.* San Francisco: Jossey-Bass, 2003.

Brookfield, S. D., & Preskill, S. *Discussion as a Way of Teaching: Tools and Techniques for Democratic Classrooms.* San Francisco: Jossey-Bass, 1999.

Brown, A. H. "African-American Women of Inspiration." In V. Sheared & P. Sissel (Eds.), *Making Space: Merging Theory and Practice in Adult Education.* Westport, CT: Bergin & Garvey, 2001.

Burbules, N. *Dialogue in Teaching.* New York: Teachers College Press, 1993.

Burman, E. *Deconstructing Developmental Psychology.* New York: Routledge, 1994.

Cale, G. When Resistance Becomes Reproduction: A Critical Action Research Study. *Proceedings of the 42nd Adult Education Research Conference.* East Lansing: Michigan State University, 2001.

Candy, P. C. *Self-Direction for Lifelong Learning.* San Francisco: Jossey-Bass, 1991.

Cherryholmes, C. H. *Reading Pragmatism.* New York: Teachers College Press, 1999.

Chodorow, N. J. *Feminism and Psychoanalytic Theory.* New Haven, CT: Yale University Press, 1989.

Chomsky, N. *Necessary Illusions: Thought Control in Democratic Societies.* Boston: South End Press, 1989.

Chomsky, N. *Understanding Power: The Indispensable Chomsky.* (P. R. Mitchell & J. Schoffel, Eds.). New York: The New Press, 2002.

Christian, B. "The Race for Theory." In K. V. Hansen, & I. J. Philipson (Eds.), *Women, Class, and the Feminist Imagination: A Socialist-Feminist Reader.* Philadelphia: Temple University Press, 1990.

Clark, C., & Wilson, A. L. "Context and Rationality in Mezirow's Theory of Transformational Learning." *Adult Education Quarterly, 1991, 41*(2), 75-91.

Coben, D. *Radical Heroes: Gramsci, Freire and the Politics of Adult Education.* New York: Garland, 1998.

Colin, S. A. J. III. "The Universal Negro Improvement Association and the Education of African Ameripean Adults." *Doctoral dissertation, Dept.* of Adult Education,

Northern Illinois Universisty, 1988.

Colin, S. A. J. III. "Adult and Continuing Education Graduate Programs: Prescription for the Future." In E. Hayes, & S. A. J. Colin III (Eds.), *Confronting Racism and Sexism*. New Directions for Adult and Continuing Education, No. 61. San Francisco: Jossey-Bass, 1994.

Colin, S.A.J. III. "Marcus Garvey: Africentric Adult Education for Selfethnic Reliance." In E. A. Peterson (Ed.), *Freedom Road: Adult Education of African Americans*. Malabar, FL: Krieger, 2002(rev. ed.).

Colin, S.A.J. III, & Guy, T. A. "An Africentric Interpretive Model of Curriculum Orientations for Course Development in Graduate Programs in Adult Education." *PAACE Journal of Lifelong Learning, 1998*, 7, 43-55.

Collard, S., & Law, M. "The Limits of Perspective Transformation Theory: A Critique of Mezirow's Theory." *Adult Education Quarterly, 1989, 39*(2), 99-107.

Collini, S. "Is This the End of the World as We Know It?" *Guardian Weekly, 2000, 162*(2), 2-13.

Collins, M. *Adult Education as Vocation: A Critical Role for the Adult Educator*. New York: Routledge, 1991.

Collins, M. *Critical Crosscurrents in Education*. Malabar, FL: Krieger, 1998.

Collins, P. H. *Black Feminist Thought: Knowledge, Consciousness, and the Politics of Empowerment*. Boston: Unwin Hyman, 1990.

Crenshaw, K., Gotanda, N., Peller, G., & Thomas, K. (Eds.). *Critical Race Theory: The Key Writings That Formed a Movement*. New York: The New Press, 1995.

Darder, A. *Reinventing Paulo Freire: A Pedagogy of Love*. Boulder, CO: Westview Press, 2002.

Davis, A. Y. *If They Come in the Morning: Voices of Resistance*. New York: The Third Press, 1971a.

Davis, A. Y. *Lectures on Liberation*. Los Angeles: National United Committee to Free Angela Davis, 1971b.

Davis, A. Y. *Angela Davis: An Autobiography*. New York: International Publishers, 1974

Davis, A. Y. *Women, Race, and Class.* New York: Vintage Books, 1983.

Davis, A. Y. *Women, Culture, and Politics.* New York: Vintage Books, 1990.

Davis, A. Y. *The Angela Y. Davis Reader.* Blackwell: Malden, MA, 1998a.

Davis, A. Y. "Angela Y. Davis." Interview in G. Yancy (Ed.), *African-American Philosophers: 17 Conversations.* New York: Routledge, 1998b.

Davis, A. Y. *Blues Legacies and Black Feminism: Gertrude "Ma" Rainey, Bessie Smith, & Billie Holiday.* New York: Random House, 1999.

Delgado, R. (Ed.). *Critical Race Theory: The Cutting Edge.* Philadelphia: Temple University Press, 1995.

Delpit, L. D. *Other People's Children: Cultural Conflict in the Classroom.* New York: New Press, 1996.

Dewey, J. *Experience and Education.* New York: Collier Books, 1938.

Diamond, I., & Quinby, L. (Eds.). *Feminism and Foucault: Reflections on Resistance.* Boston: NorthEastern University Press, 1988.

Du Bois, W. E. B. *The Souls of Black Folk.* New York: New American Library 1995. (Originally published 1903.)

Du Bois, W. E. B. *Dusk of Dawn: An Essay Toward an Autobiography of a Race Concept.* New York: Schocken Books, 1968. (Originally published 1940.)

Eagleton, T. *Ideology: An Introduction.* London: Verso Press, 1991.

Easter, O. V. "Septima Poinsette Clark: Unsung Heroine of the Civil Rights Movement." In E. A. Peterson (Ed.), *Freedom Road: Adult Education of African Americans* (revised ed.). Malabar, FL: Krieger, 2002.

Ehrenreich, B. "Life Without Father: Reconsidering Socialist-Feminist Theory." In K. V. Hansen, & I. J. Philipson (Eds.), *Women, Class, and the Feminist Imagination: A Socialist-Feminist Reader.* Philadelphia: Temple University Press, 1990.

Ehrlich, C. "The Unhappy Marriage of Marxism and Feminism: Can it Be Saved?" In L. Sargent (Ed.), *Women and Revolution: A Discussion of the Unhappy Marriage of Marxism and Feminism.* Boston: South End Press, 1981.

Eisenstein, Z. (Ed.). *Capitalist Patriarchy and the Case for Socialist Feminism.* New York: Monthly Review Press, 1979.

Eisenstein, Z. "Constructing a Theory of Capitalist Patriarchy and Socialist Feminism." In K. V. Hansen, & I. J. Philipson (Eds.), *Women, Class, and the Feminist Imagination: A Socialist-Feminist Reader.* Philadelphia: Temple University Press, 1990.

Ellsworth, E. "Why Dosen't This Feel Empowering? Working Through the Repressive Myths of Critical Pedagogy." In C. Luke, & J. M. Gore (Eds.), *Feminisms and Critical Pedagogy.* New York: Routledge, 1992.

Entwistle, H. *Antonio Gramsci: Conservative Schooling for Radical Politics.* New York: Routledge, Kegan and Paul, 1979.

Eribon, D. *Michel Foucault.* Cambridge, MA: Harvard University Press, 1991.

Fay, B. *Critical Social Science: Liberation and Its Limits.* Ithaca, NY: Cornell University Press, 1987.

Fleming, M. *Emancipation and Illusion: Rationality and Gender in Habermas' Theory of Modernity.* University Park, PA: Pennsylvania State University Press, 1997.

Fluss, D. *Essentially Speaking: Feminism, Nature, and Difference.* New York: Routledge, 1989.

Foley, D. E. *Learning Capitalist Culture: Deep in the Heart of Tejas.* PhiladelPhia: University of Pennsylvania Press, 1990.

Foley, G. "Adult Education and Capitalist Reorganization." *Studies in the Education of Adults, 1994, 26*(2), 121-143.

Follett, M. P. *Creative Experience.* New York: Longmans, Green, 1924a.

Follett, M. P. *Dynamic Administration.* New York: Longmans, Green, 1924b.

Foucault, M. *The Order of Things: An Archaeology of the Human Sciencc,* New York: Vintage Books, 1973.

Foucault, M. *Discipline and Punish: The Birth of the Prison.* New York: Vintage Books, 1977a

Foucault, M. *Language, Counter-Memory, Practice: Selected Essays and Interviews* (D. F. Bouchard, Ed.). Ithaca, NY: Cornell University Press, 1977b.

Foucault, M. *Power/Knowledge: Selected Interviews and Other Writings, 1972-1977.* New York: Pantheon Books, 1980.

Foucault, M. "The Subject and Power." In H. L. Dreyfus, & P. Rabinow (Eds.), *Michel Foucault: Beyond Structuralism and Hermeneutics*. Chicago: University of Chicago Press, 1982.

Foucault, M. "Interview." In J. Bernauer, & D. Rasmussen (Eds.), *The Final Foucault*. Cambridge, MA: MIT Press, 1987.

Foucault, M. *Philosophy, Culture: Interviews and Other Writings, 1977-1984* (L. D. Kritzman, Ed.). New York: Routledge, 1988a.

Foucault, M. *A Seminar with Michel Foucault* (L. Martin, H. Gutman, & P. H. Hulton, Eds.). Amherst, MA: University of Massachusetts Press, 1988b.

Foucault, M. *Foucault Live: Collected Interviews, 1961-1984*. New York: Semiotext(e), 1996.

Foucault, M. *Society Must Be Defended: Lectures at the College De France, 1975-1976*. New York: St. Martin's Press, 2003.

Fox, D., & Prilleltensky, I. (Eds.). *Critical Psychology: An Introduction*. Thousand Oaks, CA: Sage, 1997.

Fraser, N. *Unruly Practices: Power, Discourse and Gender in Contemporary Social Theory*. Minneapolis: University of Minnesota Press, 1989.

Fraser, N. "What's Critical About Critical Theory." In J. Meehan (Ed.), *Feminists Read Habermas: Gendering the Subject of Discourse*. New York Routledge, 1995.

Fraser, N. *Justice Interruptus: Critical Reflections on the "Postsocialist." Condition*. New York: Routledge, 1997.

Freire, P. *Pedagogy of the Oppressed*. New York: Continuum, 1970.

Freire, P. *Pedagogy of Hope*. New York: Continuum, 1994.

Freire, P., & Macedo, D. P. *Literacy: Reading the Word and the World*. South Hadley, MA: Bergin & Garvey, 1987.

Freire, P., & Macedo, D. P. "A Dialogue: Culture, Language, and Race." *Harvard Educational Review, 1995, 65*(3), 377-402.

Fromm, E. *Escape from Freedom*. New York: Holt, Rinehart and Winston, 1941.

Fromm, E. *Man for Himself*. New York: Holt, Rinehart and Winston, 1947.

Fromm, E. *The Sane Society*. London: Routledge, Kegan and Paul, 1956a.

Fromm, E. *The Art of Loving: An Enquiry into the Nature of Love.* New York: Harper and Row, 1956b.

Fromm, E. *Marx's Concept of Man.* New York: Frederick Ungar, 1961.

Fromm, E. *Beyond the Chains of Illusion: My Encounter with Marx and Freud.* New York: Simon and Schuster, 1962.

Fromm, E. (Ed.). "The Application of Humanist Psychoanalysis to Marx's Theory." In E. Fromm (Ed.), *Socialist Humanism: An International Symposium.* Garden City, NY: Doubleday, 1965.

Fromm, E. *The Revolution of Hope: Toward a Humanized Technology.* New York: Harper and Row, 1968.

Fromm, E. *To Have or To Be.* London: Sphere Books, 1976.

Geuss, R., *The Idea of a Critical Theory: Habermas and the Frankfurt School.* New York: Cambridge University Press, 1981.

Giddens, A. "Four Theses on Ideology." In A. Kroker, & M. Kroker (Eds.), *Ideology and Power in the Age of Lenin in Ruins.* New York: St. Martin's Press, 1991.

Gilligan, C. *In a Different Voice: Psychological Theory and Women's Development.* Cambridge, MA: Harvard University Press, 1982.

Gimenez, M. "The Oppression of Women: A Structuralist Marxist View." In R. Hennessy, & C. Ingraham (Eds.), *Materialist Feminism: A Reader in Class, Difference, and Women's Lives.* New York: Routledge, 1997.

Giroux, H. A. *Theory and Resistance in Education: A Pedagogy for the Oppsosition.* Westport, CT. Bergin & Garvey, 1983.

Giroux, H. A. *Teachers as Intellectuals: Toward a Critical Pedagogy of Learning.* Westport, CT: Bergin & Garvey, 1988.

Goffman, E. *The Presentation of Self in Everyday Life.* New York: Achor Press, 1959.

Goffman, E. *The Goffman Reader*(C. Lemert, & A. Branaman. Eds.). Malden, MA: Blackwell, 1997.

Goldberger, N. R. "Introduction: Looking Backward, Looking Forward." In N. R. Goldberger, J. M., Tarule, B. M., Clinchy, & M. F. Belenky (Eds.), *Knowledge, Difference, and Power: Essays Inspired by Women's Ways of Knowing.* New

York: Basic Books, 1996.

Gore, J. M. "What We Can Do for You! What *Can* 'We' Do for 'You' ?: Struggling over Empowerment in Critical and Feminist Pedagogy." In C. Luke, & J. Gore (Eds.), *Feminisms and Critical Pedagogy.* New York: Routledge, 1992.

Gore, J. M. *The Struggle for Pedagogies: Critical and Feminist Discourses as Regimes of Truth.* New York: Routledge, 1993.

Gould, R. "The Therapeutic Learning Program." In J. Mezirow & Associates, *Fostering Critical Reflection in Adulthood: A Guide to Transformative and Emancipatory Learning.* San Francisco: Jossey-Bass, 1990.

Gouthro, P. A. "Feminist Perspectives on Habermasian Theory: Implications for the Development of Critical Theoretical Feminist Discourses in Adult Education." *Proceedings of the Adult Education Research Conference*, No. 44. San Francisco: San Francisco State University, 2003.

Gramsci, A. *The Modern Prince and Other Writings.* New York: International Publishers, 1957.

Gramsci, A. *Selection from the Prison Notebooks* (Q. Hoare & G. N. Smith, Eds.). London: Lawrence and Wishart, 1971.

Gramsci, A. *Selections from Cultural Writings* (D. Forgacs & G. Nowell-Smith, Eds.). Cambridge, MA: Harvard University Press, 1985.

Gramsci, A. *The Antonio Gramsci Reader* (D. Forgacs, Ed.). New York: New York University Press, 1988.

Gramsci, A. *Letters from Prison, Volumes 1 and 2.* (F. Rosegarten & R. Rosenthal, Eds. and trans.). New York: Columbia University Press, 1994.

Gramsci, A. *Further Selections from the Prison Notebooks,/Antonio Gramsci* (D. Boothman, Ed. and trans.). Minneapolis: University or Minnesota Press, 1995.

Grant, J. *Fundamental Feminism: Contesting the Core Concepts of Feminist Theory.* New York: Routledge, 1993.

Greene, M. *Dialectic of Freedom.* New York: Teachers College Press, 1988.

Gross, B. *Friendly Fascism: The New Face of Power in America.* Boston: South End Press, 1980.

Guy, T. "Prophecy from the Periphery: Alain Locke's Philosophy of Cultural Pluralism and Adult Education." In M. Hyams, J. Armstrong, & E. Anderson (Eds.), *Proceedings of the 35th Annual Adult Education Research Conference*. Knoxville, TN: University of Tennessee, 1994.

Guy, T. (Ed.). *Providing Culturally Relevant Adult Education*. New Directions for Adult and Continuing Education No. 82. San Francisco: Jossey-Bass, 1999.

Guy, T. C., & Colin, S.A.J.Ⅲ. "Selected Bibliographic Resources for African American Adult Education." *PAACE Journal of Lifelong Learning, 1998, 7*, 85-91.

Gyant, L. "Alain Leroy Locke: More Than an Adult Educator." In E. A. Peterson (Ed.), *Freedom Road: Adult Education African Americans* (rev. ed.). Malabar, FL: Krieger, 2002.

Habermas, J. *Toward a Rational Society*. Boston: Beacon Press, 1970.

Habermas, J. *Knowledge and Human Interests*. Boston: Beacon Press, 1971.

Habermas, J. *Theory and Practice*. Boston: Beacon Press, 1973.

Habermas, J. *Legitimation Crisis*. Boston: Beacon Press, 1975.

Habermas, J. *Communication and the Evolution of Society*. Boston: Beacon Press, 1979.

Habermas, J. *Philosophical-Political Profiles*. Cambridge, MA: MIT Press, 1983.

Habermas, J. *The Theory of Communicative Action, Vol. 1: Reason and the Rationalization of Society*. Boston: Beacon Press, 1984.

Habermas, J. "Questions and Counter Questions." In R. J. Bernstein (Ed.), *Habermas and Modernity*. Cambridge, MA: MIT Press, 1985a, pp. 192-216.

Habermas, J. "Psychic Thermidor and the Rebirth of Rebellious Subjectivity." In R. J. Bernstein (Ed.), *Habermas and Modernity*. Cambridge, MA: MIT Press, 1985b, pp. 68-77.

Habermas, J. *The Theory of Communicative Action: Vol. 2: Lifeworld and System-A Critique of Functionalist Reason*. Boston: Beacon Press, 1987a.

Habermas, J. *The Philosophical Discourse of Modernity: Twelve Lectures*. Cambridge, MA: MIT Press, 1987b.

Habermas, J. *On the Logic of the Social Sciences*. Cambridge, MA: MIT Press, 1988.

Habermas, J. *The New Conservatism: Cultural Criticism and the Historians' Debate.* Cambridge, MA: MIT Press, 1989a.

Habermas, J. *The Structural Transformation of the Public Sphere: An Inquiry into a Category of Bourgeois Society.* Cambridge, MA: MIT Press, 1989b.(Originally published in 1962).

Habermas, J. *Moral Consciousness and Communicative Action.* Cambridge, MA: MIT Press, 1990.

Habermas, J. *Autonomy and Solidarity: Interviews with Jurgen Habermas.*(rev. ed.) London: Verso, 1992a.

Habermas, J. *Postmetaphysical Thinking: Philosophical Essays.* Cambridge, MA: MIT Press, 1992b.

Habermas, J. *Justification and Application: Remarks on Discourse Ethics.* Cambridge, MA: MIT Press, 1993.

Habermas, J. *The Past as Future.* Lincoln, NE: University of Nebraska Press, 1994.

Habermas, J. *Between Facts and Norms: Contributions to a Discourse Theory of Democracy.* Cambridge, MA: MIT Press, 1996.

Habermas, J. *On the Pragmatics of Communication.* Cambridge, MA: MIT Press, 1998.

Habermas, J. *The Postnational Constellation: Political Essays.* Cambridge, MA: MIT Press, 2001a.

Habermas, J. *The Liberating Power of Symbols: Philosophical Essays.* Cambridge, MA: MIT Press, 2001b.

Habermas, J. "The Different Rhythms of Philosophy and Politics for Herbert Marcuse on His 100th Birthday." In H. Marcuse, *Towards a Critical Theory of Society.* New York: Routledge, 2002.

Hammond, M., & Collins, R. *Self-Directed Learning: Critical Practice.* New York: Nichols, 1991.

Harris, L. (Ed.). *Philosophy Born of Struggle: Anthology of African-American Philosophy from 1917.* Dubuque, IA: Kendall/Hunt, 1983.

Harris, L. "Leonard Harris." Interview in G. Yancy (Ed.). *African-American Philosophers: 17 Conversations.* New York: Routledge, 1998.

Hart, M. "Critical Theory and Beyond: Further Perspectives on Emancipatory Education." *Adult Education Quarterly, 1990, 40*(3), 125-138.

Hart, M. *Working and Educating for Life: Feminist and International Perspectives on Adult Education.* New York: Routledge, 1992.

Hart, M. "Motherwork: A Radical Proposal to Rethink Work and Education." In M. Welton (Ed.), *In Defense of the Lifeworld: Critical Perspectives on Adult Learning:* Albany. NY: State University of New York Press, 1995.

Hartmann, H. "The Unhappy Marriage of Marxism and Feminism: Towards a More Progressive Union." In D. Tallack (Ed.), *Critical Theory: A Reader.* New York: Simon and Schuster, 1995.

Hayes, E. "Current Perspectives on Teaching Adults." *Adult Education Quarterly, 1993, 43*(3), 173-186.

Hayes, E., & Colin, S. A. J. Ⅲ. (Eds.). *Confronting Racism and Sexism.* New Directions for Adult and Continuing Education, No. 61. San Francisco: Jossey-Bass, 1994.

Held, D. *Introduction to Critical Theory: Horkheimer to Habermas.* Berkeley: University of California Press, 1980.

Hennessy, R., & Ingraham, C. (Eds.). *Materialist Feminism: A Reader in Class, Difference, & Women's Lives.* New York: Routledge, 1997.

Herman, E., & Chomsky, N. *Manufacturing Consent.* New York: Pantheon, 1988.

Hernandez, A. *Pedagogy, Democracy and Feminism: Rethinking the Public Sphere.* Albany, NY: State University of New York Press, 1997.

Hesch, R. "Aboriginal Teachers as Organic Intellectuals." In R. Ng, P. Staton, & J. Scane (Eds.), *Anti-Racism, Feminism, and Critical Approachers to Education.* Westport CT: Bergin & Garvey, 1995.

Hirschmann, N. J., & Di Stefano, C. (Eds.). *Revisioning the Political: Feminist Reconstructions of Traditional Concepts in Western Political Theory.* Boulder, CO: Westview Press, 1996.

Holst, J. D. *Social Movements, Civil Society, and Radical Adult Education.* Westport, CT: Bergin & Garvey, 2002.

hooks, b. *Feminist Theory: From Margin to Center.* Boston: South End Press, 1984.

hooks, b. *Talking Back: Thinking feminist, thinking black*. Boston: South End Press, 1989.

hooks, b. *Teaching to Transgress: Education as the Practice of Freedom*. New York: Routledge, 1994.

hooks, b. *Happy to be Nappy*. New York: Hyperion Press, 1999. Illustrated by C. Raschka & C. Raschka.

hooks, b. *Feminism Is for Everybody: Passionate Politics*. Boston: South End Press, 2000a.

hooks, b. *Where We Stand: Class Matters*. New York: Routledge, 2000b.

hooks, b., & West, C. *Breaking Bread: Insurgent Black Intellectual Life*. Boston: South End Press, 1991.

Hord, F. L, & Lee, J. S (Eds.). *I Am Because We Are: Readings in Black Philosophy*. Amherst, MA: University of Massachusetts Press, 1995.

Horkheimer, M. *Eclipse of Reason*. New York: Continuum, 1974. (Originally published 1947.)

Horkheimer, M. *Critical Theory: Selected Essays*. New York: Continuum, 1995.

Horkheimer, M., & Adorno, T. *Dialectic of Enlightenment*. New York: Seabury Press, 1972.

Horton, M. *The Long Haul: An Autobiography*. New York: Doubleday, 1990.

Horton, M. *The Myles Horton Reader: Education for Social Change*. Knoxville, TN: University of Tennessee Press, 2003.

Horton, M., & Freire, P. *We Make the Road by Walking: Conversations on Education and Social Change*. Philadelphia: Temple University Press, 1990.

Hountondi, P. J. *African Philosophy: Myth and Reality*. (2nd ed.) Bloomington, IN: Indiana University Press, 1983.

Jackson, G. *Soledad Brother: The Prison Writings of George Jackson*. New York: Coward-McCann, 1970.

James, J. "Introduction." In A. Y. Davis. *The Angela Y. Davis Reader*. Malden, MA: Blackwell, 1998.

James, J., & Farmer, R. (Eds.). *Spirit, Space and Survival: African American Women in*

(White) Academe. New York: Routledge, 1993.

James, S. M., & Busia, A. P. A. (Eds.). *Theorizing Black Feminisms: The Visionary Pragmatism of Black Women.* New York: Routledge, 1993.

Jay, M. *The Dialectical Imagination: A History of the Frankfurt School and the Institute of Social Research 1923-1950.* Berkeley, CA: University of California Press, 1973.

Johnson-Bailey, J. *Sistahs in College: Making a Way Out of No Way.* Malabar, FL: Krieger, 2001.

Karenga, M. R. "Society, Culture, and the Problem of Self-Consciousness: A Kawaida Analysis." In L. Harris (Ed.), *Philosophy Born of Struggle: Anthology of African-American Phillosophy from 1917.* Dubuque, IA: Kendall/Hunt, 1983.

Kellner, D. *Critical Theory, Marxism, and Modernity.* Baltimore: Johns Hopkins University Press, 1989.

Kellner, D. "A Marcuse Renaissance?" In J. Bokina, & T. J. Lukes (Eds.), *Marcuse: From the New Left to the Next Left.* Lawrence, KS: University Press of Kansas, 1994.

Kenway, J. "Remembering and Regenerating Gramsci." In K. Weiler (Ed.), *Feminist Engagements: Reading, Resisting, and Revisioning Male Theorists in Education and Cultural Studies.* New York: Routledge, 2001.

Kenway, J., & Modra, H. "Feminist Pedagogy and Emancipatory Possibilities." In C. Luke & J. M. Gore (Eds.), *Feminisms and Critical Pedagogy.* New York: Routledge, 1992.

Kincheloe, J. L. "Making Critical Thinking Critical." In D. Weil & H. K. Anderson (Eds.), *Perspectives in Critical Thinking: Essays by Teachers in Theory and Practice.* New York: Peter Lang, 2000.

King, P. M., & Kitchener, K. S. *Developing Reflective Judgement: Understanding and Promoting Intellectual Growth and Critical Thinking in Adolescents and Adults.* San Francisco: Jossey-Bass, 1994.

Knowles, M. S. *The Adult Learner: A Neglected Species* (3rd ed.) Houston: Gulf, 1984.

Kohl, H. R. *I Won't Learn From You: And Other Thoughts on Creative Maladjustment.* New York: New Press, 1994.

Kohl, H. R. *The Discipline of Hope: Learning from a Lifetime of Teaching.* New York:

New Press, 2000.

Kramer, D. A. "Development of an Awareness of Contradiction Across the Life Span and the Question of Postformal Operations." In M. L. Commons, J. D. Sinnott, F. A. Richards, & C. Armon (Eds.), *Adult Development: Comparisons and Applications of Developmental Models*. New York: Praeger, 1989.

Kreisberg, S. *Transforming Power: Domination, Empowerment, and Education*. Albany: State University of New York Press, 1992.

Kuhn, A., & Wolpe, A. M. (Eds.). *Feminism and Materialism: Women and Modes of Production*. London: Routledge, 1978.

Labouvie-Vief, G. "Beyond Formal Operations: Uses and Limits of Pure Logic in Life-Span Development." *Human Development,* 1980, 23, 141-161.

Laclau, E., & Mouffe, C. *Hegemony and Socialist Strategy: Towards a Radical Democratic Politics*. New York: Verso, 1990.

Laing, R. *The Divided Self: A Study of Sanity and Madness*. London: Tavistock, 1960.

Lather, P. *Getting Smart: Feminist Research and Pedagogy With/In the Postmodern*. New York: Routledge, 1991.

Lather, P. "Post-Critical Pedagogies: A Feminist Reading." In C. Luke, & J. M. Gore (Eds.), *Feminisms and Critical Pedagogy*. New York: Routledge, 1992.

Lather, P. "Ten Years Later, Yet Again: Critical Pedagogy and Its Complicities." In K. Weiler (Ed.), *Feminist Engagements: Reading, Resisting, and Revisioning Male Theorists in Education Cultural Studies*. New York: Routledge, 2001.

Law, M. "Engels, Marx, and Radical Adult Education: A Rereading of a Tradition." *Proceedings of the Adult Education Research Conference, No. 33*. Saskatoon, Canada: University of Saskatchewan, 1992, pp. 150-156.

Lawson, K. H. *Philosophical Concepts and Values in Adult Education*. Nottingham, UK: Department of Adult Education, University of Nottingham, 1975.

Leiss, W., Ober, J. D., & Sherover, E. "Marcuse as Teacher." In K. H. Wolff, & B. Moore, Jr. (Eds.), *The Critical Spirit: Essays in Honor of Herbert Marcuse*. Boston: Beacon Press, 1967.

Lindeman, E. C. L. *The Meaning of Adult Education*. Montreal: Harvest House, 1961.

(First published by New Republic, 1926).

Lindeman, E. C. L. "The Place of Discussion in the Learning Process." (Originally published 1935.) In S. D. Brookfield (Ed.), *Learning Democracy: Eduard Lindeman on Adult Education and Social Change*. Beckenham, Kent, UK: Croom Helm, 1987a.

Lindeman, E. C. L. "Adult Education for Social Change." (Originally published 1937.) In S. D. Brookfield (Ed.), *Learning Democracy: Eduard Lindeman on Adult Education and Social Change*. Beckenham, Kent, UK: Croom Helm, 1987b.

Lindeman, E. C. L. "New Needs for Adult Education." (Originally published 1944.) In S. D. Brookfield (Ed.), *Learning Democracy: Eduard Lindeman on Adult Education and Social Change*. Beckenham, Kent, UK: Croom Helm, 1987c.

Loewen, J. W. *Lies My Teacher Told Me: Everything Your American History Textbook Got Wrong*. New York: Touchstone Books, 1995.

Lorde, A. *Sister Outsider: Essays and Speeches*. Trumansburg, NY: Crossing Press, 1984.

Luke, C. "Feminist Politics in Radical Pedagogy." In C. Luke, & J. M. Gore (Eds.), *Feminisms and Critical Pedagogy*. New York: Routledge, 1992.

Macey, D. *The Lives of Michel Foucault: A Biography*. New York: Pantheon, 1993.

MacIntyre, A. C. *Marxism and Christianity*. New York: Schocken Books, 1968.

MacKinnon, C. A. "Feminism, Marxism, Method and the State: An Agenda for Theory." In N. Keohane, M. Rosaldo, & B. Gelpi (Eds.), *Feminist Theory: A Critique of Ideology*. Chicago: University of Chicago Press, 1981.

MacKinnon, C. A. *Toward a Feminist Theory of the State*. Cambridge, MA: Harvard University Press, 1989.

Marcuse, H. *Reason and Revolution: Hegel and Rise of Social Theory*. New York: Oxford University Press, 1941.

Marcuse, H. *Soviet Marxism: A Critical Analysis*. New York: Vintage Books, 1958.

Marcuse, H. *One Dimensional Man*. Boston: Beacon, 1964.

Marcuse, H. "Repressive Tolerance." In R. P. Wolff, B. Moore, & H. Marcuse. *A Critique of Pure Tolerance*. Boston: Beacon Press, 1965a.

Marcuse, H. "Socialist Humanism?" In E. Fromm (Ed.), *Socialist Humanism: An International Symposium*. Garden City, NY: Doubleday, 1965b.

Marcuse, H. *Negations: Essays in Critical Theory*. Boston: Beacon Press, 1968.

Marcuse, H. *An Essay on Liberation*. Boston: Beacon Press, 1969.

Marcuse, H. *Five Lectures*. Boston: Beacon Press, 1970.

Marcuse, H. *Counterrevolution and Revolt*. Boston: Beacon Press, 1972.

Marcuse, H. *The Aesthetic Dimension: Toward a Critique of Marxist Aesthetics*. Boston: Beacon Press, 1978a.

Marcuse, H. "Marcuse and the Frankfurt School: Dialogue with Marcuse." In B. Magee (Ed.), *Men of Ideas*. New York: Viking, 1978b.

Marcuse, H. "Philosophy and Critical Theory." In S. E. Bronner, & D. M. Kellner (Eds.), *Critical Theory and Society: A Reader*. New York: Routledge, 1989.

Marcuse, H. *Towards a Critical Theory of Society*. New York: Routledge, 2002.

Marks, R. W. *The Meaning of Marcuse*. New York: Ballantine Books, 1970.

Marsden, J. *Marxism and Christian Utopianism*. New York: Monthly Review Press, 1991.

Marx, K. Economic and Philosophical Manuscripts (T. B. Bottomore, trans.). In E. Fromm (Ed.), *Marx's Concept of Man*. New York: Frederick Ungar, 1961.

Marx, K. *Capital: A Critical Analysis of Capitalist Production*. Vol. 1 (S. Moore & E. Aveling, trans.). New York: International, 1973.

Marx, K., & Engels, F. *The German Ideology* (C. J. Arthur, Ed.). New York: International, 1970.

Mayberry, K. J. (Ed.). *Teaching What You're Not: Identity Politics in Higher Education*. New York: New York University Press, 1996.

Mayo, P. *Gramsci, Freire and Adult Education: Possibilities for Transformative Action*. New York: Zed Books, 1998.

McClendon, J. H. "Eugene C. Holmes: A Commentary on a Black Marxist Philosopher." In L. Harris (Ed.), *Philosophy Born of Struggle: Anthology of Afro-American Philosophy from 1917*. Dubuque, IA: Kendall/Hunt, 1983.

McClusky, H. Y. "The Course of the Adult Life Span." In W. C. Hallenbeck (Ed.),

Psychology of Adults. Chicago: Adult Education Association of the USA, 1963.

McClusky, H. Y. "An Approach to a Differential Psychology of the Adult Potential." In S. M. Grabowski (Ed.). *Adult Learning and Instruction.* Syracuse, NY: ERIC Clearinghouse on Adult Education, 1970.

McGary, H. "Alienation and the African American Experience." In J. P. Pittman (Ed.), *African-American Perspectives and Philosophical Traditions.* New York: Routledge, 1997.

McLaren, P. "Multiculturalism and the Postmodern Critique: Towards a Pedagogy of Resistance and Transformation." *Cultural Studies, 1993, 7*(1), 118-146.

McLaren, P. *Critical Pedagogy and Predatory Culture: Oppositional Politics in a Postmodern Era.* New York: Routledge, 1995.

McLaren, P. *Life in Schools: An Introduction to Critical Pedagogy in the Foundations of Education* (3rd ed.). White Plains, NY: Longman, 1997.

McLellan, D. *Ideology.* Milton Keynes, UK: Open University Press, 1986.

Meehan, J. (Ed.). *Feminists Read Habermas: Gendering the Subject of Discourse.* New York: Routledge, 1995.

Mezirow, J. "A Critical Theory of Adult Learning and Education." *Adult Education, 1981, 32*(1), 3-27.

Mezirow, J. "Transformation Theory and Social Action: A Response to Collard and Law." *Adult Education Quarterly, 1989, 39*(3), 169-175.

Mezirow, J. *Transformative Dimensions of Adult Learning.* San Francisco: Jossey-Bass, 1991a.

Mezirow, J. "Transformation Theory and Cultural Context: A Reply to Clark and Wilson." *Adult Education Quarterly, 1991b, 41*(3), 188-192.

Mezirow, J. "Transformation Theory: Critique and Confusion." *Adult Education Quarterly, 1992, 44*(4), 250-252.

Mezirow, J. "Understanding Transformation Theory." *Adult Education Quarterly, 1994a, 44*(4), 222-232.

Mezirow, J. "Response to Mark Tennant and Michael Newman." *Adult Education Quarterly, 1994b, 44*(4), 243-244.

Mezirow, J. "Transformation Theory Out of Context." *Adult Education Quarterly, 1997, 48*(1), 60-62.

Mezirow, J. "On Critical Reflection." *Adult Education Quarterly, 1998, 48*(3), 185-198.

Mezirow, J., & Associates. *Fostering Critical Reflection in Adulthood: A Guide to Transformative and Emancipatory Learning.* San Francisco: Jossey-Bass, 1990.

Mezirow, J., & Associates. *Learning as Transformation: Critical Perspectives on a Theory in Progress.* San Francisco: Jossey-Bass, 2000.

Mill, J. S. *The Philosophy of J. S. Mill.* (M. Cohen, Ed.). New York: Random House, 1961.

Miller, J. *The Passion of Michel Foucault.* New York: Simon and Schuster, 1993.

Mills, C. W. *Mass Society and Liberal Education.* Chicago: Center for the Study of Liberal Education for Adults, 1954.

Mills, C. W. *The Sociological Imagination.* New York: Oxford University Press, 1959.

Mills, C. W. *The Marxists.* New York: Dell, 1962.

Mojab, S., & Gorman, R. "Women and Consciousness in the 'Learning Organization': Emancipation or Exploitation?" *Adult Education Quarterly, 2003, 53*(4), 228-241.

Morrow, R. A., & Torres, C. A. *Reading Freire and Habermas: Critical Pedagogy and Transformative Social Change.* New York: Teachers College Press, 2002.

Morss, J. R. (Ed.). *Growing Critical: Alternatives to Developmental Psychology.* New York: Routledge, 1996.

Newman, M. *Defining the Enemy: Adult Education in Social Action.* Sydney, Australia: Stewart Victor, 1994.

Newman, M. *Maeler's Regard: Images of Adult Learning.* Sydney, Australia: Stewart Victor, 1999.

Norris, S. P., & *Ennis, R. H. Evaluating Critical Thinking.* Pacific Grove, PA: Midwest Publications, 1989.

Nyrere, J. K. *Freedom and Unity.* New York: Oxford University Press, 1968.

Oberg, A., & Underwood, S. "Facilitating Teacher Self-Development." In A. Hargreaves & M. G. Fullan (Eds.), *Understanding Teacher Development.* New York: Teachers College Press, 1992.

Orner, M. "Interrupting the Calls for Student Voice in 'Liberatory Education.'" In C. Luke & J. M. Gore (Eds.). *Feminisms and Critical Pedagogy.* New York: Routledge, 1992.

Orwell, G. "Politics and the English Language." *In A Collection of Essays.* New York: Doubleday, 1946.

Outlaw, L. T., Jr. "Philosophy, Hermeneutics, Social-Political Theory: Critical Thought in the Interests of African-Americans." In L. Harris (Ed.), *Philosophy Born of Struggle: Anthology of African-American Philosophy from 1917.* Dubuque, IA: Kendall/Hunt, 1983a.

Outlaw, L. T., Jr. "Race and Class in the Theory and Practice of Emancipatory Social Transformation." In L. Harris (Ed.), *Philosophy Born of Struggle: Anthology of African-American Philosophy from 1917.* Dubuque, IA: Kendall/Hunt, 1983b.

Outlaw, L. T., Jr. *On Race and Philosophy.* New York: Routledge, 1996.

Outlaw, L. T., Jr. "Lucius T. Outlaw." Interview in G. Yancy (Ed.), *African-American Philosophers: 17 Conversations.* New York: Routledge, 1998.

Palmer, P. J. *Let Your Life Speak: Listening for the Voice of Vocation.* San Francisco: Jossey-Bass, 2000.

Patterson, R. W. K. *Values, Education and the Adult.* London: Routledge and Kegan Paul, 1979.

Patton, M. Q. *Qualitative Research and Evaluation Methods.* (3rd ed.) Thousand Oaks, CA: Sage, 2002.

Peters, J. M., Jarvis, P., & Associates. *Adult Education: Evolution and Achievements in a Developing Field of Study.* San Francisco: Jossey-Bass, 1991.

Peterson, E. A. "Creating a Culturally Relevant Dialog for African-American Adult Educators." In T. C. Guy (Ed.), *Providing Culturally Relevant Adult Education: A Challenge for the Twenty-First Century.* New Directions for Adult and Con Continuing Education, No. 82. San Francisco: Jossey-Bass, 1999.

Peterson, E. A. "Fanny Coppin, Mary Shadd Cary, & Charlotte Grinkle: Three African American Women Who Made a Difference." In E. A. Peterson (Ed.), *Freedom Road: Adult Education of African Americans* (rev. ed.). Malabar, FL: Krieger, 2002.

Peterson, E. A. (Ed.). *Freedom Road: Adult Education of African Americans* (rev. ed.). Malabar, FL: Krieger, 2002.

Popper, K. R. *The Logic of Scientific Discovery*. New York: Harper and Row, 1959.

Poster, M. *Critical Theory and Poststructuralism: In Search of a Context*. Ithaca, NY: Cornell University Press, 1989.

Potts, E. "The Du Bois-Washington Debate: Conflicting Strategies." In E. A. Peterson (Ed.), *Freedom Road: Adult Education of African Americans* (rev. ed.). Malabar, FL: Krieger, 2002.

Reitz, C. "Liberating the Critical in Critical Theory: Marcuse, Marx, & a Pedagogy of the Oppressed: Alienation, Art and the Humanities." In S. F. Steiner, H. M. Krank, P. McLaren, & R. E. Bahruth (Eds.), *Freirean Pedagogy, Praxis, and Possiblities: Projects for the New Millennium*. New York: Falmer Press, 2000, pp. 41-66.

Riegel, K. F. "Dialectical Operations: The Final Stage of Cognitive Development." *Human Development, 1973, 16*, 346-370.

Rogers, C. R. *On Becoming a Person: A Therapist's View of Psychotherapy*. Boston: Houghton-Mifflin, 1961.

Rogers, C. R. *A Way of Being*. Boston: Houghton-Mifflin, 1980.

Rose, M. *Lives on the Boundary*. New York: Penguin, 1990.

Rose, M. *Possible Lives*. New York: Penguin, 1999.

Ruddick, S. *Maternal Thinking: Toward a Politics of Peace*. Boston: Beacon Press, 1995.

Saltiel, I. M., & Russo, C. S. *Cohort Learning and Programming: Improving Educational Experiences for Adult Learners*. Malabar, FL: Krieger, 2001.

San Juan, E. *Racism and Cultural Studies: Critiques of Multiculturalist Ideology and the Politics of Difference*. Durham, NC: Duke University Press, 2002.

Sargent, L. (Ed.). *Women and Revolution: A Discussion of the Unhappy Marriage of Marxism and Feminism*. Boston: South End Press, 1981.

Sawicki, J. *Disciplining Foucault: Feminism, Power and the Body*. New York: Routledge, 1991.

Schutz, A., & Luckmann, T. *The Structure of the Lifeworld*. Evanston, IL: Northwestern

University Press, 1973.

Searle, J. R. *Speech Acts.* Cambridge, UK: Cambridge University Press, 1969.

Serequeberhan, T. (Ed.). *African Philosophy: The Essential Readings.* New York: Paragon House, 1991.

Sergiovanni, T. J. *The Lifeworld of Leadership: Creating Culture, Community, and Personal Meaning in Our Schools.* San Francisco: Jossey-Bass, 1999.

Shalin, D. N. "Critical Theory and the Pragmatist Challenge." *American Journal of Sociology, 1992, 98*, 237-279.

Sheared, V., & Sissel, P. (Eds.). *Making Space: Merging Theory and Practice in Adult Education.* Westport, CT: Bergin & Garvey, 2001.

Shor, I. *Critical Teaching for Everyday Life.* Chicago: University of Chicago Press, 1987a.

Shor, I. (Ed.). *Freire for the Classroom: A Sourcebook for Liberatory Teaching.* Portsmouth, NH: Boynton/Cook, 1987b.

Shor, I. *Empowering Education: Critical Teaching for Social Change.* Chicago: University of Chicago Press, 1992.

Shor, I. *When Students Have Power: Negotiating Authority in a Critical Pedagogy.* Chicago: University of Chicago Press, 1996.

Shor, I., & Freire, P. *A Pedagogy for Liberation: Dialogues on Transforming Education.* Westport, CT: Bergin & Garvey, 1987.

Shor, I., & Pari, C. (Eds.). *Critical Literacy in Action: Writing Words, Changing Worlds.* Portsmouth, NH: Boynton/Cook, 1999.

Shor, I., & Pari, C. (Eds.). *Education Is Politics: Critical Teaching Across Differences, Postsecondary.* Portsmouth, NH: Boynton/Cook, 2000.

Shumar, W. *College for Sale: A Critique of the Commodification of Higher Education.* New York: Routledge, 1997.

Simon, R. I., Dippo, D., & Schenke, A. *Learning Work: A Critical Pedagogy of Work Education.* Westport, CT: Bergin & Garvey, 1991.

Smallwood, A. P. "African American Leadership, Religious Expression, and Intellectual Discourse: Uncovering Malcolm X's Legacy to Adult Education." In E. A. Peterson

(Ed.), *Freedom Road: Adult Education of African Americans* (rev. ed.). Malabar, FL: Krieger, 2002.

Smith, C. A. "The African-American Market Woman." In V. Sheared & P. Sissel (Eds.), *Making Space: Merging Theory and Practice in Adult Education*. Westport, CT: Bergin & Garvey, 2001.

Smith, S. E., & Colin, S.A.J. Ⅲ. "An Invisible Presence, Silenced Voices: African Americans in the Adult Education Professoriate." In V. Sheared & P. Sissel (Eds.), *Making Space: Merging Theory and Practice in Adult Education*. Westport, CT: Bergin & Garvey, 2001.

Smith, T. V., & Lindeman, E. C. *The Democratic Way of Life*. New York: New American Library, 1951.

Spring, J. *Images of American Life: A History of Ideological Management in Schools, Movies, Radio, and Television*. Albany: State University of New York Press, 1992.

Sternberg, R. J., & Wagner, R. K. (Eds.). *Practical Intelligence: Nature and Origins of Competence in the Everyday World*. Cambridge, UK: Cambridge University Press, 1986.

Stice, J. E. (Ed.). *Developing Critical Thinking and Problem-Solving Abilities*. New Directions for Teaching and Learning, No. 30. San Francisco: Jossey-Bass, 1987.

Taylor, E. W. "Building Upon the Theoretical Debate: A Critical Review of the Empirical Studies of Mezirow's Transformative Learning Theory." *Adult Education Quarterly, 1997, 48*(1), 34-59.

Taylor, E. W. "Analyzing Research on Transformative Learning Theory." In J. Mezirow, & Associates, *Learning as Transformation: Critical Perspectives on a Theory in Progress*. San Francisco: Jossey-Bass, 2000a.

Taylor, E. W. "Fostering Mezirow's Transformative Learning Theory in the Adult Education Classroom: A Critical Review." *Canadian Journal for the Study of Adult Education, 2000b, 14*(2), 1-28.

Tennant, M. C. "Perspective Transformation and Adult Development." *Adult Education Quarterly, 1993, 44*(1), 34-42.

Tough, A. M. *The Adult's Learning Projects*. Toronto: Ontario Institute for Studies in

Education, 1971.

Usher, R., & Edwards, R. *Postmodernism and Education: Different Voices, Different Worlds.* London: Routledge, 1994.

Usher, R., Bryant, I., & Johnston, R. *Adult Education and the Postmodern Challenge: Learning Beyond the Limits.* New York: Routledge, 1997.

Vogel, L. "Marxism and Feminism: Unhappy Marriage, Trial Separation, or Something Else?" In L. Sargent (Ed.), *Women and Revolution: A Discussion of the Unhappy Marriage of Marxism and Feminism.* Boston: South End Press, 1981.

Vogel, L. *Marxism and the Oppression of Women.* New Brunswick, NJ: Rutgers University Press, 1983.

Weiler, K. "Rereading Paulo Freire." In K. Weiler (Ed.), *Feminist Engagements: Reading, Resisting, and Revisioning Male Theorists in Education and Cultural Studies.* New York: Routledge, 2001a.

Weiler, K. (Ed.). *Feminist Engagements: Reading, Resisting, & Revisioning Male Theorists in Education and Cultural Studies.* New York: Routledge, 2001b.

Welton, M. R. "Shaking the Foundations: The Critical Turn in Adult Education Theory." *Canadian Journal for the Study of Adult Education, 1991, 5,* 21-41.

Welton, M. R. "The Contribution of Critical Theory to Our Understanding of Adult Education." In S. B. Merriam (Ed.), *An Update on Adult Learning Theory.* New Directions for Adult and Continuing Education, No. 57. San Francisco: Jossey-Bass, 1993.

Welton, M. R. "Review of *Teaching Against the Grain* (R. Simon)." *Adult Education Quarterly, 1994, 45*(1), 302-310.

Welton, M. R. (Ed.). *In Defense of the Lifeworld: Critical Perspectives on Adult Learning.* Albany, NY: State University of New York Press, 1995.

Welton, M. R. "Civil Society as Theory and Project: Adult Education and the Renewal of Global Citizenship." In D. Wildemeersch, M. Finger, & T. Jansen (Eds.), *Adult Education and Social Responsibility.* Frankfurt, Germany: Peter Lang, 2000.

Welton, M. R. "Civil Society and the Public Sphere." *Studies in the Education of Adults, 2001, 33*(1), 20-34.

Welton, M. R. "Listening, Conflict and Citizenship: Towards a Pedagogy of Civil Society." *International Journal of Lifelong Education, 2003, 21*(3), 197-208.

West, C. *Prophesy Deliverance: An Afro-American Revolutionary Christianity.* Philadelphia: The Westminster Press, 1982.

West, C. "Philosophy, Politics, and Power: An Afro-American Perspective." In L. Harris (Ed.), *Philosophy Born of Struggle: Anthology of African-American Philosophy from 1917.* Dubuque, IA: Kendall/Hunt, 1983.

West, C. *The American Evasion of Philosophy: A Genealogy of Pragmatism. Madison.* WI: University of Wisconsin Press, 1989.

West, C. *The Ethical Dimensions of Marxist Thought.* New York: Monthly Review Press, 1991.

West, C. *Prophetic Thought in Postmodern Times.* Monroe, ME: Common Courage Press, 1993a.

West, C. *Prophetic Reflections: Notes on Race and Power in America.* Monroe, ME: Common Courage Press, 1993b.

West, C. *Keeping Faith: Philosophy and Race in America.* New York: Routledge, 1993c.

West, C. *Race Matters.* New York: Vintage Books, 1993d.

West, C. "Cornel West." In G. Yancy (Ed.), *African-American Philosophers: 17 Conversations.* New York: Routledge, 1998.

West, C. *The Cornel West Reader.* New York: Basic Books, 1999a.

West, C. "Cornel West on Heterosexism and Transformation: An Interview." In J. A. Segara & R. Dobles (Eds.), *Learning as a Political Act: Struggles for Learning and Learning from Struggles.* Cambridge, MA: Harvard University Press, 1999b.

West, C. *Sketches of My Culture.* New York: Artemis Records, 2001 (CD).

West, C., & Sealey, K. S. *Restoring Hope: Conversations on the Future of Black America.* Boston: Beacon Press, 1997.

Wiggerhaus, R. *The Frankfurt School: Its History, Theories and Political Significance.* Cambridge, MA: MIT Press, 1994.

Williams, R. *Marxism and Literature.* New York: Oxford University Press, 1977.

Williams, R. *Keywords.* London: Flamingo Press, 1983.

Williamson, B. *Lifeworlds and Learning: Essays in the Theory, Practice and Philosophy of Lifelong Learning.* Leicester, UK: National Institute for Adult Continuing Education, 1998.

Willis, P. E. *Learning to Labor: How Working Class Kids Get Working Class Jobs.* New York: Columbia University Press, 1981.

Willis, P. E. "Labor Power, Culture, and the Cultural Commodity." In M. Castells, & Others, *Critical Education in the New Information Age.* Lanham, MD: Rowman and Littlefield, 1999.

Wittgenstein, L. *Philosophical Investigations.* New York: Macmillan, 1953.

Wolff, J. *Why Read Marx Today?* New York: Oxford University Press, 2002.

Wood, M. D. *Cornel West and the Politics of Prophetic Pragmatism.* Urbana: University of Illinois Press, 2000.

Yancy, G. (Ed.). *African-American Philosophers: 17 Conversations.* New York: Routledge, 1998.

Yancy, G. (Ed.). *Cornel West: A Critical Reader.* Malden, MA: Blackwell, 2001.

Yorks, L., & Kasl, E. (Eds.). *Collaborative Inquiry as a Strategy for Adult Learning.* New Directions for Adult and Continuing Education, No. 94. San Francisco: Jossey-Bass, 2002.

Youngman, F. *The Political Economy of Adult Education and Development.* New York: Zed Books, 2000.

Zinn, H. *Declarations of Independence: Cross-Examining American Ideology.* New York: Harper Collins, 1990.

Zinn, H. *A People's History of the United States, 1492-Present.* New York: Harper Collins, 1999.

찾아보기

인명

내용

저자 소개

⊙스티븐 브룩필드(Stephen D. Brookfield)

현재 미네소타 세인트토머스 대학교 특훈교수(distinguished professor)이며, 1970년부터 영국, 미국, 캐나다, 오스트레일리아 등에서 성인교육, 비판적 사고, 토론 학습, 비판이론 등을 강의해 오고 있다.

전 컬럼비아 대학교 성인교육과에서 10년간 가르쳤고, 시릴 홀 상(Cyril O. Houle World Award for Literature in Adult Education)을 4차례 (1986, 1989, 1996, 2005), 2008년 경험적 성인 학습에 기여한 공로로 모리스 키튼 상(Morris T. Keeton Award of the Council for Adult and Experiential Learning)을 수상하였다.

성인교육에 관한 그의 저서 *Understanding and Facilitating Adult Learning*(1986), *Learning Democracy*(1988), *Becoming a Critically Reflective Teacher*(1995), *The Power of Critical Theory*(2005) 등은 각국의 언어로 번역되어 읽히고 있다.

역자 소개

■ 기영화

이화여자대학교 행정학과 졸업

University of Texas at Austin, Ph. D.

현) 숭실대학교 평생교육학과 교수

한국성인교육학회장

■ 김선주

연세대학교 행정학과 졸업

미국 University of Georgia(UGA) 성인교육학 석사

현) 미국 University of Georgia(UGA) 성인교육학 박사과정

■ 조윤정

서울대학교 동양사학과 졸업

미국 Coumbia University 대학원 발달심리학과 졸업

현) 숭실대학교 평생교육학과 박사과정

성인학습을 위한 비판이론:
성인의 삶과 학습에 대한 희망의 담론

The power of Critical Theory for Adult Learning and Teaching

2009년 11월 20일 1판 1쇄 발행
2010년 9월 27일 1판 2쇄 발행

지은이 • Stephen D. Brookfield
옮긴이 • 기영화 김선주 조윤정
펴낸이 • 김 진 환
펴낸곳 • ㈜ 학 지 사
121-837 서울시 마포구 서교동 352-29 마인드월드빌딩 5층
대표전화 • 02) 330-5114 팩스 • 02) 324-2345
등록번호 • 제313-2006-000265호
홈페이지 • http://www.hakjisa.co.kr
커뮤니티 • http://cafe.naver.com/hakjisa

ISBN 978-89-6330-231-7 93370

정가 18,000원

역자와의 협약으로 인지는 생략합니다.
파본은 구입처에서 교환하여 드립니다.